2006
W. Zettl

Das Geheimnis der deutschen Atombombe

1. Auflage Mai 2001
2. überarbeitete Auflage August 2003

Lektorat: Andreas von Rétyi
Umschlaggestaltung: ARTELIER/Peter Hofstätter
Satz und Layout: Agentur Pegasus, Zella-Mehlis
Druck und Bindung: GGP Media, Pößneck

ISBN 3-930219-30-6

EDGAR MAYER &
THOMAS MEHNER

Das Geheimnis der deutschen Atombombe

Gewannen Hitlers Wissenschaftler den nuklearen Wettlauf doch?

Die Geheimprojekte bei Innsbruck, im Raum Jonastal bei Arnstadt und in Prag

JOCHEN KOPP VERLAG

Dieses Buch ist all jenen Menschen gewidmet, die ihr Leben in und aufgrund von Geheimprojekten des Dritten Reiches lassen mußten.
Möge dieses Buch dazu beitragen, Licht in das Schicksal vieler Zehntausend zu bringen, die nie wieder zu ihren Familien zurückkehrten.

INHALT

VORWORT

Das Dritte Reich hatte keine Atombombe. – Diese Behauptung wird seit Jahrzehnten durch Zeitgeschichtler, Historiker und Wissenschaftler vertreten. Tatsächlich ist bis heute innerhalb der *bekannten* deutschen Atomforschungsgeschichte kein greifbarer Beweis aufgetaucht, der das Gegenteil dokumentieren könnte, und auch die an den *bekannten* deutschen Atomforschungsvorhaben beteiligten Wissenschaftler haben nichts anderes behauptet. Scheinbar steht die Geschichte der Kernphysik auf ehernen Füßen.

Seit jeher wird ebenso behauptet, daß die in Deutschland während des Zweiten Weltkrieges tätigen Wissenschaftler zwar beeindruckende Grundlagenforschung betrieben hätten, diesen Vorsprung jedoch anschließend aufgrund fehlender finanzieller Mittel, mangelnder Kapazitäten und einer Führung, die das Thema einer friedlich oder militärisch genutzten Kernenergie nicht begriff, einbüßten und sogar überholt wurden.

Deutschland habe auch deshalb keine »Bombe« bauen können, weil keine funktionierenden Kernreaktoren, Zyklotrone oder ähnliche Anlagen vorhanden waren. Selbst nachdem man solche Systeme beim Einmarsch in Frankreich, Dänemark oder in die damalige Sowjetunion entdeckt habe, seien nicht die richtigen Schlußfolgerungen daraus gezogen worden, so daß das Thema Kernphysik ein Stiefkind wissenschaftlicher Forschung blieb.

Merkwürdig ist nur, daß sich heute eine zunehmende Zahl von Widersprüchen auftut, die es – bei einer *stimmigen* Geschichtsdarstellung – überhaupt nicht geben dürfte. Wo Wahrheit ist, hat die Lüge bekanntermaßen keine Chance. Doch eine zunehmende Zahl von Personen, die sich überall auf der Welt mit der Thematik beschäftigen, muß feststellen, daß es eine Vielzahl unbeantworteter Fragen gibt, die geradezu provozieren, weitergehende Recherchen zu betreiben.

Auch dieses Buch befaßt sich mit dem Thema der deutschen Atombombe. In ihm sind eine Reihe von bemerkenswerten weiteren Indizien aufgelistet worden, die – bei aller Zurückhaltung unsererseits – auch uns die Frage stellen lassen, ob es den von den Westalliierten postulierten nuklearen Wettlauf nicht doch wirklich gegeben hat.

Bisherige Darstellungen der klassischen Geschichtsschreibung beziehen sich immer wieder auf die hinlänglich bekannten Atomforschungsstandorte im Dritten Reich, als da beispielsweise sind: Hamburg, Berlin, Oranienburg, München, Frankfurt am Main, Heidelberg, Hechingen, Stadtilm. Was aber ist mit jenen Arealen, die bisher kaum oder gar nicht beachtet wurden, für die sich aber aufgrund von verdichtetenden Informationen immer deutlicher abzeichnet, daß sie etwas mit Nuklearphysik zu tun gehabt haben müssen?! Was ist mit Melk in Österreich, was mit der zu Dänemark gehörenden Ostseeinsel Bornholm, was mit der »Festung Norwegen«, was mit dem Großraum Jonastal – Truppenübungsplatz Ohrdruf, was mit Skoda und Pilsen in der heutigen Republik Tschechien, was mit der Anlage »Riese« im heutigen Polen und was mit den nun neuerdings noch ins Blickfeld rückenden Standorten wie Innsbruck und möglicherweise sogar Auschwitz?

Wir warnen davor, einfach zu behaupten, die bisherige Geschichtsschreibung sei vollständig. Es gibt, wie dieses Buch dokumentiert, noch mehr als genug weiße Flecken, die einer Aufarbeitung bedürfen; nicht zuletzt deshalb, um das Schicksal zehntausender Menschen zu klären, die bei der Realisierung diverser Bau- und Forschungsvorhaben im Dritten Reich ums Leben kamen.

Wie bereits bei anderer Gelegenheit erklärt, könnte sich zudem herausstellen, daß das bisherige »Expertenwissen«, das uns als Maßstab aller Dinge eingetrichtert wurde, unkorrekt und reformbedürftig ist. Wir möchten an dieser Stelle nicht darüber philosophieren, was »Expertenwissen« wert ist. Der Kalte Krieg mit seinen die Zivilisation bedrohenden Massenvernichtungsmitteln oder die BSE-Krise zeigten mehr als deutlich, daß vieles nur zum Schaden der Menschheit »gewußt« wird, nicht aber zu deren Fortschritt.

Wir warnen auch davor, unseren Versuch, Licht in einige dunkle zeitgeschichtliche Kapitel zu bringen, als Verherrlichung irgendwelcher geschichtlichen Abläufe oder gar des Dritten Reiches mißzuinterpretieren. Geschichte ist passiert. Im nachhinein kann nichts mehr an ihr korrigiert werden. Ob Geschichte aber immer so geschrieben wird, wie sie sich tatsächlich ereignet hat, ist eine ganz andere Frage, die wir zu beantworten verpflichtet sind – und das erst recht in einer freiheitlich demokratischen Ordnung. In diesem Sinne soll unser Buch verstanden werden.

Edgar Mayer & Thomas Mehner

EINLEITUNG

»Meine Tätigkeit in bezug auf die Atombombe und Roosevelt bestand allein in der Tatsache, daß ich angesichts der Gefahr, daß Hitler als erster die Bombe besitzen könnte, einen Brief an den Präsidenten unterzeichnete, den Szilard entworfen hatte. Hätte ich gewußt, daß diese Befürchtung ungerechtfertigt war, hätte ich mich ebensowenig wie Szilard am Öffnen dieser Büchse der Pandora beteiligt.«

Albert Einstein in einem Brief an den deutschen Physiker Max von Laue wenige Wochen vor seinem Tod.[1]

Albert Einstein soll, nachdem er, wie viele andere am US-Atombomben-Entwicklungsprogramm mit der Bezeichnung »Manhattan Project« direkt oder indirekt Beteiligte, »die Sünde kennengelernt hatte«, nicht mehr derselbe sein wie zuvor. Er zieht sich zurück, betrachtet die Wissenschaft mit anderen Augen und denkt intensiv über seine moralische Schuld am Einsatz dieser schrecklichen Waffe nach, die allein in Hiroshima und Nagasaki, den beiden japanischen Städten, deren Namen unauslöschlich in der Geschichte der modernen Zivilisation verankert sind, eine unglaubliche Zahl von Opfern gefordert hat.

Dieses Schuldgefühl treibt ihn in seinen letzten Lebensjahren um. Kurz vor seinem Tod entschließt sich Einstein sogar, eine weitere Erfindung, die der Öffentlichkeit nie bekannt werden wird und die er persönlich als weitere schreckliche Option auf eine ultimative Waffe definiert, zu vernichten …

Doch hatte Einstein überhaupt eine Chance, anders zu entscheiden, als er es seinerzeit getan hatte? Hätte man das Öffnen der Büchse der Pandora unterlassen können? Wäre die Menschheit vor der »Sünde« der Atomwaffen und der mit ihr verbundenen Vernichtungsmöglichkeiten bewahrt worden?

Ja, behaupten die politisch und militärisch Verantwortlichen in trauter Einigkeit mit Historikern und anderen Experten. Das Dritte Reich habe zwar Fortschritte im Grundlagenbereich der Atomforschung erzielt, doch sei das Projekt einer deutschen Atombombe 1942 gestoppt worden, nachdem deutsche Physiker erklärt hätten, daß die Realisierung eines solchen Projekts ungeahnte Risiken, eine Unmenge Geld und vor allem mehrere Jahre Zeit in Anspruch nehmen würde. Zeit, die man (angeblich) nicht hatte. Zudem habe Hitler die Bedeutung einer solchen Waffe nicht begriffen, so daß letztlich bei der Angelegenheit nichts herausgekommen sei.

Waren also die Amerikaner, die das eindeutig gegen Deutschland gerichtete Manhattan Project betrieben, letztlich ihrer eigenen Paranoia zum Opfer gefallen? Hatte man auf ein »Gespenst« gezielt, das sich bei Kriegsende urplötzlich dematerialisierte? Waren zwei Milliarden US-Dollar – soviel kostete das erste Schwarze-Welt-Projekt der USA, das die Atombombe hervorbrachte – umsonst verpulvert worden?

Auch hier sagen die Experten in schöner Einigkeit: Ja!

Wir erlauben uns, an dieser Stelle deutlich zu widersprechen. Unserer Meinung nach hatten die USA keine Wahl, Einstein hatte keine Wahl und auch die vielen tausend Wissenschaftler und Ingenieure nicht, die das »Project« in aller Heimlichkeit vorantrieben. Wir behaupten: Das Dritte Reich war im Besitz *mindestens* einer – prototypenreif durchkonstruierten und wahrscheinlich auch getesteten – Atombombe!

Wir stehen mit dieser Behauptung keineswegs allein da. In den letzten Jahren ist sowohl im In- als auch im Ausland eine Reihe von Publikationen erschienen, die die bisher veröffentlichte Geschichte der Hochtechnologie kritisch unter die Lupe genommen haben mit dem Ziel, das Vorhandensein einer realen atomaren Bedrohung seitens des Dritten Reiches zu beweisen.

Freilich tut man sich dabei schwer. Doch das kann bei genauer Betrachtung der Situation auch nicht verwundern. Sollten deutsche Wissenschaftler und Militärs die »Bombe« tatsächlich gehabt haben, so kann ein solches Vorhaben aus nachvollziehbaren Gründen nur unter einem massiven Geheimhaltungsaufwand bewerkstelligt worden sein. Möglicherweise wurde die »Bombe« erst kurz vor Kriegsende fertig und geriet dann durch Verrat, Sabotage oder einfach durch sich überschlagende Ereignisse in die Hände der Alliierten, die natürlich auch kein Interesse verspürten, daß das Geheimnis das Licht der Öffentlichkeit erblickte. Um so weniger, als sie vielleicht hätten zugeben müssen, daß trotz des am Boden liegenden Deutschlands es den Nazis gelungen war, eine solche ultimative Waffe zu schaffen. Letztlich war es relativ einfach möglich, das Geheimnis weiterhin als solches zu behandeln – die Stafettenübergabe war reibungslos erfolgt. Nach dem Krieg hatte man dann alle Möglichkeiten, bestimmte Spuren, die es zweifelsohne geben mußte, einfach zu beseitigen. Jede Entwicklung und jede Person hinterlassen Spuren. Archive wurden »gewaschen«, deutsche Spezialisten, die an der Entwicklung der »Bombe« beteiligt waren, wurden zur Geheimhaltung verpflichtet, so sie sich nicht bereits abgesetzt hatten, um im Auftrag anderer Herren zu arbeiten, was natürlich auch in aller Heimlichkeit geschehen mußte. Schließlich gab es nach dem letzten großen gegenseitigen Völkermorden überall Bedarf an Leuten, die bestimmte Kenntnisse hatten, vor allem Kenntnisse der Atomforschung.

Möglicherweise hätte die Öffentlichkeit nie erfahren, daß ein deutsches Atomforschungsprogramm existiert haben könnte, wenn nicht Jahrzehnte später der Zusammenbruch des kommunistischen Systems erfolgt wäre. In solchen Zeiten des Wandels gelangen immer Informationen an die Oberfläche, die jahre- und jahrzehntelang unter dem Teppich blieben. Plötzlich kursierten Gerüchte über eine streng geheime Atom- und V-Waffenforschung bei Skoda, Prag.[2] Ähnliches ereignete sich in bezug auf das Jonastal, jenen scheinbar geheimnisvollen Abschnitt Thüringens zwischen Ohrdruf und Arnstadt, der – nach bisheriger Geschichtsschreibung – gegen Kriegsende Ziel geheimer Bauaktivitäten der SS geworden war.[3, 4]

Wie auch immer man die bisher erschienenen Publikationen zu diesem Thema bewerten mag, eines ist Fakt: Es gibt mittlerweile eine Vielzahl von Widersprüchen zur offiziellen Geschichtsschreibung, die darauf hindeuten, daß das Thema der deutschen Hochtechnologie weder abschließend behandelt noch wirklich aufgeklärt ist. Hätte sich nämlich die Geschichte in bezug auf die A-Bombe und andere V-Waffen tatsächlich so ereignet, wie sie aufgeschrieben wurde, dürften kaum mehr offene Fragen existieren. Genau das Gegenteil ist aber der Fall: Die Zahl konträrer Informationen wächst – wenn auch für die Öffentlichkeit nicht erkennbar – ständig, und die mittlerweile zusammengetragenen Indizien und Informationen fordern jeden denkenden Menschen geradezu heraus, die Frage nach der Authentizität des bisher Dargestellten aufzuwerfen.

Wir befassen uns seit Jahren mit der deutschen Hochtechnologiegeschichte und können uns beim gegenwärtig erreichten Stand der Dinge nur kopfschüttelnd wundern, warum mehr als 50 Jahre vergehen mußten, um der Angelegenheit auf den Grund zu gehen. Der Leser wird beim Studium dieses Buches feststellen, daß es bereits unmittelbar nach dem Ende des Zweiten Weltkrieges in der alliierten Presseberichterstattung sehr deutliche Hinweise darauf gab, daß das Dritte Reich über ein weit fortgeschrittenes Atomwaffenprogramm ebenso verfügte wie über eine Waffe, die die »Bombe« ins Ziel bringen sollte – die V3 (wie sie auch von Wernher von Braun bezeichnet wurde), eine interkontinentale Rakete.

Angesichts solch deutlicher, noch aufzuzeigender Informationen, ist absolut unverständlich, daß bis heute behauptet wird, Deutschland habe im Zweiten Weltkrieg weder an dem einen noch an dem anderen Waffensystem gearbeitet. Statt dessen wird in einer Art Trommelfeuer immer wieder längst Bekanntes veröffentlicht – und natürlich auch die Behauptung, daß Deutschland seinerzeit eine Atomwaffe und eine Fernrakete *nicht* gehabt habe.

Dabei ist das in höchstem Maße unlogisch. Hatte man einmal die Möglichkeiten einer Fernrakete begriffen, so mußte es für alle Verantwortlichen und Beteiligten geradezu eine Herausforderung sein, eine solche Waffe einzusetzen, um damit von europäischem Boden aus Ziele in den USA bzw. in der damaligen Sowjetunion zu vernichten.

Dies gilt natürlich auch für die Atombombe. Hitler einfach zu unterstellen, er habe die Möglichkeiten einer solchen Waffe nicht verstanden, zeugt nur vom fehlenden Sachverstand derjenigen, die das behaupten. Das Dritte Reich war expansionistisch eingestellt. Zudem wußte man sehr genau, daß in den USA und England kernphysikalische Forschungen betrieben wurden. Wollte Deutschland den Endsieg erringen und die eroberten Territorien halten, mußte man (ob man wollte oder nicht) über ein Waffensystem verfügen, das den Gegner einzuschüchtern in der Lage war. Und man mußte schneller sein als die Alliierten, denn wie sich Jahre später am Beispiel Japans zeigte, konnte ein Land, das mit solchen neuen Waffen konfrontiert wurde, ziemlich schnell zur Aufgabe gezwungen werden.

Die Behauptung, Hitler habe alles, was mit Atomphysik zu tun hatte, ignoriert, weil es »jüdische Physik« (in Anspielung auf Einstein) gewesen sei, ist äußerst vermessen. Mit der »Bombe« wäre ihm ein Mittel in die Hand gegeben worden, das es ihm erlaubt hätte, New York anzugreifen und die Amerikaner – wie er glaubte – friedensreif zu schießen. Daß er von der Idee eines Angriffs auf diese amerikanische Großstadt begeistert war, zeigt seine folgende Bemerkung vom 28. August 1942, in der er sich nur zu einem konventionellen Angriff äußerte:

»Gegen die Bomben sind die Hochhäuser sicher, nicht aber gegen den Luftdruck. Ein normaler Wind bewegt einen Wolken-

kratzer bereits um 40, 60, 80 Zentimeter. Wenn da plötzlich ein Stoß kommt! In New York sind die Grundstützen bereits 60, 70 Meter tief. Darüber müßte man Schlepper mit 6.000–8.000 Zentnern abwerfen. Ein Bombenangriff, wie wir ihn auf London gemacht haben, auf New York würde verheerend wirken, eine Katastrophe! Man könnte den Schutt nicht mehr wegräumen. Luftschutzkeller kann man da nicht bauen!«[5]

Nicht vergessen werden darf, daß schon am 24. April 1939 die damals noch unbekannten deutschen Wissenschaftler Prof. Paul Harteck und sein Assistent Dr. Wilhelm Groth einen Brief an das Reichskriegsministerium geschrieben hatten, der weitreichende Folgen haben sollte. Darin wurde in bezug auf die Kernphysik als Waffe und die in den USA und England laufenden Forschungen eindeutig festgestellt:

»Das Land, das als erstes Gebrauch davon macht, besitzt den andern gegenüber eine nicht einzuholende Überlegenheit.«[6]

Das Dritte Reich mußte in den sich abzeichnenden Wettlauf um die »Bombe« eintreten und sie unbedingt als erste Nation haben!

In unserem Buch werden wir versuchen, Ihnen einen Teil der neuen, dazu passenden Informationen aufzuzeigen. Dabei müssen wir allerdings auf für Insider möglicherweise bereits bekannte Fakten zurückgreifen, um auch dem noch unbedarften Leser die Möglichkeit zu geben, gewisse Ereignisse und Abläufe nachzuvollziehen.

Viele Informationen stammen aus Sekundärquellen, viele jedoch auch aus erster Hand. Auch ohne die – sowieso nicht zugänglichen bzw. gesperrten – Informationen in alliierten Archiven ergibt sich ein beeindruckendes Bild. Wir werden in einige Bereiche, die bereits durch andere Autoren ansatzweise behandelt worden sind, Licht zu bringen versuchen.

Wahrscheinlich aber werden unsere Darstellungen mehr Fragen als Antworten aufwerfen. Und genau das ist auch beabsichtigt, denn wir befinden uns erst am Anfang eines Weges – sein Ende ist noch lange nicht in Sicht.

Eines werden wir allerdings nicht tun: die bekannte Geschichte der Atomforschung in diesem Buch wiederholen. Wir empfehlen statt dessen die üppig vorhandene klassische Geschichtsliteratur zu diesem Thema, die wir als teilweise völlig überholt und unzutreffend betrachten. Unabhängig davon ist es auch aus Platzgründen unmöglich, alle zur alliierten und deutschen Atombzw. V-Waffenforschung vorliegenden Informationen aufzuzeigen. Dieses Buch will sich in erster Linien den Indizien und Ereignissen zuwenden, die bisher kaum bekannt geworden sind bzw. völlig verborgen blieben. Für alles andere sollte unseres Erachtens kein Papier mehr bedruckt werden.

Zur Ehrenrettung einiger Autoren, die auf der Linie der bekannten Geschichtsschreibung liegen, muß allerdings erwähnt werden, daß auch sie über Seltsamkeiten und Widersprüche gestolpert sind. Leider hat das aber nicht dazu geführt, entsprechende Konsequenzen zu ziehen, also tiefgründigere Recherchen zu betreiben, die sicherlich einiges an erstaunlichen Informationen ans Licht gebracht hätten.

Man erlaube uns diesbezüglich einen kleinen Exkurs: Daß viele, wenn sie über die Wahrheit stolpern, dieser nicht nachgehen, ist ein zutiefst menschliches Problem, denn die »Krone der Schöpfung« lebt gern in sicheren Verhältnissen. In unserer ach so modernen globalisierten Zeit gerät jedoch mittlerweile alles ins Rutschen, was bis vor kurzem noch als stabil und unverrückbar galt.

Die Ursachen hierfür sind leicht zu erkennen: In einer unheiligen Allianz haben Politik, Wirtschaft und Wissenschaft den Menschen ein Weltbild vorgegaukelt, das es so nicht gibt. Angeblich geschieht alles zum besten der Menschen. Doch zeigen tagtägliche Berichte über bestechliche Politiker, korrupte Wirtschaftsbosse und auch die BSE-Krise, die wie ein Mahnmal in den Wissenschaftshimmel ragt, daß vieles nur Augenwischerei ist. Was für eine »Leistung«, hochstehenden Säugern Kadavermehl ihrer eigenen Artgenossen und das anderer Tiere vorzusetzen! Jedem anständigen Menschen muß allein bei dem Gedanken übel werden! Anstatt eine naturnahe Wissenschaft zu betreiben, wurden Verfahren entwickelt, die ein wahres Horrorszenario darstellen. Und jetzt rächt sich die Natur, *endlich*! Doch anstatt etwas daraus zu lernen, ist man schon beim nächsten »Frankensteinprogramm« angelangt: der Genforschung!

Wir fragen uns, was in den Köpfen gewisser Individuen vor sich geht, die sich Wissenschaftler nennen. Das 20. Jahrhundert war eine Epoche des Machbarkeitswahns, des Abkoppelns des Menschen von seiner natürlichen Umwelt und der rücksichtslosen Durchsetzung politischer und wirtschaftlicher Ziele. Alles immer von wissenschaftlichen Experten entwickelt und für gut befunden. In unseren Augen hat die Wissenschaft längst jegliches Recht verloren, als Schiedsrichter irgendwelcher Wahrheiten aufzutreten. Behauptet heute jemand, »wissenschaftlich exakt zu arbeiten«, dann ist das für uns noch lange kein Grund anzunehmen, daß der- oder diejenige an der Wahrheit interessiert ist. Doch nur um diese kann es letztlich gehen.

Das eben Gesagte gilt auch für unser Buch: Die hier vorgestellten Informationen sind sehr vielschichtig. Dieses Buch kann allein aufgrund der Lage der Dinge weder vollständig, noch der Weisheit letzter Schluß sein. Manches wird Bestätigung finden, manches widerlegt werden. Einiges wird vielleicht nur als »Gerücht« im Raum stehen bleiben. Wir haben uns bemüht, zwischen Fakten, Indizien, Primär- und Sekundärinformationen zu unterscheiden. Wir wollen und müssen dem Leser nichts vormachen. Er soll sich eine eigene Meinung bilden und zum Nachdenken angeregt werden. Wir fühlen uns einzig der Wahrheit bzw. der Annäherung an sie verpflichtet – und dem Schicksal der Menschen, die bei den Geheimprojekten, die mit der bisher verschwiegenen Seite der deutschen Atomforschung zu tun hatten, ums Leben gekommen sind.

Wir möchten abschließend all jenen Personen danken, die uns bei den Recherchen zu diesem Buch in selbstloser Weise unterstützt haben. Ohne eine Vielzahl von Informationen, die von Freunden, Bekannten, Heimatforschern und ganz allgemein am Thema Interessierten übermittelt wurden, wäre das in dieser Publikation aufgezeigte Bild einer anderen deutschen Atomforschung niemals zustande gekommen.

Kapitel 1

WIDERSPRÜCHE UND SELTSAMKEITEN

Gewiß, die »seriöse« Forschung und Geschichtsschreibung meint bis zum heutigen Tag, daß Deutschland das Rennen um die Atombombe spätestens 1942 aufgegeben habe, obwohl man zunächst über die am weitesten entwickelten theoretischen Mittel und Möglichkeiten verfügte. Schließlich war die Spaltung von Urankernen durch Neutronen 1938 von Fritz Strassmann und Otto Hahn in Berlin entdeckt worden. Deutschland verfügte zudem über eine Reihe weiterer Experten in dieser Hinsicht, deren Namen allgemein sind: Heisenberg, Bagge, von Weizsäcker, von Laue, Wirtz, Diebner, Bothe, Harteck, Gerlach – um nur einige der Bekanntesten an dieser Stelle zu nennen.

Während des Sommers 1939 befand sich Heisenberg auf einer Vortragsreise in den USA. Bei dieser Gelegenheit führte er ein längeres Gespräch mit seinem alten Freund Fermi, der später maßgeblich am amerikanischen Atombombenprojekt beteiligt war. Beiden war dabei klar, daß die Entdeckung der Atomkernspaltung eine Reihe militärischer wie auch ziviler Nutzanwendungen nach sich ziehen könne und daß Maßnahmen zur Entwicklung entsprechender Technologien von allen führenden Nationen (USA, Großbritannien, Deutschland, eventuell auch der Sowjetunion) vorangetrieben werden würden.

Am 1. September 1939 begann der Zweite Weltkrieg. Einstein hatte knapp einen Monat zuvor seinen berühmt gewordenen Brief an den US-Präsidenten Roosevelt geschrieben und diesen aufgefordert, angesichts der deutschen Bedrohung eine amerikanische Uranbombe zu entwickeln. Der Brief sollte Folgen haben. Es entstand das amerikanische Manhattan Project, das in seinen Spitzenzeiten bis zu 125.000 Menschen beschäftigte und mindestens 2 Milliarden US-Dollar verschlang.

Ob allerdings allein die Meinung von Wissenschaftlern die politische und militärische Führung in den USA zum Bau der »Bombe« bewegen konnte, möchten wir bezweifeln. Immerhin ging es um viel Geld. Könnte es sein, daß die Meinung der Experten nur nach außen hin als Begründung erscheinen mußte? Hatten die amerikanischen Geheimdienste nicht auch Erkenntnisse, die in die selbe Richtung gingen? Wir werden wohl nie erfahren, was hinter der Bühne wirklich abgelaufen ist.

Während die USA also ihr Atombombenprojekt in Angriff nahmen, schlug das Nuklearprogramm in Deutschland nach offizieller Lesart hingegen eine andere Richtung ein. Auf einem der streng geheimen »Uran-Treffen« sprach Heisenberg über die Möglichkeiten der Kernspaltung. Nach den überlieferten Informationen - es gab merkwürdigerweise keine Gesprächsprotokolle - sprach er sich für eine friedvolle Nutzanwendung der Kernenergie aus. Er meinte, als Wissenschaftler und als verantwortungsvoller Mensch solle man nicht an der Entwicklung einer Atombombe arbeiten.

Und so behauptet die offizielle Geschichtsschreibung, daß aufgrund der bis 1942 eingetretenen Kriegsereignisse alle langfristigen Entwicklungs- und Forschungsvorhaben, die nicht binnen Jahresfrist einsatzbereit zur Verfügung standen, eingestellt werden mußten. Göring unterzeichnete dazu im April 1942 einen Erlaß, der alle Entwicklungsvorhaben untersagte, die lediglich »Nachkriegsinteresse« besaßen.[1] Angeblich konnte nur Rüstungsminister Speer über etwaige Ausnahmen entscheiden, womit unzulässigerweise weiterhin das Märchen verbreitet wird, das Dritte Reich sei perfekt hierarisch strukturiert gewesen.

Vielmehr entspricht es den Tatsachen, daß viele innerhalb eines gewissen Rahmens das taten, was sie für richtig hielten. Man durfte sich nur nicht erwischen lassen oder mußte in der Rangordnung ganz oben stehen. Göring selbst verstieß bis zuletzt regelmäßig gegen seinen eigenen Erlaß und förderte beispielsweise Projekte, die nach der Geschichtsschreibung nicht einmal mehr Prototyp-Stadium erreicht haben sollen, wie z. B. den Horten-Langstreckenbomber.[2] Wenn schon bei weniger kriegswichtigen Waffensystemen Ausnahmen zugelassen wurden, muß man dies dann nicht erst recht bei einer strategischen Waffe wie der deutschen Atombombe annehmen?

Auch Reichsrüstungsminister Albert Speer, der ebenfalls beim »Uran-Treffen« anwesend war, behauptete später in seinen Memoiren, daß das Projekt einer deutschen Atombombe schon 1942 verworfen worden sei, nachdem klar wurde, daß ihre Entwicklung drei bis vier Jahre dauern würde.

An dieser Stelle sollte man schon das erste Mal stutzig werden. Geheimkonferenzen, fehlende Gesprächsprotokolle, Beteiligte, die sich nur »erinnern« können, die Bombe nicht bauen zu wollen bzw. ein Rüstungsminister, der das Projekt einer Atomwaffe für zeitlich nicht machbar hielt. Es paßt *scheinbar* alles zusammen, andererseits auch wieder nicht.

Fürwahr war die Schaffung einer Atomwaffe ein Projekt, das höchster Geheimhaltung bedurfte. Demzufolge konnte das Thema, als es in die heiße Phase ging, nur im geheimen behandelt werden. Fehlende Konferenzprotokolle können mit der Geheimhaltung an sich erklärt werden, möglicherweise liegen diese Unterlagen aber auch heute noch in irgendwelchen alliierten Archiven.

Die vorgetragene Behauptung, man habe als verantwortungsbewußter Mensch und Wissenschaftler nicht an einer nuklearen Waffe bauen wollen, erscheint uns äußerst fadenscheinig. Es wäre so ziemlich das erste Mal in der Geschichte der Wissenschaft und Technik gewesen, daß sich jemand über die Folgen einer Erfindung oder Entwicklung vorab Gedanken gemacht hätte. Eine solche Einstellung wäre gewiß löblich und menschlich edel, aber unter den totalitären Herrschaftsbedingungen im Dritten Reich wohl kaum durchzuhalten, wollte man auch weiterhin sein Geld mit wissenschaftlicher Arbeit verdienen. Nein, irgend etwas stimmt hier nicht.

Auch Speers Erinnerungen scheinen etwas getrübt zu sein. Für uns ist bis heute unklar, daß ein Mann, unter dessen Fittichen die deutsche Rüstungsindustrie von einem Produktionsrekord zum andern eilte und der damit für die Ausweitung und Verlängerung des Krieges verantwortlich zeichnete, vom Nürnberger Kriegsverbrechertribunal nur zu einer Haftstrafe verurteilt wurde, während andere, die von geringerer Bedeutung für das Ganze waren, dem Strang übergeben wurden …

Speer selbst machte bei der ganzen Geschichte keine gute Figur. Im April 1942 traf er mit Generaloberst Fromm, Oberbefehlshaber des Ersatzheeres, zusammen. In dem Gespräch deutete Fromm an, daß der Krieg nur noch dann zu gewinnen sei, wenn man den Einsatz einer völlig neuen Waffe vorantreibe. Er, Fromm, habe die nötigen Kontakte und wäre bereit, in dieser Angelegenheit zu vermitteln. Nachdem auch Albert Vögler, Präsident der Kaiser-Wilhelm-Gesellschaft, einen Vorstoß in Richtung der Atombombenforschung gewagt hatte, befahl Speer am 4. Juni 1942 die führenden Köpfe des »Uran-Vereins« ins Harnack-Haus der Kaiser-Wilhelm-Gesellschaft nach Berlin-Dahlem, wo er sich selbst einen Situationsüberblick verschaffen wollte. An der abendlichen Besprechung, die geheimgehalten wurde, nahmen auch führende Militärs teil, die sich eine Aufklärung über eine in Reichweite gerückte neue Waffe erhofften. Darunter befanden sich u. a. Generalfeldmarschall Milch, Generaloberst Fromm, Admiral Carl Witzell (Chef des Marinewaffenamtes) und General Leeb.

Die mit der jüngsten Entwicklung nicht vertrauten Mitglieder der Kaiser-Wilhelm-Gesellschaft, die ebenfalls zugegen waren, reagierten ziemlich geschockt, als man aus Otto Hahns Mund die aufgefundenen Möglichkeiten der Kernspaltung und einer daraus resultierenden Atombombe erfuhr. Generalfeldmarschall Milch interessierte sich brennend für eine Antwort auf die Frage, wie groß eine Atombombe sein müsse, damit man eine Großstadt wie London dem Erdboden gleichmachen könne. Heisenberg antwortete, daß eine solche Bombe in etwa Ananas-Größe habe.[2a]

Diese Antwort elektrisierte die Militärs. Heisenberg mußte seine gesamte Überredungskunst aufbringen, um die aufgekommene Begeisterung zu dämpfen: Gegenwärtig sei die Herstellung einer solchen Bombe wirtschaftlich nicht möglich. Sie lasse sich ohnehin nicht im geforderten Zeitraum von sechs bis neun Monaten herstellen, sondern bedürfe eines Entwicklungszeitraums von zwei Jahren. Schließlich sei ein enorm hoher materieller und finanzieller Aufwand vonnöten.[3]

Speer antworte daraufhin barsch, daß er als Rüstungsminister die notwendigen Mittel in jeder Höhe beschaffen könne, wenn das Projekt lohne (und letzteres tat es mit Sicherheit angesichts der ersten alliierten Luftangriffe). Speer forderte von Weizsäcker auf, den nötigen Betrag zu nennen. Als letzterer nach einigem Hin und Her eine – wirklich lächerliche – Summe von 40.000 Reichsmark nannte, sahen sich Milch und Speer an und schüttelten über soviel Weltfremdheit und Naivität nur die Köpfe. Speer schrieb später:

»Ich hatte bereits eine Summe von 100 Millionen Reichsmark als passend ausgedacht, als von Weizsäckers Antwort kam.«[4]

Aha! 100 Millionen Reichsmark! Und zwei Jahre Zeit, vielleicht auch drei oder vier! Wo war da das Problem? Galt nicht im Zweiten Weltkrieg auf deutscher Seite der Satz: Unmögliches gibt es nicht?!

Die Militärs, Speer eingeschlossen, wunderten sich sicherlich über die Wissenschaftler, die etwas von 40.000 Reichsmark schwafelten, wo man doch selbst in anderen Kategorien dachte. Somit steht zu vermuten, daß man auf militärischer Seite von der Machbarkeit der Atombombe überzeugt war. Und je eher man anfinge, um so besser. Die Behauptung Heisenbergs, daß das Projekt derzeit wirtschaftlich nicht machbar sei, bezog sich auf den momentanen Zustand. Aber was verstand ein Wissenschaftler von Wirtschaft? Nichts! Speer war aber ein Organisationsgenie und wußte, wie man einen wirtschaftlichen Zustand von heute auf morgen ändern konnte.

Wir erwähnten bereits im Vorwort, daß die Annahme, Deutschland habe nicht an der »Bombe« gearbeitet, in jedem Falle unlogisch ist. Wernher von Braun, der deutsche Raketenpionier, wußte während der Kriegsjahre sehr wohl, daß in verschiedenen Ländern an der Realisation einer Atombombe geforscht wurde. Auch andere wußten das – bis hinauf in die höchsten Führungsebenen des Dritten Reiches. Deutschland konnte (und durfte) es sich bei seinen Großmachtbestrebungen somit überhaupt nicht leisten, nicht an einer solchen Waffe zu arbeiten, wollte man in der Führung des Dritten Reiches nicht von vornherein den Zweiten Weltkrieg verloren geben. Das bedeutet, daß es eine militärstrategische Notwendigkeit für dieses Projekt gab. Hitler, der vom Endsieg überzeugt war, hätte beim Eintreffen eines solchen Falles, des Sieges Deutschlands also, keinerlei Möglichkeit der Machtstabilisierung gehabt, wenn seine Gegner jederzeit eine ultimative Waffe gegen ihn einsetzen konnten. Hitlerdeutschland hätte mit einem Schlag all das verloren, was es erreicht hätte. Glaubt man allen Ernstes, daß eine solche Möglichkeit nicht in Betracht gezogen wurde?

Die Notwendigkeit, über ein neuartiges Vernichtungswerkzeug zu verfügen, nahm ja im Laufe der Zeit, insbesondere nach den Ereignissen bei Stalingrad, sogar noch zu. Man hatte ab diesem Zeitpunkt sehr wohl begriffen, daß sich das Kriegsglück gewendet hatte und daß man nun mit allen Mitteln das Kommende aufhalten, hinauszögern mußte. Der Führung des Dritten Reiches war klar, daß man sich im Falle einer Niederlage zu verantworten hatte. Wäre da nicht jedes Mittel recht gewesen, den Hals aus der Schlinge zu ziehen, insbesondere dann, wenn es eine Option auf eine Superwaffe gab?!

Sicher, das sind nur theoretische Erwägungen. Aber konnte sich das Dritte Reich, das fast überall sonst im Bereich der Hochtechnologien federführend war, ausgerechnet auf dem Gebiet der Atomwaffentechnik einen Lapsus erlauben? Wohl kaum, und schon gar nicht nach der Katastrophe von Stalingrad!

Trotzdem werden viele Historiker nicht müde, das Gegenteil zu behaupten. Der Geschichtsprofessor George McBundy von der New York University und Sonderberater des US-Präsidenten in Sachen nationaler Sicherheit (von 1961–1966), schrieb 1968:

»[...] Rückblickend ist es gut, sich daran zu erinnern, daß die Deutschen den Wettlauf um die Bombe nie aufgenommen haben, daß Adolf Hitler die Möglichkeiten nie verstand und daß die besten deutschen Physiker es nie wirklich versuchten.«

Bundy konnte natürlich zu keinem anderen Ergebnis kommen. Als Berater für nationale Sicherheitsfragen des US-Präsidenten war ihm sehr wohl bewußt, wie die Bewertung auszufallen hatte. Alles andere hätte massive Probleme mit den US-Sicherheitsinteressen ergeben.

Deutschland war sehr wohl fähig und in der Lage, Atomwaffen herzustellen. Bei den bisherigen Betrachtungen begeht man einen entscheidenden Fehler, indem man das US-amerikanische Manhattan Project als Maßstab aller Vergleiche heranzieht. Dabei ist klar, daß die von den Amerikanern angewandte Diffussionsmethode das teuerste, langwierigste und umständlichste Verfahren zur Herstellung der Grundstoffe für die Atomwaffe überhaupt war – man bezeichnete es als Alptraum für jeden Wissenschaftler und Ingenieur –, und von deutschen Wissenschaftlern von vornherein abgelehnt wurde. Es gab alternative Methoden, beispielsweise in Form der Verwendung einer Ultrazentrifuge für die Isotopentrennung. Denkbar wäre auch der Einsatz eines Teilchenbeschleunigers, um an die Grundstoffe der Atomwaffe zu gelangen.

Vieles spricht dafür, daß die von uns weiter vorn genannten Atomexperten Deutschlands nur einen Teil aller Wissenschaftler auf diesem Gebiet darstellten. So mag es durchaus den Tatsachen entsprechen, daß diese Vorführ-Spezialisten teilweise tatsächlich nichts vom wahren Stand der Dinge wußten, weil sie einer Gruppe angehörten, die – aus welchen Gründen auch immer – nicht direkt mit den Dingen befaßt war. Aber das ist eine Frage des Glaubens, nicht des Wissens.

Bemerkenswerterweise gibt es in der zugänglichen Literatur eine ganze Reihe von Hinweisen auf deutsche Versuche, die »Bombe« zu bauen. Es ist zwar sehr mühsam, die zahlreichen Hinweise zusammenzutragen, doch in jedem Falle lohnenswert.

1980 erschien im Volkstum-Verlag, Wien, der Roman »Wolfszeit um Thule«, in dem der Autor Wilhelm Landig zahlreiche Sachthemen aus der jüngeren Geschichte behandelt. Die Romanform wurde von ihm bewußt gewählt, da die dargestellten

Zusammenhänge in der von ihm erzählten Form und Sichtweise in einem Sachbuch möglicherweise zu gewissen »Problemen« geführt hätten. Landig war dereinst eng mit der Ludendorff-Bewegung verbunden gewesen und soll nach den uns vorliegenden Informationen u. a. als Leiter des Reichssicherheitshauptamtes Wien fungiert haben. In dieser Position hätte er natürlich auch auf Informationen Zugriff gehabt, die anderen verborgen bleiben mußten.

Landig behauptet nun in seinem Buch, daß auch in Österreich bereits in den 1930er Jahren Experimente zur Atomforschung stattfanden. In diesem Zusammenhang ist von dem Wiener Professor Hasenöhrl und dem ebenfalls dort ansässigen Physiker Ingenieur Karl Nowak die Rede. Beide Spezialisten werden ansonsten in der Fachliteratur kaum genannt. Nowak soll sogar eine produktionsreife Vorlage zur Entwicklung einer Wasserstoffbombe besessen haben, die – so der Roman von Landig weiter – durch den deutschen Chemiker Otto Hahn sabotiert worden sein soll. Starker Tobak!

Doch es kommt noch besser. Auf Seite 149 des Buches erfährt man von der Existenz eines Forschungsstabes unter der Leitung der Professoren Armin Dadieu und Thyssen, der sich ebenfalls mit den Problemen der Kernspaltung beschäftigte.

Anfang 1944 publizierte die deutsche Wochenzeitung *Das Reich* in großer Aufmachung einen Artikel des Journalisten Schwarz van Berg, der Pressebeauftragter im Führerhauptquartier war. Berg behauptete, daß man nunmehr soweit sei, einen Teil der Erde in die Luft zu sprengen. Und noch im gleichen Jahr soll in der Nordsee im Beisein von ausgewählten Beobachtern eine Versuchssprengung stattgefunden haben, die eine Insel von der Bildfläche verschwinden ließ. Angeblich kam eine kleine Atombombe zum Einsatz!

Propaganda, Wunschdenken, Desinformation? Lesen Sie das Buch zu Ende. Dann können Sie sich diese Frage selbst beantworten.

Landig erwähnt weiterhin, daß das Dritte Reich im Besitz von fünf Atombomben gewesen sei. Sie sollten im April 1945 zum Einsatz kommen. Da jedoch vorher die Zündeinsätze durch einen Sabotageakt verschwanden, lief die Zeit ab, bevor die Ersatzzünder zur Stelle waren, für deren Fertigung man sechs Wochen benötigte.

Handfester hingegen sind Informationen zur deutschen Atomforschung, die durch die Freigabe ehemaliger US-Geheimdokumente das Licht der Weltöffentlichkeit erblickten. Dazu existiert u. a. ein Dokument »Investigations, Developments, and Practical Use of the German Atomic Bomb«, das vom Hauptquartier der United States Strategic Air Force in Europa am 19. August 1945, also nach Kriegsende, verfaßt wurde und die Situation aus der Sicht dieser Militärorganisation darstellt. In dem Bericht wird versucht zu beweisen, daß die deutsche Atomforschung nicht in der Lage war, eine Bombe fertigzustellen. Man gibt allerdings zu, daß einige Fortschritte bei Zyklotronen erreicht wurden. In dem Bericht tauchen auch Namen von Wissenschaftlern auf, die bisher so gut wie nie in Fachpublikationen genannt wurden. Unabhängig davon wird in Abschnitt 24 aufgezeigt, daß ein substantieller Teil der deutschen Atomforschung in Würzburg beim dortigen Kaiser-Wilhelm-Institut für Physikalische Chemie identifiziert worden sei. Neben Heisenberg werden Dr. Kahn und ein Dr. Dällenbach genannt, die planten, dort ein Zyklotron zu errichten. Planungen für ein Zyklotron gab es übrigens auch bei Siemens, die laut Abschnitt 27 des Dokuments allerdings nicht erfolgreich gewesen sein sollen.

Dr. Harris – ein beratender Experte, der für den US-Bericht hinzugezogen wurde – kommt zu dem Schluß, daß die deutsche Atomforschung nicht in der Lage gewesen sei, eine Waffe zu bauen. Der für den Bericht verantwortliche Offizier, Captain H. T. Freiberger, schien dieser Einschätzung nicht zu trauen, denn wie sonst läßt es sich erklären, daß er zum Schluß noch einen Augenzeugenbericht einfließen läßt, der das im Bericht Gesagte von den Füßen auf den Kopf stellt?

Die Rede ist von einem Augenzeugen namens Zinsser, einem deutschen Flieger und Flak-Raketen-Spezialisten, der während eines Einsatzes Anfang Oktober 1944 unterwegs war (Sie sollten sich dieses Datum merken!). Gestartet war er von Ludwigslust aus, um in östliche Richtung zu fliegen. Bei seinem Einsatz, so Zinsser weiter, kam er an einem – von ihm so bezeichneten – Atombombentestgelände (!) vorbei, das er in einer Entfernung von 12 bis 15 km passierte. Während des Vorbeifluges registrierte er einen gewaltigen hellen Lichtblitz, der für etwa 2 Sekunden den Himmel erhellte. Der Augenzeuge sprach von einer deutlich sicht- und spürbaren Druckwelle und von einer großen Explosionswolke, die sich daraufhin bildete. Die Ausdehnung der sichtbaren Druckwelle, wie sie nur bei schweren Explosionen optisch nachweisbar ist, belief sich zuerst auf einen Kilometer. Die entstandene Explosionswolke veränderte in der folgenden Phase ständig ihre Farbe, es gab zahlreiche Lichteffekte, und schließlich wurde sie blau. Zehn Sekunden nach dem Auftauchen der Explosionswolke wurden deren Ränder unscharf, wobei Zinsser vermerkte, daß die Druckwelle einen Teil der Wolke mit sich gerissen hatte. Die Ausdehnung der Druckwelle erfaßte nach etwa 15 Sekunden ein Gebiet mit einem Durchmesser von nunmehr 9.000 m. Die Explosionswolke veränderte ihre Färbung in Richtung blauviolett und dehnte sich nun auch sehr schnell aus. Als die Druckwelle das Flugzeug Zinssers erreichte (er befand sich nach seiner eigenen Schätzung in einem Abstand von 12 bis 15 km), gab es entsprechende Turbulenzen, die ungefähr 10 Sekunden andauerten.

Zinsser kehrte daraufhin zurück nach Ludwigslust. Eine Stunde später startete er dort nochmals mit einer He-111, um wiederum in östliche Richtung zu fliegen. Kurz nach dem Start passierte er erneut die Zone seines seltsamen Erlebnisses, wobei er sich in einer Höhe von 3.000 bis 4.000 m befand. In dem betreffenden Gebiet stand nun eine große, pilzförmige Wolke (der amerikanische Bericht bezeichnet sie als »mushroom«, also Pilz), die in eine Höhe von etwa 7.000 m reichte und sich genau über dem Areal befand, auf dem sich die eine Stunde zuvor beobachtete Explosion ereignet hatte. Beim Durchfliegen dieser Zone registrierte der Pilot starke elektrische Störungen. Während dieser Zeit brach auch die Funkverbindung zusammen, so, als habe ein Blitz in die Kommunikationseinrichtung eingeschlagen. Zinsser gelangte unbeschadet aus dem Gebiet heraus und landete später im Raum Merseburg.

Alle Anzeichen deuten darauf hin, daß sich in dem von Zinsser beschriebenen Gebiet eine kleine Atomexplosion ereignet hatte. Lichtblitz – Druckwelle – Explosionswolke, die sich ausdehnt und eine Pilzform bildet – elektromagnetische Störungen: Das alles sind mehr als deutliche Hinweise auf etwas, was nach amerikanischer Experten-Einschätzung gar nicht existierte.

Captain Freiberger notierte abschließend, daß zum Zeitpunkt des Berichts nicht klar sei, wo sich die vom Augenzeugen beobachtete Explosion ereignet habe. Sicherlich hat man den Ort später identifizieren können.

Kurios bleibt, daß das mehrseitige Dokument überhaupt freigegeben wurde. Zufällig kann dies wohl kaum geschehen sein,

S E C R E T

46. The problem of harnessing the released energy in the sense of using it as power for engines, factory machines, transportation (ground, water, air), has not been practically solved as yet. This side of uranium research is clearly a post war problem.

47. A man named ZINSSER, a Flak rocket expert, mentioned what he noticed one day: In the beginning of Oct. 1944 I flew from Ludwigslust (South of Luebeck), about 12 to 15 km from an atomic bomb test station, when I noticed a strong, bright illumination of the whole atmosphere, lasting about 2 seconds.

48. The clearly visible pressure wave escaped the approaching and following cloud formed by the explosion. This wave had a diameter of about 1 km when it became visible and the color of the cloud changed frequently. It became dotted after a short period of darkness with all sorts of light spots, which were, in contrast to normal explosions, of a pale blue color.

49. After about 10 seconds the sharp outlines of the explosion cloud disappeared, then the cloud began to take on a lighter color against the sky covered with a gray overcast. The diameter of the s still visible pressure wave was at least 9000 meters while remaining visible for at least 15 seconds.

50. Personal observations of the colors of the explosion cloud found an almost blue-violet shade. During this manifestation reddish-colored rims were to be seen, changing to a dirty-like shade in very rapid succession.

51. The combustion was lightly felt from my observation plane in the form of pulling and pushing. The appearance of atmospheric disturbance lasted about 10 seconds without noticeable climax.

52. About one hour later I started with an He 111 from the A/D at Ludwigslust and flew in an easterly direction. Shortly after the start I passed through the almost complete overcast (between 3000 and 4000 meter altitude). A cloud shaped like a mushroom with turbulent, billowing sections (at about 7000 meter altitude) stood, without any seeming connections, over the spot where the explosion took place. Strong electrical disturbances and the impossibility to continue radio communication as by lightning, turned up.

53. Because of the P-38s operating in the area Wittenberg-Mersburg I had to turn to the north but observed a better visibility at the bottom of the cloud where the explosion occured.
Note: It does not seem very clear to me why these experiments took place in such crowded areas.

FOR THE COMMANDING OFFICER:

HELENES T. FREIBERGER
Captain AC

DISTRIBUTION:

30	copies	G-2, Hq, USFET, Att: Capt. E.L. Wing
10	"	U S Army Air Forces in Washington, D.O.I.
12	"	USSTAF (Main), A-2 Section
12	"	USSTAF (Rear), A-2 Section
15	"	Ninth Air Force, A-2 Section
3	"	IX T.A.C., A-2 Section
3	"	XII T.A.C., A-2 Section
3	"	XXIX T.A.C., A-2 Section
3	"	Ninth Air Defense Command, D.O.I.
3	"	Ninth Air Division, D.O.I.
1	"	3rd U S Army, G-2 Section
1	"	15th U S Army, G-2 Section
80	"	A.D.I.(K), Air Ministry
10	"	AFMIU, 2nd TAF Main
35	"	Ninth Air Force Service Command, Disarmament Division, APO 149

Teil des die A-Waffen-Detonation beschreibenden Zinsser-Dokuments.

denn es befand sich als Doppel auch in einem britischen Archiv. Die Unterlagen wurden *zeitgleich* deklassifiziert, was zeigt, daß die Alliierten bei ihrer Freigabepolitik selbst nach über 50 Jahren noch gemeinsame Interessen verfolgen. Möglicherweise versucht man seit dem Beginn der neunziger Jahre des 20. Jahrhunderts eine Politik der kleinen Schritte zur Freigabe von brisanten Informationen gegenüber der Öffentlichkeit. Vielleicht ist man bei den zuständigen Stellen aber auch der Meinung, daß nach Ablauf von über fünf Jahrzehnten die meisten Augenzeugen verstorben sind und es damit für Rechercheure unendlich schwer wird, weitergehende Informationen zu erlangen.

Zinssers Zeugenaussage gegenüber dem amerikanischen Militär wird vielen vielleicht ein Dorn im Auge sein, beschreibt sie doch etwas, was es nach landläufiger Auffassung gar nicht geben konnte – die Detonation einer deutschen Atomwaffe.

Vielleicht wird man seine Aussage durch solche plumpen »Argumente« wie Lüge und Verwechslung zu diskreditieren versuchen. Die zuständigen amerikanischen Behörden waren da allerdings ganz anderer Meinung. »Realisten« wiederum werden behaupten, daß die Explosion einer solchen Waffe in Deutschland eine Verstrahlung eines weiten Gebietes hätte hervorrufen müssen. Ja natürlich, insofern die Waffe so konstruiert und dimensioniert war, wie die Hiroshima- oder Nagasaki-Bombe …

Was aber, wenn das von Zinsser beobachtete Schauspiel eine Bombe betraf, die vor allem durch Druck und Hitze primär zerstörerisch wirken sollte? Oder aber bei der die freiwerdende Radioaktivität minimal und nur über eine kurze Zeit zu registrieren war – wie bei einer Neutronenbombe? Der Leser mag doch nicht glauben, daß alle Methoden der Herstellung einer Atomwaffe bisher offengelegt worden sind. Es handelt sich dabei schließlich nach wie vor um streng geheime taktische wie strategische Waffensysteme.

Der amerikanische Autor William R. Lyne behauptet in einem seiner Bücher[5], daß Deutschland bereits 1941 eine Neutronenbombe in der Libyschen Wüste getestet habe!

Diese unglaublich klingende Behauptung hat eine Geschichte: Nach der Niederlage von Rommels Afrika-Korps wurden einige der Gefangenen in die USA gebracht, nach Roswell, New Mexico. Beim Durchsuchen ihrer Habseligkeiten fand Militärpersonal bei einigen Deutschen etwas Seltsames: Postkarten, die eine Fotomontage zeigten, auf der New York durch eine pilzförmige Explosionswolke zerstört wurde. Der Kommandant des Gefangenen-Camps, Dave Dunn, der nach dem Krieg zur *Union Oil Company of California* ging, hob zwei dieser Postkarten als Souvenir auf, die später untersucht werden konnten. Das Ergebnis war eindeutig. Durch ein Overlay-Verfahren war die Kulisse von New York mit der Explosion einer unbekannten Waffe zusammengefügt worden. William R. Lyne behauptet, daß Heisenberg an den Grundlagen dieser Waffe mitgearbeitet habe, später aber zu recht behaupten konnte, er habe keine Atombombe gebaut, weil er statt dessen eine Neutronenwaffe konstruierte. Lyne vermerkt weiter, daß er nicht herausfinden konnte, wo diese »Bombe« technisch realisiert wurde.

Freilich stellt sich die Frage, warum diese Waffe nicht eingesetzt wurde, wenn sie denn fertig war. Wir möchten darauf an dieser Stelle noch keine spezifizierte Antwort geben. Doch kann allgemein davon ausgegangen werden, daß Verrat und Sabotage überall waren – und zwar in einem Maße, das kaum vorstellbar erscheint. Das hatte die SS erkannt und sicherte deshalb ihr eigenes Atom(bomben)projekt, über das noch zu berichten sein wird, bei Skoda in Prag durch einen dreifachen Sicherheitskordon ab, der durch Spezialeinheiten der Gestapo gebildet wurde. Die Alliierten bekamen von der Tatsache der Existenz einer solchen Abteilung zwar Kenntnis, es gelang ihnen jedoch nicht, irgendwelche Spitzel oder Saboteure einzuschleusen.

In zahlreichen Publikationen wird nach wie vor behauptet, daß die Darstellung seitens der deutschen Führung – vor allem gegen Kriegsende –, die Fertigstellung von »Siegeswaffen« stünde unmittelbar bevor, reine Propaganda gewesen sei, um der deutschen Bevölkerung und der kämpfenden Truppe etwas vorzumachen und sie zum Durchhalten zu ermuntern.

Doch Vorsicht, Osenberg, der Chef des Planungsamtes beim Reichsforschungsrat, hatte bei seinen Verhören durch die Alliierten unmittelbar nach dem Krieg angedeutet, daß sich eine Reihe von Waffensystemen in Entwicklungen befand, die – wäre ein halbes Jahr mehr Zeit verfügbar gewesen – eine Wende hätten bringen können. Und auch alliierte Vertreter hatten aus dieser Tatsache kein Hehl gemacht.

Hanns Schwarz, in der Zeit des Nationalsozialismus hoher Truppenführer und in der engsten Umgebung Hitlers tätig, behauptet ähnliches.[6] Er stellt fest, daß gegen Kriegsende zahlreiche neue Waffen mit Fernwirkung kurz vor ihrer Einsatzbereitschaft standen. Ein Teil davon befand sich in der sogenannten »Festung Norwegen«. Dort waren Basen *»[...] für die Fertigstellung der gewichtigsten Waffe, von der wir nur wußten, daß sie eine V-Waffe mit ungeahnter Reichweite war und ein ganz neues vernichtendes Sprengmittel bekommen sollte [...]«*

Was wußte Schwarz, was wir nicht wissen und was möglicherweise noch in alliierten Archiven schlummert? Schwarz führt auch die Behauptung, an der Atomwaffe sei nie gearbeitet worden, ad absurdum. Er sagt, daß sie bis August 1945 einsatzbereit sein sollte. Wenn das der Fall war: Wo arbeitete man an ihr? Welches Projekt war gemeint? War es das Projekt unter Heisenberg, von dem ja alle behaupten, daß es gekippt wurde? War es das in der Literatur des öfteren genannte Projekt der Forschungsanstalt der Deutschen Reichspost unter Dr. Ohnesorge und mit Prof. Manfred von Ardenne (über das sich Hitler ursprünglich lustig gemacht hatte, weil er meinte, nun rede ihm schon die Post in strategische Entscheidungen hinein), war es das Projekt der später nach Stadtilm, Thüringen, ausgelagerten Wissenschaftler um Dr. Diebner? Oder war es das Projekt der SS bei Skoda, Prag (Reichsprotektorat Böhmen und Mähren), für das in letzter Konsequenz SS-Obergruppenführer Kammler mit seinem Forschungsstab verantwortlich zeichnete? Oder gab es da noch andere Gruppierungen, die namentlich nie aufgetaucht sind?

Fragen über Fragen. Nicht alle lassen sich beantworten. Doch wir können dem Leser schon jetzt versichern, daß einige Antworten präsentiert werden. Eine gleich, die anderen später.

Eine Antwort auf die Frage, wer die Bombe baute, erhalten wir bei Henry Picker in seinem Buch »Hitlers Tischgespräche im Führerhauptquartier«[7], das von der Züricher Zeitung *Die Weltwoche »[...] als einzigartiges Dokument der Geschichtswissenschaft«* bezeichnet wurde (auch wenn das mancher Historiker, wie uns bekannt ist, anders sieht).

Picker war 25jährig zum Vorsitzenden des Obersten Gerichts der Hitlerjugend berufen worden. Im März 1942 folgte sein Aufstieg zum Juristen des Führerhauptquartiers, eine Funktion, die ihn gleichzeitig für einige Zeit zum ständigen Tischgast bei Hitler werden ließ. Aus dieser Position heraus erhielt Picker einen sehr intimen Einblick in die Geschehnisse jener Zeit und in die Gedankenwelt Hitlers.

Henry Picker meint nun ebenfalls, daß der Krieg für die Alliierten fünf Minuten vor zwölf zu Ende ging. Seiner Meinung nach hätten sowohl die Interglobalrakete A9 als auch die »kleinkürbisgroßen« durchkonstruierten Uranbomben unmittelbar vor ihrer Einsatzreife gestanden (beides verneint die etablierte Forschung). Picker weist deutlich darauf hin, wer die Uranbombe entwickelt habe: Nach Mitteilung von Hitlers Adjutant Schaubs hätte das Lichterfelder Forschungsamt der Reichspost diese Waffe bis zur Prototyp-Reife gebracht. Es waren also jene Experten gewesen, die Hitler einige Jahre zuvor noch verlacht hatte, als Dr. Ohnesorge die Absicht äußerte, eine solche Waffe für das Reich entwickeln zu wollen!

Bemerkenswerterweise ist über die Arbeit gerade dieser Gruppe zu diesem Waffensystem so gut wie nichts bekannt geworden. Eine Reihe amerikanischer Autoren hat sogar behauptet, daß die Leistungen von Manfred von Ardenne und seinem Team weit hinter denen von Heisenberg zurückgeblieben seien. Das glaube aber, wer will. In jüngerer Zeit gab es dann aber doch einige, die vermuteten, daß die Post mit der ganzen Angelegenheit weitaus intensiver verbunden war, als man bisher glaubte. So schreibt beispielsweise Peter Auer in seinem im Aufbau-Verlag erschienenen Buch »Von Dahlem nach Hiroshima – Die Geschichte der Atombombe«:

»Obwohl Albert Speer in seinen Erinnerungen ausdrücklich die Bemühungen der SS hervorhebt, an der Wehrmacht vorbei ein kriegsentscheidendes Instrument zu schmieden, gehen die Historiker davon aus, daß das Ergebnis dieses Nachdenkens in der vermeintlichen Elitetruppe mehr als kläglich blieb. Anders liegen die Dinge bei der Reichspost.«[8]

Diese stand unter Leitung von Wilhelm Ohnesorge, der am 8. Juni 1872 in Gräfenhainichen geboren worden war. Später studierte er Physik in Kiel sowie Berlin und machte daraufhin schnell Karriere. Bis 1915 hatte er es zum Posten des Telegraphenbaudirektors des Großen Hauptquartiers gebracht. 1920 gründete er eine NSDAP-Ortsgruppe in Dortmund. Fachliches Können und politisches Engagement ließen ihn über das Amt des Staatssekretärs schließlich im Februar 1937 auf den Sessel des Reichspostministers wechseln.

Ihm unterstanden der bekannte Privatgelehrte Manfred von Ardenne und der Kernphysiker Fritz Houtermans, die sich beide mit der Energiegewinnung aus nuklearen Reaktionen befaßten. Ohnesorge gab dann eines Tages den Auftrag für Entwicklung und Bau eines 60-Tonnen-Zyklotrons. Geld schien keine Rolle zu spielen. In Lichterfelde bei Berlin wurde ein kernphysikalisches Institut errichtet, man baute große unterirdische Bunker und installierte dort u. a. eine Me-V-Van-de-Graff-Anlage.

Daneben gab es weitere Reichspost-Forschungsaktivitäten in der sogenannten »Hackeburg« in Kleinmachnow und in Miersdorf bei Zeuthen, die zumindest von Manfred von Ardenne betreut wurden (in einem späteren Brief behauptete er, sie nicht geleitet zu haben). Alles unterstand strengster Geheimhaltung. Nichts drang nach draußen, und die Forschungen, die hier liefen, weisen bis heute viele Fragezeichen auf.

»Es bleibt bis heute bei logischem Denken ein Zweifel, weshalb Ohnesorge an zwei Orten, die keine fünfzig Kilometer voneinander entfernt waren, ein und dasselbe Problem lösen ließ. Zumal der Name des Leiters und Vordenkers in Miersdorf nie publik wurde und sich die Generation der Top-Physiker jener Tage später fragte, welcher ›Große Unbekannte‹ außer ihnen das Zeug haben mochte, diese Position zu übernehmen.«[9]

Wir persönlich glauben, daß Manfred von Ardenne sehr wohl auch die Arbeiten in Miersdorf geleitet haben könnte. Er war die einzige Kapazität auf diesem Gebiet, der man das zutrauen konnte. Oder gab es doch noch einen ihm ebenbürtigen Unbekannten, dessen Name bis heute nicht genannt worden ist?

Noch erschien alles in bezug auf die Forschungen an einem Zyklotron irgendwie phantastisch. Doch dann geschah etwas Unerwartetes:

»Daß Physiker und Mathematiker keineswegs einem Hirngespinst anhingen, stellte sich spätestens im Juli 1940 heraus. In Paris fanden Erich Schuhmann und Kurt Diebner bei Joliot (er war im Gegensatz zu seinen Mitarbeitern nicht vor den Besatzern geflohen) im Collège de France *ein Zyklotron. Nach amerikanischen (!) Plänen entworfen und etwa erst zu einem Drittel fertiggestellt.«*[10]

Wir haben uns immer gefragt, was wohl mit dem französischen Zyklotron geschehen sein mag. Wird man je eine Antwort darauf erhalten? Fakt ist, daß über die Experimente ebenfalls so gut wie nichts durchsickerte. Es hieß nur, die unfertige Anlage sei in gemeinsamer Arbeit vollendet worden. Das ist auch glaubhaft. Doch ist es denkbar, daß das französische Zyklotron als Vorbild für dann deutsche Anlagen diente, die später in aller Heimlichkeit betrieben wurden?

Was in unseren Augen die Position von Manfred von Ardenne und Fritz Houtermans gegenüber anderen deutschen Physikern verbessert, ist auch die Tatsache, daß Houtermans im Jahre 1941 eine Arbeit unter dem Titel »Die Frage der Auslösung von Kern-Kettenreaktionen« vorlegte, die in ihrer Gesamtheit einen Weg aufzeigte, der – wenn man ihn befolgte – zum Erfolg führen mußte. Interessant in diesem Zusammenhang ist, daß David Irving in seinem Buch über den Traum von der deutschen Atombombe das Inhaltsverzeichnis dieser Arbeit abdruckte. Allerdings zog er daraus keine Schlüsse. Warum nicht? Wußte er nichts mit den Informationen anzufangen? Oder gab es andere Gründe?

Manfred von Ardenne ließ den Houtermans-Bericht 1987 innerhalb seines *Forschungsinstituts Manfred von Ardenne* nachdrucken, das sich in Dresden, Zeppelinstraße 7, befand. In einem Begleittext äußerte er sich dazu wie folgt:

»*Nachdruck als Beitrag zur Geschichte der Kernspaltung in Deutschland*

Durch Vermittlung von Max von Laue kam am 1.1.1941 der Kernphysiker Fritz G. Houtermans als Mitarbeiter zum Institut Manfred von Ardenne in Berlin-Lichterfelde-Ost. M. von Ardenne, der damals auch zur Erweiterung der experimentellen Möglichkeiten des Dahlemer Institutes von Otto Hahn den Bau der Lichterfelder 1-MeV-van-de-Graaf-Atomumwandlungsanlage und im Lichterfelder Bunker den Bau eines 60-Tonnen-Zyklotrons einleitete, beauftragte Houtermans mit der Abfassung einer theoretischen Studie über Kern-Kettenreaktionen. Wir haben uns hier zum vorgelegten Nachdruck der im August 1941 abgeschlossenen Houtermans-Arbeit: ›Zur Frage der Auslösung von Kern-Kettenreaktionen‹ entschlossen, weil in ihr wohl zum ersten Mal in Deutschland die Gewinnung von Plutonium angegeben, seine Spaltbarkeit durch Neutronen vorausgesagt und die Vorzüge des Plutoniums gegenüber dem Uran-235 als Kernspaltstoff scharf betont wurden, sowie, weil diese Arbeit in den zu dieser Frage nach dem 2. Weltkrieg herausgegebenen offiziellen Dokumentationen unerwähnt geblieben ist. Das ist merkwürdig, denn ihr Manuskript wurde Ende August 1941 in der jetzt nachgedruckten Form den meisten damals zuständigen deutschen Kernphysikern übersandt, z. B. Bothe, Clusius, Diebner, Flügge, Geiger, Hahn, Harteck, Heisenberg, Mattauch, Philipp, Strassmann, Walcher, von Weizsäcker.

Manfred von Ardenne«[11]

War der von Manfred von Ardenne initiierte Nachdruck der Houtermans-Arbeit ein Versuch, einige Experten auf eine interessante Spur zu setzen? Und wieso fehlt diese Arbeit in den Dokumentationen zum Thema deutsche Kernphysik?

David Irving behauptet in seinem Referenzwerk »Der Traum von der deutschen Atombombe«, daß die Houtermans-Arbeit angeblich aus sittlichen Gründen nicht verbreitet worden sei. Aus sittlichen Gründen? Das ist eine glatte Untertreibung.

Tatsache ist vielmehr, daß von Ardenne und Houtermans im Frühjahr 1941 eine Reihe von wichtigen Untersuchungen zu kernphysikalischen und kerntechnischen Spezialproblemen durchgeführt hatten. Die Ergebnisse wurden in mehreren Aufsätzen niedergelegt, u. a. in dem oben erwähnten. Diese Schrift durfte aus Gründen der *militärischen Geheimhaltung* nicht erscheinen und wurde daher den deutschen Kernphysikern, wie Manfred von Ardenne dann in den 1980er Jahren bestätigte, nur in Manuskriptform zugänglich gemacht.

In dem Aufsatz wird die Existenz eines langlebigen Elements vorausgesagt – mit der Massenzahl 239 –, das durch langsame Neutronen spaltbar sei. Houtermans empfahl, nicht den mühsamen Weg der *Isotopentrennung* weiter zu verfolgen, sondern statt dessen solle man lieber das wesentlich leichter zu realisierende Verfahren der *Isotopenumwandlung* benutzen. Aha!

»Wir können daher eine Apparatur, die es gestattet, mit einem Energieumsatz an wägbaren Mengen von U 235 die Kettenreaktion ablaufen [zu] lassen, gleichzeitig als eine ***Isotopenumwandlungsapparatur*** *ansehen. Der Vorteil gegenüber einer Isotopentrennungsapparatur ist aber der, daß das neugeschaffene Produkt, das ja eine Kernladung von 93 oder mehr hat,* ***chemisch nicht mehr mit dem Uran identisch und daher mit gewöhnlichen chemischen Methoden abzutrennen ist. Da nun viel größere Mengen, nämlich das 139fache an U 238 zur Verfügung stehen, so ist eine Verwertbarmachung desselben als ›Brennstoff‹ für eine Kettenreaktion ein für unsere Themenstellung viel wichtigerer Vorgang, als die Isotopentrennung, die bloß das U 235 zu verwerten gestattet.*** *«*[12, 13]
[Hervorhebungen durch die Autoren]

Die Abhandlung Houtermans versucht also einen anderen Weg zu beschreiten. Er bevorzugt die Methode der Neutronenlagerung, um *nuklearen Sprengstoff* zu erzeugen. Damit konnte für das militärische Projekt der Atombombe also eine zweite Option angeboten werden. Es ist bekannt (und sollte stutzig machen), daß nach einem solchen Verfahren auch die Bombe, die Nagasaki zerstörte, gebaut wurde. Diese war bekannterma-

Zur Frage der Auslösung von Kern-Kettenreaktionen

von Fritz G. Houtermans

Mitteilung aus dem Laboratorium Manfred von Ardenne

Berlin-Lichterfelde-Ost

Inhalt

Inhaltsverzeichnis der Arbeit von Fritz G. Houtermans.

ßen eine Plutoniumbombe! Das von Houtermans aufgezeigte Verfahren stellt aber auch die Grundlage für die sogenannten »Schnellen Brüter« dar, ohne die die heutige Atomindustrie nicht mehr auskommen kann.

Zurück zu Henry Picker. Nicht nur, daß er behauptet, die Reichspostforschung habe etwas mit der »Bombe« zu tun, nein, er führt sogar aus, daß die Serienfertigung dieser kleinen Atombomben »*[...] in einem unterirdischen SS-Werk im Südharz (mit einer Produktionskapazität von 30.000 Arbeitskräften) [...] vorgesehen war*«. Und: »*Das Werk wurde 1945 nach der bedingungslosen Kapitulation Deutschlands von der Roten Armee nach der UdSSR verlagert. Die gelegentliche Mitteilung des US-Präsidenten über die amerikanische Entwicklung einer Atombombe tat Stalin daher mit absolutem Desinteresse ab. Den deutschen Atom-Praktiker Manfred von Ardenne aber zeichnete er mit dem damaligen sowjetischen ›Nobel-Preis‹, dem ›Stalinpreis‹ aus.*«[14]

Alles klar?! Die Russen gelangten also in den Besitz der Produktionsanlagen – worüber im übrigen bis heute nichts bekannt wurde – und »kassierten« gleich noch Manfred von Ardenne ein, der sicherlich der beste Berater in Sachen dessen war, was die Russen gefunden hatten und was ihnen erklärt werden mußte.

(Der Vollständigkeit halber muß hinzugefügt werden, daß es der Stalin-Preis 2. Klasse war, den Manfred von Ardenne für seine Arbeiten erhielt. Mit ihm waren noch eine Reihe anderer deutscher Top-Experten am sowjetischen Atomforschungsprogramm nach dem Krieg beteiligt: z. B. Prof. Nikolaus Riehl, der sogar den Stalinpreis 1. Klasse und den Leninorden erhielt. Ferner Prof. H. Pose und Gustav Hertz. Riehl war jahrelang Leiter des Labors bei der Auergesellschaft, Hertz hatte zusammen mit James Franck 1925 den Nobelpreis für die Erfindung des Gasdiffusionsverfahrens erhalten!)[15]

Wer bis hierher aufmerksam gelesen hat, wird auch feststellen, daß es einen Widerspruch gibt zwischen Pickers Behauptung, man habe an einer Uran-Bombe gearbeitet, und dem Houtermans-Bericht, der das Plutonium favorisierte. Doch das ist nur scheinbar so. Wie war das? Die Reichspost forschte an zwei verschiedenen Stätten im Umfeld von Berlin? Bezüglich des gleichen Themas? Warum? – Richtig: Es könnte sein, daß sowohl das Uran als auch das Plutonium auf die jeweilige Verwendbarkeit hin *parallel* untersucht wurden, um möglichst wenig Zeit zu verlieren, wenn sich herausstellen sollte, daß ein Projekt ein Fehlschlag wäre. Zeit war das kostbarste, etwas, was man auf gar keinen Fall verlieren durfte.

Picker erwähnte bei anderer Gelegenheit (S. 531), daß *»[...] tatsächlich ein Prototyp der deutschen ›Uranium-Bombe‹ konstruktionsreif entwickelt wurde«.*[16] Bei Besuchen der Reichspost-Forschungsanstalt in Berlin-Lichterfelde und Klein-Machnow durch Hitler hatte Dr. Ohnesorge aus diesem Grunde für größte Geheimhaltung gesorgt. Nicht einmal der Hitler begleitende Militär-Adjutant Engel durfte die Forschungsanlagen mitbesichtigen ...[17]

Der Merkwürdigkeiten gibt es aber noch mehr. Einige sind publiziert worden, andere nicht. Wir möchten unsere Einführung an dieser Stelle beenden, weil wir glauben, daß damit auch für den noch unbedarften Leser ein grobes Muster erstellt werden konnte. Wenden wir uns nunmehr denjenigen Informationen zu, die ein seltsames Bild auf einige festzementierte Schul- und Geschichtsweisheiten werfen, die das angebliche Nichtvorhandensein einer deutschen Atombombe und der damit in enger Verbindung stehenden Fernrakete betreffen, die allgemein als A9/A10 bezeichnet wurde und die angeblich nie über das Stadium eines »Papierprojekts« hinausgelangte.

Kapitel 2

Alliierte und sonstige Presseberichte

Beschäftigen wir uns kurz nochmals mit dem »wissenschaftlichen Stand« der Dinge. Es heißt, Deutschland habe im Zweiten Weltkrieg 1942 die Entwicklung einer Atombombe aufgegeben und sich anschließend allenfalls mit dem Problem der sogenannten Uran-Maschine beschäftigt. Punkt.

Was die V-Waffen angeht, so seien die V1 und die V2 diejenigen gewesen, die deutscherseits gebaut und eingesetzt wurden. Allenfalls die V3, die noch durch die Literatur geistert, das sogenannte »Fleißige Lieschen« bzw. die Hochdruckpumpe, wäre noch in Angriff genommen worden, aufgrund ihres komplizierten Aufbaus und Wirkungsmechanismus' sei sie aber nur noch von untergeordneter Bedeutung gewesen. Eine Langstrekkenrakete, die übrigens auch als V3 bezeichnet wurde (und zwar von keinem Geringeren als von Wernher von Braun) habe nie existiert und sei allenfalls ein Papierprojekt gewesen.[1]

Wir sind fast versucht, das Wort »Amen« hinter diesen Absatz zu setzen, weil die Öffentlichkeit genau das glauben soll.

Würden diese »wissenschaftlich« zementierten Informationen stimmen, dann dürfte bei Durchsicht bestimmter Unterlagen kein anderslautender Hinweis zu finden sein. Doch weit gefehlt!

Eine gründliche Recherche ergab, daß insbesondere in den letzten beiden Kriegsjahren und auch in einem Zeitraum von etwa zwölf Monaten nach dem Ende des Krieges in Europa eine Vielzahl von beeindruckenden Informationen durch die alliierte Presse – und nicht nur durch diese – publiziert wurden, die unseres Erachtens der Wahrheit ziemlich nahekamen. Diese Informationen wurden zuweilen im Auftrag von Unterbehörden der Kriegsministerien verbreitet und in solch bekannten Blättern wie der *Washington Post*, der *Los Angeles Times* oder der britischen *Times* veröffentlicht. Sie fanden aber ihren Niederschlag auch in Zeitungen der romanischen Welt und Skandinaviens.

Die Veröffentlichungen unmittelbar nach dem Krieg haben wir sicherlich der euphorischen Siegesstimmung der Briten und Amerikaner zu verdanken, die in dieser Phase einiges durchblicken ließen. Als sich dann aber die Voraussage Hitlers, die ehemaligen Alliierten würden eines Tages Feinde werden, bewahrheitete, begriffen die Verantwortlichen, was sie da alles in Deutschland gefunden hatten. Diese Waffensysteme bekamen aufgrund der veränderten politischen Situation plötzlich strategische Bedeutung, fielen unter die Gesetzgebung der nationalen Sicherheit und waren damit für eine weitere Publikation tabu.

Um kein unnötiges Aufsehen zu erregen, dementierte man natürlich die schon erschienenen Berichte nicht, sondern hoffte darauf, daß die Öffentlichkeit das Thema vergessen werde. Tatsächlich schien dieser Plan aufgegangen zu sein, denn über 50 Jahre herrschte beinahe Friedhofsruhe in dieser Hinsicht. Doch ein paar ganz Neugierige fingen dann doch an, Fragen zu stellen und Recherchen zu betreiben. Schlimm nur, daß wenige professionelle Historiker darunter waren, was ein nicht gerade gutes Licht auf diese Zunft wirft.

Wir möchten in diesem Kapitel einige der in der alliierten und sonstigen Presseberichterstattung auftauchenden Seltsamkeiten vorstellen, ohne dabei allerdings allzuviel Wert auf die chronologische Reihenfolge zu legen. Lassen Sie uns einfach die wichtigsten Beispiele herausgreifen – und betrachten Sie vergleichend immer unser heutiges »Wissen«.

Ein bemerkenswerter Bericht mit dem Titel »Nazis had 10.000 mph Atom Plane – in theory« erschien am 28. August 1945 in den *Eighth Army News* (Nr. 96, Triest). Wie die Überschrift schon sagt, hatten die Deutschen die theoretischen Grundlagen für ein atomgetriebenes Flugzeug fertiggestellt, das eine Geschwindigkeit von 10.000 Meilen pro Stunde erreichen konnte. Der Artikel berichtete weiterhin, daß über 200 amerikanische und britische Technikexperten damit beschäftigt seien, die entdeckten Geheimnisse des Dritten Reiches zusammenzutragen. In einem fett gedruckten Absatz steht:

»Not only had the Germans made significant progress in the development of the atomic bomb and on the production of ›heavy water‹, but they had contemplated a piloted missile with a possible range of 3.000 miles.«

Da heißt es doch allen Ernstes, daß die Deutschen wichtige Fortschritte in der Entwicklung einer Atombombe und bei der Produktion Schweren Wasser erreicht hatten. Wie ist das möglich, wenn man 1942 doch angeblich alle Arbeiten an einem

NAZIS HAD 10,000 mph ATOM PLANE—IN THEORY

MANY of Germany's inner secrets had been unlocked by the United States and Britain and were being adapted for the war in the Far East when the Japanese surrendered.

MORE THAN 200 BRITISH AND AMERICAN TECHNICAL EXPERTS FOLLOWED HARD ON THE HEELS OF THE INVADING ARMIES IN EUROPE TO TRACK DOWN SECRETS, HOWEVER WELL HIDDEN, BY THE GERMANS.

The thoroughness of the search in Germany foreshadows a similar probing for secrets now locked in Japan.

This is revealed in a statement issued on behalf of the Combined Intelligence Objectives Sub-Committee and the Technical Industrial Intelligence Committee — agencies authorised by the British and United States Chiefs of Staff—and published by the British Ministry of Information and United States Office of War Information.

Discoveries show that German invention was far ahead of her capacity to translate theory into industry.

Not only had the Germans made significant progress in the development of the atomic bomb and on the production of "heavy water," but they had contemplated a piloted missile with a possible range of 3,000 miles.

The designer envisaged commercial applications for trans-Atlantic passenger crossings in 17 minutes.

The Germans were working on a formula for new war gases which they hoped would prove more deadly than any chemical agent yet developed.

DETAILS FOR NEWER NAVAL VESSELS

They had specifications and construction details for naval vessels of advanced design, including submarines with high underwater speeds and apparatus for sustained underwater operations.

They had developed a system of Radar camouflage, consisting of anti-Radar coverings and coatings to be employed on submarines and other weapons and had highly advanced jet engine, rocket-assisted take-off, and aero dynamics designs.

New uses had been found for many staples and from coal the Germans were making synthetic butter as well as alcohol of both beverage and industrial types, aviation lubricants, soap and petrol, and they had designs for various secret types of guns and gunsights.

Other German war secrets ranged from records on the location of German capital in neutral countries and the status and composition of German cartels, specifications of long-range rocket developments which scientists described as "sensational."

The information gathered is not only valuable in the shaping of the policy for control of Germany but is expected to influence post-war scientific and industrial development.

999 Was His Unlucky Number

THE unluckiest crook in London is now serving six months in Wandsworth Jail and still finds it difficult to understand how he landed there.

When he left a Peckham house by the back window carrying a suitcase filled with silverware, jewellery and clocks, a police car met him at the end of the road.

His capture was a result of the new radio - telephony system—"calling all cars"—which is being introduced by Scotland Yard. The man was caught during a "dummy" run in South London.

A housewife dialled 999 and found herself speaking to the information room at Scotland Yard. The quick-witted inspector switched a police car which was on the testing trip in the area to the road and the burglar was under arrest three minutes and twenty-five seconds later.

Scotland Yard hope for a big decrease in London crime through the introduction of the new system.

Although all of London will not be covered at first, supplies of the necessary radio parts are now coming in, and Chief Inspector Rowman of the Yard's Communications Branch, can complete the work he began in 1939.

Every patrol car, flying-squad car and "Q" car—taxis and removal vans disguised—will soon be in radio-telephonic communication with the Yard's central information control room.

Poison Gas Bomb Panics VJ Crowd

Hundreds of people celebrating victory in Strabane, Northern Ireland, were affected when a poison gas bomb was released in the crowd.

Women and children panicked and within a few moments of the explosion the street was littered with people lying ill.

Taxis and private cars drove the

The Allied Commanders in A…
The BTA Commander, Lt.-Gen. …
at the British airfield at Vienna, …
Commander Keat (airfield Co…
(representing Marshal Koniev) …
(Commander of the …
Below, the BTA Commander st…
Regt. guard of hon…

The Russians … Manchuria …

UNDER the terms of the treaty published simultaneously in … the week-end, Russia is to render … to the Chungking central gover… collaboration to prevent a repetiti…

Reaffirming respect for China's full sovereignty in her three eastern provinces, Stalin has given an assurance that after the Japanese capitulation the Russian forces will withdraw from Manchuria within three months.

In the case of Sinkang, Russia reiterates that she has no intention of interfering in Chinese internal affairs while China is to recognise the independence of Outer Mongolia if the plebiscite proves that the people so desire.

The trunk lines of the Chinese eastern and south Manchurian

Der Artikel aus der Eighth Army News *vom 28. August 1945.*

solchen Projekt eingestellt hatte? Diesen Sachverhalt möge man uns doch bitte einmal erklären.

Interessant ist auch, daß die genannte Zeitschrift darauf verwies, daß Experten des Dritten Reiches einen gesteuerten Flugkörper mit einer möglichen Reichweite von 3.000 Meilen, also rund 4.800 km, in Erwägung gezogen hatten. War den alliierten Presseberichterstattern die Phantasie durchgegangen?

Man könnte diesen Bericht als »Ausrutscher« abtun, wenn da nicht noch andere, in dieselbe Richtung weisende Veröffentlichungen existieren würden. Vieles von dem, was z. B. große amerikanische Tageszeitungen publizierten, war für den US-Durchschnittsbürger, aber auch zahlreiche Experten dortzulande, einfach unvorstellbar.

Wir möchten anhand des folgenden Beispiels zeigen, wie weit mitunter die Planungen deutscher Stellen reichten, wenn sicher auch erst einmal nur in theoretischer Hinsicht. Ein besonders phantastisches Projekt betraf eine sogenannte »Sonnenkanone«. Beim Lesen des nachfolgenden Textes wird man dabei irgendwie an das US-amerikanische SDI-Programm erinnert. Sehen wir uns den Artikel näher an, der hier in sinngemäßer Übersetzung wiedergegeben ist.

NEW YORK TIMES - 29.06.1945

WISSENSCHAFTLER DER NAZIS PLANTEN SONNEN-KANONE »5.100 MEILEN HOCH OBEN«
Von GLADWYN HILL
Per Funk an die *New York Times*

PARIS, 28. Juni - Deutsche Wissenschaftler erklärten heute einem hohen Offizier der Technischen Truppe der Vereinigten Staaten: Wir arbeiteten zielstrebig an einem Projekt, welches das Ziel hatte, eine Plattform 5.100 Meilen hoch zu entwickeln, von der man glaubte, binnen 50 oder 100 Jahren die Sonnenstrahlen so nutzen zu können, um beliebig Nationen zu vernichten und die Welt zu beherrschen.

»Phantastisch«, das ist das einzige Wort, um dieses Projekt zu beschreiben. Doch »phantastisch«, erklären Offiziere hier[zulande], ist eine Klassifizierung, die man aufgrund des Kalibers der Wissenschaftler, die damit beschäftigt waren, und der kühlen und soliden Arbeitsmethodik – nicht verwenden kann.

»Wir waren«, sagten Offiziere der Technischen Truppe nach umfangreichen Verhören der Wissenschaftler, »an ihren praktischen Ingenieursgedanken und ihrem Widerwillen gegenüber dem Phantastischen interessiert.« Sie hatten sogar die Dimensionen eines Spiegels berechnet, der notwendig sein würde, um in einer Höhe von 5.100 Meilen Sonnenstrahlen zu diesem Zweck zu fokussieren – drei Kilometer (1,86 Meilen) im Quadrat.

Es sind einige der Wissenschaftler, die zuletzt die unvorstellbaren V1- und V2-Raketenbomben entwickelten. Es sind einige der Wissenschaftler, die, wie heute bekanntgegeben wurde, zusätzlich zu vorher bekanntgegebenen Geheimwaffen eine Methode fast perfektioniert hatten, womit eine V2-Raketenbombe aus einem in 300 Fuß Tiefe liegenden U-Boot hätte auf New York abgeschossen werden können, [so daß dort] ein Einschlag erfolgt wäre, wie dies in London schon geschehen ist.

Diese Wissenschaftler hielten es auf der Basis ihrer erstaunlichen Raketenarbeit auch für selbstverständlich, daß die Entwicklung von transatlantischen Postraketen erfolgen würde, was nur eine Frage von ein paar Jahren wäre, und daß vierzigminütige Passagierraketen in fünfzehn bis zwanzig Jahren möglich wären.

Es wurde weiter bekanntgegeben, daß eine Anzahl dieser Wissenschaftler – es hat ungefähr 100 führende Raketenforscher und circa 1.100 andere gegeben – sich so sehr für ihre Forschungen engagieren, wohlwissend, daß es keine Hoffnung mehr gibt, daß sie ihre Ziele zu Lebzeiten in Deutschland verfolgen können, daß sie die Wissenschaft vor Nationalität setzen und sich anbieten, freiwillig nach Großbritannien oder in die Vereinigten Staaten zu ziehen, um ihre Arbeit fortzusetzen. Pläne für ein [Forschungs-]Zentrum in den Vereinigten Staaten, um ihre Entdeckungen auszunutzen, werden offiziell diskutiert.

Wieviele dieser Entdeckungen den Japanern preisgegeben worden sind, ist nicht bekannt, aber ein alliierter Nachrichtendienst-Offizier sagte letzte Woche im Alliierten Oberkommando, daß die Deutschen ihnen einige Geheimnisse vorenthalten haben.

Der Mann, der diese erstaunlichen Enthüllungen machte, und der den bisher vollständigsten Bericht über deutsche Waffen in einer Pressekonferenz am heutigen Tag gegeben hat, ist Oberst John A. Keck, Chef des Nachrichtendienstes für Feindtechnik

Nazis' Scientists Planned Sun 'Gun' 5,100 Miles Up

THE NEW YORK TIMES. 29-6-45
(Seite 1)

By GLADWIN HILL

By Wireless to THE NEW YORK TIMES.

PARIS, June 28—German scientists, a high United States Army ordnance officer declared today, were soberly working on a project of contriving a platform 5,100 miles in the air from which, within a matter of fifty or 100 years, it was believed, it might be possible to harness the sun's rays to demolish nations at will and rule the world.

"Fantastic" is the only word that comes to mind for this project. Yet "fantastic," officers here avow on the basis of the caliber of the scientists involved and the cold, sound method of their work, is a classification into which the project definitely cannot be put.

"We were interested," ordnance officers said after exhaustive interrogation of the scientists, "with their practical engineering minds and their distaste for the fantastic." They had even figured the dimensions of a mirror that would be necessary up 5,100 miles to focus the sun's rays for the purpose — three kilometers [1.86 miles] square.

These are some of the scientists who devised so recently the inconceivable buzz-bombs and the V-2 rocket bombs. They are some of the scientists who, it was disclosed today, had virtually perfected, in addition to the previously revealed secret weapons, a method of launching V-2 rocket bombs from submarines 300 feet under water that might have blasted New York as London was blasted.

They are scientists who, on the basis of their amazing rocket work, take it for granted that transatlantic mail rockets are a development of only a few years hence and that forty-minute transatlantic passenger rockets are

Continued on Page 5, Column 2

MASS SUICIDE CORPS TRAINED BY JAPAN

ost of Secret Weapons, With Man to Ride Each to Doom, Ready for 'Showdown'

By The United Press.

WASHINGTON, June 28—Japan producing a tremendous volume secret, suicide weapons and is raining a man to ride each device o his doom during the Pacific ar's "inevitable" showdown on he Japanese home islands, the okyo radio reported today.

"Special attack" or suicide corps ases have been established hroughout the islands, the broadast said, and the weapons are beng manufactured on a scale that vill almost equal "the total numer of tanks and guns used in the uropean war."

Japan's "all-out" suicide plans vere disclosed amid a flurry of pecial announcements by the okyo radio as the empire stripped own to the barest essentials of a ighting existence and her leaders eld a series of emergency conferences.

Discussing the mass production

Continued on Page 2, Column 2

Bericht der New York Times *vom 29.6.1945 (Seite 1).*

der Technischen Truppe auf dem europäischen Kriegsschauplatz. Oberst Keck ist ein pensionierter Pittsburger Ingenieur, der in Greensburg, Pa., wohnt. Als Veteran des Ersten Weltkrieges ging er im April 1943 nach London, als seine Abteilung mit einer ähnlichen britischen, streng geheimen Behörde zusammengelegt wurde.

Spione verfolgten die Arbeit der Deutschen

Oberst Keck deutete an, daß es einen regelmäßige Spionageverkehr »rein und raus aus Deutschland« gegeben hat, und sagte, daß es den Alliierten durch verdeckte Aktivitäten möglich gewesen ist, einen fast täglichen Informationsstatus der Arbeit in dem deutschen Raketenentwicklungsstützpunkt in Peenemünde zu erhalten. Dadurch ist der berühmte Bombenangriff der Royal Air Force ermöglicht worden, der während einer Klausurtagung der dortigen Wissenschaftler zu hunderten Verlusten führte und wahrscheinlich die Raketenentwicklung fatale sechs Monate zurückwarf.

Die Basis für das Himmelsplattform-Projekt war, daß man glaubte, daß die Erdanziehungskraft in einer Höhe von 5.100 Meilen auf Null schrumpft, und daß es möglich sein würde, einen »Weltraumstützpunkt« zu bauen. Die Wissenschaftler hatten (noch) nicht herausgefunden, wie die Plattform dort installiert werden könnte, aber in der Überzeugung, daß genügend methodische Arbeit über Jahrzehnte eine Antwort hervorbringen würde, hatten sie ein festes Programm von nacheinanderfolgenden Ziele formuliert. Das erste Ziel war, einen Reflektor zu bauen – möglicherweise aus metallischem Natrium in einer Umgebung frei von Luft und anderen korrosionsverursachenden Stoffen –, um die Sonnenstrahlen zu bündeln und in Richtung einer Empfangsstation zu schicken, die am Ufer eines Kontinents stehen sollte, um dort Dampf und elektrische Energie zu erzeugen. Die Wärme-Konzentration, so wurde kalkuliert, würde ausreichen, um den Ozean zum Kochen zu bringen bzw. große Landflächen im Blitz zu verbrennen.

Dieses Vorhaben führte zum nächsten Ziel, von dem die Wissenschaftler wußten, daß es »eine schreckliche Sache« sein würde: Sie wollten eine »Hitzekanone« bauen, um die Welt zu unterwerfen.

Das letzte projektierte Ziel war, Projektil-Fahrzeuge von der Himmelsplattform aus ins All zu schicken.

Trotz der merkwürdigen Natur dieser Ideen wurden die Wissenschaftler von den alliierten Verhörern als »Männer mit extrem praktischem und scharfen Verstand« beschrieben, berichtet Oberst Keck.

Wissenschaftler sehr gesprächig über Ideen

Einhundertfünfzig Raketen- und andere Wissenschaftler wurden gleich nach der deutschen Kapitulation von den Alliierten in einem Forschungszentrum nahe Hillersleben gefunden, wo sie über ihre Projekte nachdachten und darauf warteten, um über sie zu diskutieren. Britische Offiziere nahmen bei den noch anhaltenden Verhören teil. Das britische Kriegsministerium erhält automatisch Kopien von allen amerikanischen Berichten in diesem Bereich, und Oberst Keck teilte mit, daß die Russen einige derselben Wissenschaftler verhören würden. Der Plan bestehe darin, alle deutsche wissenschaftliche Information mit »allen alliierten Nationen« zu teilen.

Das U-Boot-V3-Projekt wurde am Toplitzsee in den österreichischen Alpen von Dr. Heinrich Determann und vierzehn Assistenten entwickelt. Diese Männer wurden von der 80. Infanteriedivision verhaftet, nachdem ein kleiner Junge und ein alter Schuhmacher im Dorf Gosal am Ufer des Sees den Amerikanern von »großen Metallfischen, die aus dem Wasser in die Luft sprangen«, und von »Unterwasserbooten, die feurige Kometen herausgeschossen haben« erzählt hatten.

Es stellte sich heraus, daß die Forscher ursprünglich begannen, Raketen von einigen Fuß unter der Wasseroberfläche aus zu verschießen. Bis zum vorigen Januar schafften sie es dann, eine Rakete aus einer Tiefe von 300 Fuß zu starten, die anschließend in der Luft weiterflog wie eine V-2.

Bis die (US-)Truppen ankamen, wurden die Apparaturen im See versenkt und die Unterlagen vernichtet. Dr. Determann bemerkte: »Wer weiß? Vielleicht liegt der deutsche Sieg im Toplitzsee.« Man hofft, daß die Arbeit rekonstruiert werden kann.

Neue Flugzeugabwehrwaffe

Eine weitere Geheimwaffe, die nach den Angaben von Oberst Keck von den Deutschen »praktisch perfektioniert« wurde, war ein raketengetriebener Flugkörper, der von einem Trägerflugzeug abgeschossen in einer Höhe von 10 Meilen explodieren konnte.

»Es wird allgemein akzeptiert, daß die Alliierten eine effektivere Flugzeugabwehrwaffe dringend benötigen, und es wird erwartet, daß die Rakete alle anderen Flugzeugabwehrkanonentypen ersetzen wird«, sagte Oberst Keck. »Der Beitrag der deutschen Wissenschaftler im Bereich der Raketenforschung während der letzten zehn Jahre ist einmalig und eine große technische Leistung.«

Die Geschwindigkeit, die von der V2 erreicht werden konnte – und, wie früher bekannt gegeben wurde, ist sie von den Deutschen weiterentwickelt worden, mit dem Ziel, nicht nur über den Atlantik, sondern auch von Großbritannien nach Japan geschossen zu werden –, würde sie von Europa nach Amerika in weniger als einer Stunde bringen, sagte Oberst Keck, und wenn man die bisherigen Ergebnisse in Betracht ziehen würde, dürfte die Frage, wie man sie am anderen Ende verlangsamen könnte, um sie für den Transport von Menschen und Post einsetzbar zu machen, ein eher »geringfügiges Problem« sein.

Die allgemeine Meinung der deutschen Wissenschaftler ist, daß Adolf Hitler den Krieg wahrscheinlich verloren hat, weil er zuviel Forschung in Richtung »Spinner- und Schreckens-Waffen« umgeleitet hat, obwohl einige dieser Projekte hätten möglicherweise rechtzeitig realisiert werden können. So haben Männer der Technischen Versuchstruppe ein Gewehr mit gebogenem Lauf gefunden, mit dem man um Ecken herum schießen konnte. [Dieses wurde z. B. bei Kämpfen um die Reichshauptstadt Berlin eingesetzt, Anm. der Autoren.] Es gab auch einen 200-Tonnen-»Maus«-Panzer, bei dem man sich nicht einmal die Mühe machte, ihn aus Deutschland herauszubringen. Er stellt einfach ein Propagandabeispiel dar, daß man den »größten Panzer der Welt« produzieren konnte.

Einige deutsche Innovationen

Oberst Keck berichtete über folgende deutsche Innovationen:

»Vielleicht die größte Kanone der Welt« – eine 32-Zoll-Eisenbahnkanone, die eine 16.450-Pfund-Granate 81.000 Yards gegen die Russen bei Sewastopol verschossen hat.

Ein 38-cm-Raketenwerfer auf der Basis eines Tiger-Panzers, der eine 760-Pfund-Granate sechs Meilen weit schoß – und der sechsmal gegen die Neunte Armee feuerte.

Ein neuartiger Raketenwerfer mit einer Anzahl Raketen, die ein Startgewicht von 5.000 Pfund und eine Reichweite von 100 Meilen hatten.

Ein 21-Zentimeter-Mörser, allerdings noch im Experimentalstadium und sehr inakkurat.

Eine 28-Zentimeter-Eisenbahnkanone ohne gezogenen Lauf, so daß praktisch eine 31-Zentimeter-Kanone entstand, die eine durch Flossen stabilisierte Granate verschoß – die in Verviers, Maastricht und Luxemburg gegen uns eingesetzt wurde.

Fünf 140- und 600-mm-selbstbetriebene Mörser, die Ein-Tonnen-Projektile über 6.000 Yards schießen konnten.

Raketenunterstützte Granaten – Standardgranaten mit einer Raketenladung am Ende, die der Schwerartillerie eine 50 % größere Reichweite geben.

Wissenschaftler hier sind skeptisch

Hierzulande brachten die Träume deutscher Wissenschaftler lediglich Spott und Skepsis hervor.

Dr. Bergen Davis, emeritierter Professor der Physik an der Columbia-Universität, sagte, es gibt keinen Ort 5.000 Meilen weit oben (zumindest seines Wissens nach), an dem die Erdanziehungskraft »neutralisiert« würde. Er sagte außerdem, er könne die Idee der von Oberst Keck erwähnten All-Plattform nicht verstehen. Um einen Körper sich so halten lassen zu können, muß sich dieser sehr schnell bewegen, wie ein Erdsatellit, sagte Dr. Davis.

Ein Kollege von der Physik-Fakultät der Columbia-Universität erwähnte, daß die Aussage über die Neutralisierung der Erdanziehungskraft keine Bedeutung habe. Das ganze Projekt sei»absurd«.

Beide Männer waren einer Meinung, daß in 5.000 Meilen Höhe für praktische Zwecke keine Luft existiert, und daß eine künstliche Atmosphäre nur in einer Art geschlossenem Behälter geschaffen werden könnte.

Der Bericht der *New York Times* beweist (wieder einmal), welche erstaunlichen Dinge die Amerikaner in den Forschungslabors und Entwicklungswerkstätten der Deutschen vorfanden, wobei die veröffentlichten Projekte sicherlich nur die Spitze des Eisberges gewesen sein dürften. Er beweist aber auch, daß amerikanische Wissenschaftler diejenigen waren, die »nichts begriffen«, wie die letzten Absätze des Berichts deutlich aufzeigen.

Über etwas, das nach der Lehrmeinung überhaupt nicht existierte, berichtete am 27. August 1945 die *Washington Post* auf ihrer Titelseite unter der Überschrift »Nazis Almost Had Rokket for Atlantic Hop« (Nazis hatten beinahe Rakete für den Atlantiksprung). Verfasser war James F. Chinn, der seinen Artikel mit der Bemerkung einleitete: »God blessed America.« (Gott segnete Amerika).

In diesem Artikel bezog man sich, dies muß hier deutlich hervorgehoben werden, nicht auf irgendwelche Agentur- oder Berichterstatter-Meldungen, sondern auf eine offizielle Verlautbarung des *Office of War Information* (OWI). Hierin wurde betont, daß die Deutschen eine Reihe weitreichender Entwicklungen vorzuweisen hatten, u. a. eine Rakete, die bemannt in 17 Minuten den Atlantik überqueren könnte. Die Ziele, die sie angreifen sollte, waren New York, Washington, Philadelphia sowie eine Reihe anderer Städte, die meist an der US-Ostküste lagen.

Die Rede war auch von einem weitentwickelten deutschen Atombombenprojekt, von Antiradarsystemen und neuentwikkelten Giftgasen. Amerikanische Experten bezeichneten das, was sie fanden, als »sensationell«.

Die vom OWI herausgegebene Meldung wurde zusätzlich vom *British Ministry of Information* in London bestätigt, so daß davon ausgegangen werden muß, daß vor der Veröffentlichung dieser Nachrichten eine Absprache zwischen den Briten und Amerikanern stattgefunden hat. Man kann nur darüber spekulieren, was anläßlich dieser Absprache bereits als »top secret« eingestuft wurde und daher im dunkeln blieb.

In dem Artikel wurde weiterhin zugegeben, daß die beiden auf die Nazi-Technologie-Geheimnisse angesetzten Organisationen, einmal das *Combined Intelligence Objectives Sub-Committee* (CIOS), zum anderen das *Technical Industrial Intelligence Committee* (TIIC), eine erfolgreiche Arbeit geleistet hätten. Über 2.000 bedeutsame »Ziele« wurden untersucht, und zum gegenwärtigen Zeitpunkt lägen in Washington über 3.000 Berichte dieser beiden Gruppen vor. Schon jetzt sei abzusehen, so hieß es, daß die zusammengetragenen Informationen der amerikanischen Wirtschaft viele Millionen Dollar an Entwicklungskosten sparen würden.

Besonders interessant ist aber der Hinweis, daß *eine Reihe deutscher Geheimnisse als großes Potential gegen Japan eingesetzt wurde, um den Krieg dort rasch zu beenden.* Was war damit gemeint? Bis heute ist in der kriegsgeschichtlichen Literatur kaum ein Hinweis darauf zu finden, daß die Technologiegeheimnisse des Dritten Reiches im Pazifikkrieg gegen Japan von Bedeutung waren. Es sei denn, die USA setzten eine deutsche Atomwaffe gegen Japan ein! So ungeheuer das im ersten Moment klingen mag, es gibt dafür eine Reihe von Indizien.

Ebenfalls am 27. August 1945 berichtete die britische *Times* über deutsche Kriegsgeheimnisse unter dem Titel »Atomic Bomb Research«. In dem betreffenden Artikel wurde, allerdings in stark gekürzter Form, wiederum die Existenz eines weitentwickelten deutschen Atomwaffenprojektes und einer bemannten Rakete mit 3.000 Meilen Reichweite zugegeben.

Einen Tag später, also am 28. August 1945, nahm die *Times* Bezug auf einen *Reuters*-Bericht, in dem es hieß, die amerikanischen Generalstabschefs würden zur Zeit darüber entscheiden, welche deutschen Geheimnisse veröffentlicht werden könnten. Es kann davon ausgegangen werden, daß so manches Geheimnis nie das Licht der Öffentlichkeit erblickte.

Angesichts dieser Artikel in renommierten britischen und amerikanischen Tageszeitungen, die teilweise auf behördlicher Berichterstattung basierten, ist man natürlich geneigt zu fragen, wo denn nun diese Geheimwaffensysteme, die heute als nicht existent bezeichnet werden, hergestellt wurden?

Normalerweise würde hier der »Hase im Pfeffer« liegen, denn die Beantwortung dieser Frage müßte mit an Sicherheit grenzender Wahrscheinlichkeit Standorte aufzeigen, die bis heute nicht genannt worden sind. Hin und wieder gibt es auch von alliierter Seite Hinweise, wo man fündig wurde. Diese Art von Information ist allerdings nur sehr selten anzutreffen.

So berichtete die britische *Daily Mail* bereits am 14. Juni 1945 über eine weitreichende Rakete, die man – wohl in Ermangelung besseren Wissens – ebenfalls als V2 bezeichnete. Sie sollte eine Reichweite von 3.000 Meilen haben! Um die erschreckten Leser zu beruhigen, hieß es, die deutschen Spezialisten hätten solche Raketen wohl erst in zwei Jahren bauen können. Mit einem anderen Typ sollte es dereinst beispielsweise möglich werden, von Großbritannien aus Japan zu erreichen! Die Produktion dieser Superrakete sollte im Kohnsteinmassiv in der Nähe von Nordhausen erfolgen, wo schon die V2 gebaut worden war.

Weniger zurückhaltend drückte sich in einem Artikel derselben Zeitung vom 10. Oktober 1945 der US-amerikanische Army-General George C. Marshall aus, in dem er behauptete, daß, bezogen auf einen erneuten Kriegsfall und eine ähnliche Geheimwaffentechnologie, wie sie die Deutschen hatten, die USA vollständig vernichtet würden. Er meinte weiterhin, daß viele Amerikaner bis jetzt nicht die Zusammenhänge verstanden hätten, die sich aus der Auseinandersetzung mit Berlin und Tokio ergeben hätten. Städte wie New York, Pittsburg, Detroit, Chicago oder San Francisco könnten zukünftig Ziel von Angriffen sein und innerhalb weniger Stunden von anderen Kontinenten aus vernichtet werden. Göring habe bei seiner Festnahme erklärt, so Marshall weiter, daß die USA in zwei Jahren das Ziel massi-

Nazis Almost Had Rocket for Atlantic Hop

By James E. Chinn

God blessed America.

Just before the European war ended the Nazis were experimenting with a piloted rocket missile designed to span the Atlantic in 17 minutes, the Office of War Information revealed yesterday as it unveiled a variety of Germany's inner war secrets.

The Germans also, according to OWI, had reached the experimental stage with the devastating atomic bomb, devices to destroy the sight of the all seeing eyes of radar, and new war gases they hoped would prove more deadly than any chemical agent yet developed. And that's not all.

Many More "Up Sleeve"

The now conquered "master race" had:

1. Specifications and construction details for naval vessels of advanced design, including submarines with high underwater speeds and apparatus for sustained underwater operations.

2. Found new uses for many staples such as coal from which the Nazis were making synthetic butter, soap, gasoline, aviation lubricants and alcohol of both beverage and industrial types.

3. Designed a highly advanced jet engine, rocket-assisted take-offs and vastly-improved aerodynamics.

4. Perfected designs for various secret types of guns and gun sights, novel gear and transmission construction and air cooled diesel engines.

5. Plans for V-type weapons much more advanced than those which were hurled last year against the British Isles.

Other German war secrets ranged from records on the location of German capital in neutral countries, and the status and composition of German cartels, to specifications of long range rocket de-

See ROCKET, Page 2, Column 1.

ENEMY'S SECRET WEAPONS

MR. TRUMAN ON RELEASE OF INFORMATION

WASHINGTON, Aug. 27.—President Truman to-day issued an executive order calling for the earliest possible release and free dissemination of scientific and industrial information gained from Germany and Japan.

The release of such information should continue to be subject to the requirements of national military security, President Truman added.

The expression " enemy scientific and industrial information," he said, covers " all information concerning scientific, industrial, and technological processes, inventions, methods, devices, improvements and advances heretofore or hereafter obtained by any department or agency of this Government in enemy countries, regardless of its origin, or in liberated areas if such information is of enemy origin or has been acquired or appropriated by the enemy."

President Truman's order comes after yesterday's disclosure by the British Ministry of Information and the United States Office of War Information of many secret weapons which Germany had under development or in a state of completion. It means that the details of Germany's experiments will be shared and made public when the joint chiefs of staff decide that it is safe so to do.—*Reuter.*

The Egyptian Council of Ministers has decided to abolish martial law in EGYPT next month. It was introduced in September, 1939. —*Reuter.*

Links: Bericht der **Washington Post** ***vom 27. August 1945. Rechts: Artikel der*** **Times** ***vom 28. August 1945.***

ver Raketenangriffe geworden wären, daß erste Angriffe aber bereits *sehr viel früher* erfolgt wären.

Versuchte der US-General seinen Landsleuten und auch den britischen Verbündeten klarzumachen, daß die USA wie auch das Kernland des britischen Empires nur um Haaresbreite einer Katastrophe entgangen waren? Und daß diese nuklearer Art gewesen wäre?

Daß in der heutigen Geschichtsschreibung einiges, was mit der deutschen Atomforschung und den V-Waffen zu tun hat, einfach nicht (mehr) erwähnt wird, ist eine unbestreitbare Tatsache. So ist beispielsweise bis heute kaum etwas bekannt geworden über die auf Bornholm, jener zu Dänemark gehörenden und in der Ostsee liegenden Insel, laufenden Forschungen.

Die britische *Times* berichtete in ihren Ausgaben vom 15. bis 25. Mai 1945 über die Ereignisse auf Bornholm, die sowohl den Rückzug deutscher Truppen als auch die Einnahme der Insel durch sowjetische Kampfverbände betrafen. Daß ausgerechnet die Russen hier einen militärischen Erfolg zu verzeichnen hatten, war für die Briten und Amerikaner offensichtlich besonders peinlich, weil man dort zu Recht Außergewöhnliches und Bedrohliches vermutete.

Auch die Russen hatten das Eiland nicht zufällig entdeckt, sondern mußten wohl schon lange Zeit vorher etwas »geahnt« haben. Schließlich hatten genügend Pressemeldungen im vorhinein deren Interesse geweckt. So hatte z. B. die in Stockholm erscheinende schwedische Tageszeitung *Dagens Nyheter* am 5. Dezember 1944 darüber informiert, daß Bornholm Gegenstand zahlreicher deutscher Aktivitäten sei, die mit V2-Raketen zu tun hatten. Es hieß in dem Artikel, daß überall auf Bornholm bewegliche Startbahnen für V1 und V2 aufgebaut würden und daß die Insel von den Deutschen zu einem wichtigen Stützpunkt auserkoren worden sei. Täglich strömten große Mengen Kriegsmaterial zu den dortigen Arsenalen. Auch seien neuerdings 25 Gestapo-Männer nach Bornholm gekommen.

Ähnliche Berichte wurden auch in amerikanischen Tageszeitungen veröffentlicht, u. a. in der *New York Times* vom 10. Dezember 1944. Am 27. Dezember 1944 hieß es dort sogar, die Deutschen hätten auf Bornholm nunmehr sogar einen 190 Fuß hohen Turm errichtet, der mit nicht bestimmbaren Instrumenten ausgerüstet worden sei.

Erst nach dem Krieg sollte sich der Schleier des Geheimnisvollen zumindest etwas lüften. Die Zeitung *Politiken* (Kopen-

U.S. SOLDIER No. 1 GIVES STERN WARNING

Next time: America might be annihilated

GENERAL of the Army George C. Marshall, American Chief of Staff, today formally reveals to the U.S. Secretary of War not only the secrets of World War 2, but lays down the military view for the future policy of the United States.

"For the first time since assuming this office six years ago," writes General Marshall, "it is possible for me to report that the security of the U.S.A. is entirely in our own hands."

The Chief of Staff asked General Eisenhower to have interrogated all senior members of the German High Command in Allied hands; and the picture they presented forms the substance of much of the Report.

★ Every two years the American Chief of Staff issues a Report to the U.S Secretary of War. Today the most momentous of these Reports is published. General of the Army George C. Marshall reveals many of the German war secrets, the barely scotched plans which would, in a matter of months, have brought the skyscrapers of the New World crashing in rocket-rubble—the plans the U.S. war-machine recommends to avert another holocaust—with a grave warning of the fate America might have to face.

Turning-point

THE turning-point of the war is placed, in the light of these revelations, not at Stalingrad (autumn 1942) but at Moscow, in the winter of 1941.

"A sudden change in the weather brought disaster. The Red Army defence, a terrific snow-storm, and extremely unseasonable cold in the Christmas week of 1941 precipitated the strategic defeat of the German armed forces."

It was at this moment that Hitler proclaimed the supremacy of his 'intuition.'

Two things emerge from the Report as broadly responsible for the Axis defeat. These are:

1. The constant conflict of personalities from 1938 to the end in the German High Command—conflict in which military judgment was increasingly subordinated to Hitler's personal dictates.

the absence of any evidence so far to the contrary, it is believed that Japan also acted unilaterally."

According to the Germans, there were seven distinct stages in the Axis defeat:

1. Failure to invade England—due to the fear of the Royal Navy and the losses inflicted on the German bombers ("irreparable losses") in the Battle of Britain.

2. The German retreat before Moscow (mentioned above).

3. Stalingrad, which put paid to Hitler's "Napoleonic dream of a conquest of the Middle East and India . . . with one pincer descending from the Caucasus and the other from North Africa across Egypt."

4. The invasion of North Africa, which was a complete surprise—the Germans believing that the convoys (sighted only as they passed Gibraltar) were destined for the Far East, for Malta, or, possibly, to land behind Rommel.

5. Our invasion of France—which the Germans expected in Brittany, with a second blow against which large German forces were held near Calais. Rommel and von Rundstedt were at loggerheads over the tactics to be adopted for defence.

6. The Ardennes counter-attack—Hitler's own idea, of which the conservative High Command disapproved, as it ruined the Sixth Panzer Army, [illegible]

own immediate conquests that she laid her strategy not to help Germany defeat Russia and Great Britain but to accumulate her own profit."

Hitler emerges from the Report as responsible for the German debacle. Not only did he quarrel with, and override, his generals but antagonised them irretrievably by correcting them and contradicting them in front of their subordinates.

General Marshall states categorically that two things alone saved America from a war on her own soil: The greed and the mistakes of the war-makers on the one hand, and, on the other, "the heroic stands of the British and the Soviet peoples.

"The crisis had come and passed at Stalingrad and El Alamein before this nation (the U.S.) was able to gather sufficient resources to participate in the fight in a determining manner.

The saviours

"HAD the U.S.S.R. and the British Army of the Nile been defeated in 1942, as they well might if the Germans, Japanese, and Italians had better co-ordinated their plans . . . we should have stood today in the Western Hemisphere confronted by enemies who controlled the greater part of the world.

"Our close approach to that terrifying situation should have a [illegible]

ranged in size from 20lb. to 2,000lb., with a few light-case 4,000lb. blast bombs. During the war new bombs have been developed through the entire range from the small 4lb anti-personnel missiles to 22,000lb. deep-penetration city-smashers.

"At this very moment we are making a single bomb weighing [illegible]lb. to keep pace with the bomber, already under construction, which will carry such a load.

"Air ordnance engineers have blue-printed a bomb weighing 100,000lb."

Of rockets, General Marshall says that this weapon has extended artillery range to 200 miles with little sacrifice in accuracy.

He says: "Defence against such weapons requires pilotless and piloted aircraft capable of fantastic speeds, or powered missiles capable of finding, intercepting, and destroying the attacker in the air. . . .

"We can direct rockets to targets by electronic devices and new instruments which guide them accurately to sources of heat, light, and magnetism.

"Drawn by their own fuses such new rockets will streak unerringly to the heart of big factories, attracted by the heat of the furnaces.

"They are so sensitive that in the space of a large room they aim themselves toward a man who enters, in reaction to the heat of his body. . . .

other continents in a matter of hours."

Such, comments the U.S. Chief of Staff, is the pattern of war in the 20th century.

"If this nation is ever again at war, suffering, as Britain did in this war, the disastrous attacks of rocket-propelled weapons with explosive power like our own atomic bomb, it will bleed and suffer perhaps to the point of annihilation, unless we can move armies of men into the enemy's bases of operations and seize the sites from which he launches his attacks."

There is, says General Marshall, no easy way to win wars when two opponents are even remotely well-matched.

One gleam of optimism shines through the cataract of sombre fact and grim conclusion that make up the thousands of words of the Report:

"In the immediate years ahead the United Nations will unquestionably devote their sincere energies to the effort to establish a lasting peace. To my mind, there is now greater chance of success in this effort than ever before in history.

"Certainly the implications of atomic explosion will spur men of judgment, as they have never before been pressed, to seek a method whereby the peoples of the earth can live in peace and justice."

'At their peril'

BUT even this hope for the future is tempered. To the cobbler, there is nothing like leather: to the soldier, there is nothing like force.

"Nature tends to abhor weakness . . . We must, if we are to realise the hopes we may now dare have for lasting peace, enforce our will for peace with strength. We must make it clear to the perpetual gangsters of the world that if they dare break our peace they will do so at their great peril."

General Marshall devotes a considerable section of his Report to the atomic bomb, and draws inevitably grave conclusions both from its overwhelming power and the lessons of history.

ultimate, general conclusion in a single sentence:

"We can be certain that the next war, if there is one, will be even more total than this one."

The corollary the Chief of Staff states, with one eye on military, the other on economic, security:

"Industrial mobilisation must be founded on assumption that it should be realised that [illegible] reconversion from peace to war production will take place initially under enemy distant bombardment; and they must be organised that they will [illegible] and any other situation [illegible] develop.

"Yet they must in no way retard or inhibit the course of peace-time production."

If this Report be implemented America will have in peace [illegible] as she has now—the [illegible] formidable military organisation [illegible] actual and potential—in [illegible]

LETTER

How red is our tape…

From SIR MORTON SMART

SIR, — Your [illegible] article in *The Daily Mail* of October 6 prompts me to send you the following account of a case within my personal knowledge.

A man whom I was [illegible] to employ on account [illegible] damages to my premises [illegible] in business on his own [illegible] from 1932 till the outbreak of war.

He gave up and w[illegible] a factory till March [illegible] when he was directed to [illegible] for work on prefab houses till June [illegible] was then released and [illegible] to reopen his old business.

To do this he had to apply for a licence to the Ministry of Works. He called [illegible] official, who gave [illegible] following forms.

(a) Application for a licence.

(b) Questionnaire [illegible]

In The Daily Mail *vom 10. Oktober 1945 kündigte der US-Army-General George C. Marshall die mögliche komplette Auslöschung der USA in einem künftigen Krieg an.*

hagen) berichtete am 21. August 1945 auf Seite 2, bezugnehmend auf einen Bericht des britischen *Evening Standard*, daß die Deutschen während des Krieges Laboratorien zur Untersuchung der Atomsprengung auf Bornholm hatten und daß dort umfangreiche Experimente zur Atomenergie vorgenommen worden seien.

Die Meldung fügte hinzu, daß dies der wahre Grund für die schnelle Befreiung der Insel durch die Russen war. Auch wenn man annehmen müsse, daß diese Behauptung vielleicht nur politische Spekulation sei, scheine es, daß Deutschland wirklich Atomexperimente auf Bornholm durchgeführt hatte, was auch Erklärungen aus London bekräftigten. Nicht umsonst habe es einen so schnellen russischen Zugriff gegeben.

Im übrigen wurde aus Washington berichtet, daß die Mehrheit der Wissenschaftler, die an der Herstellung der Atombomben (auf Bornholm) teilgenommen hatten, sich auf dem Weg nach Moskau befänden. Darunter sei auch ein jugoslawischer Wissenschaftler. Bisher gebe es aber keine Hinweise, inwieweit die Sowjetunion an diesem Atomgeheimnis teilhaben wolle, also ob

CLEARING OF BORNHOLM

15/5/45 — The Times

GERMANS WHO REFUSED TO SURRENDER

FROM OUR CORRESPONDENT

COPENHAGEN, MAY 14

The German troops on the Danish island of Bornholm, in the Baltic Sea, refused to surrender when troops in other parts of Denmark did. No British troops had been sent there, and so the Russians, after bombing a few German strong-points, sent troops to force the Germans to surrender. To-day the last German troops were leaving the island. The Russians have stated that they will leave Bornholm as soon as the last Germans have withdrawn.

A former Minister, Hr. Gunnar Larsen, who was arrested yesterday for cooperating with the Germans, has issued a statement declaring that he was working for the British secret service in April, 1940. He also maintains that he provided valuable information concerning V weapons.

BORNHOLM

18/5/45 — The Times

DANES SEEK RESTORATION OF COMMUNICATIONS

FROM OUR CORRESPONDENT

COPENHAGEN, MAY 17

The Danish Government to-day discussed the practical problems arising from the fact that the island of Bornholm has fallen under Russian influence, while the rest of Denmark is now under the legal Danish authority, which is collaborating with the Shaef mission.

Politically, the Danish Government is not troubled by this state of affairs, which is regarded as a natural consequence of the military arrangement whereby Bornholm seems to lie east of any demarcation line fixed by the "Big Three." Furthermore, the Germans on Bornholm, in accordance with Dönitz's instructions to them to fight the Russians while giving in to the armies of the western Powers, went on fighting after the Germans in the rest of the country had laid down their arms. The local German commander refused to capitulate, and was finally arrested by three senior officers of the *Wehrmacht*. German obstinacy also led to a bombardment of the Bornholm towns of Roenne and Noxoe by Russian aircraft after VE Day had been celebrated in Denmark.

It is considered fully in line with Russian procedure to keep German resistance pockets strictly isolated. For this reason, since Tuesday the Russians have not allowed passengers to travel by sea or air between Bornholm and the rest of Denmark, and have also suspended telegraph and telephone communications, except for a few censored messages. Some thousands of Russians, assisted by Danish freedom fighters, are still rounding up Germans on Bornholm and transporting them to Germany. The Russian commander has stated that the Russians intend to leave the island as soon as all the Germans are out.

Against this background the Danish Government are mainly concerned with arranging material help for Bornholm, which is not self-supporting. The first relief ship left Copenhagen to-day loaded with goods and food, but without passengers. In view of the Danish population's unawareness of the present international position, it is generally felt that, for psychological reasons, normal communications ought to be re-established soon.

Zwei der zahlreichen Times-*Artikel im Zeitraum vom 15. bis 25. Mai 1945, die über die Ereignisse auf Bornholm berichteten.*

russische Wissenschaftler schon, parallel zu den Forschungen in Amerika, dieselben Ergebnisse erreichen wollten.

Der *Evening Standard* meldete auch, daß sich die russischen Behörden, abgesehen von ihrem Zugriff auf Bornholm, bei den westlichen Alliierten beschwert hätten, daß diese die (meisten) deutschen Wissenschaftler und Laboratorien auf dem Luftweg in das britisch-amerikanische Gebiet gebracht hatten, bevor die russischen Truppen die Kontrolle übernehmen konnten.

Die Katze aus dem Sack ließ dann schließlich der *News Chronicle*. In seiner Ausgabe vom 15. Oktober 1945 titelte er:

»Russia will have secret soon

Paris, Sunday – Russia and France will have the secret of the atomic bomb within six months, according to the leading French scientist Professor Paul Rivet.

The Germans captured on Bornholm, the Danish island, wo were ›on the eve of completing their researches on the atom bomb‹, had been taken to Russia, he said, with all their notes and equipment.«

Demnach hatten also die Russen zumindest die Grundlagen des Atombombengeheimnisses auf Bornholm erbeutet und in den eigenen Machtbereich gebracht.

Doch nicht nur Bornholm spielte eine Rolle in den Planungen deutscher V-Waffen-Geheimnisse. Ein bisher völlig unaufgearbeiteter Bereich eröffnet sich dem Betrachter, wenn es um die Aktivitäten deutscher Truppen, Ingenieure, der Organisation Todt und anderer Verbände in Norwegen geht. Wie bereits im vorigen Kapitel der Truppenführer Hans Schwarz formulierte, hatte Norwegen als »Festung« eine besondere Bedeutung, die aber heute kaum mehr erwähnt wird.

Ganz anders war das zu Kriegszeiten. Beispielsweise berichtete die britische *Daily Mail* am 9. Dezember 1944 über Informationen, die aus dem norwegischen Raum kamen. Unter der Schlagzeile »Nazis will run V-War from Norway« hieß es, daß die Organisation Todt (OT) hier hochgeheime Arbeiten im Untergrund ausführe. Viele Quadratkilometer Land seien abgeriegelt und würden streng bewacht. Interessanterweise würden nur Deutsche bei den Arbeiten der OT innerhalb Norwegens beteiligt sein (was auf einen extrem hohen Geheimhaltungsgrad und die Wichtigkeit der dortigen Projekte hindeutet).

Besondere Untergrundaktivitäten seien im Raum Bergen und bei Gaustadt, dem höchsten Punkt im Gelände zwischen Oslo und Bergen, zu verzeichnen. Auf dem Hardanger Hochplateau,

Tyske Atomforsøg paa Bornholm

POLITIKEN 21-8-45

Opsigtvækkende Meddelelser i det engelske Blad „Evening Standard"

London, Mandag.
POLITIKEN PRIVAT

EVENING STANDARD bringer i Dag en opsigtvækkende Meddelelse fra Washington om, at Tyskerne under Krigen havde Laboratorier til Undersøgelse af Atomsprængninger paa Bornholm og der foretog Eksperimenter med Atomenergi.

I Meddelelsen tilføjes det, at dette skulde være Grunden til Russernes hurtige Befrielse af Øen, men medens dette sidste sikkert maa skrives paa den politiske Spekulations Regning, synes Meddelelsen om, at Tyskerne virkelig foretog Atomeksperimenter paa Bornholm, at bekræftes af Udtalelser her i London.

I øvrigt meddeles fra Washington, at flere af de Videnskabsmænd, der har deltaget i Fremstillingen af Atombomben, befinder sig paa Vej til Moskva, deriblandt en jugoslavisk Videnskabsmand, men der forlyder intet om, hvorvidt dette betyder, at Sovjetunionen vil blive delagtiggjort i Atombombens Hemmeligheder, eller om russiske Videnskabsmænd maaske allerede parallelt med Forsøgene i Amerika er naaet til samme Resultater.

„Evening Standard" meddeler, at de russiske Myndigheder har beklaget sig til de Allierede over, at tyske Videnskabsmænd og Laboratorier flyttedes fra de britisk-amerikanske Omraader, inden de russiske Tropper til sidst overtog Kontrollen der. *H. H. H.*

Der* Politiken-*Bericht über die deutsche Atomforschung auf Bornholm.

nördlich von Rjukan, wo sich in der Nähe die Schwerwasserproduktion für das Dritte Reich befand, wurden ebenso geheime Bauarbeiten gemeldet.

Natürlich wurden diese geheimen deutschen Arbeiten ausgeforscht. Die Nachrichten, die aufgrund der Spionage der Alliierten und durch den norwegischen Widerstand eintrafen, bezogen sich auf den Bau von Startanlagen für V2-Raketen und für Abschußsysteme, die ein angeblich besonders weitreichendes Modell der V1 betrafen. Allerdings wurde auch die Vermutung laut, daß hier Starteinrichtungen für eine V3 untergebracht würden. Hierbei handelte es sich mit Sicherheit nicht um die »Hochdruckpumpe«, die beispielsweise an der französischen Kanalküste zum Beschuß Englands errichtet worden war, sondern um die V3, wie sie Wernher von Braun kannte: eine Fernrakete. Diese kann nach allem, was heute bekannt ist, nur die realisierte Version der A9/A10 gewesen sein, selbst wenn das im ersten Moment unglaublich erscheinen mag.

Doch ist diese Schlußfolgerung logisch, denn im Dezember 1944 tauchten in der britischen wie auch in der amerikanischen und skandinavischen Presse Meldungen auf, in denen die Drohung des deutschen Rüstungsministers Speer, in Kürze würde New York durch »Raketenbomben« angegriffen werden, bekanntgegeben wurde. Es handelt sich hierbei nicht um Wunschdenken unsererseits, sondern um nachweisbare Presseberichterstattung. In der Stockholmer Zeitung *Aftontidningen* erschien am 2. Dezember 1944 ein Artikel mit der Überschrift: »Raketenbomben für New York fertig in diesem Jahr?«

Minister Speer äußerte sich darin anläßlich einer Tagung mit dem Rüstungsrat für die deutsche Industrie zufrieden mit den Ergebnissen des Einsatzes der V2. Die V3, die man vorbereite, um damit New York zu beschießen, sei so weit fortgeschritten, daß man davon ausgehen könne, der erste Probeflug werde noch vor Ende dieses Monats, also im Dezember 1944, stattfinden.

Die Drohung saß. Der damalige New Yorker Bürgermeister Fiorello La Guardia erklärte daraufhin am 10. Dezember 1944 während einer Radiosendung, daß für den Fall, die Deutschen würden eine wehrlose Stadt beschießen, die Bürger der Stadt New York in den kommenden 100 Jahren keinen Handel mehr mit dem Naziland treiben würden. Diese Antwort wurde dann am 14. Dezember 1944 in der *New York Times* abgedruckt, zusammen mit der Antwort der deutschen Seite, auf die wir gleich zu sprechen kommen werden.

Um die Bevölkerung New Yorks zu beruhigen – man nahm die Drohung sehr ernst, sonst hätte sich der Bürgermeister nie dazu geäußert –, hatte La Guardia bereits am 10. Dezember, dem Tag seiner Radioansprache, einen amerikanischen Raketenexperten zu Wort kommen lassen. Diese Autorität behauptete, solch weitreichende Raketen seien nicht möglich. Es handelte sich dabei um Alfred Africano, den Präsidenten der *American Rokket Society*, der vom bekannten Wissenschaftsredakteur der *New York Times*, Waldemar Kaempffert, zu den Möglichkeiten der Raketentechnik befragt wurde.

Ob die Mitteilung des wissenschaftlichen Experten die New Yorker wirklich beruhigte, sei dahingestellt. Und daß die Aussage dieser Koryphäe nichts wert war, beweisen die im Sommer 1945 auftauchenden Informationen zu den deutschen Geheimwaffen, was heißt, daß die deutschen Techniker und Wissenschaftler einen uneinholbaren Vorsprung aufgebaut hatten.

Doch noch einmal zurück zur deutschen Antwort auf die Be-

Raketbomben för New York färdig i år?

Minister Speer meddelade vid ett sammanträde med rustningsrådet för den tyska industrin att Wehrmachts överkommando ansåg de resultat som åstadkommits med V-2 tillfredsställande. Ytterligare förbättringar håller på att vidtagas. V-3, som är avsedd för beskjutning av New York, är så pass färdig att man har beräknat de första provskjutningarna till slutet av denna

Transocean Rockets

An Authority Reports That They Are Impractical at This Time

"Transatlantic rockets are unlikely in this war, but rocket planes making flights from London to Paris will materialize in the not-too-distant future," reports Alfred Africano, former president of the American Rocket Society, to the Metropolitan Section of the American Society of Mechanical Engineers. The speed required to propel bombarding rockets would necessitate the use of twenty-six pounds of fuel for every pound of final weight in the rocket.

For an effective range of 3,000 miles, assuming a 4,000-mile vacuum range, Africano estimates that the required velocity would be almost five miles a second, or the speed that a body needs to keep flying in a circular path around the earth as a satellite at the 500-mile level.

What of the three-step rocket, in which fuel tanks are thrown off as fuel supply is exhausted, and which was proposed in 1911 by André Bing of Belgium? This is just as impractical. "The weight ratio increases as a power of the number of steps, so that the three-to-one ratio would require about 2,500 tons initial weight to send just one ton over the Atlantic." Even a war could not justify a 5,000,000-pound projectile at a cost of anywhere from ten to a hundred million dollars just to explode one ton of TNT here.

Even if the energy requirement can be met, the initial damage to the surrounding countryside at the launching stage from the burning of 100,000 pounds of fuel per second for an acceleration only five times that of gravity might be a hundred times greater than that inflicted by one ton of explosive delivered on the Atlantic Coast.

LA GUARDIA'S ADVICE DRAWS NAZI IRONY

LONDON, Dec. 13 (AP)—A German spokesman commented with "biting irony" today, the Berlin radio said, on Mayor La Guardia's statement that New Yorkers would not deal with the Germans for 100 years if New York were bombarded with V-3 weapons.

[In a broadcast Sunday Mr. La Guardia said: "To the Nazis: Don't think you will get away with it. If an attempt is made to bomb a defenseless city, the people of New York will have no business relations with Naziland for 100 years to come."]

"Apparently the Americans have gained permission to bomb Turin, Milan, Ravenna, Cologne, Munich or Vienna at discretion, while it is a deadly sin to do harm to New York," the spokesman said. "This American statement is grotesque."

The spokesman, described as "amused," added:

"This shows that La Guardia reckons with the fact that the National Socialists will rule Germany for the next 100 years at least."

The National Socialist party in Germany will not continue in power another 100 weeks, let alone 100 years, Mayor La Guardia said yesterday, when told of the Nazi interpretation of his broadcast remarks.

"It is up to the German people to put them out of business without further delay," he said. "Naturally, our country is not going to stand by and let the same gang build up another war machine in Germany. With enemy forces on German soil, both on the eastern and western fronts, the German people should act and act quickly.

"I think that the Nazis understood what I said, hence their anxiety."

King George VI Is 49 Today

LONDON, Dec. 13 (U.P.) — King George VI will be 49 years old tomorrow. However, "official" birthday celebrations for him are held in June and his actual natal day will be routine. Usual business will occupy his time.

Bericht der Aftontidningen *vom 2. Dezember 1944 (oben links) und der* New York Times *vom 14. Dezember des gleichen Jahres (links und rechts).*

merkung des Bürgermeisters von New York, man werde im Falle eines Beschusses der Metropole mit dem Naziland 100 Jahre keinen Handel mehr treiben. Ein deutscher Sprecher antwortete darauf mit bitterer Ironie, daß die Amerikaner nie irgendwelche Rücksichten genommen hätten, als beispielsweise Turin, Mailand, Ravenna, Köln, München oder Wien bombardiert worden seien. Etwas amüsiert fügte er hinzu, daß es bemerkenswert sei, daß der New Yorker Bürgermeister davon ausgehe, daß das Dritte Reich noch mindestens 100 Jahre existiere, wo man doch sonst immer das Gegenteil behaupte …

Damit ist die Geschichte noch nicht zu Ende. Nach dem Krieg konnte sich keiner – weder Speer noch die Alliierten – an diese Episode erinnern. Wahrscheinlich hatte man in gegenseitigem Einvernehmen beschlossen, Gras über die Sache wachsen zu lassen. Dies ändert jedoch nichts an der Tatsache, daß diese Auseinandersetzung stattfand und daß die Drohung mit der V3 einen entsprechenden Hintergrund gehabt haben muß, der heute – aus welchen Gründen auch immer – zugedeckt wird.

Für New York drohte aber auch noch aus anderer Richtung Gefahr. Die *Washington Post* berichtete darüber am 29. Juni 1945 auf Seite 8.

Das Hauptquartier der 21. Britischen Armee verlautbarte, daß man auf einem kolossalen Flugfeld in der Nähe von Oslo, Norwegen, deutscherseits beinahe alle Vorbereitungen abgeschlossen hatte, um New York zu bombardieren. Auf dem Flugfeld befanden sich 40 große Bomber, von denen jeder über eine Reichweite von 7.000 Meilen (!) verfügte, so erklärte der zuständige Offizier, der in dem Bericht leider nicht namentlich genannt wurde. Er habe noch nie ein solch gewaltiges Flugfeld gesehen.

Nach seiner Aussage handelte es sich um ei-

Were Ready to Bomb N. Y.

Twenty-first Army Group Headquarters, June 28 (AP).—RAF officers said today that the Germans had nearly completed preparations for bombing New York from a "colossal airfield" near Oslo when the war ended.

"Forty giant bombers with a 7000-mile range were found on this base—the largest Luftwaffe field I have ever seen," one senior officer said.

"They were a new type bomber developed by Heinkel. They now are being dismantled for study. German ground crews said the planes were held in readiness for a mission to New York."

Washington Post *vom 29. Juni 1945.*

nen neuen Heinkel-Bombertyp, der für Erprobungszwecke geschaffen worden war. Mitglieder der Bodenmannschaften hätten ihm erzählt, die Flugzeuge seien in ständiger Bereitschaft gehalten worden, um New York zu bombardieren.

Diese Meldung ist mehr als erstaunlich. Neue Bomber mit einer Reichweite von 7.000 Meilen! Selbst wenn man bereit ist, die Angabe zu reduzieren – vielleicht sprachen die Bodenmannschaften von Kilometern – ergibt sich immer noch die Möglichkeit, die amerikanische Großstadt anzugreifen. Warum aber wurden die Flugzeuge nicht eingesetzt? Hat das Ganze etwas mit den seit Mitte 1944 im Auftrag Hitlers in Bern laufenden Geheimverhandlungen zu tun, die zwischen deutschen Funktionsträgern wie Karl Wolf und den Westalliierten, die beispielsweise durch John F. Dulles vertreten wurden, nachweislich geführt worden sind? Bekanntermaßen wollten die Deutschen einen Frieden an der Westfront erreichen, aufgrund des Drucks der Russen jedoch waren die Verhandlungen nicht erfolgreich. Irgend etwas muß hier hinter der Bühne geschehen sein, denn im normalen Kriegsverlauf wird neue Waffentechnologie nicht zurückgehalten, sondern eingesetzt, um den Feind zu besiegen. Wie wir wissen, hatten die amerikanischen Politiker, die den Befehl zum Abwurf der Atombomben auf Hirsohima und Nagasaki gaben, wenig Skrupel in dieser Hinsicht. Wieso aber wurde deutsche Technologie, zumindest in Hinblick auf die vierzig Heinkel-Bomber, nicht zum Einsatz gebracht, wenn sie denn fertig war?

Aber auch sonst gibt es jede Menge Hinweise aus der Zeit kurz nach dem Zweiten Weltkrieg, die mit den heute verbreiteten Information nicht zusammenpassen. Das britische Hauptquartier der 21. Army Group in Deutschland informierte am 7. August 1945, daß man im Norden Hannovers in einer kleinen Fallschirmseidefabrik Pläne für eine deutsche Atombombe gefunden habe, die einen Sechs-Meilen-Vernichtungsradius hatte. Ein deutscher Wissenschaftler, der gefangengenommen werden konnte, erklärte, daß seine Arbeit an der Waffe bei erfolgreichem Verlauf im Oktober (1945) abgeschlossen werden sollte. Die Erklärung der Briten wurde am 8. August 1945 auch in der *Washington Post* auf Seite 3 am Ende des Artikels »Allies Seized German Atom Experts, Data« abgedruckt.

Der britische *Evening Standard* brachte in seiner Ausgabe vom Vortag, also dem 7. August 1945, noch einige Details mehr. Demnach hatte eine britische Spezialeinheit im April die Sei-

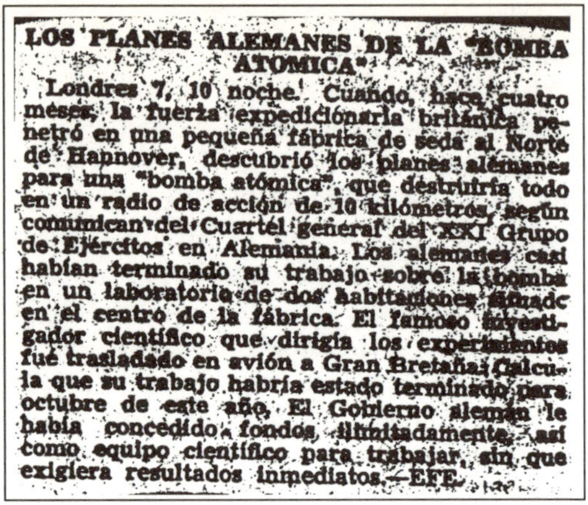

LOS PLANES ALEMANES DE LA "BOMBA ATOMICA"

Londres 7, 10 noche. Cuando, hace cuatro meses, la fuerza expedicionaria británica penetró en una pequeña fábrica de seda al Norte de Hannover, descubrió los planes alemanes para una "bomba atómica", que destruiría todo en un radio de acción de 10 kilómetros, según comunican del Cuartel general del XXI Grupo de Ejércitos en Alemania. Los alemanes casi habían terminado su trabajo sobre la bomba en un laboratorio de dos habitaciones [illegible] en el centro de la fábrica. El famoso investigador científico que dirigía los experimentos fué trasladado en avión a Gran Bretaña. Calcula que su trabajo habría estado terminado para octubre de este año. El Gobierno alemán le había concedido fondos, ilimitadamente, así como equipo científico para trabajar, sin que exigiera resultados inmediatos.—EFE.

Bericht der ABC *vom 7. August 1945.*

denfabrik untersucht und in ihr das Atomlabor entdeckt, das sich auf zwei Räume verteilte. Ein berühmter Wissenschaftler war noch bei der Arbeit, als die Briten ihn aufgriffen. Zusammen mit anderen hatte er seit vielen Monaten an dem Projekt gearbeitet, das von der deutschen Regierung mit finanziellen Mitteln ausgestattet wurde. Ein Termin war ihm nicht gesetzt worden.

Über diesen Zufallsfund gab es auch Berichte in der spanischen Presse, beispielsweise in der in Madrid erscheinenden Zeitung *ABC*, die die älteste der großen spanischen Tageszeitungen ist (sie erschien erstmals 1905 und ist auch heute noch sehr einflußreich). Am 7. August 1945 berichtete sie über die Ereignisse in Celle. Auch hier wurden die bereits oben genannten Fakten erwähnt. Zusätzlich wurde behauptet, der Leiter der wissenschaftlichen Experimente sei sofort mit einem Flugzeug nach Großbritannien gebracht worden. Die deutsche Regierung habe ihm unerhörte finanzielle Mittel zur Verfügung gestellt sowie auch Ausrüstungen für seine wissenschaftliche Arbeit, ohne sofortige Ergebnisse zu verlangen.

Der Bericht wurde durch die seit 1939 existierende spanische Presseagentur *EFE* verbreitet und in zahlreichen spanischen Zeitungen publiziert.

Wer arbeitete in Celle? Nach den bekanntgewordenen Informationen waren dies die Herren Harteck und Groth, die ihr Ultrazentrifugen-Laboratorium dort einrichteten.[2] Dr. Kurt Diebner rief am 13. Dezember dort an und übermittelte beiden, daß Prof. Gerlach versprochen habe, sich für das bevorstehende neue Jahr um die Dringlichkeitsstufe Z1, die neue Höchststufe für das Projekt, zu bemühen. Aufgabe war es, die Zentrifuge sofort produzieren zu lassen.[3]

Merkwürdig ist, daß Prof. Gerlach, der für die Koordination des Atomforschungsprogramms verantwortlich zeichnete, am 16. Dezember 1944 einen Brief an Reichsleiter Bormann schrieb, um sich zu beschweren, da dieser einige Wissenschaftler zum Volkssturm einziehen wollte. Gerlach wörtlich:

»[...] ich habe aber die Überzeugung, daß wir z. Z. noch sowohl forschungs- als auch entwicklungsmäßig einen erheblichen Vorsprung gegenüber Amerika haben, obwohl wir mit einem an sich verschwindend geringen Prozentsatz der Kräfte arbeiten, die in Amerika eingesetzt sind.«[4]

Man lasse sich diesen Satz auf der Zunge zergehen. Prof. Gerlach wußte demnach, daß in den USA personell ein Vielfaches von den in Deutschland tätigen Forschern eingesetzt war! (Üblicherweise heißt es doch immer, die deutschen Atomforscher seien von Informationen bezüglich ausländischer Kernphysik so gut wie abgeschnitten gewesen.) Und trotzdem war Gerlach der festen Überzeugung, die deutsche Forschung sei der amerikanischen immer noch um einiges voraus. War Gerlach verblendet, *mußte* er sich so äußern oder basierte das, was er schrieb, auf Tatsachen?

Im später folgenden Bericht eines ehemaligen britischen Agenten werden wir sehen, daß Gerlachs Einschätzung in etwa dem entspricht, was auch jener Agent zu sagen wußte. Die USA investierten in ihr Manhattan Project eine Unmenge von Geld und Personal, übersahen dabei aber völlig, daß es vielleicht eine weitaus einfachere Methode zur Anreicherung der benötigten Atomwaffenprodukte gab. Betrachtet man nun noch die Meldungen der britischen und spanischen Zeitungen, die einstimmig behaupteten, in Celle sei an der »Bombe« gebaut worden, dann kann man doch nur zu der Schlußfolgerung gelangen, daß das, was die Amerikaner taten, pompös war, während die deutschen Wissenschaftler Klasse gegen Masse setzten.

Soweit *unsere* Meinung dazu. *Wie kompliziert* die Recherche zum Fall Celle aber ist, soll anhand der Arbeiten eines spanischen Rechercheurs gezeigt werden, der uns vor einem Jahr seine Ergebnisse zugänglich machte. Lassen wir ihn selbst zu Wort kommen:

»Wie Sie in den Fotokopien [...] sehen können, gab es eine britische Meldung [gemeint ist die vom *Evening Standard* am 7. August 1945, Anm. d. Autoren], *die über eine deutsche Bombe mit einem 10-km-Zerstörungsradius berichtete.*

Am Anfang dachte ich, daß dies die Meldung eines sensationssuchenden Journalisten sein mußte. Die angebliche Stärke der Bombe war unvorstellbar groß, und außerdem hatte ich nie etwas über Nuklearforschungen in Celle gehört. Das war natürlich ein Fehler, da Celle in der offiziellen Geschichte der deutschen Atomforschung doch auftaucht, und zwar ganz deutlich. Ich vergleiche die Informationen aus der Meldung vom 7. August mit den Angaben aus [den Büchern] ›Alsos‹[5] (Samuel Goudsmit) und ›German National Socialism and the Quest for Nuclear Power‹[6] (Mark Walker):

	Meldung vom 7.8.1945	*Goudsmit & Walker*
WANN?	*Ungefähr am 10. April 1945*	*Kurz nach dem 12. April 1945*
ORT?	*Celle*	*Celle*
WO? (Anlage; genaue Beschreibung)	*In einer Seidenfabrik für Fallschirme*	*»In a silk factory for parachutes«*
WAS? (allgemein)	*Entwicklung auf dem Gebiet der Atomtechnik*	*Entwicklung auf dem Gebiet der Atomtechnik*
WAS? (genaue Beschreibung)	*Atombombe mit riesiger Sprengkraft (vermutlich Wasserstoffbombe)*	*»Experimental uranium isotope separation with a few centrigues«*
(EIGENSCHAFTEN DER BOMBE)		
Vollzerstörungsradius	*»Six miles«*	-----
Beendigungsdatum	*»October [19]45«*	-----

Die Übereinstimmung dieser zwei [genauer drei] Quellen ist bei manchen Aspekten fast perfekt. Von einem rein logischen Standpunkt her kann man folgendes sagen:

a) Die Mitteilung enthält zu viele Informationen (die am 7.8.1945 noch streng geheim waren), um eine reine Erfindung zu sein.

b) Es ist sehr wahrscheinlich (aber nicht 100% sicher), daß es tatsächlich eine Meldung vom Hauptquartier der 21. britischen Heeresgruppe ist. Celle war in der britischen Zone und ist auch am 12. April in die Hände dieser Armee gefallen.

Es ist schwer zu glauben, daß die Bristish United Press *(B.U.P.) [– die den Bericht verbreitete –] der 21. Heeresgruppe eine nie gemachte Meldung angedichtet hätte. Und wenn so etwas doch passiert wäre, hätte es sicher einen Protest oder »disclaimer« von dieser äußerst wichtigen Armee gegeben (zumindestens in der britischen Presse). Ich habe die ganzen Monate August und September in vielen Zeitungen durchgesucht und keine Rektifikation gefunden […].*

c) Es gibt also (etwas vereinfacht dargestellt) drei Möglichkeiten:

c1) Es gab eine Meldung am 7.8.1945, die sehr wahrscheinlich von der 21st Army Group kam. Diese Meldung ist natürlich richtig und wurde auch von der Presse wahrheitsgetreu veröffentlicht.

c2) Es gab eine Meldung am 7.8.1945, die sehr wahrscheinlich von der 21st Army Group kam. Diese Meldung ist falsch, weil die Deutschen z. B. nicht nur an der erwähnten Bombe arbeiteten, sondern auch schon mehrere Stücke fertig hatten. Es wurde einiges vom Hauptquartier der 21st Army Group zugegeben, aber noch viel mehr geleugnet und/oder versteckt. Aber die Presse hat den genauen Inhalt dieser (falschen) Meldung richtig veröffentlicht.

c3) Es gab eine Meldung am 7.8.1945, die sehr wahrscheinlich von der 21st Army Group kam. Diese Meldung aber wurde falsch von der Presse wiedergegeben. Dort in Celle wurde nur mit Ultrazentrifugen experimentiert; die angegebene(n) Bombe(n) existierten nicht. Alles ist richtig, aber bei der genauen Beschreibung gab es entweder ein Mißverständnis, eine Übertreibung oder sonst irgendeinen der typischen Fehler, die in der Presse so oft gemacht werden.

Welche Möglichkeit stimmt: c1, c2 oder c3?

Gegen c3 spricht mindestens das Fehlen von jeder offiziellen

Rektifikation und gegen c1 oder c2 die orthodoxe Geschichtsschreibung. Aber nach meiner Meinung kommen nur c1 oder c2 in Frage. Warum?

Nur wenn es viel mehr als Fehler und Mißverständnisse gegeben hätte, könnte c3 richtig sein. Der Bericht informiert nicht nur über Superbomben (und hat außerdem kein Wort für die Ultrazentrifugen übrig), sondern enthält auch andere Angaben (Zerstörungsradius, Beendigungsdatum, usw.), die zu der Bombe, aber nicht zu den Ultrazentrifugen passen. Sollte c3 stimmen, hätte die Presse (bzw. die Journalisten) also den ganzen Kern **einer offiziellen Meldung** *frei erfunden oder, um es genauer zu sagen,* **gefälscht** *(man kann kein anderes Wort benutzen). Und so etwas muß man wirklich als unwahrscheinlich bezeichnen. Aber ich habe noch andere Gründe, um c3 abzulehnen: 1999 war ich kurz in England, wo ich das* Public Record Office *(PRO) in Kew, in der Nähe von London, besuchte. Dort konnte ich das Folgende in verschiedenen Dokumenten feststellen:*

1) Daß die 21st Army Group genau am 12. April Celle besetzt hatte.

2) Die Fabrik, in der alles passierte, war eigentlich die Mitteldeutsche Spinnhütte.

3) Die Spinnhütte war »[...] located next the large barrack, now H.Q. 84 Group R.A.F., lying on the right, about one mile out of Celle, on the main Hamburg road«. (Dokument FO 1032 205)

In einem anderen Dokument wird bestätigt, daß »[...] the site was an Alsos target in April 1945. On 22/4/45 Groth was taken to London for interrogation, by Commander Welsh, by a certain Major Hill«.

»On Groths return to Celle 7/5/45 he found that all the essential parts of the centrifuge(s) [das Wort war leider nicht lesbar; ich konnte nicht feststellen, ob es berichtigt wurde] already pakked by ALSOS in three cases had been removed from the Spinnhütte«.

Nach stundenlanger Suche fand ich endlich zwei interessante Dokumente

- *FO 935 190 .... 21st Army Group and 1st US Army Group (Files concerning Intelligence Objects Sub-Committee),*
- *WO 208 5117 .... SHAEF/21st Army Group: intel-*

ligence summaries and related papers.

Wenn es in Celle etwas Ungewöhnliches gab, müßte man in diesen Papieren doch irgend etwas darüber finden können.

Als ich in einem Computer nach dem ersten Dokument fragte, erschien folgendes auf dem Bildschirm:

Letter Code: FO	....	*Records of the Foreign Office, the Foreign and Commonwealth Office and related bodies*
Class: 935	....	*Ministry of Economic Warfare and Foreign Office, Economic Warfare Department Files concerning Intelligence Objectives Sub-Committee*
Piece: 190	....	*21st Army Group and 1st US Army Group*
Text Date:	....	*1943–1944*
Closure Status:	....	*Description Open – YOU DO NOT have permission to order this document*
Closure Type:	....	*Retained by Department under section 3(4) to the Public Record Act 1958*
Status:	....	*This document is not an orderable Unit and may not be requisitioned.*

Ich habe einen Beamten, der dort arbeitete, gefragt, was das alles solle. Er sagte mir, daß man regelmäßig alle Dokumente nach 30 Jahren zugänglich macht. Aber in manchen Fällen [wie diesem] könne man mit Hilfe der Richtlinie 3.4 von 1958, etwas weitere 30, 50 oder sogar 100 Jahre zurückhalten. Und die zuständigen Behörden könnten diese Richtlinie bei einem Dokument mehrmals anwenden!!

Mit dem anderen Dokument hatte ich am Anfang mehr Glück: Es war nicht geheim. Aber später passierte etwas ganz Unerwartetes.

Hier konnte man verschiedene Informationen finden, die die Geheimdienstspezialisten von der 21st Army Group zwischen August 1944 und Mai 1945 gesammelt hatten. Es gab viel über Widerstandsaktivitäten (Werwolf-Mitglieder), über das RSHA [Reichssicherheitshauptamt], über die Gestapo und deren Leute, über Ausländer und KZ-Lager und auch etwas über V-Waf-

fen (aber nur sehr wenig). Aber das wichtigste war, daß man jede Woche ein ›Counter Intelligence Summary‹ für das H.Q. [Headquarter = Hauptquartier, Anm. d. Autors] geschrieben hatte. Diese ›Gegenspionage-Zusammenfassungen‹ beinhalteten [jeweils] zwischen drei und acht Seiten und waren leicht zu erkennen, da sie auf rosafarbenem Papier geschrieben waren.

Wenn die Briten etwas Spezielles am 12. oder 13. April in Celle gefunden haben, müßte der entsprechende ›summary‹ sicher etwas darüber berichten, dachte ich.

Im April wurden die Zusammenfassungen Nr. 24 (vom 1.4.1945), Nr. 25 (vom 8.4.1945), Nr. 26 (vom 15.4.1945), Nr. 27 (vom 22.4.1945) und Nr. 28 (vom 29.4.1945) geschrieben. Natürlich habe ich die Nr. 26 sofort gesucht und (es kann eigentlich kaum überraschen) GENAU DIESE FEHLTE. In dem ganzen Dokument gab es über 30 Summaries, und gerade die Nr. 26 fehlte! Ich habe trotzdem alle April-Zusammenfassungen gelesen, aber es war natürlich nutzlos: Dort konnte man gar nichts über die Spinnhütte finden.

Die Sache ist für mich klar: In Celle (bzw. der Spinnhütte) hat es wahrscheinlich mehr als ein paar Zentrifugen gegeben. Sonst würde diese Geheimnistuerei und die Verstümmelung der entsprechenden Dokumente keinen Sinn haben. Die Arbeiten an den Ultrazentrifugen wären dann nur eine Täuschung gewesen, um die anderen (tatsächlichen) Entwicklungen, die dort gemacht wurden, zu schützen.

Eine letzte Bemerkung: Man vergißt oft, daß gerade Harteck (der in Celle tätig war) zusammen mit Oliphant den Stoff TRITIUM entdeckte. Er war einer der besten Experten weltweit in bezug auf dieses Wasserstoffisotop, das man besonders in H-Bomben anwendet. Diese Sache könnte etwas bedeuten.«

Soweit der spanische Forscher. Wir können uns an dieser Stelle jeglichen weiteren ausführlichen Kommentar ersparen, weil nachweisbar ist, daß die Öffentlichkeit in bezug auf Celle nur »gewaschene« Informationen erhalten hat. Diese werden in Geschichtswerken nicht als solche gekennzeichnet, sondern stets als vollständig dargestellt. Wir möchten nicht wissen, in wie vielen Fällen ähnlich verfahren wurde bzw. wird. Aus diesem Grund unser Rat: Glauben Sie nicht den etablierten Auffassungen zum Thema der deutschen Atomforschung und/oder Geheimwaffen. Wesentliche Informationen werden bis heute zurückgehalten, wie o. a. die Recherchen unseres spanischen Kollegen ergaben!

Apropos Spanien. Kein Geheimnis ist, daß insbesondere im

EN EL XX ANIVERSARIO DE LA EXPLOSION SE AFIRMA: LA BOMBA ATOMICA DE HIROSHIMA ERA ALEMANA

PUEBLO

EL NIÑO FRANCES QUE QUIERE SER TORERO NO HA SIDO RECLAMADO POR SUS PADRES

(PAGINA 32.)

Depósito Legal M. 16-1958

Director: Emilio Romero

Año XXVI ☆ Número 8.066 ☆ Dos pesetas ☆ Huertas, 73 ☆ Apartado 517 ☆ Tel. 227-39-91 ☆ Madrid ☆ Viernes 6 ☆ Agosto de 1965 ☆ 32 páginas

Am 6. August 1965 titelte die spanische* Pueblo, *die Hiroshima-Bombe sei deutscher Herkunft gewesen.

spanischen Sprachraum nach dem Krieg immer wieder in Pressemeldungen behauptet worden ist, daß mindestens eine der auf Japan abgeworfenen Atombomben deutscher Herkunft gewesen sei. Die Häufung von Behauptungen in dieser Hinsicht im romanischen Kulturkreis ist fürwahr merkwürdig, wird aber bis heute seitens der etablierten Wissenschaft in Westeuropa und Amerika kaum beachtet.

Die Ursachen, daß im romanischen Raum die mit den deutschen Geheimwaffen, zu denen die Atombombe gehört, zusammenhängenden Informationen viel freier diskutiert werden, liegen u. a. darin begründet, daß nach dem Ende des Krieges zahlreiche Nationalsozialisten Deutschland verließen und über Spanien nach Südamerika gingen. Aufgrund der nicht vorhandenen Sprachbarriere drangen von Argentinien und Bolivien auch immer wieder Informationen, die die deutsche Atomforschung betrafen, nach Spanien, insoweit sie nicht selbst dort bereits bekannt waren.

Wir selbst mußten immer wieder feststellen, daß spanische Forscher ein erheblich größeres Wissen über dieses Thema haben als beispielsweise manch deutscher Historiker oder Zeitgeschichtler. Dabei fiel uns besonders auf, daß man hierzulande kaum über den Tellerrand schaut und sich beinahe ausschließlich auf die englischsprachige Welt bezieht (und sich auf von dort kommende Informationen verläßt), wenn es um den Austausch von Wissen geht. Doch: Können wir es uns leisten, so arrogant zu sein, das, was Spanier, Südamerikaner, Russen, Japaner, Chinesen wissen, einfach zu übergehen? Wir sind uns sicher, daß auch dort viele Steine des Puzzles vorhanden sind, nach denen bis heute in bezug auf die deutsche Atomforschung und Geheimwaffentechnologie vergeblich gesucht wird.

Kapitel 3

TEILWEISE SELBSTENTLARVUNG oder WER WAR GENERAL VON CHAMIER-GLISCZINSKI?

Die alliierte Presse arbeitete einige Informationen, die von kriegsentscheidender Bedeutung waren, erst nach Ende der blutigen Handlungen auf dem europäischen Kontinent auf.

Ein besonderes mysteriöses Kapitel ist der Fall eines Generals, dessen wahre Bedeutung später wahrscheinlich bewußt von den Deutschen wie auch den Alliierten verschleiert wurde und dessen unaussprechlicher Name für einige Verwirrung sorgte. Doch lassen wir die Ereignisse der Reihe nach Revue passieren.

Peenemünde ist jedem zeitgeschichtlich Interessierten ein Begriff, der im Zusammenhang mit der deutschen Hochtechnologie, besonders in bezug auf die deutsche Raketenentwicklung steht. Allerdings kursieren seit Jahren hartnäckige Gerüchte, wonach in Peenemünde nicht nur an der Raketenwaffe geforscht wurde. Doch es gab hierzu kaum irgendwelche interessanten Indizien, bis eines Tages ein spanischer Forscher, dem wir zu großem Dank verpflichtet sind, Licht in die Angelegenheit brachte.

In der Ausgabe der *Daily Mail* vom 9. August 1945 erschien ein bemerkenswerter Bericht unter der Schlagzeile »A German Atom Ace died« (Ein deutsches Atom-As starb). In diesem Bericht wurde verlautbart, daß das »Meistergehirn« hinter der deutschen Atombombenforschung ein gewisser General Chamier-Chysynaki gewesen sei, der bei dem berühmten Angriff der britischen Royal Air Force (RAF) auf Peenemünde ums Leben kam.

Weiter wurde im Artikel der *Daily Mail* festgestellt, daß »Reports« existieren würden, wonach die Deutschen die Atombombe im »diesjährigen Oktober«, also im Oktober 1945, fertig gehabt hätten. Wenn der General und andere Wissenschaftler bei dem Angriff der RAF nicht ums Leben gekommen wären, hätte die Fertigstellung der Waffe sogar noch früher erfolgen können. Die Deutschen hätten ihre (Atom-)Forschungseinrichtungen in Peenemünde, Rjuken (Rjukan) in Norwegen und am

Chiemsee (Bayern) errichtet. Eine bedeutende Atomforschungseinrichtung habe sich auch auf Bornholm befunden, die jedoch von den Russen besetzt worden sei [was die Briten sehr zu bedauern schienen, Anm. d. Autoren].

Der Bericht führte weiter aus, daß zum Zeitpunkt, als die Amerikaner mit ihren Untersuchungen zum Uran 235 begannen, die Deutschen über eine Vielzahl von Wissenschafts-Kanälen Informationen zu erhalten versuchten, die sie auf dem Sektor der Kernenergiegewinnung hätten ebenfalls voranbringen können. Die Nazis hätten alle Methoden in Form von Mord, Entführung und Spionage genutzt, um ihr Wissen in bezug auf die US-Atomforschung zu erweitern. Diesbezügliche Gestapo-Unterlagen konnten jetzt gefunden werden. Sie beweisen, welche neutralen und alliierten Wissenschaftler in dieser Hinsicht »befragt« werden sollten.

Der – nicht namentlich genannte – Berichterstatter schrieb abschließend, daß es ihm aufgrund der Zensurmaßnahmen verboten worden sei, Namen von betroffenen Wissenschaftlern zu nennen …

Endlich wenigstens ein Teil-Eingeständnis der wahren Situation! Die Deutschen interessierten sich außerordentlich für das Projekt einer Atombombe und die diesbezüglichen Forschungserkenntnisse weltweit. Sie nutzten alle legalen und illegalen Methoden der Informationsbeschaffung. Von wegen, man habe in aller Ruhe zugesehen, wie die Amerikaner an ihrem Manhattan Project arbeiteten!!! Der Zeitungsbericht straft alle anderslautenden Behauptungen Lügen!

Eine Bestätigung erfuhr der *Daily Mail*-Bericht durch einen Artikel in der *New York Times* vom 9. August 1945. Darin äußerte sich der deutsche Generalleutnant Walter von Axthelm gegenüber einem UP-Korrespondenten. Er sagte, die Wehrmacht-Generäle hätten ab einem bestimmten Zeitpunkt sehr wohl gewußt, daß der Krieg verloren sei, hofften aber darauf, daß die von Hitler immer wieder erwähnten V-Waffen »sich bald materialisieren« würden. Besondere Hoffnungen wurden auf die Atombombe gesetzt, denn nur diese hätte eine Rettung bringen können. Sollte das, was Hitler prophezeite, keine Atombombe sein, hätte man sich die ganze Misere ersparen können. (Diese Aussage läßt vermuten, daß selbst führende Generäle der deutschen Wehrmacht über die laufenden Atomforschungen nur unzureichend informiert waren, einige vielleicht überhaupt nichts davon wußten.)

In that swoop on Peenemunde

A GERMAN ATOM ACE DIED

GERMANY, Wednesday.

THE master-mind behind German research on atom bombs, General Chalmier-Chysynaki, was killed when the R.A.F. made its big raid on the German V-weapon station at Peenemünde.

Reports say the Germans would have had their atom bomb ready by next October.

It is likely that if Chysynaki—and other scientists—had not been killed in the raid the bomb would have been used against Britain early this year.

The Germans had established their experimental and research stations at Peenemünde, Rjuken (Norway), and Chiemsee (Bavaria).

They also had an important station at which atomic research was carried out on Bornholm, Danish island in the Baltic, which the Russians seized.

When the Americans had succeeded with Uranium 235 the Germans made a flood of inquiries through scientific channels. But it was quickly discovered that the Nazi Party were behind the request for information, and they were told little.

One of the things they were told, however, was that simple immersion in water of the substance would produce energy equal to that from about 1,200 tons of petrol or 2,000 tons of coal.

The Nazis used murder, kidnapping, and espionage in their desperate efforts to track down a workable means of releasing atomic energy.

Gestapo files have been found with notations against the names of neutral and Allied scientists that were to be questioned about this subject.

I am forbidden by censorship to mention the disappearance of at least one neutral scientist noted for his work in smashing the atom.—*B.U.P.*

Hitler Bluff Reported

OCCUPIED GERMANY, Aug. 8 (UP)—Hitler, in a dramatic plea to assembled German military leaders, swerved them from their desire to ask for peace by intimating falsely that Germany was on the point of unveiling the atomic bomb, Lieut. Gen. Walther von Axthelm of the German High Command said today.

The Prussian Junker, who said he was voicing the considered opinion of thirty Luftwaffe generals, also said that "my colleagues and I agree that the atomic bomb has made the Japanese war at most a matter of three months."

Axthelm said Wehrmacht generals knew the war was lost even before the St. Lô break-through but battled on in hope the mysterious new V-weapon promised by Hitler would materialize. "We all hoped against hope Hitler meant atomic bombs. And we drew that deduction because it was the only thing that could save us then," he said. "If it wasn't that—all the misery could have been avoided."

The Germans used murder, kidnapping and espionage in a desperate effort to win the greatest scientific race of all time. They got on the trail of the atomic bomb six years ago when American experiments with the U-235 radioactive elements first were mentioned.

The German scientific machine made the matter the subject of highest priority. Experimental stations were established at Rjukan, Norway, the island of Bornholm, Peenemuende on the Baltic coast and Chiemsese in Bavaria.

The Germans made tremendous strides toward perfection of the bomb but were hampered by their inability to get sufficient rare materials through the Allied blockade and by the death of their master mind, a Gen. Chalmier-Chyzymaki, in a British air attack on Peenemuende.

Berichte der The Daily Mail *und der* New York Times *vom 9. August 1945.*

Der Bericht führte weiter aus, daß die Deutschen alle Mittel – Mord, Entführung, Spionage – in verzweifelter Anstrengung genutzt hätten, um das größte wissenschaftliche Rennen aller Zeiten für sich zu entscheiden. Sechs Jahre zuvor kamen sie auf die Spur der Atombombe, als erstmals Experimente mit der radioaktiven Substanz U 235 erwähnt wurden.

Für die deutsche »Wissenschaftsmaschinerie« sei die Atomforschung von allerhöchster Priorität gewesen. Die Deutschen machten ungeheure Fortschritte zur Perfektionierung der Bombe, wurden aber – nach den Worten Axthelms – durch die Unfähigkeit behindert, genügend seltenes Material zu beschaffen, was ein Ergebnis der alliierten Blockade gewesen sei. Auch der Tod von General Chalmier-Chyzymaki wirkte sich negativ aus. [Ein Widerspruch in sich. Wenn die Bombe sowieso – laut alliierter Interpretation – wegen Mangels an Rohstoffen, der *nicht* nachweisbar ist, nicht hergestellt werden konnte, wieso wurde das deutsche Programm dann vom Tod des Generals zusätzlich betroffen? Hier stimmt etwas nicht, aber so ist das eben, wenn man keine Ahnung hat und sich in den eigenen Fallstricken der Lüge verfängt, Anm. d. Autoren.]

Korrespondierende Meldungen erschienen auch im *Daily Telegraph* (9. August 1945) und dem *Daily Express* (ebenfalls am 9. August 1945, hier allerdings nur mit dem kurzen Hinweis auf den Tod des Generals).

Der *Daily Telegraph* berichtete, daß die Royal Air Force Großbritannien vor einem deutschen Atombombenangriff bewahrt habe. *Es könne nun offenbart werden*, daß bei dem Großangriff der RAF im August 1943 auf Peenemünde General Chamier-Chysynaki, das »Meistergehirn« der deutschen Atomforschung, getötet worden sei. Dies führte zu zeitlichen Verzögerungen beim deutschen Atomforschungsprogramm, so daß die Bombe erst im diesjährigen Oktober [1945 also, Anm. d. Autoren] fertig geworden wäre. Andernfalls wäre die deutsche Atomwaffe bereits vor dem Ende des Krieges in Europa einsatzfähig gewesen!

Die Historikerschaft möchte uns bitte einmal erklären, weshalb diese Berichte nicht beachtet worden sind, sondern statt dessen an einem unhaltbaren Mythos, das Dritte Reich habe schon 1942 die Entwicklung einer Nuklearwaffe aufgegeben, weitergestrickt wurde?! Normalerweise müßte doch jeder Experte, der solche Hinweise und Darstellungen in der alliierten Berichterstatttung findet, stutzig werden. Doch scheinbar fürchtet man seit Jahrzehnten die Wahrheit wie der Teufel das Weihwasser.

Besserwisser werden natürlich jetzt behaupten, einen General dieses Namens habe es nie gegeben. Und es gebe schon gar keinen Zusammenhang mit Peenemünde …

Fakt ist, daß ein General mit dem Namen Chamier-Chysynaki oder Chalmier-Chyzymaki nicht nachweisbar ist. In einer spanischen Publikation[1], die eine Übersetzung einer englischen Arbeit darstellt, taucht allerdings ein General von Chamier-Glisezenski auf, der im Zusammenhang mit dem schweren Bombenangriff auf Peenemünde im August 1943 ums Leben gekommen ist.

Dieser Sachverhalt wird in einer brasilianischen Quelle[2] bestätigt, wobei erwähnt wird, daß der General im Alter von 49 Jahren gefallen sei. Nach dem Angriff sei sogar das Gerücht bei den alliierten Diensten kursiert, Gestapo-Agenten hätten ihn erschossen. Vielleicht ist das ein Fingerzeig auf die wahre Situation, daß nämlich die Gestapo ihre Finger im Spiel hatte, um das Verschwinden des Generals zu decken, aber anders als die Alliierten dachten.

Wer sich auf ausländische Quellen allein nicht verlassen will, wird auch in einer deutschen Publikation fündig. In dem Buch »Raketenspuren – Peenemünde 1936–1996« heißt es auf Seite 45:

»Obwohl bei den täglichen Arbeitsentscheidungen auch Wissenschaftler in Peenemünde Managementaufgaben wahrnehmen, werden alle wichtigen Entscheidungen in diesem Unternehmen des Heeres auch wirklich den Militärs übertragen. Alle Fäden laufen bei Oberst Walter Dornberger zusammen, der wiederum direkt dem Heereswaffenamt untersteht. Neben Oberst Leo Zanssen, der als Standortkommandant von Peenemünde zeichnet, gehören zur militärischen Führungsspitze die Generalmajore Wolfang von Chamier-Glyczynski und Edward Metz sowie im Produktionsbereich die Oberstleutnante Stegmaier und Zippelius.«[3]

Auch hier wird der zweite Teil des Doppelnamens frei interpretiert. Freilich, der Name ist durchaus ungewöhnlich und auch schwer auszusprechen oder gar aus dem Gedächtnis zu schreiben. Uns wundert es deshalb nicht, daß es zu solchen Abweichungen gekommen ist und daß auch noch eine vierte Version seines Namens existiert: Chamier-Glisezenski.

Doch genug der Namen, die »Schall und Rauch« sind. Bringen wir etwas Licht in die Sache. Aufgrund einer Anfrage bei der *Deutschen Dienststelle für die Benachrichtigung der nächsten Angehörigen der ehemaligen deutschen Wehrmacht* im Jahre 1997 durch einen spanischen Forscher war folgendes zu erfahren:

»[...] bezugnehmend auf Ihr Schreiben vom [...] 1997 müssen wir Ihnen leider mitteilen, daß in den hier vorhandenen Unterlagen kein General von Chamier-Glisezenski verzeichnet ist, der am 17.08.1943 bei einem Luftangriff auf Peenemünde gefallen ist.

Ermittelt werden konnte jedoch der Generalleutnant ***von Chamier-Glisczinski, Wolfgang, geb. 16.04.1894 in Hagen/ Westfalen****.*

Dieser ist am 12.08.1943 bei einem Flugzeugabsturz – Einheit Fliegerführer Kroatien – bei Sissak in der Nähe von Agram/ Kroatien ums Leben gekommen.

Der Sterbefall wurde am 28.10.1944 beim Standesamt Tutow, Kreis Demmin, unter der Registriernr. 32/1944 beurkundet.

Eine ausführliche Beschreibung der Dienstlaufbahn des Genannten – entnommen aus: Hildebrand, K.F.: Die Generäle der deutschen Luftwaffe 1935–1945, Bd. 1 – ist als Fotokopie diesem Schreiben beigefügt.

Ob der Familienname, auf den Sie durch Ihre Recherchen gestoßen sind, mit dem des hier verzeichneten Chamier-Glisczinski letztendlich verwechselt wurde, kann unsererseits nicht geklärt werden. [...]«

Eine Anfrage beim *Bundesarchiv* erbrachte eine Bestätigung dessen, was die *Deutsche Dienststelle* bereits herausgefunden hatte.

Da alle weitergehenden Recherchen in bezug auf die anderen Namensvariationen nichts erbrachten, muß davon ausgegangen werden, daß Wolfgang von Chamier-Glisczinski der Gesuchte ist und mit Peenemünde zu tun hatte. Die vorliegenden offiziellen Daten zu seiner Person widersprechen zwar dem Umstand, daß er in Peenemünde eine besondere Rolle gespielt haben soll, aber es stellt sich beinahe automatisch die Frage, ob seine offizielle Biographie stimmt. (Bemerkenswert ist, daß das Alter »beider« Generäle dasselbe ist.)

Ein Projekt wie die deutsche Atombombe mußte aufgrund ihrer strategischen Bedeutung allerhöchster Geheimhaltung unterliegen. Demzufolge ist nur logisch anzunehmen, daß die – vor allem militärisch – Verantwortlichen dieses Programms nicht direkt in Erscheinung traten bzw. deren Lebensdaten manipu-

Entwurf als Kopie 23.10.1953

IV-d Nr. 8567/53

BUNDESARCHIV
Zentralnachweisstelle
Abteigarten 6
52076 Aachen

An das

Landesversorgungsamt Niedersachsen
- Pensionsabteilung -

Hannover

Prinzenstr. 1

Betr.: Dienstzeitnachweis für Herrn Generalleutnant a.D. Wolfgang v. Chamier - Glisczinski, geb. 16.4.1894

Bezug: Dort. Schreiben vom 14.8.1953, P 13 C 2551 Hb

Über die Dienstlaufbahn des o.G. kann von hier bestätigt werden:

1) In der Dienstaltersliste der Königlich Preußischen Armee v. 1.1.18 als Leutnant (Patent: 19.6.14) beim Infanterie-Regiment Nr. 143 geführt;

2) 1. 2. 1924 zum Oberleutnant befördert;
Tr.Teil: Inf.Rgt. 2;

3) In der Rangliste vom 1.5.30 als Hauptmann (R.D.A.: 1.1.29 (la)) beim Stab d. 3. Division geführt;

4) 1. 1. 1939 zum Oberst (Lw.) befördert;
R.D.A.: 1.1.39 (21)
Tr.Teil: Kdr. der Streckenflugschule
bish. Dienstgrad: Oberstleutnant;

5) 28.10.1940 Verleihung des Ritterkreuzes des Eisernen Kreuzes;
Dienstgrad und -stellung lt. Verleihungsliste: Oberst u. Kdr. e. Kampfgeschwaders;

6) 1. 11. 1941 zum Generalmajor (Lw.) befördert;

7) 12. 8. 1943 gefallen (lt. Nachruf im L.V.Bl.)
Dienstgrad und -stellung: Generalmajor u. Fliegführer i. Kroatien;

=-=-=-=-=-=-=-=-=-=-=-=

Weitere Unterlagen sind hier leider gegenwärtig nicht vorhanden.

In Vertretung:

Abs

Dienstzeitnachweis für Generalleutnant Wolfgang von Chamier-Glisczinski (Quelle: Bundesarchiv*).*

Wolfgang
von Chamier-Glisczinski

* 16. 4. 1894 in Hagen/Westfalen
† 12. 8. 1943 bei Sissak in der Nähe von Agram/Kroatien gefallen

18. 03. 1913	Eintritt in das Heer
01. 06. 1934	Übertritt zur Luftwaffe
06. 10. 1940	Ritterkreuz

*

20. 11. 1913	Fähnrich
19. 04. 1914	Leutnant
01. 02. 1924	Oberleutnant
01. 01. 1929	Hauptmann (1a)
01. 10. 1934	Major
01. 10. 1936	Oberstleutnant
01. 10. 1939	Oberst (21)
01. 11. 1941	Generalmajor (6)
25. 10. 1943	Generalleutnant mit Wirkung vom 1. 8. 1943

*

18. 03. 1913–12. 10. 1915	Fahnenjunker, Kompanie-Offizier und Kompanieführer im Infanterie-Regiment 143
13. 10. 1915–12. 12. 1915	Flugzeugbeobachter-Ausbildung beim Armeeflugpark Falkenhausen
13. 12. 1915–31. 03. 1918	Flugzeugbeobachter bei der Flieger-Abteilung 12 und 23
31. 03. 1918–00. 02. 1920	in französischer Kriegsgefangenschaft
01. 10. 1920–31. 12. 1921	Kompanie-Offizier im Infanterie-Regiment 16
01. 01. 1922–30. 09. 1927	Kompanie-Offizier im Infanterie-Regiment 2
01. 10. 1927–31. 12. 1928	Führergehilfen-Ausbildung beim Wehrkreis-Kommando III
01. 01. 1929–30. 09. 1930	Bild-Offizier im Stab der 3. Division
01. 10. 1930–31. 03. 1933	beim Stab des Reiter-Regiments 16
01. 04. 1933–31. 05. 1934	Kompanie-Chef im Infanterie-Regiment 15
01. 06. 1934–31. 03. 1935	Staffelkapitän in Gotha
01. 04. 1935–31. 01. 1936	Gruppen-Kommandeur und Flughafen-Kommandant Cottbus
01. 02. 1936–31. 03. 1939	Kommandeur der Flieger-Langstreckenschule und Kommandeur des Flugkommandos Berlin
01. 04. 1939–30. 11. 1941	Kommodore des Kampfgeschwaders 3, Elbing
01. 12. 1941–31. 03. 1943	Kommandeur der Großen Kampffliegerschule Tutow
01. 04. 1943–12. 08. 1943	Fliegerführer Südost-Kroatien

Die von der* Deutschen Dienststelle *übersandte Kopie aus dem Buch von K.F. Hilderand »Die Generäle der deutschen Luftwaffe von 1935–1945«, Band 1, S. 151 und 152.

liert wurden. Irgendwie aber mußten die Briten doch herausbekommen haben, daß es in Peenemünde Versuche zur Atomtechnologie gab und daß das »Meistergehirn« hinter all dem ein General mit einem unaussprechlichen Namen war.

Getreu dem Motto »Täuschen und Tarnen« wurde nach dem Angriff auf Peenemünde von deutscher Seite sicherlich beschlossen, daß General Chamier-Glisczcinski dabei ums Leben gekommen sei, um ihn damit zukünftig aus der Schußlinie alliierten Interesses zu bringen. Um die Angelegenheit aber vollends in Verwirrung münden zu lassen, änderte man seine Biographie und ließ ihn fernab von Peenemünde »verunglükken«. Fein ausgedacht!

Vielleicht aber haben auch die Alliierten nach dem Krieg dafür gesorgt, daß die biographischen Daten einer »Überarbeitung« unterzogen wurden. Schließlich hätte es sich ja schlecht gemacht, wenn man hinter den Namen des Generals seine Funktion als die eines Bevollmächtigten für die deutsche Atombombenforschung geschrieben hätte ...

Archive enthalten, wie dieses Beispiel zeigt, neben einer Unzahl korrekter Berichte, auf die sich heute die Historiker und Journalisten bei ihren Recherchen stützen, unserer Meinung nach aber auch jede Menge Daten, die mit allergrößter Vorsicht zu genießen sind, weil sie sehr wahrscheinlich schriftlich fixierte offizielle Finten aus der damaligen Zeit darstellen. Diese allerdings durchschauen zu wollen, vor allem in bezug auf »frisierte« biographische Daten wichtiger Personen, deren wahre Funktion im dunkeln bleiben mußte, dürfte ein schier aussichtsloses Unterfangen sein.

Was aus General Chamier-Glisczinski wurde, läßt sich beim gegenwärtigen Stand der Dinge noch nicht präzise sagen. Es gibt jedoch Gerüchte, wonach er den Krieg überlebte und anschließend in einem nordafrikanischen Land untertauchte, wo er in den 1960er Jahren verstorben sein soll. Es wäre natürlich hochinteressant herauszufinden, ob diese Gerüchte stimmen, und wenn ja, was der Mann zwischen seinem offiziellen Todesdatum, dem 12. August 1943, und seinem *tatsächlichen* biologischen Ende getan hat. Wir werden unsere Recherchen daher fortsetzen und unsere Leserschaft zu gegebener Zeit informieren.

Kapitel 4

DER LACHNER-BERICHT

»In allerkürzester Zeit werde ich meine Siegwaffen einsetzen, und dann wird der Krieg ein glorreiches Ende nehmen. Das Problem der Atomzertrümmerung ist seit langem gelöst, und es ist soweit ausgearbeitet, daß wir diese Energie für Rüstungszwecke benützen können, und dann wird den Herrn Hören und Sehen vergehen. Dieses ist die Waffe der Zukunft, und damit ist auch die Zukunft Deutschlands gesichert. Die Vorsehung hat mich auch diesen letzten und siegreichen Weg bereits sehen lassen, und ich weiß, daß bald die grundlegende Änderung eintreten wird.«

Adolf Hitler nach dem Attentat vom 20. Juli 1944 in einem Gespräch mit dem Oberstabsarzt Dr. Giesing[1]

Bei der Suche nach Hinweisen für das Vorhandensein eines Atomwaffenprogramms im Dritten Reich erlebt man bisweilen Überraschungen, die den sogenannten – unseres Erachtens nicht existierenden – »Faktor Zufall« bis an die Grenzen des Möglichen strapazieren. Freunde, mit denen wir uns vor Jahren über dieses Thema unterhielten, prophezeiten uns einen Mißerfolg. Man könne nichts mehr finden, Archive seien leergeräumt, Zeugen oder Beteiligte längst verstorben. Die Alliierten hätten gründliche Arbeit geleistet, hieß es.

Anfänglich schien dies auch tatsächlich so zu sein. Und die alliierte Geheimhaltung, innerhalb derer manche Dokumente nach 50 Jahren Klassifizierung mit einer *nochmaligen* 30jährigen Sperrfrist versehen wurden, würde wahrscheinlich das ihrige dazu tun. Würde man die geheimgehaltenen Dokumente nach 80 Jahren freigeben, gäbe es keine Zeugen mehr, die irgend etwas bestätigen könnten. Das Problem hätte sich somit, so makaber es auch klingen mag, von der biologischen Seite her erledigt.

Die bereits erfolgte Veröffentlichung einiger Schriften, die sich dem deutschen Geheimwaffenprogramm und den damit verbundenen Hochtechnologien widmeten, führte jedoch dazu, daß sich die Dinge anders entwickelten und danach unerwarteterweise zahlreiche weitere interessante Informationen auftauchten, die genau ins Bild passen.

Ein Beispiel dieser neuen Informationen ist der Bericht eines aus Österreich stammenden Wissenschaftlers, Prof. Physiker-Ing., Mathematiker und Patentjurist Friedrich Lachner, Wien, der uns dankenswerterweise von einem seiner Bekannten übermittelt wurde. Die darin enthaltenen Interna werden selbst hartgesottene Verteidiger »wissenschaftlicher Wahrheiten« verblüffen.

Friedrich Lachner war in den zwanziger Jahren des 20. Jahrhunderts als Hochschulassistent bei Prof. H. Mache in der Abteilung für technische Physik an der Technischen Universität in Wien tätig. Er traf dort Ende der 1920er Jahre auch mit Albert Einstein zusammen, als Prof. Mache letzterem mitgeteilt hatte, daß Lachner auf dem Gebiet der mathematischen Physik sehr schöpferisch tätig sei.

Prof. Lachner äußerte sich im Laufe seines langen Lebens zu einer Vielzahl wissenschaftlicher Themen. Den sicherlich erstaunlichsten Bericht hinterließ er allerdings zur Geschichte der Atombombe. Das darin Gesagte steht in vollkommenem Gegensatz zu der bisher bekannten Geschichte. Doch genug der Vorrede. Lassen wir Prof. Lachner an dieser Stelle selbst zu Wort kommen:

»Zur Geschichte der Atombombe

Über die Geschichte technischer Einrichtungen, die bei der Deutschen Wehrmacht verwendet wurden oder zumindest in Entwicklung waren, sind vielfach irrige Meinungen vertreten [worden], ganz besonders was Prioritätsfragen betrifft. Besonders die Prioritäten bei Erfindungen und wissenschaftlichen Forschungsarbeiten von Nationalsozialisten oder mit hohen und höchsten Nazis Verwandten wurden nicht geachtet.

Da diese Opfer oft heute noch arg benachteiligt werden, haben sie nicht die entsprechende Möglichkeit, sich gegen einen Prioritätsraub zu wehren. Vielfach wurden diesen schöpferischen Menschen auch ihre schriftlichen Aufzeichnungen geraubt. In manchen Fällen gelang es Spionen und Verrätern noch während des Krieges Daten an sich zu bringen – oft durch Photographieren von Akten –, mit denen sie zum Teil beim Feind ein gutes, aber ehrloses Geschäft machten. Es gibt Fälle, in denen solche Schurken das unehrlich Erworbene als ihr eigenes geistiges Produkt ausgaben, und es gibt Fälle, in denen sie diese Sache nach dem Krieg sogar zum Patent anmeldeten.

Zu diesen ehrlosen Lumpen gehört z.B. Schauberger, der im übrigen von der Art Schapeller war, ferner Giesecke, Werhan, Pusch, Engleder u. a. Der Verfasser dieser Zeilen (u. a. mit Canaris befreundet), der zu den höchsten Stellen der Nazi[s] Verbindungen – auch verwandtschaftliche – hatte, und insbesondere auch nach dem Kriege auch Verbindungen zu hohen Stellen der Siegermächte bekam, hatte stets Gelegenheit, viel zu erfahren. [...]

Schon Jahre vor dem Kriege haben sich Physiker mit der Möglichkeit des Freiwerdens der Atomenergie befaßt. Schon Hasenöhrl dachte 1904 an diese Möglichkeit, was ihm – wie Hochschulprofessor H. Mache erzählte – Sorgen bereitete. Die schon im vorigen Jahrhundert von Thomson vermutete Proportionalität zwischen Masse und Energie, die durch von Poincaré und später von Hasenöhrl auf anderem Wege gefundene Formel $E=mc^2$ (die auch später Einstein benützte) macht die Möglichkeit einer Umwandlung von Masse in Energie naheliegend. (Es wurde später beim Studium alter Aufzeichnungen sogar festgestellt, daß schon 1846 der Mitarbeiter von Gauß, der Physiker Wilhelm Weber [1804–1891] schon die Formel $E=mc^2$ angegeben hatte.) Bei radioaktiven Atomkernumwandlungen wurde ein solcher Vorgang zunächst in langsam verlaufender Form beobachtet. Schon lange vor dem Kriege wurde auch vermutet, daß bei Überschreitung einer sogenannten »Kritischen Masse« der Umwandlungsvorgang sehr rasch erfolgen würde. In einem Wiener Hochschulvortrag von Prof. Adolf Smekal wurde dies damals auch erwähnt und auch angedeutet, daß damals noch nichts über die Größe dieser kritischen Masse angegeben werden konnte. Der Verfasser (F. L.), der dies im Vortrag hörte, dachte über betriebssichere, konstruktive Möglichkeiten nach, die trotz der Unsicherheit über die Größe der kritischen Masse durchführbar sein könnten. Kurze Zeit nach diesem Vortrag hielt der Verfasser Vorträge über seine Lösungsmöglichkeiten usw., zumeist Hochschulvorträge. Da Aufzeichnungen abhanden gekommen sind, kann das genaue Datum nicht angegeben werden.

Ein Vortrag wurde an der Wiener Technischen Hochschule (TU) gehalten, wobei zumeist technische Physiker anwesend waren. Anwesend waren auch Hochschulprofessoren, insbesondere L. Flamm, H. Mache, A. Smekal, A. Lechner. Von später bekannt gewordenen Fachleuten waren anwesend der Chemiker Swarofsky, Dipl. Ing. (Maschinening.) und Raketenfachmann Hermann Freiinger, Oberbaurat Heinrich Drab, der E-Ing. ist. Auch

Ausländer waren anwesend. Insbesondere unter den Chemikern fanden sich welche, die eine Zusammenarbeit bei der Laboratoriumsarbeit vorschlugen, um sehr wirksame Atomsprengkörper und auch Atom-E-Werke zu entwickeln. Weder der vortragende Lachner noch diejenigen, die ihre Mitarbeit angeboten haben, beabsichtigten, eine Atombombe vorwiegend für militärische Zwecke zu entwickeln (eher noch für Großbauten, z.B. für [einen] neuen, besseren Panamakanal). Auch Prof. Smekal hatte eine solche Absicht. Er meinte in früheren Vorträgen, daß sich wohl Möglichkeiten für eine Atombombe finden lassen würden, bis man mehr über die kritische Masse wissen wird, und daß wir aber – er meinte damit alle Wissenschaftler – gar nicht eine Atombombe bauen wollen, sondern eine Energiegewinnung für Elektrizitätszwecke aus der Atomkernenergie (der heutige Atomreaktor war sein Ziel!). Er meinte, daß die Regelung einer langsamen Freimachung der Atomkernenergie noch die Lösung verschiedener Teilprobleme erfordern wird. (Heute gibt es mehrere Reaktortypen.) Der Gedanke, das Problem der Atombombe in der Weise zu lösen, daß zwei unterkritische Massen rasch zusammengebracht werden, wobei die kritische Masse überschritten wird, und die Explosion erfolgt, war naheliegend und dürfte auch Smekal vorgeschwebt sein. Jede der beiden Einzelmassen müßte also größer als die halbe und kleiner als die ganze kritische Masse sein. Die Größe der kritischen Masse müßte also genauer als bloß auf eine Oktave genau sein. Die Stabilität einer solchen Atombombe und damit ihre Sicherheit ist aber nicht sehr groß. Der Verfasser hat daher im Vortrag den Vorschlag gemacht, viele unterkritische, kleine Einzelmassen zu verwenden.

Die vorgeschlagene Konstruktion war folgende:

Im Mittelpunkt befindet sich eine Neutronenquelle (mit Beryllium, Be von [unleserlich]), die von einer dünnen Kugelschale umgeben ist, die aus einem Neutronenschlucker besteht (z. B. Graphit, Kadmium u. dgl.) Das Ganze wird von einer weiteren Kugelschale umgeben, die viele kleine Einzelmassen aus dem wirksamen Uranisotop enthält. Die z. B. münzen- oder linsenförmigen Uranstücke (oder Transuranstücke) befinden sich auf dieser Kugelschalenoberfläche ungefähr gleichmäßig verteilt, so daß sich eine große Stabilität ergibt. Von einer, der bisher angegebenen umhüllenden Kugelfläche nach außen befindet sich ein gewöhnlicher Sprengstoff mit längs dieser Kugelschale gleichmäßig verteilten, z. B. parallel geschalteten elektrischen Zündern. Dann kommt die äußere Hülle.

Statt dieser konzentrischen Kugelschalen könnte man auch konzentrische Zylinderschalen benützen. Der außen befindliche gleichmäßig gezündete Sprengstoff (Hohlraumladung) schleudert die Uranmassen nach innen gegen das Zentrum. Zuerst durchschlagen sie die Haut mit dem Neutronenschlucker und kommen dann immer näher zusammen, so daß noch vor ihrer Vereinigung die Wirkung einer kritischen Masse erreicht wird. Diese zündet um so leichter, als sich dort ja auch noch eine zusätzliche Neutronenquelle befindet. (Nahe einer starken Neutronenquelle würde auch eine schwach unterkritische Masse zünden.) Es ist klar, daß diese ›Lachnersche Konstruktionsart einer Atombombe‹ große Lagerungs- und Transportsicherheit und sicheres (gewünschtes) Zünden ermöglicht. Diese Lachnersche Atombombenerfindung wurde also schon lange vor dem Zweiten Weltkrieg veröffentlicht. Gebaut wurde sie allerdings damals noch nicht, wenn man von – nach Lachnerschen Angaben von anderen gebastelten – einfachen, aber natürlich nicht gefährlichen bloßen Demonstrationsmodellen absieht. Es ist auch vorgekommen, daß sich ein solcher Bastler nachher frech als Erfinder der Atombombe bezeichnet hat (z.B. W. u. G.) Nach dem Kriege war so ein allerdings nicht einwandfreies Demonstrationsmodell, in der Wiener Wochenzeitung Wochenausgabe *abgebildet. (Es soll dieses Bild auch in anderen Zeitungen erschienen sein, angeblich auch im* Erzähler.*) In erster Linie war die Lachnersche Atombombenkonstruktion bloß ein Ausweg aus der Schwierigkeit, da damals kaum die Größenordnung der kritischen Masse bekannt war (d. h. z. B., man kann nicht sagen, ob der Wert 101 oder gar etwa 104 Gramm beträgt).*

Hat man beispielsweise in der dünnen Kugelschale 1.000 Uranteilchen von je 10 Gramm, dann tritt die Zündung sicher ein, wenn die kritische Masse nur innerhalb des Bereiches von 102 bis 104 Gramm liegt. Näher der unteren Grenze dieses Bereiches liegt sie, wie sich später ergab, tatsächlich. Wegen der kritischen Masse können Uranbomben und Transuranbomben auch nicht beliebig groß gebaut werden. Bei den späteren Wasserstoffatombomben ist dies anders. Unter den von Smekal in seinen Vorträgen vor dem Kriege und später angegebenen Konstruktionen war auch die für die Wasserstoffatombombe (und auch eine mit Lithium-Ditium-Tritium).

In Wien ist auf dem Gebiet der Atombombe also Vorarbeit geleistet worden, von der auch maßgebliche Nazi[s] erfahren haben, ebenso wie andere Mächte (Giseke hat dies auch den Rus-

sen mitgeteilt, wie er selbst sagte), die dies aber vorerst wenig beachteten. Experimentell ist in Wien aber kaum gearbeitet worden, was dieses Spezialgebiet betrifft. Eine wertvolle experimentelle Vorarbeit waren jedoch die gelungenen Versuche von Hahn im Kaiser-Wilhelm-Institut, obwohl die Kettenreaktion an sich schon früher bekannt war. Die Wissenschaftler dieses Forschungsinstitutes wollten aber gar keine Atombombe bauen, auch nicht, als eine solche Entwicklung von der SS anbefohlen wurde. Himmler schuf dann eigene SS-Forschungsstätten für die Atombombenentwicklung. Auch Leute vom Ingenieurkorps wurden herangezogen, die aber zumeist auch heute noch nicht wagen, dies zuzugeben. Obwohl der Verfasser einige prominente Namen hier nennen könnte – auch Nobelpreisträger waren darunter –, vermeidet er es vorläufig, da er wissenschaftlichen Kollegen nicht schaden will.

Der Verfasser, der selbst für Forschungsanstalten tätig war, wurde auf Anordnung höchster Stellen oft zu Fachkonferenzen beigezogen, auch was die Atombomben betrifft.

Es gab andere Stellen, wo am Atombombenproblem gearbeitet wurde (z. B. Hirschberg, Bad Sachsa und im Technischen Amt der SS selbst, das zum technischen Stab gehörte, wohin der Verfasser kommen sollte, da er ein von Himmler persönlich unterzeichnetes Versetzungsschreiben erhielt, aber erst Luftwaffenforschungsarbeiten, z. B. auch für die Forschungsanstalt Ainring in Bayern beenden wollte). Auch an der Wasserstoffbombe wurde gearbeitet. Ein Werk für die Erzeugung des schweren Wasserstoffes war deswegen in Norwegen errichtet [worden], das aber vom Feind zerstört wurde. Die kleinen Uranbomben waren in erster Linie als Zünder für die Wasserstoffbomben bestimmt, so daß ihr unmittelbarer Einsatz vorerst gar nicht beabsichtigt war. Die Uranbomben waren nahezu fertig und wurden z. T. an sichere Stellen der Alpen, z. B. ins Salzkammergut verlagert, in erster Linie in aufgelassenen Bergwerkstollen. Vorübergehend waren später auch wenige bei Henndorf. Da nun schwerer Wasserstoff, bzw. schweres Wasser kaum mehr in ausreichender Menge beschafft werden konnte, war es naheliegend, die Uranbomben direkt anzuwenden. Dies hat sich aber verzögert. Eine sichere Aufhänge- und Abwurfvorrichtung mußte erst gebaut werden und das entsprechende Fallschirmproblem machte Schwierigkeiten, da die Rüstungsindustrie wegen der Bombenangriffe kaum mehr leistungsfähig war. Es wurden schließlich Selbstmörderpiloten gefunden, die bereit waren, die Atombom-

ben ohne Fallschirm abzuwerfen, worüber Himmler berichtete, was der Verfasser aus dem Munde Himmlers hörte.

Zur Zeit der Ardennenoffensive von General Rundstedt wäre es beinahe wirklich zum Einsatz einiger Atombomben gekommen. Die Gründe, warum es dann nicht dazu kam, hörte der Verfasser in verschiedener Weise angegeben. Zuerst einmal sollen Westwinde, die den radioaktiven Abfall ins eigene Gebiet getragen hätten, die Hauptursache gewesen sein. Dann war ferner ein Teil der Atombomben nicht auffindbar, da ohne Führerbefehl weiter verlagert (möglicherweise von einer linken bzw. bereits meuternden SS-Gruppe). Der Führer hat geschrien: ›Wo sind meine Atombomben?‹ [–] Es gab damals auch einen Kriegsgerichtsprozeß, bei dem z. T. auch der Verfasser anwesend war. Auch andere Bomben, die groß, aber keine Atombomben waren, wurden mitverlagert von Leuten mit SS-Uniform. Beim Transport mit Lastautos ist weit östlich von Salzburg in einer wenig besiedelten Gegend ein schwerer Unglücksfall gewesen. Der Atombombenpilz mit den Ringen ist von einem Berggipfel nahe Salzburg auch vom Verfasser gut gesehen worden (und photographiert [worden], Format 6 x 9 cm). Auch der Verfasser hatte damals Hautverbrennungen davon, viel stärker als bei einem Sonnenbrand, und war lange Zeit in ärztlicher Behandlung. SS-Leute von dem Transport, der viele Kilometer auseinandergezogen war, hatten schwerste Verbrennungen, die der Verfasser gesehen hat. Es soll auch noch in der Gegend von Bad Hall solche besonders starke Fälle von Sonnenbrand gegeben haben, wie ein dortiger Arzt erzählte.

Ein Lastauto mit einer Atombombe ist dann auch noch durch Salzburg gefahren, da sie zum Flugplatz gebracht werden sollte. Gerüchteweise soll sie aber in der Nähe im Moor untergegangen sein. Dieses Moor ist derzeit sehr radioaktiv und heilkräftig (Neidharting). Es war damals streng verboten, über die ganze Angelegenheit zu sprechen. Der Feind hat aber trotzdem davon erfahren. Deutsche Spione in England haben Akten zu Gesicht bekommen mit Berichten, daß die deutschen Atombomben eine gewaltige Wirkung haben. Solche Berichte aus England hat Stabsing. im Majorsrang Dipl. Ing. Swarofsky dienstlich bekommen und mir darüber Mitteilung gemacht. Dem Feind war auch diese Atombombenexplosion bekannt. (Ich habe damals den Atompilz photographiert, welche Aufnahme mir samt dem Negativ von Himmler abgenommen wurde. Leider habe ich keine Kopie mehr.) Einige Monate vor Kriegsende wurden ohne

Wissen des Führers von Göring, Himmler u. a. Friedensverhandlungen angebahnt, bei denen den Engländern das Photo von dem Atompilz gezeigt wurde, als Beweis dafür, daß Deutschland noch mächtige Waffen hat. Die Gegenseite erklärte aber, daß sie davon ohnehin wisse, was Himmler erzählte.

Von der Wasserstoffbombenentwicklung her war noch ein Rest von schwerem Wasser vorhanden (Deuterium). Auch ich wurde darüber befragt und meinte, daß es zweckmäßig wäre, dieses in leere Bombenhüllen von gewöhnlichen Bomben zu geben, da es dort vor Dieben und Spionen am sichersten wäre, da kaum jemand wagen würde, eine Bombe anzurühren. Seit Kriegsende dachte anscheinend niemand mehr daran. Die Sieger haben nach ihrem Einzug dann dieses gefunden und anscheinend nicht gründlich untersucht, daher für gewöhnliches Wasser gehalten und weggeschüttet. Die Sieger haben deutsche Atombomben gefunden. Es war deswegen auch der Physiker Oppenheimer im Salzkammergut, mit dem ich gesprochen habe. Die vorwiegend kommunistische Widerstandbewegung hat eine deutsche Atombombe über die Demarkationslinie den Russen gebracht, wobei anfangs Amerikaner an der Demarkationslinie Schwierigkeiten machten. Zum Teil wurden sie erschossen und zum Teil bestochen. Zugleich wurden auch Nazi[s] gewaltsam mitgenommen und den Russen übergeben. Es gelang aber manchen die Flucht, so daß ich Näheres erfahren konnte. Bei Kriegsende war ein deutscher Munitionszug bei Amstetten, der auch Atombomben enthielt (die ich früher gesehen hatte, als ich einmal mit Himmler dort war). Die Amerikaner waren noch vor den Russen in Amstetten, da ich ihnen im Kriegsgefangenenlager davon erzählt habe. Die auf Japan abgeworfenen Atombomben waren deutsche Bomben, die nur von den Amerikanern fertiggemacht wurden, insbesondere mit einem Fallschirm versehen (und besser federnd in einer Hülle mit größerem Durchmesser, wobei mir Abbildungen gezeigt wurden). Dies haben mir nach dem Kriege hohe Amerikaner zugegeben usw., auch vom CIC. Die weniger wirksamen Bikinibomben dürften die ersten rein amerikanischen Bomben gewesen sein.

Der Hauptgrund, warum Smekal, Lachner und andere Physiker ursprünglich verschiedene, auch die Atombomben betreffende Probleme der Kernphysik nicht geheim hielten, war der, daß sie der Meinung waren, daß Atombomben als Kriegswaffe kaum jemals in Betracht kommen könnten, da beim Fronteinsatz wegen des radioaktiven Abfalls auch die eigenen Truppen in Gefahr kommen würden. Der Verfasser dachte schon lange vor dem Kriege, was er damals auch bekanntgab, die gewaltigen Sprengleistungen der Atombomben für Kanalbauten nutzbar zu machen, wobei in erster Linie an einen neuen, möglicherweise schleusenlos gebauten Panamakanal gedacht wurde.

Der Führer Adolf Hitler hat sich aber später über die Wissenschaftler, die voreilig Verschiedenes veröffentlichten (z. B. Smekal und der Verfasser in Vorträgen) sehr geärgert. Knapp vor und während des Krieges ist dann Verschiedenes auch durch Verrat an England und Amerika mitgeteilt worden. Hier hat die Meitner, die früher im Kaiser-Wilhelm-Institut bei Hahn war, eine gewisse, nicht gerade schöne Rolle gespielt. Wie später bekannt wurde, wollte Roosevelt ursprünglich nicht recht an Atombomben glauben. Erst als auch der von Meitner als Gutachter herangezogene Einstein mit Roosevelt sprach, begannen auch die Amerikaner eine Atombombenentwicklung nach dem deutschen Vorbild, die beschleunigt wurde, als bei Kriegsende deutsche Atombomben den Amerikanern in die Hände fielen. Über die genaue Zahl der fast ganz fertigen und halbfertigen Atombomben können keine sicheren Angaben gemacht werden. Wie ich hörte, sollten bei der Rundstedt-Offensive 15 Atombomben eingesetzt werden. Dann hörte ich aber nur mehr von der Zahl sechs. Drei scheinen sicher den Amerikanern in die Hände gefallen zu sein, wenn nicht mehr. Eine davon haben sie noch vor dem Einsatz der zwei in Japan erprobt. Eine ist schon vor dem Kriegsende bei uns explodiert und eine angeblich im Moor versunken. Eine haben die Russen in ihre Hände bekommen, so daß also die Zahl sechs ein Minimum darstellt. Zum Teil sind die Informationen, die ich erhielt, absolut sicher. Und manches habe ich auch selbst gesehen.

In Wochenzeitungen, besonders in der Wochenschau, *ist nach dem Kriege nicht immer ganz Richtiges veröffentlicht worden, über die Geheimwaffen der Deutschen Wehrmacht. Sehr ausführlich waren jedoch die Berichte über die Atomspionage in Amerika. Der Physiker Abel war seinerzeit übrigens in Wien, wo er von dem Atombombenproblem erfahren hat. Ebenso dürfte der später unter seiner Leitung tätige Spion Grienglas von der Wiener Vorarbeit, die schon vor dem Kriege geleistet wurde, insbesondere von meiner Konstruktion erfahren haben. Bei seiner Aussage vor Gericht hat er nämlich eine, allerdings ungenaue, Beschreibung meiner Konstruktion gegeben und gesagt, daß ihm diese schon vor dem Kriege bekannt war. Vielleicht hat er nicht alles verstanden –. Er sagte auch etwas von linsenförmigen Uranstücken, die die Amerikaner benützten, was er spionierte.*

Nach dem Kriege bekam ich viele überraschende Besuche von Angehörigen der Siegermächte, besonders Geheimdienstleuten, Militärs und Wissenschaftlern, wobei ich öfter als Erfinder der Atombombe bezeichnet wurde. Wenn dies auch übertrieben ist, da ja Hasenöhrl bereits eine Atombombe befürchtete, so habe ich doch eine Konstruktionsmöglichkeit gefunden, besonders für eine betriebssichere Lösung. Auch von Engländern bekam ich Besuche. Ich war anscheinend eine Zeit Schauobjekt, da auch Reporter und andere Neugierige kamen (sogar die Klatschtante Maxwell und die amerikanische Reporterin Hedda Hopper), über deren Art ich mich eher amüsierte als ärgerte. Ich wollte den meisten dieser Leute nicht alles zugeben.

Dies ist also etwas aus der Geschichte der Atombombe und was sich am Rande damit ereignete. Es sei hier noch erwähnt, daß die Deutsche Wehrmacht auch an der Entwicklung eines Atomantriebes besonders für U-Boote gearbeitet hat, der aber nicht mehr zum Einsatz kam.

gez. Prof. Phys.-Ing. Friedrich Lachner«

Starker Tobak! Einige werden, weil ihr Weltbild gerade einem Erdbeben ausgesetzt war, den Bericht vorschnell als Desinformation oder Lüge bezeichnen. Doch, und dies wird noch zu zeigen sein, es gibt eine Reihe korrespondierender, anderer Indizien, die für die Echtheit dieser Aussage sprechen.

Fassen wir kurz zusammen: Prof. Lachner behauptet, daß deutsche Atomwaffen nicht nur existierten, sondern daß er es war, der eine technische Lösung fand, um solche Waffen überhaupt betriebssicher bauen zu können. Weiterhin läßt er wissen, daß die SS ihr eigenes Atombombenprogramm hatte. Die als erstes entwickelten Uran-Bomben sollten ursprünglich »nur« als Zünder für thermonukleare Waffen, Wasserstoffbomben also, dienen! Bei Kriegsende war ein Einsatz der Uran-Bomben vorgesehen, der durch Verrat und Sabotage auf deutscher Seite einerseits und ungünstige Windverhältnisse im Einsatzgebiet andererseits vereitelt wurde. Kurze Zeit später gelangten die Amerikaner in den Besitz dieser Waffen, die sie gegen Japan einsetzten (das Manhattan Project wäre dann – zumindest in bezug auf die zeitlichen Zielstellungen – ein Mißerfolg gewesen!). Bei einem A-Bomben-Unfall im »Großraum Salzburg«, so Lachner weiter, gab es Tote und Verletzte. Eine Bombe sei nach diesem

Unfall, trotz amerikanischen Widerstands, den Russen übergeben worden. Alles in allem ein erstaunliches Szenario!

Am unglaublichsten klingt die Passage über den Unfall mit der Bombe. Doch wie es der »Zufall« will, existiert ein alliiertes Dokument, das im in Frage kommenden Zeitraum (gegen Kriegsende also) mehrere schwere Explosionen in dem uns interessierenden Areal meldete, worunter sich auch gut die spezielle befinden konnte.

Das Dokument behauptet, daß nach Aussage anderer Quellen möglicherweise im Gebiet Tests an Raketen und Raketenflugzeugen vorgenommen würden. Man habe auch gehört, daß mehrere Wissenschaftler aus Berlin hier arbeiten würden. Doch hatten diese Tests wirklich mit den Explosionen zu tun? Oder gab es eine ganz andere, uns nunmehr bekannte Ursache?

Die österreichischen Kollegen, die an diesem Problem arbeiten, werden uns über kurz oder lang eine definitive Antwort auf diese Fragen geben können.

In jedem Falle scheint mit dem Lachner-Dokument nunmehr die Aufmerksamkeit auf etwas gelenkt werden zu können, was bisher geflissentlich übersehen wurde, nämlich die Bedeutung

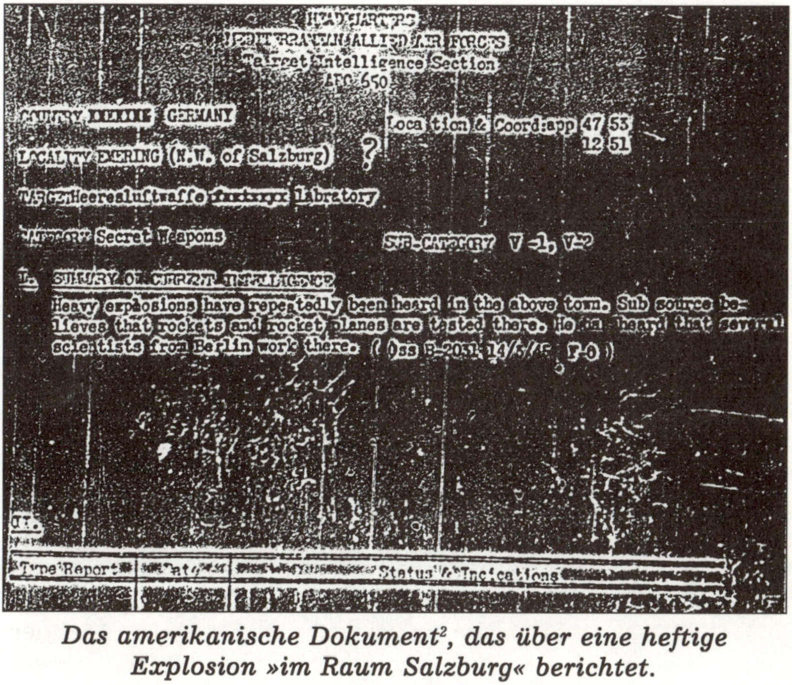

HEADQUARTERS
MEDITERRANEAN ALLIED AIR FORCES
Target Intelligence Section
APO 650

COUNTRY GERMANY — Location & Coord: app 47 53 / 12 51

LOCALITY EXERING (N.W. of Salzburg) ?

TARGET Heeresluftwaffe Labratory

CATEGORY Secret Weapons — SUB-CATEGORY V-1, V-2

I. SUMMARY OF CURRENT INTELLIGENCE
Heavy explosions have repeatedly been heard in the above town. Sub source believes that rockets and rocket planes are tested there. He [illegible] heard that several scientists from Berlin work there. (Oss B-2031 14/5/45 F-6)

II.

Type Report	Date	Status & Indications

Das amerikanische Dokument[2], das über eine heftige Explosion »im Raum Salzburg« berichtet.

österreichischer Wissenschaftler und Ingenieure für das spätere deutsche Atomprogramm. Folgt man Prof. Lachners Ausführungen, dann wird deutlich, daß es auch außerhalb Deutschlands Top-Atomspezialisten gab, die aber nach dem Zweiten Weltkrieg einfach »vergessen« wurden. Es besteht hier also ein massiver Bedarf an Geschichtsaufarbeitung! Schade nur, daß Prof. Lachner dies nicht mehr erleben kann, er starb im Januar 2001 im gesegneten Alter von 99 Jahren.

KAPITEL 5

WAS WUSSTE DER BRITISCHE GEHEIMDIENST?

»Es geht um jeden Tag, um jede Stunde, um jeden Meter. Wir besitzen noch Dinge, die fertig werden müssen und wenn sie fertig sind, das Schicksal wenden werden. Das ist der Sinn hinter dem Sinn dieser kommenden Schlacht.«

Hitler während einer Ansprache vor Generälen der Wehrmacht[1]

Die nun folgende Wiedergabe eines Gespräches, das im Sommer 1999 geführt wurde, läßt einen tiefen Einblick zu in die Dimension dessen, was die alliierten Dienste wirklich über das deutsche Atombombenprogramm wußten. Aus Gründen des Persönlichkeitsschutzes verzichten wir an dieser Stelle auf eine Namensnennung. Der Gesprächspartner ist britischer Staatsbürger. Sein Name und seine Funktion innerhalb des Geheimdienstapparates Ihrer Majestät der Königin von England werden, wie ihm zugesichert wurde, offengelegt werden, wenn er in eine bessere Welt gegangen ist.

Der ehemalige Agent berichtete folgendes:

»Ich war beim [...] in einer Funktion tätig, in der ich Kenntnisse über technische Entwicklungen der Deutschen gewinnen konnte.

Aus dieser Zeit sind mir noch Dinge erinnerlich, die mich am Wahrheitsgehalt so mancher öffentlicher Verlautbarungen über die Technologiesprünge – und ich spreche ganz bewußt von ›Sprüngen‹ – bis Kriegsende zweifeln lassen. Ich sollte besser formulieren: Vieles ist noch nicht gesagt worden, und etliches ist einfach Unfug.

Sie werden nicht erwarten, daß ich Dinge ausbreite, von denen ich sicher bin, daß diese noch für lange Zeit der Öffentlichkeit unzugänglich bleiben werden, und das ist auch gut so. [...]

Man kann aber zugeben, daß deutsche Wissenschaftler – und im übrigen weit mehr davon, als in der sogenannten historischen und politikwissenschaftlichen Szene mit Namen bekannt sind – und darüber hinaus Ingenieure und Techniker an geradezu Unglaublichem arbeiteten. Ich meine hier aber nicht die bekannten V- und Luftabwehrwaffen, von denen einige im Grunde tatsächlich oder nahezu Produktionsreife erreichten oder wo diese doch zumeist in absehbarer Zeit zu erreichen gewesen wäre.

Bei all dem Gerede über kriegsentscheidende und Wunderwaffen ist grundsätzlich zu differenzieren zwischen Ideen und konkreten Projekten einerseits und psychologischer Kriegsführung als Teil der Kriegspropaganda andererseits, die für die deutsche politische Führung eine besondere Rolle spielte und die in ihren Effekten für das eigene Volk nach meiner persönlichen Einschätzung zumindest bis Herbst 1943 deutlich Wirkung zeigte. [...]

Wenn Sie unsere militärtechnische Ausgangsposition betrachten, so war diese zu Kriegsbeginn aus den verschiedensten Gründen nicht gerade überragend, obwohl wir den Deutschen auf einigen Gebieten weit voraus waren, denken Sie nur an den Schiffbau oder an die Radar-Technologie. Das ›Reich‹ verfügte aber über Köpfe, die z. T. ideologisch verblendet, z. T. von persönlichem Ehrgeiz gepackt, zeigen wollten oder glaubten, zeigen zu müssen, daß die ›Herrenmenschen‹ einfach überlegen seien. Und nun befand sich das ›Reich‹ im Krieg gegen den Rest der Welt.

Es ist nachvollziehbar, daß in dieser Situation ›nationaler Anspannung‹ selbst Wissenschaftler und ›Zauberer der Technik‹, die nun kaum Nazis waren, glaubten oder sich gezwungen sahen, ihre Fähigkeiten selbst diesem ›Reich‹ zur Verfügung stellen zu sollen oder zu müssen.

Und genau das war eines unserer Probleme mit den deutschen ›Eierköpfen‹. Wie weit würden sie gehen? Gab es in diesem Augenblick noch moralische oder ethische Grenzen für sie? Ich glaube übrigens, daß viele von ihnen wenig Skrupel besaßen, sich über ethische Grundprinzipien hinwegzusetzen, auch wenn sie dies nach Kriegsende oft und z. T. mit abenteuerlichen Erklärungen zu widerlegen suchten.

In den späteren Kriegsjahren waren wir z. B. unsicher, ob die Deutschen nicht doch Giftgas einsetzen würden. Wir hatten gute Informationen über Produktion, Lagerung, denkbare Einsatzmöglichkeiten usw. So drängten unsere Militärs vehement darauf, die politische Führung solle eine klare Erklärung über die Folgen eines denkbaren Giftgaseinsatzes für Deutschland selbst in Richtung Berlin abgeben – und das geschah dann ja auch.

Bei anderen Entwicklungen waren unsere Schwierigkeiten noch größer. Denken Sie nur mal an die ganze Atom-Technologie. Während des deutschen West-Feldzuges fiel ihnen eine erhebliche Menge Uran, und was noch schlimmer war, ein Zyklotron in die Hände, was deshalb sehr unangenehm war, weil wir zunächst nicht wußten, ob die Deutschen ihr Wissen und ihre Fähigkeiten auf diesem Gebiet einsetzen würden. Es war aber zu erwarten. Selbstverständlich denkt man in Worst-Case-Kategorien, und das bedeutete für uns, alles nur irgend Mögliche zu unternehmen, um a) an Informationen über die deutsche Atomforschung zu gelangen und b) falls erforderlich, diese zu stören.

Selbst als Hitler, wie wir erfuhren, die Atomforschung als – er bezeichnete diese glaube ich so – ›jüdische Physik‹ abqualifizierte, konnten wir nicht sicher sein, daß es sich nicht um eine Finte handeln würde. Und es gab Finten. So fielen wir ganz kurz auf eine angebliche Atomforschungseinrichtung in einem Bergwerk bei Staßfurt herein, bis die Jungs einen Fehler machten.

Es gab aber tatsächlich eine deutsche Atomforschung, die in Arbeitsgruppen segmentiert an der Lösung der zentralen Frage arbeitete: Ist die Bombe machbar?

Ich will das Konzept mal so umschreiben: Selbstverständlich ist jede möglicherweise militärtechnisch nutzbare Forschung – und erst recht im Krieg – geheim. So war das auch bei den beiden deutschen Gruppen, die miteinander um den Siegeslorbeer rangen. Die möchte ich als die ›offiziellen‹ Teams bezeichnen. Daneben gab es aber noch eine dritte Gruppe, die einen etwas anderen Weg suchte; in ihr arbeiteten übrigens Köpfe aus dem zweiten Team am Rande mit.

Die erste Gruppe um Heisenberg wurde im Laufe der Zeit abgehängt, d. h. 1) hat man ihr nicht alle Informationen zugänglich gemacht, die anderswo bereits verfügbar waren, 2) gab es kriegsbedingt zunehmenden Mangel an Ausrüstung und spezifischen Rohstoffen; so fiel es wohl leichter, unter Hinweis auf diese Umstände einen Vorwand zu konstruieren, um die – ich will sie mal so nennen – aus Sicht einiger Nazis unsicheren Kantonisten von den wirklich heißen Informationen fernzuhalten. Aus meiner Sicht hatten die Nazis dazu mindestens zwei veritable Gründe: Einmal war Heisenberg wohl wirklich kein Nazi. Würde er also mit vollem Einsatz und in Kenntnis der möglicherweise katastrophalen Folgen die Atombombe bauen? Zum anderen wollte er wahrscheinlich doch die Uranmaschine, das hat er damals auch mehrfach betont; eine wichtige Entwicklung, die schnelle Kriegsentscheidung war aber davon nicht zu erwarten. Und nun noch ein Argument: Wir hatten Ursache zu vermuten, daß die Nazis Heisenberg und Co. mißtrauten, weil aus ihrem Umfeld eben doch auch Informationen über die Reichsgrenzen hinaus weitergegeben wurden. Wie sollte man solche Leute mit der Konstruktion der Waffe betrauen, von der nach Lage der Dinge alles abhing?!

Das zweite – ich sollte wohl sagen, aus Sicht der Nazis das erfolgversprechendere – Team um Diebner sollte uns mehr Kopfzerbrechen bereiten, da hier echte Nazis am Werk waren. Nur, wir gingen ja davon aus, daß es an beidem mangelte: an Technologie und an den erforderlichen Stoffen. Wenn Sie sich ansehen, welch ungeheuren Aufwand die USA während des Krieges betrieben, um die Bombe zu bauen, wie viele Probleme dabei auftraten und welchen Personaleinsatz das bedeutete, hätten wir uns auf der sicheren Seite sehen können, denn das, was in den USA ablief, in ähnlichem Umfang in dieser Zeit in Deutschland zu betreiben, wäre uns nicht verborgen geblieben, dazu waren wir zu gut informiert. Wir hatten dabei nicht recht bedacht, daß ein möglicherweise viel bescheidenerer Rahmen ebensogute Ergebnisse hervorbringen könnte. Naja, Gott sei dank ist das schon lange vorbei!

Das dritte Team, von dem nach meinem Wissen bis heute eigentlich wohl nicht viel nach außen drang und das recht klein war, die Namen einiger Wissenschaftler sind allerdings bekannt, wenn auch in anderem Zusammenhang, blieb lange in Berlin und betrieb zunächst Grundlagenforschung, bis einer der Herren ein Verfahren entwickelte, das viel weniger umständlich zu sein schien als das, wovon z. B. Heisenberg ausging. Ich erspare mir hier die Details, jedenfalls funktionierte es, und wir erlangten Kenntnis darüber, wenngleich wir doch zunächst sehr skeptisch waren, was den Wahrheitsgehalt der Meldungen dazu betraf. Wir mußten aber davon ausgehen, daß die Deutschen eben doch richtige Atomforschung betrieben, und zwar in einem Maße und viel intensiver und unter weit größerer Geheimhaltung als bei den beiden ›offiziellen‹ Teams von Heisenberg und Diebner. Daß das möglich war, grenzt angesichts der 1944 schon erheblichen kriegsbedingten Zerstörungen fast an ein Wunder. Es war klar, daß sich die Nazis von der Atombombe, wenn sie denn da wäre, die wunderbare Rettung in dem schon lange definitiv verlorenen Krieg versprechen würden; damit meine ich, die füh-

renden Nazis versprachen sich von ihr nicht weniger als das Instrument, das ihren Hals vor dem Zugriff des Scharfrichters retten konnte. Das war doch wohl für sie jeden Einsatz wert – oder?

Ja, und dann war da noch das vierte Team, von dem wir in der letzten Kriegsphase gerüchteweise hörten. Das war allerdings so schemenhaft und phantastisch, daß man wieder einmal an eine Finte denken konnte. Aber nach dem Krieg stellte sich dann heraus, daß es eben keine war und daß die Welt um Haaresbreite an einer riesengroßen Katastrophe vorbeiging. Als ich das erfuhr, hätte ich im nachhinein noch beinahe meine Fassung verloren. Es bestand einen Augenblick allerhöchste Gefahr, vor allem wenn man bedenkt, daß es möglich geworden zu sein schien, diese Technologie innerhalb von Distanzen einzusetzen, die alles sprengten, was damals machbar war, erst recht, wenn man an die Reichweite der V2 denkt.

Dieses vierte Team arbeitete in einem Umfeld, in dem Ungeheuerliches alltäglich war. Und wenn ich das so sage, meine ich damit, die experimentierten da mit Dingen, die selbst für die gut informierte Öffentlichkeit bis heute undenkbar und unglaubhaft, also irreal sind. Mir hat damals jemand angedeutet, es scheine so, als seien diese Spezialisten im Begriff gewesen, herkömmliche physikalische Gesetz aufzuheben.

Bedingt durch die politischen Setzungen verloren wir am Kriegsende sehr rasch die Zugriffsmöglichkeiten auf diese Einrichtungen. Ich bin nicht sicher, ob die andere Seite den Extrakt dessen, was noch vorhanden war, d. h. personell und materiell, wirklich nutzen und aktiv weiterentwickeln konnte. Manches davon war ja doch zu phantastisch und setzte Kenntnisse und Fähigkeiten voraus, die einen Einstieg auf einem Level erforderten, den wir zunächst nicht hatten und den auch unser Partner wohl nicht alleine erreichte. […]«

Mag auch der Agent momentan noch inkognito bleiben, so wird sein Name eines Tages genannt werden können. Was er sagt, ist erstaunlich und offenbart Dinge, die sehr viel Raum für Spekulationen lassen. Daß die Deutschen an einer Atombombe arbeiteten, dürfte nunmehr niemanden mehr verwundern, daß sie aber ein Team besaßen, das die Zerstörung der Welt hätte bewirken können, ist eine beinahe unglaubliche Darstellung. Das würde bedeuten, daß es Waffensysteme gab, die über eine beinahe uneingeschränkte Reichweite verfügten und einen Wirkungsgrad besaßen, der über dem der nuklearen Waffentechnik lag. Hatte das Dritte Reich die »Waffe des Jüngsten Gerichts« fertiggestellt? Und wenn ja, wo befindet sich diese Technologie heute? Wurde sie von den Alliierten gefunden oder harrt sie, tief verborgen in der Erde, auf ihre Entdeckung? Wenn eine solche ultimative Waffe schon vor mehr als 50 Jahren vorhanden war, dann muß die Frage erlaubt sein, was das heutige Militär eigentlich wirklich treibt? Wird die konventionelle und atomare Rüstung nur deshalb weitergeführt, um dem militärisch-industriellen Komplex der USA und den Rüstungskonzernen anderer Nationen weiterhin Steuermilliarden in den Rachen zu werfen? Ist auch das alles Augenwischerei und Betrug am Steuerzahler?

Kapitel 6

Das Erlebnis eines italienischen Kriegsberichterstatters

Recherchiert man in bezug auf die verschwiegene Atomforschung des Dritten Reiches, dann muß man - wie wir bereits schrieben - feststellen, daß dazu im deutsch- und englischsprachigen Raum kaum Hinweise existieren. Um so verwunderter ist man immer dann, wenn plötzlich Informationen aus Quellen sprudeln, die außerhalb der angelsächsischen und teutonischen Welt liegen.

In der Doppelausgabe Nr. 76/77 (August/September 1984) der renommierten spanischen Militärzeitschrift *Defensa*, die bis zum heutigen Tag herausgegeben wird, erschien ein Artikel, der genau ins Bild paßt. Er stammte aus der Feder von Luigi Romersa, einem Mann, der ein bewegtes Leben hinter sich hatte und der nicht weniger behauptet, als an einem deutschen Atomtest als Zuschauer im Auftrag des italienischen Duce beteiligt gewesen zu sein ...

Man muß allerdings wissen, daß Romersa mit der Veröffentlichung dieser wirklich sensationell zu nennenden Information nicht bis 1984 gewartet hat. Kleinere Berichte von ihm erschienen dazu bereits 1947, 1952 (im italienischen *Il Tempo*) und 1955 in der Pariser Zeitung *L'Intransigeant*. Zwischen 1950 und 1955 soll dann auch noch ein weiterer Artikel von ihm in der für ihre Seriösität bekannten technischen Fachzeitschrift *Civilta della Maschina* erschienen sein, der unsererseits allerdings noch nicht genau eruiert werden konnte.

Romersa war ein berühmter Kriegskorrespondent, dessen Karriere im spanischen Bürgerkrieg begann. Er war Anhänger von Benito Mussolini und wurde dafür nach dem Zweiten Weltkrieg verhaftet und eine Zeitlang eingesperrt. Ungeachtet dessen konnte er nach seiner Freilassung aus der Haft seinen Beruf wieder ausüben und über 20 Jahre lang für das berühmte Magazin *Il Tempo* arbeiten.

Wie uns eine für gewöhnlich gut unterrichtete Quelle mitteilte, mußte Romersa einen großen Widerstand überwinden, um seinen Artikel überhaupt veröffentlichen zu können. Er war gezwungen, seinen ganzen Einfluß zu benutzen, um mit seiner

Geschichte an die Öffentlichkeit zu gelangen. Wie es scheint, hat er dabei nur einen kleinen Teil seines Wissens preisgegeben, denn er soll laut der gut unterrichteten Quelle u. a. auch Informationen über eine deutsche Rakete haben, die 6.000 km Reichweite hatte und die kurz vor ihrer Fertigstellung stand.

Romersa behauptet, ein guter Freund von Wernher von Braun und Otto Hahn gewesen zu sein. Letzteren besuchte er z. B. 1954 in Deutschland. Bei diesem Gespräch, für dessen Inhalt – das sei hier betont – wir uns nicht verbürgen können, soll Romersa Prof. Hahn gefragt haben, als er die sattsam bekannte klassische Geschichte der Atombombe hörte:

»ROMERSA: Herr Professor, was sagen denn diese Leute?«

HAHN: »Mein lieber Romersa, Sie können doch nichts anderes erwarten.«

ROMERSA: »Aber ich weiß, was passiert ist. Ich habe es mit eigenen Augen gesehen. Mit meinen eigenen Augen!«

HAHN: »Ich kann nichts sagen. Die haben mich viele Monate eingesperrt; ich habe mein Versprechen gegeben.«

Ob dieses Gespräch in dieser Form tatsächlich stattgefunden hat oder nicht, sei dahingestellt. Fakt ist aber, daß Luigi Romersa 1984 den für uns bedeutsamen Artikel in der spanischen *Defensa* veröffentlichen ließ und daß dieser Artikel Informationen enthält, die für jeden, der die bisherige Geschichte der Atomforschung akzeptiert, höchst befremdlich klingen müssen.

Wir möchten Ihnen den Romersa-Bericht nunmehr nicht länger vorenthalten und ihn in auszugweiser Übersetzung vorstellen. Stellenweise haben wir eigene Kommentare hinzugefügt, um auf bestimmte Zusammenhänge hinzuweisen.

»Gestern Nachricht, heute Geschichte
DIE ›GEHEIMWAFFEN‹ VON HITLER, ETWAS MEHR ALS (NUR) PHANTASIE

Von Luigi Romersa

Die Geschichte, die ich jetzt erzählen werde, gründet auf gewissen Ereignissen, die ich persönlich miterlebte und die damals – als der Krieg noch nicht beendet war – von vielen zu schnell als Phantasien bezeichnet wurden. Die Geheimdienste von Amerikanern, Briten und Franzosen haben am Anfang auch gedacht, es wären nur Phantasien, aber diese Meinung mußte man ändern, um sich mit all den zur Verfügung stehenden Mitteln zu schützen.

Ich spreche über die deutschen Geheimwaffen, welche mit dem Namen oder besser dem Genie von Wernher von Braun verbun-

AYER NOTICIA, HOY HISTORIA

Soldados estadounidenses contemplan parte de una "V-2", recién capturada.

las «ARMAS SECRETAS» de HITLER, algo más que fantasía

Por Luigi ROMERSA (*)

La historia que me dispongo a contar parte de ciertas experiencias a las cuales asistí hace 40 años y que cuando tuvieron lugar –aún se encontraba en curso la guerra mundial– fueron definidas por muchos, apresuradamente, de fantasías. En un primer momento las consideraron fantasías, a decir verdad, también los servicios secretos estadounidenses, ingleses y franceses los cuales, sin embargo, debieron volver sobre sus pasos y tratar con todos los medios a su disposición, de colocarse a buen recaudo.

Estoy hablando de las *armas secretas* alemanas a las cuales se encuentra estrechamente ligado el nombre, o mejor dicho, el genio de Wernher Von Braun, al cual me ligó, durante años, una amistad fraterna. En concreto, desde 1944 hasta su muerte.

Que Alemania hacia el final de conflicto, dispusiese de un arsenal de armas que, con relación a las que normalmente usaban sus enemigos por estructura y potencia desafiaban la fantasía, es un hecho reconocido fuera ya de toda discusión.

Con el fin de la guerra, el mito de estas armas terminó o, cuanto menos fue archivado especialmente por quienes ante el primer anuncio del empleo de medios capaces de revolucionar la técnica bélica, se mostraron incrédulos y atribuyeron la sensacional declaración al cerebro, siempre en fermento, de aquel brujo de la propaganda alemana que fue el ministro Goebbles. Pero la capitulación de Alemania, con la desaparición de las pesadillas que en los últimos meses habían empujado a los Estados Mayores aliados a forzar las defensas germánicas con un amplísimo empleo de hombres y de medios, abrió el camino a la verdad y la historia de las *armas secretas* se convirtió en una nueva rama de la ciencia militar al cual se aplicaron de inmediato, y con extremo interés estadounidenses, ingleses y rusos.

En 1945, al anunciar oficialmente la victoria, Churchill dijo: *Los descubrimientos recientemente llevados a cabo*

(*) Luigi Romersa es un veterano periodista italiano, célebre como corresponsal de guerra en el último conflicto mundial y luego durante muchos años brillante enviado especial. Este reportaje lo ha escrito a petición de *DEFENSA*.

Die August-September-Ausgabe der spanischen* Defensa *aus dem Jahre 1984 enthielt den Romersa-Bericht.

den sind. Mich verband eine brüderliche Freundschaft mit ihm von 1944 bis zu seinem Tod.

Daß Deutschland gegen Kriegsende über ein Waffenarsenal verfügte, das – verglichen mit dem, was von seinen Feinden benutzt wurde –, jede Phantasie herausforderte, ist heute eine anerkannte und unbestreitbare Tatsache. [...]

Als Churchill den Sieg 1945 offiziell verkündete, sagte er: ›Die Entdeckungen, die wir vor kurzer Zeit auf dem deutschen, holländischen und französischen Gebiet gemacht haben, zeigen, daß der Zusammenbruch des Feindes Großbritannien vor einer furchtbaren Gefahr rettete [...] Die alliierten Armeen haben die Schlange im letzten Moment in ihrer Brutstätte zerstört [...]‹«

Romersa zitiert in seinem Bericht weiterhin Oberst D. L. Putt vom Kommando der europäischen Streitkräfte in den besetzten Gebieten, der sich nicht weniger deutlich als Churchill ausdrückte, als er die Beendigung der Kriegsoperationen bewertete:

»Nur wenige Wochen mehr, und die Deutschen hätten eine entscheidende Waffe eingesetzt: Atombomben, von denen sie zwei hatten, wären in die V2 eingebaut worden [...]«

Colonel D. L. Putt war nicht irgendwer. Er traf seine Aussage, die sehr ernstgenommen werden muß, als Stellvertretender Kommandeur des *Technical Information Service* (Technischer Informationsdienst) der Alliierten Militärregierung. In dieser Funktion hatte er einen genauen Einblick in das, was auf deutschem Boden gefunden wurde. Im Juli 1946 verfaßte er einen Abschlußbericht, der das Ausmaß der damals in alliierter Hand befindlichen deutschen Geheimnisse einschätzte. Sorgfältige Nachforschungen in Peenemünde (der deutschen Raketenbasis für die V-2) und andernorts unmittelbar nach Kriegsende hatten Colonel Putt zufolge eine Fülle neuer Entwicklungen in der Luftfahrt und damit verbundenen Forschungsbereichen erbracht.

Luigi Romersa fährt in seinem Bericht fort mit der Erklärung des Hintergrunds, warum er dem deutschen Atomtest beigewohnt habe: Über die Existenz von neuen Waffen, mit denen das Dritte Reich das Kriegsglück wieder zu seinen Gunsten wenden wollte, wurde zwar viel gesprochen, doch selten gab es konkrete Angaben. Die Deutschen, so Romersa, überließen ihren Verbündeten (insbesondere den Italienern) nur wenige Informationen. Mussolini wollte aber unbedingt mehr wissen, doch auch er erhielt nur knappe Bemerkungen.

Über die Geheimwaffen sprachen Hitler und Mussolini zum

ersten Mal während eines Treffens, das im April 1944 im Schloß Klessheim in der Nähe von Salzburg stattfand. Dieses Treffen dauerte drei Tage. Mussolini wurde anläßlich dieser Zusammenkunft begleitet von Marschall Rodolfo Graziani, während Hitlers Gefolge aus den Herren von Ribbentrop, Keitel, Dollmann und dem Botschafter Rahn bestand.

Das erste Gespräch dauerte etwa eine Stunde; Hitler beschrieb die globale politische und militärische Lage. Er überschwemmte seine Gäste geradezu mit Eindrücken und Bemerkungen, alle unterlegt mit einer gewissen optimistischen Stimmung. Er versicherte, daß man den Krieg sicher gewinnen werde, da der alsbaldige Einsatz von neuen Waffen die feindlichen Pläne zerstören werde.

Romersa: *»Er spazierte durch den Raum [...] und sagte: ›Wir haben Flugzeuge, unsichtbare U-Boote, riesige Panzer und Kanonen, unglaublich mächtige Raketen und eine Bombe mit einer Wirkung, die die ganze Welt überraschen wird. Der Feind weiß das, er greift uns an, er zerstört uns, aber auf diese Zerstörungen werden wir mit einem Sturm antworten und das, ohne einen bakteriologischen Krieg zu entfesseln, für den wir auch bereit sind [...]. Alle meine Worte entsprechen der reinsten Wahrheit. Das wird sich bestätigen!«*

Mussolini kehrte nach diesem etwas einseitigen Gespräch mit Hitler nach Gargnaro, an den Gardasee zurück, wo er seine Residenz hatte. Das, was er gehört hatte, beruhigte ihn etwas. Doch er wollte mehr wissen. So kam Luigi Romersa ins Spiel:

»Im Herbst 1944 wurde ich in die Villa Orsoline gerufen [...], dort wohnte der Chef [...], und hier gab mir der Duce den Auftrag, nach Deutschland zu reisen, um, wie er mir erklärte, ›[...] mehr von diesen Sachen zu sehen, über die ich in Klessheim nur oberflächlich Berichte bekam. Ich kann die Diskretion des Führers sehr gut verstehen, aber mindestens ich müßte über genauere Informationen verfügen. Ich gebe ihnen diesen äußerst wichtigen Auftrag, für den ich diese Empfehlungsbriefe verfaßt habe‹ [...]«

Es waren zwei Briefe – der eine für Goebbels und der andere für Hitler.

»Ich reiste nach Deutschland mit einem Auto. In Hitlers Hauptquartier in Rastenburg, Ostpreußen, las der Chef des Dritten Reiches persönlich den Brief Mussolinis und erlaubte mir [daraufhin] die Anwesenheit bei einigen Experimenten. Ich begann mit den unterirdischen Fabriken, die sich in Bayern

und Oberschlesien konzentrierten. [...] Die erwähnten unterirdischen Fabriken waren kleine Städte, die man im Inneren von Bergen gebaut hatte. Es gab Fahrstühle, mit denen man in das Innere dieser Anlagen befördert wurde, wie in einem normalen Bergwerk. Die gut getarnten Eingänge wurden durch Patrouillen bewacht und mit Maschinengewehren und Artillerie verteidigt. Riesige, immer beleuchtete Stollen dehnten sich Kilometer um Kilometer aus, untereinander verbunden mit Hilfe von kleinen Zügen, die Personen und Material transportierten.

[...] In jedem Fall das stärkste Stück des germanischen Waffenarsenals war die Auflösungsbombe [Luigi Romersa schrieb wörtlich: Bomba Disgregatrice], *also die Atombombe, die zum ersten Mal auf einer Insel in der Ostsee, auf Rügen, getestet wurde.*

In der Nacht vom 11. zum 12. Oktober 1944 befand ich mich wieder in Berlin. Ein Militärauto hat mich im Hotel ›Adlon‹ abgeholt; dort hatte ich meine Unterkunft. Einer der Offiziere teilte mir im Auto mit, daß mich nach der Rückkehr von dieser Reise Minister Goebbels empfangen würde. Ich fragte, wohin wir fahren würden, doch sie antworteten nicht. Wir sind um 2 Uhr nachts abgefahren. Es regnete dauernd. Ein leichter aber anhaltender Regen aus einem niedrigen Himmel mit faserigen Wolken. Um 10 Uhr hatten wir das Ziel erreicht. Erst als ich aus dem Auto stieg, bemerkte ich, daß wir an der Ostseeküste waren, in der Nähe von Stralsund, und daß wir mit einem Motorboot die Insel Rügen erreichen würden. Diese war das Gebiet, wo viele deutsche Waffen vollendet wurden, ein geheimer Platz, von speziellen Einheiten bewacht, der unzugänglich für jeden war, der nicht eine Genehmigungskarte vom Oberkommando der Wehrmacht hatte.

Wir gingen sofort in ein Gebäude, das von Bäumen geschützt war. Innerhalb einer großen Fläche im Wald hatte man Steinhäuser sowie Schutzbunker aus Beton vorbereitet. Wir gingen in einen halb unterirdischen Turm durch eine metallische Tür, die sofort geschlossen wurde.

Wir waren vier: meine zwei Begleiter, ein Mann mit einem Arbeitsanzug und ich. ›Wir werden einen Test der Auflösungsbombe sehen. Es ist der stärkste Sprengstoff, den man bis jetzt entdeckt hat. Nichts kann ihm widerstehen‹, sagte einer. Er hat fast nicht geatmet. Er schaute zu seiner Uhr und wartete bis Mittag – die für das Experiment vorgesehene Stunde. Unsere Beobachtungsstelle war einige Kilometer von dem Explosions-

punkt entfernt. ›Bis heute Abend‹, fügte der Mann mit dem Arbeitsanzug hinzu, ›werden wir hierbleiben müssen. Erst beim Dunkeln können wir hinaus gehen. Die Bombe sendet tödliche Strahlungen aus, die äußerst schädlich sein können. Ihr Wirkungsumkreis ist viel größer als derjenige der stärksten konventionellen Bombe. Ungefähr 1,5 km.‹

Es regnete jetzt stärker. Plötzlich klingelte das Telefon im Schutzbunker. Von der Zentrale wurde mitgeteilt, daß das Experiment früher, um 11.45 Uhr stattfinden werde.

Im Bunker, in der Höhe unserer Augen, befand sich eine Schießscharte, die mit einem Rauchglas versehen war. Ich konnte nur Bäume und ungenutztes, dunkles Land sehen. Das Telefon klingelte wieder. Man gab uns die genaue Zeit und wir synchronisierten alle unsere Armbanduhren. Plötzlich erschütterte ein furchtbares Geräusch die Wände unseres Turms, danach kam ein blendendes Licht. Ein dichter Vorhang von Rauch breitete sich über das Feld aus. Keiner hat gesprochen. Mit meinen Augen am Rauchglas sah ich, wie diese dichte Wolke auf uns zukam. Wir wurden von ihr verschlungen. Ich hatte das Gefühl, als würde der Turm in einen Abgrund stürzen. Zum Schluß hat der Mann mit dem Arbeitsanzug, der ein Oberst vom Heereswaffenamt war (die Stelle, die die Waffen vorbereitete), das Schweigen gebrochen, als er sagte:

›Was wir heute bestätigen werden, ist äußerst wichtig. Wenn wir einmal bereit sind, unsere Bombe auf die Invasionstruppen oder eine feindliche Stadt abzuwerfen, werden die Anglo-Amerikaner vorsichtig überlegen müssen, ob es sich lohnt, den Krieg zu verlängern oder ihn vernünftig zu beenden. Seit Jahren forschen wir. Nach langen und mühsamen Experimenten und Arbeiten haben wir endlich diese Erfindung vollendet. Wir haben Anlagen überall. Einige wurden getroffen und beschädigt, besonders in Norwegen [das dortige Schwerwasserwerk, Anm. d. Autoren]*; aber in Peenemünde ist alles intakt, obwohl die Alliierten versucht haben, diese Anlagen zu zerstören. In sechs oder sieben Monaten wird die serienmäßige Herstellung der Bombe beginnen. Alles wird sich dann verändern; aber einige sind betroffen wegen des Einsatzes dieses furchtbaren Mittels.‹«*

Bevor wir Luigi Romersa weiter berichten lassen, seien uns einige Anmerkungen gestattet. Romersa sagt, daß er den Test einer Auflösungs- bzw. Atombombe am 12. Oktober 1944 miterlebt habe (ein Datum, das Sie sich übrigens merken sollten). Nach dem Test wurde ihm mitgeteilt, daß die »Bombe« in absehbarer Zeit serienmäßig produziert werde. Romersa erfährt weiter, daß eine Forschungseinrichtung in Peenemünde stationiert sei und diese durch einen alliierten Angriff vernichtet werden sollte. – Moment, hatten nicht auch Briten und Amerikaner berichtet, daß beim Angriff der Royal Air Force auf Peenemünde das »Meistergehirn der deutschen Atomforschung«, General Chamier-Glisczinski ums Leben gekommen sei?! Was tat aber ein Mann, der für die Atomforschung zuständig gewesen sein soll, in Peenemünde, wo man sich doch dort angeblich nur mit der Entwicklung von Raketen befaßte?

Wir haben einen furchtbaren Verdacht: Die Angriffe der RAF galten nicht nur der dortigen A4-Erprobung und -Produktion, sondern einem Nervenzentrum der deutschen Atomforschung! Wenn, wie der unbekannte Offizier des Heereswaffenamtes behauptete, dieses Nervenzentrum bei dem Angriff nicht zerstört werden konnte, so dürften die betreffenden Anlagen wohl kaum oberirdisch angelegt worden sein. Wir erlauben uns, Fragen zu stellen: Was verbirgt sich in Peenemünde (oder in seinem Umfeld) im Untergrund? Nach offizieller Lesart natürlich genauso »viel« wie beispielsweise im Untergrund des Areals Jonastal/Truppenübungsplatz Ohrdruf, nämlich: »nichts«? Oder Anlagen, die Luigi Romersas Aussagen vollauf bestätigen würden?

Was offizielle »Weisheiten« taugen, werden wir in bezug auf das Gebiet in Thüringen noch aufzeigen. Sie sind unseres Erachtens, und wir wollen hier sehr deutlich werden, nichts weiter als schamlose Lügen, die durch das Establishment weiter aufrechterhalten werden. Auch sonst wird ja, für jedermann nachvollziehbar, bei allen wichtigen Fragen gelogen: siehe Parteienfinanzierung, BSE-Skandal oder Steuer»reform«.

Weiß man behördlicherseits wirklich nichts über geheime Untergrundinstallationen? Oder will man nichts wissen? Wir haben schon lange den Eindruck, daß hier seit Jahrzehnten an einer Vertuschungs- und Lügengeschichte festgehalten wird, die unglaubliche Ausmaße erreicht, aber nunmehr im Zerfall begriffen ist. – Ja, so ist das eben, wenn Geschichtsaufarbeitung und Vergangenheitsbewältigung wirklich ernstgenommen werden. Dabei kommen immer gewisse unangenehme Dinge ans Tageslicht, oftmals sogar die Wahrheit!

Zurück zu Romersas Bericht:

»Gegen 16.00 Uhr, in der Halbdunkelheit, erschienen einige Schatten. Sie rannten zu unserem Schutzbunker. Es waren Soldaten, und sie hatten einen fremdartigen ›Tauchanzug‹ an. Sie

kamen herein und machten die Tür schnell wieder zu. ›Alles kaputt‹, sagte einer, als er sich den Schutzanzug ausgezogen hatte. Auch wir mußten uns schließlich einen weißlichen, rauhen, faserigen Mantel anziehen. Ich kann nicht sagen, aus welchem Stoff dieser Mantel gemacht war, aber vom Gefühl her hätte es Asbest sein können. Die Kopfbedeckung hatte vor den Augen ein Stück Glimmerglas. Wir zogen uns hohe, aber sehr leichte Stiefel an und schützten unsere Hände mit Handschuhen, die man aus demselben Stoff wie den Mantel hergestellt hatte. Wir verließen den Turm in einer Reihe, die von den Soldaten geführt wurde. Als wir uns mehr und mehr vom Turm entfernten, wurde das Gelände immer chaotischer. Es war kalt, und die Feuchtigkeit drang uns bis auf die Knochen in diesem Wald, der aussah, als hätte ihn eine Feuerwelle überschwemmt. Plötzlich stieß mein Fuß auf etwas. Es war die verkohlte Leiche einer Ziege. Die Häuser, die ich nur einige Stunden früher gesehen hatte, waren verschwunden, in Steintrümmer verwandelt. Je mehr wir uns dem Explosionspunkt näherten, um so furchtbarer wurden die Verwüstungen. Das Gras hatte eine seltsame Farbe und ähnelte dem Waschleder. Diejenigen Bäume, die noch aufrecht standen, hatten keine Blätter mehr.«

In der Nacht kehrte Romersa tief beeindruckt nach Berlin zurück, wo er noch einige Zeit blieb, um dann schließlich Ende Oktober 1944 mit Propaganda-Minister Goebbels zusammenzutreffen. Er besuchte ihn in dessen Haus in der Straße Unter den Linden. Es war das erste Treffen zwischen Luigi Romersa und dem Minister, das Goebbels wie folgt einleitete:

»Ich weiß durch Unterstaatssekretär Neumann, daß Sie das Experiment auf Rügen gesehen haben. Mit diesen und anderen Mitteln, die wir in wenigen Monaten in großer Zahl herstellen werden, können wir den Feind entscheidend treffen. Die Auflösungsbombe, deren serienmäßige Herstellung mit einer deutlichen Verspätung zum geplanten Termin begonnen hat, wird die große Neuheit in diesem Jahrhundert sein. Eine Gegenmaßnahme, wenn es überhaupt eine gibt, kann man sich nur viel später vorstellen; dann ist der Krieg schon längst vorbei. […]

Von den speziellen U-Booten, mit Schnorcheln und Turbinen ausgestattet, von den neuen radiogesteuerten V-Bomben, von denen die letzte eine unglaubliche Überraschung sein wird, von den überschnellen Flugzeugen, von den ferngesteuerten Raketen A-4 und A-9, mit einer Reichweite von mehreren tausend Kilometern und angetrieben durch einen Motor, der eine Mi-

schung aus Alkohol und flüssigem Sauerstoff verbraucht; von alldem, was unsere Technik unter schrecklichen Opfern und jahrelanger Entwicklungsarbeit geschaffen hat, erwarten wir das Wunder. Noch einige Monate müssen wir die Zähne zusammenbeißen, aushalten und so gut wie möglich antworten. Wir brauchen Zeit, 24 Stunden können entscheidend sein.«

Zu Romersas Frage, ob die Alliierten diese Geheimnisse kennen würden, antwortete Goebbels:

»Ohne Zweifel. Ihre Geheimdienste arbeiten ohne Pause. Diese unendlichen Bombardierungen mit Hunderten von Flugzeugen beweisen die Nervosität des Feindes. Churchill ist mit Sicherheit der intelligenteste und schlaueste unserer Gegner. [...] Er weiß, daß die Möglichkeiten unserer Technik unbegrenzt sind. Die Engländer und Nordamerikaner suchen die Fabriken der Vergeltungswaffen. Sie greifen besonders Peenemünde und die Schwerwasseranlagen an, aber mit wenig Erfolg. Um die Arbeit der Bombenflugzeuge zu unterstützen, haben sie Saboteure an die Ostseeküste und nach Norwegen geschickt. [...] In Norwegen [...] wurde eine Schwerwasseranlage stark beschädigt.

[...] Das schwere Wasser ist ein wichtiger Stoff für die Herstellung der Auflösungsbombe. Schon vor dem Krieg haben wir Fortschritte in dieser Richtung gemacht, aber die Forschungen wurden unterbrochen, da die Kriegsoperationen sich günstig entwickelten. Der Führer war überzeugt, wie viele seiner Mitarbeiter, daß man den Kampf siegreich beenden könne, ohne zu Waffen dieser Art greifen zu müssen. Prof. Otto Hahn, [...] gab Deutschland die erstaunliche Entdeckung der Kernspaltung. Am 6. Juni 1942 habe ich an einer entscheidenden Tagung in Hinblick auf die Atomforschungen teilgenommen. Der Führer fragte die Wissenschaftler, wieviel Zeit nötig sei, um positive Ergebnisse zu erreichen. Mindestens zwei Jahre, antworteten sie. Hitler sagte, daß das zuviel sei, verlangte aber die Fortsetzung der Experimente, ohne damals einen genauen Termin festzulegen. 1943 änderte er dann seine Meinung, und nun wird sehr schnell, aber unter großen Schwierigkeiten gearbeitet.«

Aha! Die deutsche Atomforschung wurde 1942 also nicht gestoppt, wie das die bisher veröffentlichte Geschichtsschreibung behauptet, sondern lief ohne konkrete Termination weiter. Im Jahre 1943, als sich das Kriegsglück schon auf seiten der Alliierten befand, wurden dann aber die mit der »Bombe« zusammenhängenden Probleme massiv aufgegriffen und ihre Lösung vorangetrieben.

Romersa fragte Goebbels, ob die Auflösungsbombe den Krieg allein entscheiden könne, woraufhin dieser antwortete:

»Nicht ganz. Wenn wir zusammen mit der Bombe auch eine gute Infanterie und Panzer haben, ist es eine andere Sache. Diese Infanterie und diese Panzer werden wir mit Waffen ausrüsten, die der Feind sich nicht einmal vorstellen kann. Wir haben neuartige Kanonen, Raketen und Instrumente, so daß wir in der Dunkelheit sehen und genau schießen können. [Dieser Hinweis ist korrekt, es befanden sich z. B. Infrarot-Nachsichtgeräte für Panzer in Entwicklung, die gegen Kriegsende auch eingesetzt wurden, Anm. d. Autoren.] *Wir haben ein Dutzend ferngesteuerter Raketen, deren Stärke und Genauigkeit verblüffend ist. Wenn der Feind sieht, wie ein Regen von Raketen A-4 und A-9, [...] mit [...] Atomköpfen, auf ihn fällt, wird er sich überlegen müssen, ob es sich lohnt, weiterzukämpfen ...*

Unser einziges Problem ist unser Durchhaltevermögen. Jeder unter unseren Umständen hätte schon längst aufgegeben. Tag und Nacht werfen die feindlichen Bomber tonnenweise Bomben auf uns in der Hoffnung, daß wir zusammenbrechen werden. [...] Wir brauchen nur höchstens sechs oder sieben Monate. Ich weiß, es sind viele, aber alles steht auf dem Spiel, etwas Entscheidendes! Deutschlands Rettung hängt von seinen Genien ab.«

Nimmt man die von Luigi Romersa zitierten Goebbelschen Antworten für bare Münze und vergleicht sie mit den tatsächlichen Geschehnissen gegen Kriegsende, so wird einem sehr schnell bewußt, daß die eigentlichen Geheimwaffen des Dritten Reiches als Prototypen bereitgestanden haben müssen. Man wußte, daß die neue Technologie funktionierte. Das Problem war nur die Serienproduktion. *Alles war ein Wettlauf mit der Zeit.*

Goebbels sprach Ende Oktober 1944 mit Romersa und sagte ihm, man brauche noch sechs oder sieben Monate. Im April und Mai 1945 aber hatten die Alliierten Deutschland niedergekämpft. Auch sie mußten gewußt haben, daß es um jede Minute ging. Churchill gab später öffentlich zu, daß der Krieg »5 vor 12« zu Ende gegangen sei. Sehr wahrscheinlich meinte er damit: 5 *Sekunden* vor 12!

Auch Romersa schreibt zum Schluß seines Artikels in der *Defensa*:

»Die Monate, von denen Goebbels sprach, gingen vorbei, und der Krieg endete mit der deutschen Niederlage. Nur sehr wenige von den erwähnten, erstaunlichen Mitteln wurden eingesetzt,

weshalb sich viele, die schon immer gesagt hatten, daß die Geheimwaffen eine Propagandalüge gewesen seien, bestätigt fühlten. Aber wie ich schon am Anfang geschrieben habe, weder Churchill, noch die Oberkommandos und die Geheimdienste (auch nicht die russischen) waren dieser Meinung, und ihre Sorgen waren, wie sie nach der Beendigung des Krieges selbst feststellen konnten, sehr wohl begründet. [...]«

Dem ist nichts hinzuzufügen ... Oder doch? Ja, noch ein Bericht aus der französischen Zeitung *L'intransigeant* vom 19. November 1955, der einige weitere interessante Details enthält, die – wie sich noch später zeigen wird – von großer Wichtigkeit für die hier vorgestellten Überlegungen sind und die wir zusammen mit dem Romersa-Artikel in der *Defensa* anschließend kommentieren möchten. In dem Bericht heißt es:

»Das Dokument, das wir heute veröffentlichen, erschien in einem sehr berühmten technischen Magazin: Civilta Della Maschina, *die von* Finmeccanica, *einem der leistungsfähigsten Konzerne der italienischen Metallindustrie, verlegt wird. Die Ausgabe [...] erschien sogar mit einer Einleitung von Herrn Ezio Vanoni, Minister in der heutigen italienischen Regierung.*

[...] Schon vor der Niederlage haben die Alliierten ihre Geheimdienste mit der Erforschung der deutschen Atomentwicklung während des Krieges beauftragt. Das ist die Geschichte der Mission ›Alsos‹, die deren Chef, der amerikanische Offizier Goudsmit, in einem Buch erzählt hat.

Diese Untersuchung fand – offiziell – keine Ergebnisse. Auf der einen Seite scheint es, daß Goudsmit, ein Elektronikspezialist, auf dem Gebiet der Atomforschung nicht besonders fähig war. Und die Amerikaner, die das Atommonopol lange halten wollten, hatten auf der anderen Seite keine Gründe, um über die deutschen Atomfortschritte zu berichten. Und schließlich fiel das Forschungszentrum auf der Insel Rügen, von dem Luigi Romersa in seiner Aussage spricht, genau wie der Raketenstützpunkt Peenemünde, in russische Hände. Unter russischer Kontrolle befinden sich ebenfalls der deutsche Atomphysiker Manfred von Ardenne und seine Mitarbeiter.

Alles zeigt, daß die deutschen Forscher auf dem Atomgebiet weit fortgeschrittener waren, als es die westlichen Alliierten glauben oder glauben machen wollen.

Die V2 sollten, nach der ursprünglichen Idee ihrer Erfinder, Atombomben transportieren, wie dies auch General Dornberger in seinem Werk über Peenemünde bestätigt. Der deutsche

Physiker Heisenberg erzählt in seinem Buch ›Die Kernphysik‹, welchen Stand seine Forschungen im Krieg hatte und zeigt, daß die Deutschen im Februar 1945 einen Atomreaktor, der mit 1,5 Tonnen Uranium und 1,5 Tonnen Schwerem Wasser funktionierte, fast vollendet hatten.

Und endlich, der französische Physiker Jaques Bergier, der für die Alliierten die Existenz der V-Waffen entschleierte, bestätigte durch seine Recherchen schon 1945 Wort für Wort Romersas Angaben.

Im Juni 1945, sogar noch vor der Explosion der ersten amerikanischen Atombombe, hörte man von Gefangenen aus Buchenwald das Gerücht, daß die Russen zwei deutsche Atombomben auf einer Ostseeinsel gefunden hatten. Die Verschwörer des 20. Juli 1944 erzählten kurz vor ihrer Hinrichtung den Gefangenen von Mauthausen, daß das Dritte Reich unmittelbar vor dem Besitz von Atombomben stand.

Zudem arbeiteten die nach Buchenwald Deportierten an der Herstellung von Schutzschilden aus Kadmium-Paraffin, ein entscheidendes Teil bei Atomreaktoren.

Herr Bergier entdeckte nach der Niederlage selbst eine Menge angereichertes Uranium 235, den ›Brennstoff‹ der Bombe, in den Werkstätten der deutschen Firma Degussa. Und Degussa war tatsächlich mit einem Teil der Atomarbeiten beschäftigt, wie Heisenberg erzählt …

Eine große Menge von Hinweisen also, die alle das Zeugnis von Romersa unterstützen. Die Techniker hatten wahrscheinlich einige Bomben fertiggestellt, aber es fehlte ihnen noch das entscheidende Teil: ein tragbarer Zünder, der die Bombe so klein läßt, daß man sie in einem Flugzeug transportieren kann. Die Herstellung dieses Zünders ist eine der größten Schwierigkeiten bei der Fabrikation der Bombe. […]

Jaques Caral«

Die Informationen Romersas, liest man sie zum ersten Mal, klingen beinahe unglaubwürdig. Da will ein italienischer Berichterstatter an einem deutschen Atomwaffentest teilgenommen haben, der vom deutschen Heereswaffenamt organisiert worden ist. Und dieser Test habe auf Rügen stattgefunden. Ist das möglich?

Der allgemeine Tenor heutzutage ist, hätte sich ein solcher Test tatsächlich ereignet, dann müßte man ihn heute noch nachweisen können. Das stimmt im Prinzip. Die bisherigen Recherchen ergaben noch nichts Brauchbares. Ein befreundeter Mitrechercheur befragte 1999 eine Reihe von Personen im Umfeld, u. a. Mitarbeiter der Stadtbibliothek von Stralsund, ob es im hiesigen Areal während der Zeit des Zweiten Weltkrieges militärische Sperrgebiete gegeben habe. Das wurde verneint. Ein junger Mann, der dort arbeitete, sagte, daß in diesen Jahren ein Luftwaffenstützpunkt in der Nähe von Dranske existierte, dies sei eine militärische Angelegenheit gewesen, doch von einem Sperrgebiet wüßte er nichts. Dieser Bereich war die Bug.[1]

Die vorhandene Literatur[2] berichtet ebenfalls nichts über Sperrgebiete, die für das von Romersa beschriebene Experiment in Frage kommen würden. Letztlich will das aber nichts heißen, denn unsere Erfahrungen und auch die unserer auf diesem Gebiet tätigen Kollegen und Bekannten zeigen, daß es sehr viel Mühe bedarf, um über solche Vorgänge überhaupt etwas zu erfahren. Man muß zudem berücksichtigen, daß Tests und Explosionen im Ostseeraum während der Zeit des Zweiten Weltkrieges durchaus nichts Ungewöhnliches waren und daß die von Romersa beobachtete Detonation einen begrenzten Vernichtungsradius hatte, der *weit* unter dem lag, was beispielsweise von der Hiroshima-Bombe her bekannt ist. Eine solche Waffe hätte man niemals auf deutschem Boden testen können, denn die dadurch entstehenden Schäden wären nicht unbemerkt geblieben. Demzufolge muß davon ausgegangen werden, daß ein Verfahren entwickelt werden konnte, mit dem die Erprobung kleinerer Systeme, sehr wahrscheinlich mit Massen im unterkritischen Bereich, möglich war.

Wir persönlich sind zudem fest davon überzeugt, daß Romersa eine falsche Ortsangabe erhalten hat. Rügen ist als Erprobungsort unwahrscheinlich, doch könnte auch der Bereich östlich und westlich dieser Insel in Frage gekommen sein. Derlei Methoden gehörten durchaus zur gängigen Praxis der für die Sicherheit bestimmter Projekte Zuständigen. Selbst manche Geheimnisträger, die an der Realisierung solcher Projekte beteiligt waren, wußten oft nicht, *wo* diese genau realisiert wurden. Sie wurden meist an vereinbarten Treffpunkten abgeholt und dann zu den Standorten transportiert – häufig in speziellen Wagen (sogenannten »Kinowagen«), die nur dem Fahrer einen Blick auf die Straße gestatteten, während die anderen Insassen nichts sahen. Im Fall von Romersa, der immer wieder beteuerte, er sage die Wahrheit, ist es sehr wahrscheinlich, daß man ihm einfach einen falschen Aufenthaltsort nannte, damit das, was er miterleben sollte, später örtlich nicht auszumachen war. Da

Romersa Italiener war und sich demzufolge mit den deutschen geographischen Gegebenheiten nicht so gut auskannte, konnte dieses Ablenkungsmanöver relativ leicht gelingen.

Bemerkenswert ist aber, daß der Romersa-Bericht mit dem bereits vorgestellten Zinsser-Dokument korreliert. Hatte Zinsser nicht als POW (Prisoner of War = Kriegsgefangener) seinen amerikanischen Verhörbeamten berichtet, daß er Anfang Oktober 1944 »im Norden Deutschlands« an einem Atomtestgelände vorbeigeflogen sei und dabei eine ungewöhnliche Explosion beobachtet habe? Der Zeitraum Oktober 1944 spielt bei vielen Hinweisen dieser Art eine Rolle. Zufall? Wir denken eher nein.

Es bedarf sicherlich noch einiger Mühen, um in diesen Fall des Standortes Klarheit zu bringen. Aber der »Zufall« wird uns auch hier zu Hilfe kommen, denn erwiesenermaßen hat der Ostseeraum in bezug auf die Raketen- und Atomforschung eine nicht zu unterschätzende Rolle gespielt, wie die Beispiele der Forschungseinrichtungen Peenemünde und Bornholm zeigen. Romersa erzählt, daß die Häftlinge von Buchenwald ebenfalls gerüchteweise erfuhren, auf einer Ostseeinsel seien Atombomben durch die Russen gefunden worden. Auf welcher Insel? Bornholm, Rügen oder ...? Es ist eine spannende Aufgabe, das zu recherchieren.

Beim Studium des Romersa-Artikels ist einigen Lesern möglicherweise ein eiskalter Schauer über den Rücken gelaufen, zumal wenn sie im Norden Deutschlands leben. Ein Atomwaffentest impliziert natürlich die Option einer Verstrahlung ...

Wir müssen an dieser Stelle ausdrücklich betonen, daß wir keinerlei Hinweise auf irgendwelche verstrahlten Gebiete in dem von Romersa behaupteten Areal haben. Es ist auch nicht sicher, ob – selbst im Falle einer tatsächlich stattgefundenen Explosion – Radioaktivität in großer Menge frei wurde und wie lange diese anhielt. Es ist eine Tatsache, daß es sogenannte »saubere« und »schmutzige« Atomwaffen gibt, die, je nach Aufbau und Betriebsstoff, Gebiete für sehr kurze oder aber auch sehr lange Zeit verseuchen können. Im Regelfall dient der Einsatz jeder Waffe dazu, ein bestimmtes Terrain vom Feind zu befreien oder sein Vordringen zu behindern. Im Normalfall sind Nuklearwaffen so konzipiert, daß nach ihrem Einsatz ein möglichst rasches Betreten des betroffenen Gebietes wieder möglich ist.

Leider sind viele Informationen, vor allem physikalischer Art, zu Atombomben in der Öffentlichkeit kaum bekannt, so daß zahlreiche falsche Vorstellungen im Umlauf sind. Die Waffen beziehen ihre gewaltige Energie aus der Spaltung von Uran oder Plutonium, bei Wasserstoffbomben noch zusätzlich aus der Kernfusion von Wasserstoff. Die Energieausbeute verteilt sich in der Regel zur Hälfte auf die Druckwelle, zu 30 % auf Hitzestrahlung, zu 5 % auf Sofortkernstrahlung und 10 % Rückstandsstrahlung. Vor der Druckwelle, der Hitzestrahlung und der Sofortkernstrahlung kann man sich bei Kenntnis der Wirkungen schützen, indem man einige Kilometer von der Explosionsstelle entfernt ist oder stabile unterirdische Räumlichkeiten in Form von Bunkern, geeigneten Kellern, U-Bahnschächten oder auch Höhlen aufsucht.

»Was den Menschen am meisten Angst macht, ist hier die radioaktive Strahlung, die nach dem Abwurf verbleibt. Beim radioaktiven Niederschlag ist es zuerst wichtig, in welcher Höhe die Atomwaffe gezündet wurde. Wurde sie in der Luft gezündet, so werden die radioaktiven Bestandteile der Bombe in große Höhen befördert, in der sie keine unmittelbare Gefahr für die Erdbewohner darstellen – ein radioaktiver Fallout bleibt aus. Wenn jedoch die Kernwaffe in Bodennähe oder auf der Erdoberfläche gezündet wurde, lagern sich die radioaktiven Bombenbestandteile an den hochgeschleuderten Staub an und rieseln wieder zu Boden – es kommt zu strahlendem Fallout. Von der Strahlung her interessant sind also nur Explosionen in Erdnähe, da nur dann radioaktiver Ausfall entsteht.

Die meisten Menschen denken nun, daß die Strahlung permanent sei und die betroffene Region für lange Zeit unbewohnbar machen würde. Dies ist jedoch nicht der Fall, da es sich beim Fallout zum größten Teil um kurzlebige Isotope handelt, die schnell zerfallen. Die Strahlung ist dabei nach der Kernwaffenzündung sehr hoch und klingt danach schnell ab. Bereits sieben Stunden nach einem Atombombeneinsatz in Bodennähe ist schon 90% der Radioaktivität wieder verschwunden. Nach 48 Stunden ist nur noch 1% der Strahlung meßbar, welche eine Stunde nach der Explosion erfaßbar war, und nach zwei Wochen gibt es nur noch eine Reststrahlung von weniger als 0,1%.

Dies bedeutet, daß das Gelände schon nach wenigen Tagen betreten und nach einigen Monaten sogar wieder normal genutzt werden kann. Völlig grundlos ist auch die Annahme, daß nach einem Atomgefecht das Wasser radioaktiv verseucht und deshalb kein Überleben möglich sei. Einmal zerfallen die radioaktiven Isotope, wie gezeigt wurde, sehr schnell, zum zweiten besteht der radioaktive Fallout aus wasserunlöslichem Staub,

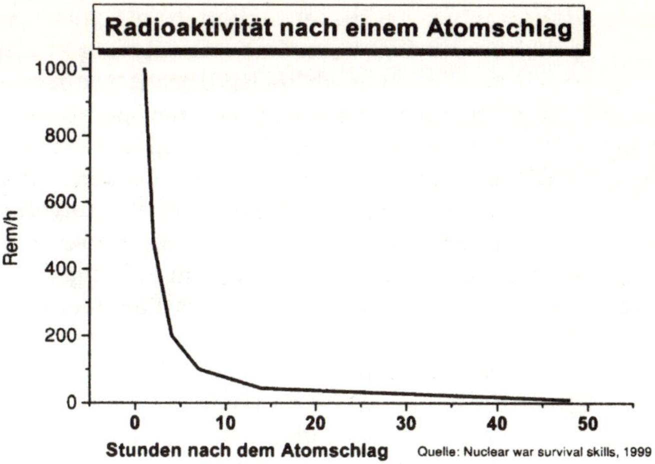

Rückgang der Strahlung nach einem Atomwaffeneinsatz.*[3] *(Abdruck mit freundlicher Genehmigung des Kopp-Verlages.)

der sich an der Erdoberfläche ablagert und nicht in das Grundwasser eindringt. Sogar oberflächennahes und nicht durch Tonschichten abgeschirmtes Wasser ist damit nicht von Radioaktivität bedroht.«[4]

Berücksichtigen Sie bitte letztlich auch, daß die beiden japanischen Städte Hiroshima und Nagasaki, die ja durch den Abwurf von Atombomben zerstört wurden, danach wieder aufgebaut wurden und heute von vielen Menschen bewohnt werden. So etwas wäre absolut unmöglich gewesen, wenn die Strahlung in einer über den Grenzwerten liegenden Dimension angehalten hätte. Freilich wurden die beiden Bomben in der Luft gezündet; wir wissen leider nicht, ob dies bei dem von Romersa beobachteten Test auch so war oder ob die eigentliche Explosion auf dem Boden oder – was bei einer Insel vorstellbar wäre – auf dem Wasser in der Nähe des Landes geschah.

Weitere von Romersa erwähnte Punkte betreffen weitreichende V-Waffen, die Häftlinge von Buchenwald und das Wissen des deutschen Widerstandes um die »Bombe«.

Buchenwald liegt auf dem Ettersberg bei Weimar in Thüringen. Häftlinge dieses berüchtigten Konzentrationslagers waren zu geheimen Arbeiten im Bereich Jonastal – Truppenübungsplatz Ohrdruf eingeteilt, von denen es heißt, daß sie mit V-Waffen und der deutschen Atombombe zu tun hatten. Der Blutzoll war hoch: Viele starben bei diesen Arbeiten, die zum Großteil untertage realisiert wurden. Romersas Behauptung klingt also durchaus logisch, ist aber zugleich höchst brisant, wenn er meint, daß die Häftlinge in Buchenwald u. a. mit der Herstellung von Kadmium-Paraffin-Schutzschilden beschäftigt waren. Das Ganze aber macht Sinn, wie sich, wenn wir auf das Jonastalgebiet zu sprechen kommen werden, noch eindrucksvoll zeigen wird.

Eine Bestätigung für Romersas Behauptung in bezug auf die Häftlinge von Buchenwald ist allerdings im zugänglichen Aktenbestand des ehemaligen KZs und der heutigen Gedenkstätte nicht zu finden. Große Teile der Unterlagen sind bereits vor Jahren in das Archiv des Internationalen Roten Kreuzes nach Arolsen ausgelagert worden, wo sie für den nicht in staatlichen Diensten stehenden Forscher unzugänglich sind. Wir können uns denken, warum. In den USA und Großbritannien ist man wenigstens noch so kooperativ, Dokumente, die die jeweilige nationale Sicherheit (ein dehnbarer Begriff!) gefährden, zu klassifizieren. In der Bundesrepublik Deutschland aber findet man bestimmte Dinge erst gar nicht, weil diese nicht an dem Ort vorliegen, wo sie hingehören. Auch so läßt sich Geheimhaltung praktizieren.

Starker Tobak ist auch die Behauptung Romersas, der deutsche Widerstand um Oberst Claus Schenk Graf von Stauffenberg (1907–1944) habe etwas von der Bombe gewußt. Doch auch dafür gibt es Hinweise, daß die von Hitler als »Verschwörer« vom 20. Juli 1944 bezeichneten Attentäter tatsächlich in gewisse Dinge involviert waren. Wir möchten hier nur soviel sagen, daß sich Oberst Stauffenberg mehrfach auf der Wachsenburg aufhielt, die in unmittelbarer Nähe des Truppenübungsplatzes Ohrdruf liegt. Der Grund dieses Sachverhalts wird noch zu erörtern sein.

Was nun die von Romersa im Zusammenhang mit seinem Besuch bei Propagandaminister Goebbels in Erfahrung gebrachten Informationen über die deutschen Raketenwaffen angeht, so tut sich hier ein weites Feld auf. Für jedermann nachvollziehbar existiert heute eine Vielzahl von geschichtlichen Darstellungen zur Entwicklung der deutschen Raketen, die mit den beiden Standorten Peenemünde und der unterirdischen Produktionsstätte »Mittelbau Dora« bei Nordhausen in Verbindung stehen. Hat man der Öffentlichkeit wirklich alles über diese beiden Zentren der deutschen Raketenforschung und -produktion erzählt? Oder wurden bestimmte Dinge verschwiegen?

Angesichts der alliierten Presseberichte, die zwischen 1944 und 1946 erschienen, ist man geneigt, die letzte Frage mit einem »Ja« zu beantworten. Für manchen mag es trotzdem unglaublich erscheinen, daß man die bekannten Leistungsdaten der A4 (V2) oder einer in Entwicklung befindlichen größeren Fernrakete (V3) letztlich so weit steigern konnte, daß mit ihr Moskau oder New York hätten beschossen werden können. Nach wie vor wird behauptet, die V2 habe höchstens eine Reichweite von mehreren hundert Kilometern erzielt, während die V3 (A9/A10) ein Papierprojekt geblieben sei. Freilich kann man angesichts solcher offiziöser Darstellungen weiterhin sein vertrautes Weltbild pflegen und die anderen Behauptungen der Goebbelschen Propaganda unterschieben.

In einem Buch des deutschen »Raketengenerals« Walter Dornberger erfährt man wenigstens noch, daß die A9/A10 als Windkanalmodell fertig war. Diese Interkontinentalrakete war 26 m lang, hatte 100 t Gewicht und wies einen Startschub von 200 Mp auf. Mit ihr hätte man den amerikanischen Kontinent bequem erreichen können.[5] Allerdings findet sich in der deutschen Ausgabe nichts, was Luigi Romersas Behauptung unterstützen würde, mit der V2 und der V3 habe man Atomsprengköpfe transportieren wollen. Uns verwundert das aber nicht im geringsten, denn General Dornberger scheint gewisse Dinge einfach vergessen zu haben. Schließlich erwähnt er ja auch nirgends General von Chamier-Glisczinski, den er *zwangsläufig* kennen mußte. So erscheint es möglich, daß noch ganz andere Dinge einfach nur dem »Vergessen« anheimfielen ...

Ob die in der Geschichtsliteratur immer wieder genannten Raketen-Entwicklungsstandorte, soweit sie sich auf das eigentliche deutsche Territorium bezogen, wirklich alles waren, was da existierte, wagen wir immer mehr zu bezweifeln.

Nachgewiesenermaßen gab es auch andere Organisationen und Firmen, die sich mit Raketenprojekten befaßten. So existierte beispielsweise ein Großprojekt, das die Bezeichnung V-101 trug. Unter dieser Titulierung hatten im Jahre 1944 Dr. Büdewald und Dr. Teichmann im Zweigwerk Pibrans der Firma Skoda eine große Feststoff-Rakete entwickelt, die bei 30 m Länge, einem Durchmesser von 2,80 m und 140 t Gewicht dreistufig ausgelegt war. Sie stellte also eine entwicklungsfähige Alternative zur A9/A10 dar. Rechnerisch war bei einer Gipfelhöhe von 200 km eine Reichweite von mindestens 1.800 km ermittelt worden. Damit war sie der projektierten Leistung der

A9/A10-Kombination allerdings noch unterlegen.[6] Auch bei der V-101 heißt es, daß der Entwurf dieser Rakete nur in groben Zügen festgestanden habe. Unterlagen seien heute nicht mehr existent – kein Wunder, interessierten sich doch die alliierten Greifertruppen auch für alle Skoda-Waffenprojekte.

Daß weit mehr als das bisher Bekannte in Entwicklung oder gar fertig gewesen sein muß, zeigen immer wieder Hinweise in der Literatur. Meist sind diese Hinweise in allgemeinen Darstellungen zur Kriegsgeschichte verborgen, so daß man sich schon der Mühe eines umfangreichen Literaturstudiums unterziehen muß, um etwas herauszufinden.

In einem seiner zahlreichen Bücher[7] berichtet der durch ein Kommandounternehmen, das der Befreiung des italienischen Duce diente, bekanntgewordene Otto Skorzeny auch über die deutschen V-Waffen. Das diesbezügliche Kapitel überschreibt er mit »Warum Hitler keine Atombomben bauen ließ – Die Vergeltungswaffen«. Man findet darin nichts substantiell Neues; Skorzeny unterstützt sogar noch die Behauptung, Hitler habe die »Bombe« nicht besessen, mit dem – in unseren Augen scheinheiligen – Hinweis:

»Wahrscheinlich wird es einem künftigen Historiker erstaunlich erscheinen, daß Deutschland nicht die Atombombe gebaut hat, obwohl es seit 1938 theoretisch und praktisch die Möglichkeit dazu besaß.«

Genau, Herr Skorzeny, diese Merkwürdigkeit ist auch schon vielen Historikern aufgefallen, aber die meisten haben versucht, nicht weiter darüber nachzudenken und sich statt dessen naheliegenderen Dingen zuzuwenden.

Nur wenige Seiten weiter folgt dann wie aus heiterem Himmel der Hinweis:

»Im Programm der V-Waffen stand auch der Bau einer Rakete, die in der Lage gewesen wäre, New York oder Moskau zu bombardieren. ***Ende März 1945 war diese Rakete praktisch fertig und hätte ab Juni serienmäßig hergestellt werden können****.«* [Hervorhebung durch die Autoren]

Entspricht diese Aussage nicht auch dem, was Goebbels zu Romersa sagte, nämlich, daß man die neuen Waffen bald zum Einsatz bringen würde?

Warum Skorzeny diesen Sachverhalt überhaupt erwähnt, ist uns schleierhaft. Denn mit dieser Mitteilung mußte er doch seine Behauptung, Hitler habe die »Bombe« nicht gebaut, selbst ad absurdum führen. Denn was hätte man mit einer teuren

Rakete auf New York schießen sollen, wenn nicht eine ultimative Waffe, die die Amerikaner entsprechend beeindruckt hätte?!

Die bisherige Auffassung, wonach die Fernrakete V3 nur ein Papierprojekt gewesen sein soll, ist jedenfalls nicht mehr aufrechtzuerhalten. General Dornberger weiß von einem Windkanalmodell, SS-Skorzeny geht noch einen Schritt weiter und behauptet, sie sei praktisch fertig gewesen und die Serienproduktion habe kurz bevorgestanden. Und diese Aussage wird durch das, was Briten und Amerikaner in den geheimen Entwicklungs- und Produktionsstandorten der Deutschen fanden und worüber es entsprechende Presseberichte gab, eindringlich bestätigt.

Uns erscheint trotzdem auch bei der alliierten Presseberichterstattung einiges unlogisch. Es gab Berichte, in denen behauptet wurde, daß eine V2 über eine Reichweite von 3.000 Meilen geschossen werden könne. Das kann so aber nicht stimmen, es sei denn, man hätte an einem bisher unbekannten Ort eine Super-V2 entwickelt. Die klassische Aggregat 4 (A4 bzw. V2) erreichte im Normalfall eine Flugweite von 300 bis 320 km bei einer Gipfelhöhe von 85 km. Vertikal stieg sie bis zu maximal 206 km auf.

Anhand der bekannten Leistungsdaten ist ersichtlich, daß der Begriff »V2« und die 3.000 Meilen Reichweite im Widerspruch zueinander stehen. Also mußten die amerikanischen und britischen Militärs etwas anderes gemeint haben. Das A9/A10-Projekt wäre zum atlantischen Sprung in der Lage gewesen, war aber entwicklungstechnisch komplizierter. Es bleiben also nur zwei Möglichkeiten: Entweder hat es wirklich ein streng geheimes Projekt mit einer bemannten A9/A10 gegeben. Oder aber es existierte noch ein geheimgehaltener Zwitter zwischen der A4- und der A9/A10-Rakete.

Bei Windkanalversuchen hatte man herausgefunden, daß die V2 durch Anbringen von Flügeln in die Lage versetzt werden könnte, bis zu 600 km weit zu fliegen. Diese geflügelte A4 wurde ursprünglich als A9 bezeichnet, dann als A4b. Diese A4b war, folgt man den bekannten Darstellungen in den Werken der Raketentechnik[8], ebenfalls als unbemannter Flugkörper vorgesehen. Später benutzte man den Begriff der A9 erneut, diesmal für eine bemannte Variante der A4b mit Cockpit, die in 17 Minuten 600 km zurücklegen sollte. Aber die amerikanischen Zeitungen, ja sogar das *Office of War Information*, sprachen von 3.000 Meilen. Hatte das amerikanische Militär jeglichen Überblick verloren oder basierten die Angaben auf Informationen, die bis heute geheim blieben?

Die Verwirrung scheint total. Es muß aber irgendeine Entwicklung geben, die alle Behauptungen abdeckt. Und diese gibt es auch. Es existierten nämlich *Doppelverwendungen* von Projektbezeichnungen, wie Erich Bergaust in seinem Buch über den Raketenexperten Wernher von Braun[9] wissen läßt. Er behauptet zwar, daß es sich bei der nun folgenden Aufzählung von Projekten nur um ein Arbeitsprogramm handelte, das gegen Kriegsende entstand, wir denken jedoch, daß es hierbei um ein Konzept ging, das – zumindest in bezug auf die Punkte 2 bis 5 – bereits viel früher verfolgt wurde:

1. Automatische einstufige Langstreckenraketen (A4 = V2);
2. Automatische Fernlenkgeschosse (A9);
3. Bemannte Fernlenkgeschosse (A9B);
4. Automatische zweistufige Langstreckenraketen (A9/A10);
5. Bemannte zweistufige Überschallraketenflugzeuge (A9/A10);
6. Unbemannte Satelliten;
7. Bemannte Raumfähren zu Satelliten;
8. Bemannte Satelliten;
9. Automatische Raumfahrzeuge;
10. Bemannte Raumfahrzeuge.

Also kann das, was wir unter dem Begriff V3 verstehen, bei genauer Definition und unter Berücksichtigung einer bemannten Ausführung entweder nur Punkt 3 oder Punkt 5 gewesen sein. Wir denken, daß diese bemannten Projekte einen genauso hohen Geheimhaltungsstatus hatten wie das Projekt der deutschen Atombombe. Demzufolge hat es sicherlich in den bekannten Entwicklungsstandorten gemeinsame grundlegende Arbeiten gegeben, die bemannten Projekte bzw. die, welche die Atombombe tragen sollten, wurden jedoch später ausgegliedert und unter höheren Sicherheitsklassifizierungen an anderen Standorten, sehr wahrscheinlich unterirdisch, (modifiziert) fortgeführt.

Tatsächlich ist es so, daß es eine frühe und eine späte Version des Projektes A9/A10 gegeben hat. Die erste Version der Langstreckenrakete wurde – nach der Zweitstufe – A9 genannt, während die spätere – nach der Erststufe – als A10 bezeichnet wurde. Es gab für beide Projekte jeweils bemannte und unbemannte Versionen. Zum besseren Verständnis haben wir die Leistungsdaten einmal gegenübergestellt:

A9 – unbemannte Version[10]

Bauweise:	Stahl, innen Fieberglasisolation
Beplankung:	genietete Stahlplatten
Leitwerksgruppe:	bewegliche Flossen, elektrisch gesteuert
Antrieb:	Ein EMW mit ca. 25.000 kp Schub
Treibstoff:	»Visol« (Vinyl-Äther) und »Salbei« (98%ige Salpetersäure)
Druckanlage:	T-Stoff (186 kg) und Z-Stoff für den Antrieb einer Turbopumpe von 730 PS
Ausrüstung:	Kurskreiselanlage, integrierter Geschwindigkeitsmesser, Funkkontrollanlage
Sprengladung:	1.000 kg Amatol 60/40
Länge:	14 m
Spannweite:	3,5 m
Durchmesser:	max. 1,7 m
Startgewicht:	13.000 kg
Vmax:	2.800 km/h
Gipfelhöhe:	160 km
Reichweite:	5.000 km

A9 – bemannte Version (auch als A9B bezeichnet)[11]

Bauweise:	Stahl
Beplankung:	genietete Stahlplatten
Leitwerksgruppe:	bewegliche Flossen, elektro-hydraulisch gesteuert
Antrieb:	Ein EMW mit ca. 25.400 kp Schub
Treibstoff:	»Visol« (Vinyl-Äther) und »Salbei« (98%ige Salpetersäure)
Druckanlage:	T-Stoff (186 kg) und Z-Stoff für den Antrieb einer Turbopumpe von 730 PS
Ausrüstung:	Kartographisches Radar, Kurskreiselanlage, Schleudersitz, Sauerstoffanlage, Druckkabine
Sprengladung:	1.000 kg Amatol 60/40
Länge:	14,2 m
Spannweite:	3,5 m
Durchmesser:	max. 1,7 m
Startgewicht:	16.260 kg
Vmax:	2.800 km/h
Gipfelhöhe:	160 km
Reichweite:	5.000 km

A10 – 1. (Träger-)Stufe für A9 und A9B (erste Version)[12]

Bauweise:	Stahl
Beplankung:	genietete Stahlplatten
Leitwerksgruppe:	mit eingebautem Stoßdämpfer und starren Oberflächen
Antrieb:	Sechs EMW mit 27.400 kg Schub in eine einfache

	Venturi-Düse geleitet, um mit Hilfe eines automatischen, an eine Kurskreiselanlage angeschlossenen Schubreglersystems bei niedriger Geschwindigkeit differenziert zu steuern
Verbrauch:	1.237 kg/s
Treibstoff:	A-Stoff und M-Stoff im Gesamtgewicht von 61.490 kg
Druckanlage:	T-Stoff und Z-Stoff im Gesamtgewicht von 1.032 kg, gefördert von sechs Turbopumpen mit 730 PS
Ausrüstung:	Kartographisches Radar, Kurskreiselanlage, Schleudersitz, Sauerstoffanlage, Druckkabine
Sprengladung:	1.000 kg Amatol 60/40
Länge:	25,8 m
Spannweite:	9 m
Durchmesser:	max. 4,3 m
Startgewicht:	99.960 kg (mit A9)
Vmax:	1.200 km/h
Gipfelhöhe:	24 km

Gewiß, die Vielfalt der Daten ist verwirrend. Es muß aber eine Erklärung für die Behauptung geben, daß die Entwicklungsarbeiten an der V3 beinahe abgeschlossen waren und daß man ab Juni 1945 die Serienproduktion beginnen wollte. Die beiden eben aufgeführten Projekte (A9/A10 = A9; A9B/A10 = A10) könnten sich ebenso hinter dem Begriff »V3« verbergen wie ein bisher völlig unbekanntes System, das kleinere Abmessungen, aber gesteigerte Leistungsdaten umfaßte oder sogar dreistufig war. Wie auch immer: Es muß nach einer Rakete gefahndet werden, die von den Abmessungen her größer als die V2 war.

Das Autorengespann Mirando/Mercado hat in seiner Veröffentlichung[13] darauf hingewiesen, daß die unbemannte A9 bereits Probeflüge absolviert habe. Werner Buedeler schreibt hingegen, die A9 sei in einigen Exemplaren gebaut worden, allerdings sei nur die A4b (die A4 mit Flügeln) probegeflogen.[14] Die Tests seien aber nicht sonderlich erfolgreich gewesen.

Wir werden den Verdacht nicht los, daß hier nicht nur ein einziges Bezeichnungswirrwarr herrscht, sondern daß auch jeder Experte etwas anderes zu berichten weiß.

Henry Picker, den wir bereits erwähnten, äußert folgendes:

»Über 2.000 Wissenschaftler und Ingenieure ließ Hitler für die Entwicklung der Flugkörper-Feststoffrakete V1 und die der Flüssigstoffraketen V2 (= A4) und A9 vom Wehrdienst freistel-

Die Rakete Aggregat-4 (alias V2) auf dem Starttisch, eine der gefürchteten Geheimwaffen des Dritten Reiches.

X-15-Raketenversuchsflugzeug, das in den sechziger Jahren des 20. Jahrhunderts durch die NASA und die US Air Force erprobt wurde. Beruhte auch diese Entwicklung auf deutschen Grundlagen, speziell einer bemannten Version der A9?

len. Bis Anfang 1945 wollte er auch die – gegen die USA konstruierte – Fernrakete A9 serienmäßig und zielsicher einsatzbereit haben. Er hoffte, mit dieser Interkontinentalrakete die USA ›friedensbereit‹ schießen zu können, zumal wenn er erst den Raketenkopf mit mehreren kleinen Uranium-Bomben hätte bestücken können. Bereits 1943 ließ er an der Nordspitze der ost-kanadischen Halbinsel Labrador durch U 537 eine Wetterstation hierfür errichten.

Ich habe aus militärischen Geheimhaltungsgründen Hitlers Raketen-Ausführungen seinerzeit nicht mitaufgezeichnet. [...]«[15]

Die A9 genannte Fernrakete muß also sehr viel weiter fortgeschritten gewesen sein, als man uns bisher glauben machen will. Wozu hätte man sonst, wie Picker schreibt, schon 1943 (!) eine »Wetterstation« auf Labrador errichten lassen? Und derart seltsame Wetterstationen gab es nicht nur dort, sondern auch in Norwegen und sogar auf Grönland. Die schwedische Tageszeitung *Sydsvenska Dagbladet Snällposten* berichtete am 13. Oktober 1944 auf Seite 9, bezugnehmend auf eine Meldung aus Washington vom Vortag, daß amerikanische Kräfte in der vorhergehenden Woche eine deutsche Wetterstation und eine geheime Radioanlage in Grönland erobert hätten. Drei Offiziere und neun Männer wurden gefangengenommen. Außerdem fiel den Amerikanern eine beträchtliche Menge Material in die Hände.

Doch die Deutschen gaben nicht auf. Am 15. Dezember 1944 veröffentlichte dieselbe schwedische Zeitung eine Meldung der Nachrichtenagentur *Reuters*. Darin hieß es, man habe seitens des US-Militärs in den letzten Wochen *mehrfach* Versuche deutscher Kommandounternehmen abwehren müssen, auf Grönland Stützpunkte zu errichten. Dabei habe es Tote und Verletzte gegeben, Boote wurden versenkt und eine Radiostation zerstört.

Was um alles in der Welt suchten deutsche Truppen in Grönland? Wozu brauchte man dort Außenposten? Vielleicht, um eine Raketenfernleitung zu ermöglichen?

Es ist durchaus denkbar, daß die A9, die in Norwegen untertage produziert wurde, fertig war. Hatte nicht auch der bereits erwähnte Hanns Schwarz behauptet, daß in der »Festung Norwegen« an der Fertigstellung alles entscheidender Waffen gearbeitet wurde? Und mußte man ab einem gewissen Zeitpunkt logischerweise nicht daran gehen, die Anlagen für die Flugleitung und -verfolgung zu installieren, um einen erfolgreichen

Schuß auf Amerika absolvieren zu können? Vieles deutet genau darauf hin, denn schwedische Zeitungen berichteten immer wieder, daß sogenannte »Raketenbomben« bei Überflügen über schwedisches Territorium gesichtet wurden, die die dortige Bevölkerung erschreckten. Die Rede war von schnellen Geräten, die einen deutlich sichtbaren Abgasstrahl hinter sich herzogen, teilweise in großer Höhe flogen und in Richtung Ostsee verschwanden. Meldungen über solche Vorgänge erschienen – meist allerdings in ganz knapper Form – auch in britischen Tagesblättern, wie beispielsweise dem *Daily Telegraph* vom 28. November 1944. Die zuständigen alliierten Militärbehörden, so wurde berichtet, wollten sich zu diesen Beobachtungen allerdings nicht äußern.

Sicherlich ist aber an der A9 nicht nur in Norwegen gearbeitet worden. Wo könnten sich die weiteren Fertigungseinrichtungen, insbesondere im Gebiet des sogenannten »Kernreichs«, befunden haben? In Peenemünde bzw. später bei Nordhausen? Das ist denkbar, doch sicherlich nicht die ganze Wahrheit. Mit hoher Wahrscheinlichkeit hat es weitere, bisher überhaupt nicht erwähnte bzw. aufgearbeitete Areale deutscher Geheimwaffenherstellung gegeben, in denen genau jene Systeme gebaut wurden, die die Briten und Amerikaner so ängstigen sollten.

Zum Schluß dieses Kapitels möchten wir noch einmal auf Peenemünde zurückkommen. Bei einem Besuch vor Ort hatten wir einige dort erhältliche Informationsschriften mitgenommen, die unsere Bibliotheken vervollständigen sollten. Wie es so ist, wurden diese Broschüren erst einmal ungelesen »archiviert«. Erst ein Jahr später fiel uns darin etwas auf, was wir bis heute nicht ganz nachvollziehen können: Für den Betrieb von Peenemünde wurde eigens ein Kraftwerk errichtet, das sämtliche Forschungsanlagen, den Windkanal, die Sauerstoffproduktionsanlage, die Werkstätten und Wohnunterkünfte mit Elektroenergie versorgen sollte. Es wurde in der Zeit von 1939 bis 1942 gebaut und verfügte über zwei Turbogeneratoren mit je zwölf Megawatt Leistung. Um den Dampf für die Generatoren zu erzeugen, wurden vier Wanderrostkessel eingesetzt, von denen *jeder* 64 t Steinkohle pro Stunde verbrennen konnte. Dieses Leistungsmaximum wurde freilich nie komplett über einen längeren Zeitraum genutzt, der durschnittliche Verbrauch an Steinkohle soll bei rund 150.000 t pro Jahr gelegen haben (soweit das nachweisbar ist).[16]

Uns verwundert die Dimensionierung, und zwar, weil uns

das Kraftwerk *mindestens* eine Nummer zu groß erscheint. Oder wurde Energie für Anlagen benötigt, die nicht offensichtlich waren und die heute noch unerkannt im Boden stecken? Verbergen sie auch das Geheimnis der von uns gesuchten Fernrakete?

Interessant ist auch ein anderer Gedanke: Im Zusammenhang mit der deutschen Atomforschung wird immer behauptet, daß die einzige Anlage, die Schweres Wasser, das bekanntlich für die »Bombe« benötigt wurde, in ausreichender Menge produzieren konnte, Norsk Hydro in Norwegen gewesen sei. Angeblich sei die für eine ständig laufende Elektrolyse notwendige Energie nur dort in ausreichendem Umfang vorhanden gewesen.

Die Angaben, wieviel Energie für einen solchen Elektrolyseprozeß benötigt wird, schwanken etwas. In einem verständlichen Äquivalent ausgedrückt, müßten pro Stunde mindestens 50 bis 80 Tonnen Kohle bereitgestellt und verbrannt werden, um einen solchen Umwandlungsprozeß in Gang zu halten.

Sehen wir uns das Kraftwerk von Peenemünde an, so hätte man theoretisch diesen Elektrolyseprozeß dort über längere Zeit ablaufen lassen können, und das *parallel* zur Erzeugung von Strom für die anderen Versuchsanlagen und Gebäude. Wir halten es für ausgemachten Blödsinn, allein Norsk Hydro als den Produktionsort Schweren Wassers anzusehen, zumal dieser – wie sich schnell zeigte – Ziel allierter Sabotageakte werden sollte. Und hatte nicht auch Romersa bei seinem Gespräch mit Goebbels erfahren, daß es Schwerwasser*anlagen* (Mehrzahl!) gebe? So oder so gesehen, es bleiben auch hier viele Fragen unbeantwortet im Raum stehen.

KAPITEL 7

WEITERE BAUSTEINE

Beschäftigt man sich mit nicht alltäglichen Dingen und führt entsprechende Recherchen durch, bleibt nicht aus, daß man im Laufe der Zeit mit einer Vielzahl von Personen in Kontakt kommt, die ähnliche Interessen haben. Manche reagieren wohlwollend und bieten eine Zusammenarbeit an, andere achten auf Distanz. Während man bei beiden Parteien recht klare Fronten ausmachen kann, ist das in anderen Fällen keineswegs so einfach.

Wir haben im Laufe unserer Nachforschungen auch immer wieder Informationen auf anonymem Wege bekommen, von denen sich einige als Tatsachen herausstellten, andere nicht. In manchen Fällen war auch keine Zuordnung der Informationen möglich, so daß wir diese erst einmal beiseite legten und nun darauf hoffen, daß durch möglicherweise eintreffende zukünftige Ereignisse eine wie auch immer geartete Zuordnung möglich sein wird.

Verwundert waren wir jedoch über einen Bericht zur deutschen Atombombe, der uns 1999 gleich aus drei verschiedenen Quellen zuging, die jedoch allesamt seinen eigentlichen Ursprung nicht ausmachen konnten. Auch unsere diesbezüglichen Nachforschungen haben bis heute nichts dazu erbracht. Wir würden diesen Bericht nicht einmal erwähnen, wenn er nicht – beinahe lückenlos – an den im vorigen Kapitel vorgestellten Romersa-Beitrag und auch an die Schrift Prof. Lachners anschließen würde. Durch diesen Umstand erhält er ein gewisses Gewicht, und wir möchten ihn trotz aller fehlgeschlagenen Versuche, die ursprüngliche Quelle zu finden, hier mit entsprechenden Kommentaren in Auszügen vorstellen.

Dabei möchten wir hinzufügen, daß wir aufgrund einer Textanalyse herausfinden konnte, daß dieser Bericht sich sowohl auf den Romersa-*Defensa*-Beitrag stützt, als auch auf ein beinahe sensationell zu nennendes Buch, das 1955 in Frankreich erschien. Es trägt den Titel »J'ai peur«[1] (Ich habe Angst) und stammt von einem – und nun wird es hochinteressant – Erwin K. Oppenheimer.

Das Buch, so ergaben unsere Recherchen, war seinerzeit nur kurz auf dem französischen Markt erhältlich. Der Mann, der es schrieb, bezeichnet sich als im Ursprung deutschen Wissenschaftler, der von 1936 bis zum Kriegsende für Hitler in der Atomforschung und beim V2-Raketenprojekt tätig war. Als er das Buch verfaßt, lebt und arbeitet er längst in den USA für die dortige Nuklearforschung.

Die Ausführungen Erwin K. Oppenheimers entwerfen ein Bild, das konträr zur bisher publizierten Geschichte der Atomforschung steht, denn es wird behauptet, daß deutsche Wissenschaftler und Techniker die Atombombe als erste fertiggestellt hätten. Ein besonders großes Verdienst käme dabei auch österreichischen Atomspezialisten zu, von denen heute viele vergessen sind. Aufgrund des Lachner-Berichts wissen wir nun, daß das tatsächlich der Fall ist.

Aber noch etwas ist interessant: Erwin K. Oppenheimer behauptet, die Bomben, die auf Japan fielen, seien deutscher Herkunft gewesen. Unseres Erachtens kann damit eine immer wieder von zahlreichen Autoren kolportierte Geschichte endlich einer Erklärung zugeführt werden. Es heißt in verschiedenen Publikationen, der amerikanische Wissenschaftler Robert Oppenheimer, wissenschaftlicher Leiter des Manhattan Projects, habe nach dem Krieg behauptet, die auf Hiroshima geworfene Bombe sei deutscher Herkunft gewesen. Wir haben nie eine eindeutige Quelle für diese Aussage finden können, auch wenn Robert Oppenheimer aufgrund seiner Weigerung, am Wasserstoffbombenprojekt der USA mitzuarbeiten, und seiner damit erfolgten »Kaltstellung« durch die amerikanischen Sicherheitsbehörden gewisse Rachegefühle hegen mochte.

Nun aber erhält die Sache einen Sinn: Nicht Robert Oppenheimer behauptete, die auf Japan abgeworfenen Bomben seien deutscher Herkunft gewesen, sondern das tat Erwin K. Oppenheimer! Ob es sich bei ihm um einen tatsächlich existierenden und mit der deutschen Atomtechnologie in irgendeiner Weise verbundenen Wissenschaftler handelt, konnten wir nicht eruieren. Möglicherweise handelt es sich auch um ein Pseudonym.

Zurück zu dem von uns erwähnten Bericht. Wir konnten also feststellen, daß es für ihn mindestens zwei Quellen gab. Allerdings mußte noch eine dritte existieren, die wir jedoch nicht dingfest machen konnten.

Um Ihnen einen Eindruck vom Inhalt dieses Artikels zu geben, werden wir ihn nun in Auszügen vorstellen. Kommentare, die aus unserer Sicht notwendig sind, haben wir beigefügt. Sie stehen in runden Klammern (...).

Der Artikel beginnt mit der Erzählung, wie Luigi Romersa im Auftrag des italienischen Duce nach Berlin reiste, den Atomtest miterlebte und sich Ende Oktober 1944 mit Goebbels traf.

Dann nimmt das Schreiben Bezug auf jene Wissenschaftler, die die »Bombe« entwickelt haben sollen. Es heißt, daß ein Team unter Professor Gustav Hertz, einem der erfolgreichsten deutschen Physiker, nach gewissen Vorarbeiten in Hamburg in die vorbereiteten unterirdischen Versuchs-Werkstätten nach Innsbruck gegangen sei, um die notwendigen Arbeiten an einer geplanten Nuklearwaffe in aller Abgeschiedenheit zu beginnen, wobei er bereits auf Erkenntnisse anderer, parallel arbeitender Teams zurückgreifen konnte. Hertz sei, so heißt es weiter, Leiter des Forschungslaboratoriums der Siemenswerke gewesen und hatte zuvor, durch seine epochalen Untersuchungen gemeinsam mit J. Franck, den Nobelpreis für Physik erhalten. Im Dritten Reich sei es um Hertz verdächtig still geworden, und erst nachdem er von den Russen verschleppt wurde, um ihnen bei ihrer Atomwaffenforschung »behilflich« zu sein, hörte man wieder von ihm.

(Das ist korrekt. Gustav Hertz war sicherlich einer der fähigsten Köpfe der deutschen Atomforschung überhaupt. Er entwickelte u.a. ein Verfahren zur Gasdiffusion durch poröse Wände und erhielt dafür den Nobelpreis. Merkwürdigerweise schien er allerdings im Dritten Reich keine Rolle zu spielen, worüber sich selbst der Zeitgeschichtler David Irving in seinem Buch[2], wenn auch eher zwischen den Zeilen, wundert. Offiziell hieß es, Hertz sei aufgrund jüdischen Blutes, das in seinen Adern floß, sprich aus rassischen Gründen, aus der NS-Forschung entfernt worden. Doch vielleicht war das nur eine Finte?!)

Hertz habe (nach seinem offiziellen Abgang) 18 Monate lang als Leiter der geheimen Atomforschung in Innsbruck gearbeitet und dabei herausragende Resultate erzielt, die denen anderer auf diesem Gebiet tätiger Gruppen überlegen waren. Es gab eine intensive Zusammenarbeit mit dem Physiklabor von Dr. Georg Stettner in Thumersbach bei Zell am See.

(Ein Dr. Georg Stettner konnte von uns nicht gefunden werden, wohl aber ein Dr. Georg Stetter, der u. a. am Problem schneller Neutronen arbeitete. Stetter gehörte zum Kaiser-Wilhelm-Institut und hatte auch an der streng geheimen Sitzung, in der das Militär über die Möglichkeiten der Herstellung einer Atomwaffe informiert wurde, im Harnack-Haus, Berlin, teilgenommen.[3] Über die Leistungen Dr. Stetters wurde in Deutschland kaum etwas bekannt, was uns angesichts der Tatsache, daß der Mann eine absolute Koryphäe auf seinem Gebiet war, sehr verwundert. Wurde hier bewußt Informationsunterdrückung betrieben?

Die spanische Zeitung *Pueblo* berichtete am 6. August 1965 über ihn und nahm dabei Bezug auf einen Artikel in der Wiener Zeitung *Die Presse*, der bereits im Juli 1963 erschienen war:

»Bei uns wohnt ein Gelehrter, der mit seinem Patent 1939 die ganze Reaktortechnik beeinflußte. Dr. Georg Stetter hat sein Patent beim Reichspatentamt am 14. Juli 1939 unter der Nummer St. 58. 813-VIII c-21g gemeldet. Der erste Abschnitt spricht über eine ›Vorrichtung zur technischen Energieerzeugung‹, die man als geheim einstufte, und danach über ›Reaktionen durch Kernspaltungen im Brennmaterial‹, wofür man Stoffe verwenden müsse, die Neutronen absorbieren und streuen. [...]

Schon 1939, auf dem Truppenübungsplatz von Klosterneuburg, in der Nähe von Wien, wurde auf den Artillerie-Übungsvorrichtungen das erste Kernspaltungsexperiment der Welt gemacht.« [Rückübersetzung aus dem Spanischen, Anm. d. Autoren]

(Man kann also davon ausgehen, daß auch verfahrenstechnische Methoden der Reaktortechnik bereits im deutschsprachigen Raum bekannt waren. Ist der erste funktionierende Reaktor wirklich in den USA entwickelt worden?)

Und nun kommt noch der mysteriöse Erwin K. Oppenheimer ins Spiel. Er habe, so fährt der Bericht fort, in Hamburg gearbeitet – wo ursprünglich auch Gustav Hertz seine Forschungen betrieb –, um dort eine Produktion aufzubauen. Erwin K. Oppenheimer wollte dabei den technischen Prozeß installieren, um Zinkonium als Mantel zum Schutz der Bombenanordnung der deutschen Nuklearwaffe herzustellen. In einem Bericht, der von ihm erstellt wurde und an die deutsche Führung gegangen sein soll, heißt es, daß diese Zinkonium-Ummantelung die vier unterkritischen Ladungen der Atombombe wirksam voneinander trenne.

(Zinkonium existiert nicht. Es muß sich hierbei um einen Schreibfehler handeln. Das chemische Element, das hier gemeint ist, ist Zirkonium, auch Zirconium bzw. Zirkon geschrieben. Es handelt sich hierbei um ein in der Atomindustrie verwendetes Element, das übrigens bis in die 1950er Jahre hinein *nur in Deutschland* hergestellt werden konnte, wie ein mysteriöser Unfall enthüllen sollte, der auf der übernächsten Seite dargestellt wird. Es ist bekannt, daß Zirkonium weitaus besser als Schweres Wasser oder Graphit die Kettenreaktion in Atomreaktoren hemmt. Es muß daher davon ausgegangen werden, daß die deutsche Forschung sehr viel effektiver arbeitete, als das die Amerikaner jemals für möglich hielten.)

Der Bericht fährt fort – und die nun folgenden Angaben stammen allesamt aus dem Buch »J'ai peur«, was sich aufgrund der Sisyphusarbeit eines spanischen Forschers eindeutig dokumentieren läßt –, daß Ende November 1944 sowohl aus Innsbruck als auch aus Hamburg die Meldung gekommen sei, daß die Bombe soweit fertig sei und nur noch zusammengesetzt werden müsse.

Robert Oppenheimer arbeitete in derselben Zeit in den USA mit einem Kadmiummantel, der jedoch weniger effizient war. Laut Erwin K. Oppenheimer (»J'ai peur«, S. 79) verhielt er sich dabei wie jemand, der eine nicht explodierende Bombe herzustellen gedachte. Diese Aussage soll von Wendell Radics stammen, einem der engeren Mitarbeiter Robert Oppenheimers. Radics behauptet weiter, daß Oppenheimer nie zugeben wollte, daß andere Wissenschaftler das Problem vielleicht viel eher als er lösen konnten. Er klammerte sich an sein primitives Projekt und weigerte sich nach dem Kriegsende auf dem europäischen Schauplatz eine Zeitlang, das nun vorliegende deutsche Verfahren zu nutzen. Radic sagte auch, daß man aufgrund der Waffen, die Hiroshima und Nagasaki ausgelöscht hätten, die Amerikaner für die neuen Götter halte. In Wirklichkeit besäßen sie dieses Geheimnis jedoch gar nicht und würden sich sogar weigern, es zu übernehmen. Die ersten wirklichen amerikanischen Atombomben seien erst im Mai 1948 auf dem Eniwetok-Atoll zum Einsatz gekommen, wobei die Wirkung dieser Waffen kläglich war. Die am 30. Juni 1946 auf dem Bikini-Atoll gezündete »Bombe« beschädigte in 700 m vom Explosionszentrum ankernde Schiffe der Marine z. B. nur leicht. Edward Teller, eine der Koryphäen der amerikanischen Atomforschung, soll daraufhin gesagt haben: »It's a girl!« (»Sie ist ein Mädchen!« – als Anspielung auf die Hiroshima vernichtende Uran-Bombe »Little Boy«).

Weiterhin wird berichtet, daß die Alliierten aufgrund gewisser Informationen vermuteten, daß es in Innsbruck eine geheime Atomforschung gebe. Daraufhin wurde die Stadt zweimal schwer bombardiert, was angesichts ihrer eigentlichen Bedeutung und Größe überhaupt keinen Sinn ergab. Bei diesen sinn-

Der Frachter „Flying Enterprise“ kurz vor seinem Untergang am 10. Januar 1952. Bis zum letzten Moment hatte Kapitän Carlsen sein vom Sturm schwer angeschlagenes Schiff nicht aufgeben wollen. Der Versuch, den havarierten Frachter in den rettenden Hafen von Falmouth zu schleppen, schlug fehl. Foto: dpa

Deutsches Zirkonium war für erstes Atom-U-Boot der Welt bestimmt

Taucher bargen geheime Fracht des See-Helden Kapitän Carlsen

Von JOSEF LUCKE

H a m b u r g (dpa) - Tagelang hielt der Todeskampf des amerikanischen Frachters „Flying Enterprise“ und das Schicksal des einsamen Kapitäns an Bord des Havaristen die Welt in Atem.

Gebannt blickten die Men-

keiten von 175 Stundenkilometern peitschen die See zu meterhohen Wellen. Am ersten Weihnachtstag erschüttert ein schwerer Schlag den Frachter. Das Schiff zeigt Risse und droht auseinanderzubrechen. Mit 30 Grad Schlagseite treibt die „Flying Enterprise“ in der tobenden See. Carlsen lehnt dennoch die Hilfe des französischen Hochseeschleppers „Abeille 25“ ab.

stellen. Mit dem Wrack auf dem Haken macht die „Turmoil“ drei Meilen Fahrt in der Stunde zum nächsten Hafen Falmouth am südlichsten Zipfel der britischen Insel. Die „Abeille 25“ und der US-Zerstörer „Williard Keith“ begleiten den Schleppzug.

Keine 80 Seemeilen - etwa 150 Kilometer - vom rettenden Hafen entfernt, bricht die Schlepptrosse. Der Frachter

bei die Bergung von sechs kleinen Stahlkisten, die unter strengster Geheimhaltung nach New York gebracht werden. Sie enthielten reines Zirkonium, ein Metall, das in der Atomindustrie verwendet wird. Die Lieferung war für die amerikanische Atomenergiebehörde bestimmt. Das Geheimnis der sechs Kisten war so sorgfältig gewahrt worden, daß selbst Kapitän Carlsen ihren Inhalt nicht kannte.

Die in Dortmund erscheinenden *Ruhr-Nachrichten* berichteten am 24. Januar 1987 anläßlich des 35. Jahrestages des Untergangs des Schiffes »Flying Enterprise« nochmals ausführlich über die damalige Katastrophe im Atlantik.

Am 10. Januar 1952 war die »Flying Enterprise« vor der britischen Küste im Atlantik versunken. Der Kapitän Kurt Carlsen hatte sein Schiff tagelang zu retten versucht, nachdem es am ersten Weihnachtsfeiertag des Jahres 1951 infolge eines schweren Sturms von einem mächtigen Brecher so getroffen worden war, daß es auseinanderzubrechen drohte und 30 Grad Schlagseite bekam.

Das erste Hilfsangebot seitens eines französischen Hochseeschleppers wurde abgelehnt. Als die Schlagseite im Laufe mehrer Tage weiter zunahm und als endlich vier Rettungsschiffe eintrafen, verließ die Mannschaft das Schiff bis auf den Kapitän.

Die »Flying Enterprise« wurde abgeschleppt, versank aber letztlich doch 150 km vom rettenden Hafen entfernt in den Fluten. Vieles an diesem Unglücksfall blieb rätselhaft und unverständlich.

Der Fall sorgte seinerzeit für großes Aufsehen in den Medien. Für den als Helden gefeierten Carlsen wurde in New York eine Konfettiparade veranstaltet, wie sie bis dahin nur der Atlantikflieger Charles Lindbergh erlebt hatte.

Erst später wurde offensichtlich, warum der Kapitän das erste Hilfsangebot abgelehnt hatte. Die in aller Heimlichkeit begonnenen Bergungsarbeiten erbrachten Hinweise, wonach das Schiff eine geheime, nicht deklarierte Fracht an Bord hatte, die aus sechs kleinen Stahlkisten bestand, die unter strengster Geheimhaltung nach New York gebracht werden sollten. In den Kisten, die für die amerikanische Atomenergiebehörde vorgesehen waren, befand sich reines Zirkonium, wie es in der Atomindustrie verwendet wird.

In den *Ruhr Nachrichten* hieß es dazu:

»Besser als das bis dahin benutzte Schwere Wasser oder Graphit hemmt es die Kettenreaktion in Atommeilern. Die Bundesrepublik war damals das einzige Land, das die technische Ausrüstung besaß, reines Zirkonium herzustellen.

Ein amerikanischer Atomwissenschaftler gab das Geheimnis der Ladung erst vier Jahre nach dem Untergang der ›Flying Enterprise‹ preis. Wie es hieß, war das Metall für den Kernreaktor des ersten atomgetriebenen Unterseebootes, der ›Nautilus‹, bestimmt. Es lief 1954 vom Stapel.«

Wieso gab es eine weltweit einzigartige Zirkonium-Produktion in Deutschland? Woher hatte man die Erfahrungen, das Wissen? Wieso waren die Amerikaner nicht dazu in der Lage, dieses Metall für ihre eigenen Kernreaktoren (und »Bomben«?) herzustellen? Könnten uns vielleicht Prof. Georg Stetter und Erwin K. Oppenheimer die Herkunft der Zirkonium-Produktion erklären? War sie aufgebaut worden, um – wie beide behaupten – die deutsche Atombombe zu schaffen? Weshalb werden diese Zusammenhänge bis heute verschleiert?

losen Angriffen starben über 250 Menschen, mehrere hundert wurden verletzt.

(Es ist bemerkenswert, daß es mindestens eine Parallele dazu gibt: das Bombardement auf Ohrdruf. Auch hier vermuteten die Verantwortlichen der anglo-amerikanischen Luftwaffen einen geheimen Forschungsstandort, den man allerdings nicht finden konnte, weil er sich in geschützten unterirdischen Refugien befand. Der Angriff auf die Stadt, der zahlreiche Todesopfer forderte, war militärisch völlig sinnlos. Wieviele solcher Angriffe gab es noch, die einen ganz anderen Hintergrund hatten als den, den man ganz allgemein vermutete?)

Die Fertigstellung der Bombe verzögerte sich dann doch aufgrund technischer Schwierigkeiten, möglicherweise wegen der Zünder. Hitler erfuhr am 20. April 1945 durch eine Meldung, daß die Waffe nun einsatzbereit sei. Angeblich war das auch der ausschlaggebende Punkt für ihn, in Berlin zu bleiben. Das noch vorhandene Material reichte aus, vier weitere »Bomben« herzustellen. Der Bericht erklärt leider nur sehr unzureichend, warum diese Waffen nicht zum Einsatz gelangten und wie sie in die Hände der Amerikaner fielen. Alles scheint mit dem Chaos gegen Kriegsende und einem gewissen Kompetenzgerangel verbunden gewesen zu sein.

Die Geschichte fährt damit fort – auch nachzulesen in dem Buch »J'ai peur« auf den Seiten 189–192 –, daß ein gewisser Wilhelm Hartmann einen Bericht darüber geschrieben habe, wie der Abtransport der fertigen »Bomben« durch die Amerikaner erfolgt sei. Danach lagerten vier oder fünf Bomben (wovon, und damit wird Prof. Lachner bestätigt, eine den Russen übergeben worden sei) in Innsbruck. Zwei Tage, nachdem sich amerikanische Spezialisten dort eingefunden hatten, waren sämtliche Teile des Laboratoriums demontiert, und mit Nummern versehen, verpackt worden. Auch die Atombomben standen zum Abtransport bereit. Das gesamte Material sei mit Lastwagen nach Genua geschafft worden. Die Laborausrüstung wurde auf zwei Liberty-Frachter verladen, während die »Bomben« sehr wahrscheinlich mit B-29-Flugzeugen in die USA flogen. Jedenfalls sei es, aufgrund des notwendigen Begleitschutzes, die reinste Armada von Flugzeugen und Schiffen gewesen, die in Richtung Atlanta ging.

Das Eintreffen der Beutebomben in Alamorgordo war, so behauptet der Bericht weiter, für den 12. Juli vorgesehen. Nachdem das Material angelangt war, begann eine hektische Betriebsamkeit. Am Morgen des 16. Juli 1945 erhob sich dann der erste Atompilz (auf amerikanischem Boden) in den Himmel ...

Der Bericht behauptet auch, daß die Deutschen nicht nur in bezug auf die »Bombe« den Amerikanern um einiges voraus gewesen seien. Dasselbe gelte für die Technologie der Atomreaktoren. Bekannterweise behauptet die klassische Geschichtswissenschaft, daß erst das berühmte Experiment unter Fermi in den USA einen kritisch werdenden Reaktor erbracht habe. Nun aber heißt es hier, Deutschland habe vier solcher Systeme besessen. Mit dem vierten – seine Bezeichnung lautete L-IV-Reaktor – sei die erste Kernspaltung der Welt gelungen, und das lange vor dem Fermi-Experiment. Prof. Dr. Heisenberg und Prof. Döpel hätten diesen Erfolg bewerkstelligt.

(Tatsächlich gelang die erste effektive Neutronenvermehrung in einem Kugelschichtsystem aus Schwerem Wasser und Uranmetall – laut David Irving[6] – im Juli 1942. Soweit bekannt ist, blieb bei diesem Versuch der Reaktor jedoch unterkritisch. Sollte da aber vielleicht noch mehr gewesen sein?

Es sieht so aus, daß über die wahren Erfolge der deutschen Atomforschung bis heute nur bruchstückhaftes Wissen vorliegt. Der Bericht erklärt diesen Umstand damit, daß sich die deutschen Atomexperten[7], die nach dem Krieg im britischen Farm Hall interniert und deren Gespräche abgehört wurden, zum Schweigen über das wahre Ausmaß der deutschen Atomforschungsaktvitäten verpflichtet hätten. Die Behauptung, die Farm-Hall-Protokolle[8] seien vollständig und würden keine Hinweise auf überlegenes oder erstaunliches Wissen der internierten Forscher aufzeigen, ist ohnehin nicht haltbar. Wie sich gezeigt hat, wurden die Gespräche auf magnetische Tonträger aufgenommen, die schallplattenähnlich und löschbar waren und auch regelmäßig wiederverwendet wurden.[9] Man vermutet, daß nur 10% aller überhaupt geführten Gespräche dokumentiert und archiviert worden sind.[10] Wie hoch jene in dieser Zahl nicht berücksichtigte Menge von aus geheimdienstlichen Gründen klassifizierten Tonträgern ist, kann überhaupt nicht bewertet werden. Offiziell wurden die Farm-Hall-Protokolle 1991 freigegeben.)

Der eigentliche »Hammer« aber kommt erst noch: Einer der in Farm Hall Internierten, nämlich der legendäre Max von Laue, Nobelpreisträger für Physik von 1914, soll der britischen Regierung nach Kriegsende ein 42-seitiges Dokument übergeben haben, in dem *alle* Informationen über die deutsche Atombombe enthalten waren. Darin war auch die Rede von bisher unbekannten Teams, die an dem Problem arbeiteten. Dieses Dokument wurde als »streng geheim« klassifiziert und erhielt eine Sperrfrist – so der Bericht – bis 2017. Sie sei zwischenzeitlich nochmals verlängert worden.

(Wir haben über entsprechende Kontakte versucht herauszufinden, ob ein solches Dokument von Max Laue tatsächlich in britischen Archiven vorhanden ist. Dessen Existenz wurde uns bestätigt, jedoch gilt nach wie vor die Klassifizierung.)

Soweit der Bericht, der noch eine Reihe bemerkenswerter Informationen enthält, auf deren Wiedergabe wir allerdings verzichten möchten. Sie befassen sich u. a. mit der Frage, wieviel angereichertes Material für die amerikanische Atombombenproduktion wirklich vorhanden war und daß nach den vorliegenden Erkenntnissen hierüber irgendwann zwischen Anfang April und Anfang August 1945 ein »Wunder« stattgefunden haben mußte, um das so oft bis dahin von den amerikanischen Atomphysikern vermutete (zeitliche) Scheitern des Projekts plötzlich in einen vollen Erfolg zu verwandeln.

Der durch seine beiden Bücher zur vermuteten Geheimwaffenforschung im Raum des thüringischen Jonastals bekanntgewordene Autor Harald Fäth dokumentiert in seinem zweiten Werk[4], daß die Verantwortlichen des Manhattan Projects tatsächlich in höchster Bedrängnis waren. Ein Memorandum des US-Senators und späteren Außenministers Byrnes vom 3. März 1945 offenbart dessen erhebliche Zweifel an dem Erfolg des Projekts:

»[...] I understand, that the expenditures for the Manhattan Project are approaching 2 Billion Dollars with no definite assurance yet of production [...] However if the project proves a failure, it will then be subjected to relentless investigation and criticism.«[5]

Byrnes wies in diesem Memorandum darauf hin, daß die Produktionsmenge angereicherten Materials nicht ausreichen würde, um die zeitlichen Ziele zu schaffen, und daß im Falle des Scheiterns dieses Projekts mit entsprechenden Konsequenzen in Form unnachsichtiger Untersuchungen zu rechnen sei. Übrigens kann man in zahlreichen Darstellungen über das Manhattan Project deutlich spüren, daß die amerikanischen Militärs und Wissenschaftler in größten Schwierigkeiten steckten, insbesondere was die Menge des produzierten angereicherten Materials innerhalb des vorgesehenen Zeitraums anbetraf. So wird der fehlende Test der amerikanischen Uran-Bombe damit begründet, daß die USA nicht im Besitz einer genügend großen Menge von angereichertem Uran 235 gewesen seien, um zwei Bomben damit zu versehen. Sie hatten nur die eine, von der sie hofften, daß sie funktionieren würde. Sie tat es auch, wie der Fall Hiroshima beweist. Daß die Uran-235-Bombe überhaupt fertig wurde, grenzt dabei allerdings an ein Wunder. Man muß diesbezüglich wissen, daß der Chef-Metallurge von Los Alamos, E. Jette, am 28. Dezember 1944 ein Memorandum verfaßte, in dem es heißt, daß anhand der Auswertung der Anreicherungsproduktionsrate der letzten drei Monate in bezug auf das bombenfähige Uran davon ausgegangen werden kann, daß am 7. Februar 10 kg vorliegen und 15 kg am 1. Mai 1945![11]

Das bedeutet, daß für 5 kg angereichertes U 235 etwas weniger als drei Monate Zeit benötigt wurden! Die Hiroshima-Uran-Bombe hatte allerdings mindestens 50 kg U 235 »an Bord«, die jedoch niemals bis zum Hiroshima-Einsatzdatum hätten produziert werden können. Die 20-kg-Marke U-235 konnte etwa um den 25. Juli 1945 erreicht werden, und man hätte mindestens ein weiteres Jahr (!) benötigt, um auf die 50-kg-Menge zu kommen. Wie, um alles in der Welt, hat man den Zaubertrick fertiggebracht und die Uran-Bombe im August 1945 mit der 50-kg-Ladung U 235 fertiggestellt?! Oder sollte man besser fragen, welcher große Unbekannte da die fehlenden ca. 20 bis 30 kg einfach mal so vorbeigebracht hat?

Merkwürdig ist auch der Umstand zu nennen, daß Brigadegeneral Leslie Groves, der ja bekanntermaßen für die militärische Sicherheit des Manhattan Projects verantwortlich war, im Februar 1945 Robert Oppenheimer, dem wissenschaftlichen Leiter des Projekts, miteilte, daß ihm von nun ab noch sechs Monate Zeit gegeben würden, um für die Uran-Bombe genügend Material zu produzieren.[11a] Doch Oppenheimer konnte nicht einmal Mitte Mai 1945 diesbezüglich etwas genaues sagen und meinte, daß man *frühestens* im November soweit sei.[11b]

Auch mit der Plutoniumbombe, die auf Basis eines Implosionsverfahrens funktioniert, sah es nicht viel besser aus. Kurz nachdem Senator Byrnes sein Memorandum an den amerikanischen Präsidenten verfaßt hatte, gab es die nächste Katastrophenmeldung. Am 23. April 1945 schrieb Leslie R. Groves einen alle Illusionen zerstörenden Brief an Henry L. Stimson im Kriegsministerium, in dem es hieß, daß die Hoffnungen, eine Implosionsbombe im späten Frühjahr 1945 zu entwickeln, nunmehr aufgrund wissenschaftlicher Schwierigkeiten zunichte gemacht worden seien.[12]

Vielleicht hätte er mit diesem Brief ein paar Tage länger warten sollen, dann wären uns und anderen möglicherweise die Widersprüche verborgen geblieben.

Aufgrund der zeitlichen Verzögerungen änderten sich auch die Ziele: Hatte man zuerst deutsche Städte für eine amerikanische Atombombe im Visier, wurden dann japanische Städte ins Auge gefaßt. In diesem Zusammenhang gibt es seit Jahren eine merkwürdige Diskussion darüber, ob von Anfang an japanische Städte ein US-Atomziel gewesen seien. Groves behauptet das mit Nachdruck, während beispielsweise Glen Seaborg (er leitete das Team, welches das erste amerikanische Plutonium isolieren konnte), das Gegenteil postuliert.[13]

Wie dem auch sei, nach der klassischen Geschichtsschreibung hatte die USA im August 1945 nur gerade einmal drei einsatzfähige Atomwaffen vorzuweisen, die aufgrund der nicht weiter zu beschleunigenden Anreicherungsverfahren im Moment alles waren, was man vorweisen und einsetzen konnte. Dabei handelte es sich um eine Uran-235-Bombe mit der Bezeichnung »Little Boy«, von der es nur ein Exemplar gab und die durch ein Wunder fertig wurde. Die anderen beiden waren Plutoniumbomben. Die Hüllen dieser Waffe waren in größerer Stückzahl vorhanden, allerdings ohne das Wichtigste: die Füllung.

Stalin, der durch seine Spione über das Manhattan Project bestens informiert war, blieb deshalb unbeeindruckt, als man ihm erklären wollte, daß die USA nunmehr ein überlegenes Waffensystem ihr eigen nennen würden. Er wußte genau, daß die Zahl der Atombomben begrenzt war, daß die USA Schwierigkeiten mit der Produktion der Menge des benötigten Grundstoffes hatten und daß es zwischenzeitlich der Sowjetunion wohl gelingen würde, eine eigene Atombombenproduktion auf die Beine zu stellen.

Freilich kann man die bestehenden Widersprüche auch mit der Wahrheit zu erklären versuchen: Die USA erhielten durch die erbeutete deutsche Technologie neben einer bestimmten Menge angereicherter Materialien auch vier, fünf oder sechs Atombomben, möglicherweise auch mehr. Diese stammten wahrscheinlich aus verschiedenen Labors und waren sowohl Uran-235- als auch Plutoniumbomben. Eine Plutoniumbombe wurde bei Alamogordo getestet, eine auf Nagasaki geworfen.

Die Uran-235-Bombe mußte nicht getestet werden, weil man aufgrund bereits stattgefundener deutscher Versuche wußte, daß sie funktionieren würde. Daher konnte sie sofort scharfgemacht und gegen die japanische Hafenstadt Hiroshima eingesetzt werden.

Auch bei dieser Hypothese hätte Stalin kaum aus der Ruhe gebracht werden können, wußte er doch sicherlich längst, daß die Amerikaner sich mit fremden Federn schmückten und deutsche Technologie einsetzten, die zahlenmäßig bald aufgebraucht sein würde. Wovor sollte man also Angst haben?

Ungeachtet aller Spekulationen bleibt als Tatsache festzuhalten, daß das amerikanische Manhattan Project – wie deutlich aufgezeigt – bis zum Mai 1945 mit den größten Schwierigkeiten zu kämpfen hatte, dann aber auf einmal alle Probleme innerhalb von nur drei Monaten löste, zwei verschiedene Bombentypen konstruierte, einen davon erfolgreich testete und schließlich beide auch noch einsetzte!!!

Wir würden dies als grandiose wissenschaftliche Leistung bezeichnen, wenn da nicht im zeitlichen Ablauf der Dinge zwischenzeitlich seltsame Umstände zu verzeichnen gewesen wären. In Deutschland ging in dieser Zeit der Krieg zu Ende. Die amerikanischen und britischen Technologieaufspürer plünderten Innsbruck, Celle, Ohrdruf, Prag, Pilsen und möglicherweise andere Standorte deutscher Atomforschung. Die alliierte Presse berichtete in dieser Zeit, man habe Hinweise auf ein weitreichendes deutsches Atombombenprogramm gefunden (wie weitreichend?!). Zudem lief das deutsche U-Boot U-234 mit einer geheimen Fracht an Bord in einen amerikanischen Hafen ein (worauf wir noch zurückkommen werden). Und, Wunder über Wunder, beinahe zeitgleich (!) machte das Manhattan Project einen gewaltigen Satz nach vorn! Dieser miteinander korrelierende zeitliche Ablauf der Ereignisse auf beiden Seiten des Atlantik hat etwas zu bedeuten!

Persönlich vermuten wir, daß die deutschen Atombomben – zumindest die einsatzfähigen – in den letzten April- bzw. den ersten Maitagen des Jahres 1945 den Westalliierten in die Hände fielen oder diesen übergeben wurden.

Unsere Vermutung wird übrigens gestützt durch einen Bericht[14], der die Vorgänge während der letzten Tage des Dritten Reiches beschreibt. In ihm sind u. a. eine Vielzahl von Informationen enthalten, die man in dem bereits mehrfach erwähnten Buch von Erwin K. Oppenheimer »J'ai peur« finden kann, so daß angenommen werden muß, daß es den Autoren zur Verfügung stand. Was den Bericht in unseren Augen so interessant werden läßt, ist die Tatsache, daß er ein Bild der letzten Kriegstage zeichnet, das, würde es zutreffen, manches in einem anderen Licht erscheinen lassen würde.

Es heißt, daß sich Hitler und Göring in einer geheimen Besprechung darauf einigten, die in Innsbruck fertig gewordenen Atomwaffen einzusetzen. Göring sollte nach Berchtesgaden gehen, während Hitler von Berlin aus den Einsatzbefehl für den Abwurf der Waffe auf London geben wollte, um sich anschließend das Leben zu nehmen. Danach sollte Göring mit den Alliierten verhandeln. Für den Fall, daß diese Verhandlungen scheitern sollten, waren weitere Atombombenabwürfe auf New York, Moskau und Paris vorgesehen.

Göring reiste nach Berchtesgaden und schien sich während der Fahrt dorthin das Ganze noch einmal überlegt zu haben. Weit weg von Hitler sagte er diesem dann, daß – für den Fall, Hitler sei tot – er den Befehl zum Einsatz weiterer Waffen nicht geben werde.

Für Hitler war das Verrat und wohl einer von mehreren Gründen, den Reichsmarschall Göring von der Liste seiner Nachfolger zu streichen und statt dessen Großadmiral Dönitz dafür einzusetzen. Hitler glaubte aber auch, daß es nur Dönitz schaffen könne, die Atombomben nach Japan zu transportieren.

»Der OB der Kriegsmarine hatte bereits am 25. März 1945 ein Vorkommando unter General der Flieger Kessler und Oberst Fritz von Sandrath sowie die Japaner Fregattenkapitän Ing. Hideo Tomonaga und Oberst M. Soshi sowie eine ganze Reihe Techniker und Ingenieure nach Japan geschickt. Mit an Bord von U-234, auf dem diese Männer eingeschifft waren, befand sich auch eine Anzahl Päckchen von 25 x 25 Zentimetern Größe, die sehr schwer waren. Auf das Packpapier war die Bezeichnung ›U 235‹ aufgemalt. Auf die Frage eines Besatzungsmitgliedes, was dies denn bedeute, wurde allgemein erklärt, daß diese Pakete ursprünglich mit U-235 hätten nach Japan gehen sollen, das nun aber nicht nach Japan fahren könne. Richtig ist jedoch, daß es sich hierbei um Uran 235 handelte.«[15] [Die U-234 lief am 16. April aus Christansand, Norwegen, aus; Anm. d. Autoren.]

Am 26. April 1945 gab Hitler den Befehl, die Bomben nach Norddeutschland bringen zu lassen. Während des Transportes dorthin kam es zu einem nicht geklärten Sabotageakt, bei dem die Zünder der Bomben unbrauchbar wurden. Angeblich seien sie daraufhin nach Innsbruck zurückgegangen und dort in einer der unterirdischen Grotten vergraben worden. Als Hitler am Morgen des 29. April die niederschmetternde Nachricht hörte, beging er schließlich Selbstmord.

(Interessant ist, daß in einem Abschnitt der Farm-Hall-Protokolle Prof. Gerlach, der »Beauftragte des Reichsmarschalls für Kernphysik« erzählt, die Nazipartei habe gegen Kriegsende tatsächlich geglaubt, daß die deutschen Kernphysiker eine Nuklearwaffe fertiggestellt hätten und daß deshalb *»Parteigenossen in München am 27. oder 28. April von Haus zu Haus gegangen seien und jedem erzählt hätten, daß am nächsten Tag die Atombombe eingesetzt würde«*.[16] Seltsamerweise bleibt diese Behauptung im Raum stehen und wird von den Anwesenden nicht diskutiert.)

Dönitz avancierte zum Nachfolger Hitlers und rief den wissenschaftlichen Leiter des Innsbrucker Atomlabors zu sich, um ihm zu befehlen, die »Bomben« in den Norden zu holen. Bormann, der bei diesem Gespräch dabeigewesen sein soll, hatte entsprechende Befehle bereits vorher ausarbeiten lassen, doch die Wirren gegen Kriegsende und der Durchbruch der Alliierten an allen Fronten vereitelten die Durchführung.

Die »Bomben« sollten dennoch eine besondere Rolle spielen. Generaloberst Jodl flog nach Reims zu General Eisenhower und offerierte diesem die Tatsache, daß man über ein letztes »As im Ärmel« verfüge. Die Gegenseite erklärte sich daraufhin bereit, bis zum 9. Mai den Deutschen in bezug auf die Ostfront freie Hand zu geben, damit die Rückführung der vor der Roten Armee fliehenden Menschen abgeschlossen werden könne. Dies habe über 2 Millionen Menschen das Leben gerettet. Dafür erhielten die Amerikaner Hitlers Wunderwaffen – fünf Atombomben.

Ob sich die Sache wirklich so abgespielt hat, kann hier nicht abschließend bewertet werden. Viele Informationen kommen erst nach und nach ans Tageslicht. Das Bild, das dabei entsteht, erscheint dabei noch etwas verschwommen. Doch jeder neu hinzukommende Baustein läßt es klarer werden.

Fakt ist aber, daß es tatsächlich gegen Kriegsende eine Reihe von Begebenheiten gab, die kurios erscheinen angesichts der klassischen Geschichtsschreibung, die so manche Information einfach wegläßt oder unterdrückt. »Kuriositäten« sind u.a. verbunden mit dem Einsatz verschiedener deutscher U-Boote, wie beispielsweise der britische Autor Philipp Henshall in seinem neuesten Buch aufzeigt.[17] Das bisher größte Rätsel stellt in diesem Zusammenhang die letzte Fahrt des U-Bootes U-234 dar, das wir bereits kurz erwähnten, und das eine geheimnisvolle Ladung nach Japan transportieren sollte. Allerdings kam diese dort nie an ...

Kapitel 8

WAS HATTE U-234 AN BORD?

Eine der mysteriösesten U-Boot-Missionen, gerade auch in bezug auf die Weitergabe möglicher Atomgeheimnisse Deutschlands an seinen Verbündeten Japan, steht im Zusammenhang mit dem letzten Einsatz des U-Bootes U-234. Dieses U-Boot vom Typ XB, eines der größten deutschen Unterseeboote überhaupt, verließ am 16. April 1945 den Hafen von Kristiansand in Norwegen. Das Kommando führte Kapitänleutnant Fehler. An Bord befanden sich neben der Besatzung, die um acht Mann verringert worden war, Luftwaffengeneral Ulrich Kessler (deutscher Luftwaffen-Attaché in Tokio) sowie zwei Offiziere der japanischen kaiserlichen Armee und mindestens neun Mann deutsches Zivilpersonal, vor allem Luftfahrt- und Raketenspezialisten von Messerschmidt und EMW (Peenemünde).[1,2]

Das U-Boot und seine Besatzung sollten ca. 250 Tonnen Dokumente und Kriegsgerät nach Japan bringen, darunter einen vollständigen Düsenjäger Me 262, der in Einzelteile zerlegt war, sowie Unmengen von Konstruktionsplänen und geheimem strategischen Material. Das sicherlich interessanteste Transportgut war allerdings ein Stoff, der eingepackt die Aufschrift »U 235« trug und durch die klassische Geschichtsschreibung als normales Uranoxid geistert.

Am 13. Mai 1945, mehrere Wochen nach der Abfahrt aus Christiansand also und nach der Kapitulation der deutschen Wehrmacht, entschloß sich Kapitänleutnant Fehler, sich zu ergeben. Er nahm dazu Verbindung mit Halifax auf, dem festgelegten Kontrollhafen für das Seegebiet, in dem sich das U-Boot befand. Halifax antwortete und gab einen Kurs vor, der direkt nach Nova Scotia führen sollte. Fehler jedoch hatte keine Lust, diesen Hafen anzusteuern und fuhr statt dessen in Richtung Südwest, um einen US-amerikanischen Hafen anzulaufen.

Kurios ist, daß nicht nur der deutsche Kapitän entschlossen war, sich in einem US-Hafen zu ergeben, sondern daß auch die Amerikaner entschlossen waren, das deutsche U-Boot zu kapern. Sie hatten dazu den Funkverkehr mit Halifax abgehört und das Zerstörergeleitschiff »USS Sutton« geschickt, um notfalls in der kanadischen Zone eingreifen zu können. Das war ein klarer Bruch des Kapitulationsprotokolls der Alliierten, so daß angenommen werden muß, daß die USA an dem, was sich an Bord von U-234 befand, ein außerordentliches Interesse hatten. Es ist sehr wahrscheinlich, daß bei Kriegsende in Deutschland die amerikanischen Militärorganisationen eine Passagierliste des U-Bootes aufgestöbert hatten, nachdem sie die deutsche Marinebasis Kiel einnahmen. Diese Liste und die Tatsache, daß das U-Boot nach Japan fahren sollte, begründeten offenbar das große Interesse der Amerikaner an dem Boot.

Am 19. Mai 1945 lief die U-234 direkt in den amerikanischen Hafen von Portsmouth, New Hampshire, ein. Die Amerikaner begannen zunächst erst etwas zögerlich mit der Untersuchung des U-Bootes.

Aus einem Entladedokument vom 23. Mai 1945 ist zu ersehen, daß sich auch zehn Behälter an Bord befanden, die – nach allgemeiner Auffassung und nach Auskunft der deutschen Ladeliste – Uranoxid, also nicht angereichertes Material, beinhalteten. Inklusive der Behälter wog dieser Teil der Ladung 560 kg. Merkwürdigerweise wurde die »Uranoxid«-Fracht in einem Bericht an den Kommandeur der Atlantikflotte nicht erwähnt und auch bis zum 24. Juli 1945 nicht entladen.[3]

Erst nachdem einer der an Bord befindlichen Passagiere, Hauptmann Gerhard Falk, vernommen wurde, änderte sich die Situation ganz plötzlich. Der ebenfalls an Bord befindliche Oberstleutnant der Luftwaffe Kai Nierscning hatte den Amerikanern möglicherweise einen Hinweis gegeben, daß Hauptmann Falk um die Bedeutung des »Erzes« wußte. Falk wußte vielleicht auch, daß die U-235-Ladung für das japanische Atomwaffenprogramm bestimmt war, das unter Prof. Nishinas lief.

Nierscning wurde, wie auch Kapitän Fehler, die amerikanische Staatsbürgerschaft gewährt. Hauptmann Falk verschwand. Seine Schiffskameraden vermuteten, er könne die Verhörprozedur nicht überlebt haben, es ist jedoch auch denkbar, daß seine Identität geändert wurde und er in den USA untertauchte.

Diese »Merkwürdigkeiten« sind schon der erste Hinweis darauf, daß die Fracht, die an Bord von U-234 war, kein normales Uranoxid sein konnte, auch wenn das bis heute behauptet wird.

Bevor die weiteren Ereignisse um U-234 einer Betrachtung unterzogen werden, sei es uns gestattet, noch auf ein interessantes, vielleicht eher nebensächlich erscheinendes Detail aufmerksam zu machen.

Uns fiel bei unseren Recherchen auf, daß z. B. in Büchern, die über die deutschen U-Boot-Verluste berichten, die unter dem

Kommando von Fehler stehende U-234 in einigen Fällen nicht auftaucht. Während in deutschen Ausgaben[4, 5] das Boot aufgelistet ist, existiert – um nur ein Beispiel zu nennen – in einer deutschen Übersetzung eines ursprünglichen englischen Originals[6] eine unnatürliche Lücke. Absicht oder Zufall? Wahrscheinlich Absicht, denn bis vor etwa fünfzehn, zwanzig Jahren waren die amerikanischen Stellen nicht einmal bereit zuzugeben, daß sich überhaupt ein – im weitesten Sinne des Wortes – »uranhaltiges« Material an Bord der U-234 befand.

Nach Aussagen des Besatzungsmitglieds Wolfgang Hirschfeld, der als Funker an Bord von U-234 war, sahen die Behälter, in denen sich das angebliche Uranoxid befand, wie moderne Isotopencontainer aus.[7] Außerdem waren sie nachweislich mit Goldfolie ausgekleidet.

Oberstleutnant John Landsdale, der Sicherheitschef des Manhattan Projects, schrieb 1996 in einem Artikel, daß er die Übergabe der zehn Kisten »Uranoxid« an Bord des U-Bootes organisierte. Er sagte außerdem aus, daß die amerikanischen Behörden mit Panik reagierten, als sie erfuhren, woraus die Fracht bestand.[8]

Im Jahr 2000 berichtete derselbe Landsdale in einer Dokumentation des Zweiten Deutschen Fernsehens[9], daß das »Uranoxid« an Bord von U-234 innerhalb des amerikanische Atombombenprogrammes angereichert worden sei und möglicherweise in die Hiroshima-Bombe Eingang gefunden habe. Landsdale wörtlich: »Es war ein Gottesgeschenk.«

Eine solche Aussage ist völliger Unsinn, wenn es sich um normales Uranoxid handelte, das man an Bord von U-234 fand, denn dieses hatten die USA für ihr eigenes Atombombenprogramm in ausreichender Menge zur Verfügung. Der Begriff des »Gottesgeschenkes« macht aber dann Sinn, wenn man weiß, daß sich die USA in äußersten Terminschwierigkeiten bei der Erzeugung von *waffenfähigem* Uran befanden und hier vielleicht eine halbe Tonne angereichertes deutsches Uran 235 (oder noch etwas brisanteres, worauf wir gleich zurückkommen) in die Hände bekamen. Plötzlich konnten alle Termine gehalten werden!

Natürlich war in der ZDF-Dokumentation wie auch in einem Bericht der *New York Times* keine Rede davon, daß es sich um etwas anderes als um normales Uranoxid gehandelt hat. Allein aber schon das Eingeständnis, daß U-234 Uranoxid an Bord hatte, das innerhalb des Manhattan Projects für die Hiroshima-Uran-Bombe Verwendung fand, ist als Fortschritt zu werten. In

POS. NR.	DESTINATION NR.	LABEL & NR.	REPACKED IN LABEL & NR.	NUMBER OF BALES	HOW PACKED	WEIGHT IN KG.	TOTAL WEIGHT	CONTENTS	RECIPIENT	REMARKS
1	2	3	4	5	6	7	8	9	1Ø	11
[illegible]	Ø2542B	3Ø213/1-2	3Ø213/1/2A-B 3Ø213/2/2A-B	4	PACKAGES		11.Ø	RECEIVERS	JAP NAVY	SEE [illegible]
[illegible]		ST 17Ø4	A-C	3	PACKAGES		6.5	DOCUMENTS	JAP ARMY	
[illegible]	123Ø6	1569/13-21	/13-17,19-2ØA-M /18A-E,/21A-G	1Ø3	PACKAGES		317.Ø	STEEL BALLS	JAP NAVY	
[illegible]		ST 17Ø3	A-E	5	PACKAGES		8.5	DOCUMENTS	JAP ARMY	
[illegible]		ST 6Ø58/388 /255 /385		3	CASES		219.Ø	ARMAMENT PARTS	"	
		ST 2Ø4Ø		1	PACKAGE		6.Ø	PLANOSPHERICAL LENS	"	
		ST 1255/7 /9 /1Ø	/7A-B	4	PACKAGES		25.4	DYES	"	
[illegible]	2863	Ø2863/1-2Ø	/6-8,1Ø-11,13-17, /2ØA-B,/12A-O, /18-19A-D	39	PACKAGES		214.5	FUG X	JAP NAVY	
[illegible]		1172Ø6	K 168	1	PACKAGE		2.5	CABLE	"	
[illegible]		ST 127Ø/1-1Ø		1Ø	CASES		56Ø.Ø	URANIUM OXIDE	JAP ARMY	
[illegible]		ST 6157/1-17		17	PACKAGES		62Ø.5	STOCK PARTS FOR PERCUSSION CAPS	"	
		ST 1257		1	CASE		25.Ø	HEMOGLOBIN	"	
[illegible]		ST 1255/1-2		2	PACKAGES		59.Ø	DYES	"	
[illegible]	2851	3Ø215/1-8	/1-2,/4-7A-B-H /3A-C,/8A-B	57	PACKAGES		1Ø7.Ø	COILS	JAP NAVY	
[illegible]		31[illegible]/1-8	/1,3,6-7A-H /2,5A-G/4A-F /6A-I	61	PACKAGES		271.5	RAW GLASS SHAPING RINGS	"	
[illegible]		3Ø114/1-25	/1A-E,/2A-F,/3,4,11 12,14A-G,5,19A-J 9 1ØA-I,6 23-25A-H,8A-H 13,17A-K,15,18,21A-L 16,2Ø 22E-M,/7A-Z UE,AE,OE,CK,CH.AI,EI	26Ø	PACKAGES		1275.Ø	RAW GLASS	"	
[illegible]	[illegible]	ST 1239/1-21	JE,A-Y	525	PACKAGES		1312.5	PLASWOCHIN	JAP ARMY	/19 ERRONEOUSLY LABELED

Auszug aus der Ladeliste von U-234.[17] Die interessanten zehn Behälter enthielten angeblich »Uranoxid«.

dem Bericht wurde auch zugegeben, daß das deutsche Uran für das japanische Atomwaffenprogramm[10, 11], von dem die Öffentlichkeit zumindest in Deutschland so gut wie nichts weiß, vorgesehen war.

In der Dokumentation des ZDF wurde gleichfalls gezeigt, daß die zehn Uranbehälter, zusammen mit dem Ladeoffizier des U-Bootes, Leutnant Pfaff, nach Washington gebracht wurden, um die Fracht dort aufzuschweißen. Pfaff beobachtete dort unter den Anwesenden einen hageren Mann, dessen Identität er erst später erfuhr: Es handelte sich um keinen Geringeren als Robert Oppenheimer, den wissenschaftlichen Leiter des amerikanischen Manhattan Project. War die Angelegenheit mit der Ladung des U-Bootes von allerhöchster Brisanz, so daß sein Kommen gerechtfertigt war? Oder nahm Oppenheimer die strapaziöse Reise über mehrere tausend Kilometer in Kauf, nur um einmal eine halbe Tonne deutsches Uranoxid anzusehen?

Mancher wird vielleicht immer noch fragen, was denn der Streit soll, ob nun normales Uranoxid oder angereichertes Uran an Bord des U-Bootes war. Der Unterschied ist immens. War das Material sehr radioaktiv, so konnte es nur angereichertes Uran sein, dessen Herstellung jedoch in Deutschland aufgrund des von der klassischen Geschichtswissenschaft postulierten Nichtvorhandenseins von funktionierenden Anreicherungsanlagen (Kernreaktoren, Zyklotrone etc.) unmöglich war. Wenn also das U-Boot U-234 angereichertes Uran an Bord hatte, *mußte* es irgendwo in Deutschland eine funktionierende Anlage geben, womit dann – in nächster Konsequenz – auch der Schritt zur Atombombe nur noch eine Frage der Zeit gewesen wäre.

Daß die U-Boot-Ladung sehr radioaktiv war, darauf deutet eine Beobachtung des Funkers Wolfgang Hirschfeld hin. Er wurde aus dem Militärgefängnis zum U-Boot zurückgebracht, weil zwei amerikanische Marine-Spionageoffiziere an der Funkübertragungseinrichtung des Bootes interessiert waren. Da die Amerikaner damals überall Sprengfallen vermuteten, nahmen sie Hirschfeld zur Sicherheit mit, damit er die Demontage durchführen sollte. Während er dort war, näherten sich den vorderen Frachtcontainern vier Amerikaner mit kleinen Geräten in den Händen, Geigerzählern, wie er später erfuhr. Sie fanden dabei soviel radioaktive Strahlung, daß es ihnen unmöglich war festzustellen, welche Röhre das »Uranoxid« enthielt, wie der US-Navy-Hauptmann Hattan dem deutschen Funker gegenüber später erzählte. Da die Amerikaner aufgrund der Messungen

Angst hatten, die Entladung vorzunehmen, wurde der bereits erwähnte deutsche Leutnant Pfaff aus dem Gefängnis geholt, der die Ladung dann zusammen mit einem anderen Deutschen, Peter Scholch, der sich ebenfalls mit der Fracht auszukennen schien, löschte.[12]

In der Zwischenzeit sind durch Recherchen amerikanischer Wissenschaftler einige Dokumente[13] aufgetaucht, die nun auch offiziell die Information Hirschfelds bestätigen, daß die »Uranoxid«-Fracht am 24. Juli 1945 entladen wurde. Dabei führte Major Francis J. Smith vom *Brooklyn Navy Yard* die Aufsicht. In diesen Dokumenten wird auch erwähnt, daß der deutsche Leutnant Pfaff die Entladung der *goldummantelten* Röhren persönlich vornahm und daß Weisung gegeben wurde, diese Container auf gar keinen Fall zu öffnen, da diese Substanzen dann gefährlich werden würden.

Der britische Atomingenieur und Autor Phlipp Henshall hat in diesem Zusammenhang darauf hingewiesen, daß Gold benutzt wird, um Nuklearspaltungsbruchstücke und Gammastrahlen in Containern bzw. anderen Behältern zu absorbieren. Die Absorptionsfähigkeit von Gold ist rund 600mal (!) höher als die von Blei, ein bedeutender Umstand!

Außerdem ist zu berücksichtigen, daß der damals weltgrößte Hersteller von Uran – die belgische *Union Miniere* – Holzkästen für die Lagerung von Uran und Uranoxid verwendete, was eindeutige Rückschlüsse auf den Transport normalen Uranoxids zuläßt. Zudem wird dieses beim Öffnen eines Behälters, in dem es sich befindet, nicht gefährlich.[14]

Unseres Erachtens ist der Indizienbeweis erbracht, daß sich an Bord von U-234 in zehn Containern wenigstens angereichertes Material befand, das für eine bestimmte Zeit innerhalb eines funktionierenden Reaktors gewesen sein muß. Für die japanischen Militärs und deren Atomwaffenprogramm konnte zudem nur angereichertes Material von Nutzen sein.

Auch die unter (11) genannte Quelle stellt fest, daß viele Physiker seit langer Zeit der Meinung sind, daß das Versenden einer halben Tonne von gewöhnlichem Uranoxid nach Japan als Fracht des U-Bootes U-234 überhaupt keinen Sinn ergibt. Auch deshalb nicht, und darauf möchten wir noch abschließend ergänzend hinweisen, weil Japan im damals von ihm besetzten Korea entsprechende größere Uranvorkommen selbst ausbeuten konnte und daher auf *solche* Lieferungen nicht angewiesen war.[15]

»Die im Grunde allgemeine Meinung der Wissenschaft ist jetzt

bestätigt. Das Problem ist, daß dieser ansonsten kleine technische Umstand bedeutet, daß in den offiziellen Schriften der deutschen Atomwissenschaft etwas fehlt. [...] Wenn die Fracht von U-234 hochradioaktiv gewesen ist, muß Deutschland wenigstens einen funktionierenden Reaktor gehabt haben (oder ein besonderes Zyklotron), der über viele Monate gearbeitet hat (d. h. seit Anfang 1944, wenn nicht schon 1943)!«[16]

Die Schlußfolgerung ist eindeutig.

Daß sich viele Wissenschaftler über die im Zusammenhang mit U-234 stehende Geheimhaltung wundern, ist für uns allerdings nicht nachvollziehbar, sondern eher ein Beweis für die Naivität gewisser Experten. Daß U-234 *angereichertes* Uran an Bord hatte, kann nicht einfach preisgegeben werden. Diese Information hat den Status einer »Bombe«, was daran erkenntlich ist, daß sie nach der Sperrfist von 50 Jahren immer noch als Geheimnis behandelt wird und unter Verschluß bleibt. Man muß berücksichtigen, daß eine Offenbarung der Tatsache, daß das Boot angereichertes, gammastrahlendes Material beförderte, zu einer »Kettenreaktion« ganz anderer Art führen würde, die wir hier – rein hypothetisch – einmal durchspielen möchten: Wenn Deutschland angereichertes Material in einem funktionierenden Reaktor herstellen konnte, müßte die gesamte bisher aufgebaute (Lügen-)Geschichte, man habe im Dritten Reich keine Atomwaffe produzieren können, wie eine Seifenblase zerplatzen. Letztlich würde sich herausstellen, daß Deutschland sehr wahrscheinlich *vor* den Amerikanern einen Reaktor betrieb und demzufolge auch in der Lage gewesen wäre, *vor* diesen eine »Bombe« fertigzustellen. Andererseits wäre dann auch erklärlich, warum die anglo-amerikanischen Bomberverbände das deutsche Territorium gnadenlos in Schutt und Asche legten, denn die Angst, den nuklearen Wettlauf zu verlieren, saß ihnen wie der Teufel im Genick: Deutschland mußte um jeden Preis so schnell als möglich niedergerungen werden. Dazu war es notwendig, die gesamte Infrastruktur zu zerstören – zumindest jene, die mit dem deutschen Atombombenprogramm in Verbindung stand oder stehen konnte. Es wäre sicherlich ein interessanter Forschungsgegenstand für Historiker, einmal das alliierte Bombardement in bezug auf die bekannten und weniger bekannten Atomforschungsstandorte im Dritten Reich zu untersuchen.

Nach dem Krieg sah man sich insbesondere in den USA gezwungen, alles dafür zu tun, um die anfänglichen öffentlichen Verlautbarungen über ein weit fortgeschrittenes deutsches

Atomwaffenprojekt vergessen zu machen und das gesamte Thema durch eine massive Geheimhaltung zu verdunkeln. Grund dafür war – und das ist aus der Sicht von damals in gewisser Weise verständlich – der heraufziehende Kalte Krieg gegen die Sowjetunion, die unter Stalin den Weltbolschewismus propagierte und damit die nationalen Sicherheitsinteressen der USA bedrohte.

Doch damit nicht genug: Möglicherweise war das Manhattan Project ein wissenschaftlicher, militärischer und finanzieller Fehlschlag. Nur durch die deutsche Infusion in Form von funktionierender Atomtechnologie und angereichertem Material in ausreichender Menge (Landsale: »Es war ein Gottesgeschenk.«) konnten die Verantwortlichen ihren Hals aus der Schlinge ziehen und den bevorstehenden Gesichtsverlust in einen glänzenden, ihnen aber nicht gehörenden Sieg verwandeln, in dessen Folge sie dann sogar noch übermütig wurden und zwei Nuklearwaffen ohne jegliche moralische Skrupel auf Japan warfen. Was wäre diesen Leuten geschehen, wenn sich herausgestellt hätte, daß zwei Milliarden amerikanische Dollars in den Sand gesetzt wurden?!

Für uns ist in diesem Zusammenhang bei nüchterner Betrachtung der Geschichtsschreibung ohnehin eines nicht erklärlich: Man hat – bei allem gebührenden Respekt den Opfern und der Wahrheit gegenüber – den Verlierern des Krieges alle Scheußlichkeiten zugeschrieben. Warum aber nicht die Atombombe? Diese hätte doch bestens ins Bild einer expansionistisch und antidemokratisch eingestellten Diktatur gepaßt! Eigentlich hätten die Alliierten frohlocken müssen, Hinweise für das Vorhandensein einer deutschen Atomforschung ziviler wie auch militärischer Art aufzeigen zu können, denn das hätte in den Augen der Weltöffentlichkeit das Manhattan Project moralisch vertretbar erscheinen lassen. Aber nein, statt dessen behauptet man später, die Deutschen hätten das Projekt einer Atombombe 1942 storniert, weil sie politisch und/oder wissenschaftlich und/oder militärisch und/oder finanziell und/oder organisatorisch nicht dazu in der Lage, sprich *unfähig* gewesen wären. Waren die Deutschen wirklich unfähig angesichts der Tatsache, daß sie sechs Jahre lang – ob aus Überzeugung, Wut, Wahnsinn oder Verzweiflung – gegen den Rest der Welt kämpften?! Wir wollen hier nichts beschönigen, das verbietet uns der Anstand angesichts Millionen Toter, die das große Schlachten forderte. Es muß aber erlaubt sein, Fragen zu stellen, Geschichte aufzuarbeiten und auf bestehende Widersprüche hinzuweisen. Nur so gelangt man zur historischen Wahrheit, aus der die Menschheit – auch wenn wir da äußerst skeptisch sind – für die Zukunft etwas lernen möge.

Was das Geheimnis des U-Bootes U-234 und seiner Ladung angeht, so sind wir uns sicher, daß dessen Lösung *einen* Schlüssel zum wahren Verständnis der deutschen Atomforschung darstellt.

Wir möchten zum Schluß dieses Kapitels noch auf einen Umstand aufmerksam machen, der die Brisanz dessen, was man an Bord der U-234 möglicherweise gefunden hat, noch erhöht.

In einem vertraulichen Gespräch, das von einem Mitrechercheur 1999 geführt wurde, erfuhr dieser, daß ein ehemaliges Besatzungsmitglied der U-234 auf dem Sterbebett seinen Söhnen eine außergewöhnliche Mitteilung gemacht hat: An Bord des U-Bootes befanden sich zwei komplette Atombomben!

Bei aller Skepsis und Zurückhaltung gegenüber dieser Information müssen wir feststellen, daß dies durchaus möglich sein könnte. Im Zusammenhang mit einer schriftlichen Aussage, die die Ereignisse im Raum Jonastal beleuchtet (und in dem entsprechenden Kapitel vorgestellt wird), wird erwähnt, daß SS-Obergruppenführer und General der Waffen-SS Hans Kammler und Reichsrüstungsminister Albert Speer anläßlich einer Geheimkonferenz, die im dortigen Umfeld stattgefunden haben soll, festgelegt hätten, zwei Bomben nach Japan zu bringen. Vielleicht wurden diese mit U-234 transportiert?

Ob es sich bei diesen zueinander passenden Sachverhalten um Zufall handelt oder ob mehr dahintersteckt, wird die zukünftige Forschung erweisen müssen.

KAPITEL 9

ZU VIELE BOMBEN, ZU VIELE WISSENSCHAFTLER

Wieviele Bomben wurden über Japan abgeworfen? Jeder halbwegs an Zeit- und/oder Militärgeschichte Interessierte wird auf diese Frage müde lächelnd antworten: zwei. Doch stimmt das wirklich?

Pjotr Iwanowitsch Titarenko, ehemaliger Militärdolmetscher im Stab des Sowjetmarschalls Rodion Malinowski, der an den russisch-japanischen Kapitulationsverhandlungen 1945 teilnahm, behauptet, daß über Japan drei Bomben abgeworfen wurden – wovon eine nicht explodierte. Diese phantastisch klingende Geschichte wurde übrigens auch in Deutschland veröffentlicht, das Nachrichtenmagazin *Der Spiegel* druckte sie in seiner Ausgabe 10/1992 auf den Seiten 169 bis 171 ab.

Das KPdSU-Mitglied Titarenko hatte 1979 einen Brief an das Zentralkomittee seiner Partei geschrieben, in dem er sich über die zunehmende militärische Annäherung Japans an Amerika beschwerte und mitteilte, daß man doch der Welt enthüllen solle, daß die Japaner kurz nach dem Krieg eine Atombombe an die Sowjetunion übergeben hatten, die auf Nagasaki geworfen worden war, aber nicht explodierte.

In Moskau wurde der Brief zwar zur Kenntnis genommen, die dafür Zuständigen bezweifelten jedoch, daß der Briefeschreiber tatsächlich vor Ort gewesen sei. So verlief die Sache – erst einmal – im Sande, bis der Journalist Igor Morosow im Jahre 1990 eine Kopie dieses Briefes fand. Morosow war auf Militärgeschichte spezialisiert und von dem Gedanken einer zweiten Nagasaki-Bombe elektrisiert. Morosow konnte leider Pjotr I. Titarenko nicht mehr aufsuchen, da dieser kurz vor der Entdekkung der Kopie verstorben war.

Bei Nachforschungen stellte Morosow sehr schnell fest, daß Titarenko tatsächlich als Militärdolmetscher bei den Kapitulationsverhandlungen in der Region Changchun eingesetzt gewesen war. Lange Zeit glaubte er trotzdem, daß die Geschichte nicht stimmen könne und daß er einer Desinformation aufgesessen sei, bis er auf ein Funktelegramm vom 27. August 1945 stieß, das vom Stabschef der Kwantung-Armee stammte, der sich eine Woche zuvor den russischen Streitkräften ergeben hatte. Dieses war an den stellvertretenden Chef des Generalstabs in Tokio gerichtet und beinhaltete folgende Meldung:

»Die nicht explodierte Atombombe, die von Nagasaki nach Tokio überstellt wurde, bitte umgehend der sowjetischen Botschaft zur Aufbewahrung übergeben. Erwarte Rückmeldung.«[1]

Später tauchten weitere Hinweise auf, daß die Japaner in den Besitz einer amerikanischen Bombe gelangt waren und sie den Russen anboten, um ein Atomwaffenmonopol der USA zu verhindern, in dem die Japaner ihren Untergang sahen.

Der Spiegel-Artikel offerierte auch die amerikanische Meinung zu der Behauptung Titarenkos. Sämtliche Spezialisten, unter ihnen die Autoren Richard Rhodes und William Arkin, aber auch der »Vater der amerikanischen Wasserstoffbombe«, Edward Teller, wiesen das Vorhandensein einer zweiten Nagasaki-Bombe weit von sich. Man habe zwar, so heißt es, auf der Pazifikinsel Tinian (von der aus die Atombombeneinsätze gegen Japan geflogen wurden) drei Prototypen des Typs »Fat Man« gehabt, doch nur für eine von ihnen sei Plutonium auf der Insel eingetroffen. Und Richard Rhodes meint, daß Plutonium der entscheidende Engpaß gewesen sei und man überhaupt kein atomares Material für eine zweite (scharfe) Plutoniumbombe gehabt habe.[2]

Edward Teller hält die Hypothese einer dritten Bombe auf Japan ebenfalls für unhaltbar. Merkwürdig nur, daß sich der Mann bis heute nicht dazu äußern kann, wieviele Atombomben bei Kriegsende nun wirklich in den US-Arsenalen vorhanden waren.[3]

Eine Antwort auf die Frage, was damals wirklich geschehen ist, können wahrscheinlich nur die Geheimarchive der USA und Rußlands geben. Doch diese bleiben in bezug auf derartige Fragen nach wie vor verschlossen – für uns ein eindeutiges Zeichen, daß man die Öffentlichkeit von den Tatsachen fernhalten will.

Seltsam erscheint uns auch der Umstand, daß es bis heute keine genauen Angaben darüber gibt, wieviele Nuklearwaffen die USA gegen Kriegsende *einsatzfähig* im Bestand hatten. Nach allem, was bisher veröffentlicht worden ist, muß man von drei »Bomben« ausgehen, wovon eine auf dem Testfeld bei Alamorgordo explodierte und die anderen beiden Hiroshima und Nagasaki vernichteten. Warum aber dann diese Geheimniskrämerei von Teller in bezug auf die tatsächlich vorhandene Stückzahl?!

Wir sind davon überzeugt, daß die USA aufgrund der in diesem Buch dargestellten Vorgänge ein paar »Bomben« mehr im Bestand hatten. Das zuzugeben, wäre jedoch tödlicher Leichtsinn, denn dann könnte sich selbst der Dümmste unter der Sonne ausrechnen, daß die durch das Manhattan Project produzierten Mengen an Bombenstoff nie und nimmer dazu ausgereicht hätten, um diese höhere Stückzahl zu ergeben. Wenn diese Mengen überhaupt ausgereicht hätten, um nur eine einzige Waffe herzustellen ... Irgend etwas stimmt hier nicht.

Unstimmigkeiten gibt es aber nicht nur in bezug auf die einsatzfähigen US-Atomwaffen.

Bis zum heutigen Tag haben Autoren und Historiker verabsäumt, einmal die Zahl der wirklich im Dritten Reich und den seinerzeit annektierten Gebieten auf dem Gebiet der Atomforschung arbeitenden Wissenschaftler und Ingenieure zu bestimmen. Sicherlich ist das ein schwieriges Unterfangen, denn viele Akten sind auf Nimmerwiedersehen verschwunden und manch Beteiligter tauchte auf dunklen Wegen kurz vor dem Kriegsende oder aber auch danach im Ausland unter.

Uns ist trotzdem schleierhaft, warum sich die meisten Publikationen immer nur mit den sattsam bekannten Experten, vor allem den in Farm Hall Internierten, befassen und allenfalls durchblicken lassen, daß es noch eine »Handvoll« Assistenten und sonstiges wissenschaftliches Personal gab.

Generell scheint man mit Zahlen so seine Schwierigkeiten zu haben, denn selbst in bezug auf das amerikanische Manhattan Project werden unterschiedliche Personalstärken angegeben: im Maximum ist von 125.000 bis 180.000 Beteiligten die Rede – je nachdem, ob wahrscheinlich Wachpersonal, Putzfrauen, Laufburschen und Latrinenverantwortliche hinzugezählt wurden oder nicht.

Bei einem Gespräch zwischen den Internierten in Farm Hall erfährt man wenigstens einen ungefähren Anhaltspunkt, wieviele Wissenschaftler und Ingenieure an den bekannten deutschen Arbeiten zur Atomforschung beteiligt waren:

»Heisenberg: Ja, natürlich, wenn man es so macht, und sie scheinen ja tatsächlich in diesem Maßstab gearbeitet zu haben. 180.000 Leute haben daran gearbeitet.

Harteck: Was hundertmal mehr ist, als wir hatten.«[4]

Demnach wären es etwa 1.800 Spezialisten gewesen. Wieviele zu dieser Zahl hinzugezählt werden müssen, die an den bisher *verdeckt* gebliebenen Projekten beteiligt waren, ist nicht feststellbar. Ebenso wenig ist feststellbar, ob diese geschätzte Zahl nur auf den wissenschaftlichen Bereich der beteiligten Kaiser-Wilhelm-Institute und der eruierten Arbeitsgruppen (Heereswaffenamt, Reichspostforschungsanstalt, Privatinstitute etc.) anzuwenden ist.

Wir vermuten, daß man diese zahlenmäßige Bewertung der deutschen Atomforschung bis heute nicht nur deshalb unterlassen hat, weil vieles nicht mehr klärbar ist. Eine statistische Aufarbeitung würde nämlich sehr schnell zeigen, daß doch weitaus mehr Menschen an den Projekten beteiligt waren, als man heute gern zugeben möchte. Und daß damit natürlich auch ein entsprechendes wissenschaftliches Potential vorhanden war, ein einmal in Angriff genommenes Bombenprojekt voranzutreiben.

Es ist ein unverzeihlicher Fehler der bisherigen Autorenschaft, daß beinahe immer nur die »Gallionsfiguren« einer näheren Betrachtung unterzogen worden sind. Selbst die Biographien von einigen Mitgliedern der Kaiser-Wilhelm-Institute, die an der sogenannten Uran-Konferenz im Jahre 1939 beteiligt waren – und die daher wohl entsprechende Erfahrungen vorzuweisen hatten – sind bis heute kaum beleuchtet worden. Eine unglaubliche Schlamperei!

Nur so ist aber zu erklären, daß nach dem Krieg plötzlich im Ausland deutsche oder österreichische Atomforscher auftauchten, von denen man bis dahin noch nie etwas gehört hatte. Ein typisches Beispiel hierfür ist Ronald Richter, der dem damaligen Präsidenten Argentiniens, Juan Domingo Perón, versprach, das große südamerikanische Land auf Basis von Atomenergie zu elektrifizieren und ihm die Möglichkeit einer eigenen Atombombe in die Hand zu geben.

Wer war nun dieser Ronald Richter? 1908 in Falkenau, Österreich, geboren, studierte er Physik bei Prof. Baron von Traubenburg, der als Kernforscher und Direktor des Institutes für Experimentalphysik an der Universität in Prag wirkte. Über seine Tätigkeit während des Zweiten Weltkrieges ist nicht viel bekannt geworden, nur, daß er einige Zeit bei Skoda und für die Reichspost arbeitete. 1945 geriet er in alliierte Hände. 1947 war er in London, konnte dort allerdings keine der westalliierten Regierungen für seine Theorien interessieren. Er blieb als »Gast der britischen Regierung« einige Monate in Spedan Towers, einer alten Villa in Hampstead, wo er nur eine sehr beschränkte Bewegungsfreiheit hatte. Danach verließ er Großbritannien, um über die Zwischenstation Paris schließlich nach Argentinien zu gehen. Dort fand er viele seiner alten Kollegen und nahm ein Angebot seines Freundes Kurt Tank an, der bis 1945 technischer Leiter der Focke-Wulf-Flugzeugwerke war und ab 1946 als Chef der »Gruppe Tank«, die erfolgreich Düsenjäger für Argentinien nachbaute, verantwortlich zeichnete. Richter schlug Tank vor, ein »atomgetriebenes« Flugzeug zu bauen. Tank meldete dieses Vorhaben an Perón weiter, der an dieser Sache sehr interessiert war, doch vorher erst einmal Richters theoretische und praktische Fähigkeiten in bezug auf die Erzeugung von Kernenergie überprüfen wollte.

Richter unternahm seine ersten Experimente in einer kleinen Flugzeughalle, die ihm sein Freund Tank zur Verfügung gestellt hatte. Diese Experimente seien, so hieß es, ein totaler Erfolg gewesen, woraufhin Perón der Errichtung einer größeren Anlage zustimmte. Diese wurde auf der Insel Huemul in dem andinischen See Nahuel Huapi bei Bariloche errichtet. Ein großer Teil der Anlage wurde unterirdisch angelegt, und man brauchte dafür soviel Zement, daß dieses Material in ganz Argentinien in den Jahren 1948 und 1949 knapp wurde! Die Anlage soll über eine Milliarde Pesos gekostet haben.

Schon ab 1947 gab es Presseberichte, in denen es hieß, das große südamerikanische Land befinde sich nunmehr auf dem Weg zur Atommacht. Es war zu lesen, daß sich bis zu 2.000 (!!!) deutsche und österreichische Physiker dort befänden und daß Perón dieses Potential nicht ungenutzt lassen wolle.

Richter hatte aufgrund gewisser kernphysikalischer Vorarbeiten in Berlin im dortigen Reichspostministerium die Vision einer alternativen Methode, um bei hohen Temperaturen im verdichteten Gas, also Plasma, eine Kettenreaktion herbeizuführen. Dieses Verfahren lief in Richtung einer Fusion, nicht Kernspaltung, wie es die anderen Atommächte nutzten.

Auf einer Pressekonferenz am 24. März 1951 gab der argentinische Präsident Perón eine diesbezügliche Erklärung ab und berichtete grob über die bisherigen Fortschritte und das Programm auf Huemul. Richter, der ebenfalls zu Wort kam, behauptete, man kenne in Argentinien das Geheimis der Wasserstoffbombe, wolle sich aber auf die friedliche Nutzung der Kernenergie konzentrieren, um die Industrie und die Entwicklung des Landes voranzutreiben. Richter schloß mit dem Hinweis, es würde noch eingehender Versuche bedürfen, ehe das neue Verfahren aus dem Versuchsstadium herauskommen werde.

Perón, der natürlich auch die »Bombe« wollte, hatte geglaubt, das weltweite Bekanntwerden seines Atomforschungsvorhabens werde das Projekt schützen. Allerdings sah er sich getäuscht. Hatte es schon vorher Druck von außen gegeben (besonders durch die USA, die eine starke südamerikanische Nation fürchteten wie der Teufel das Weihwasser), so sollte sich dieser nach der Pressekonferenz noch erhöhen: Perón konnte die Wahlen von 1951 nur knapp gewinnen, führte deshalb eine schwache Regierung und mußte schließlich 1955 zurücktreten.

Auch die Fachwelt schien skeptisch zu sein, was die Ankündigungen von Perón und Richter anging. Prof. Heisenberg und Prof. Hahn bezeichneten das Projekt als Phantasterei. Manfred von Ardenne, der wegen der argentinischen Ankündigung sogar seinen Urlaub unterbrechen mußte und nach Moskau geflogen wurde, beschied die Erfolgsaussichten Richters ebenfalls negativ.

Tatsächlich wartete die Weltöffentlichkeit umsonst auf weitere Erfolgsnachrichten. Es hieß, daß einige der von Richter durchgeführten Experimente angeblich nicht reproduzierbar waren. 1952 ließ Perón Richter fallen, wahrscheinlich aufgrund des ausländischen Drucks. Die Anlagen von Huemul wurden geräumt und zerfielen seither zusehends.

Am 2. September 1954 brachte die radikale Parlamentsopposition das Thema der »gescheiterten Atomversuche auf Huemul« zur Sprache und behauptete, man habe über eine Milliarde Pesos verschwendet. Richter wehrte sich so gut er konnte, verteidigte seine Experimente und wies die Angriffe auf ihn als ungerecht zurück. Wegen Beleidigung des Parlaments mußte er schließlich noch ein paar Tage in Haft.

Interessant zu wissen ist, daß Ronald Richter auf Huemul eng mit einem gewissen Seelmann-Eggebert zusammenarbeitete. Dieser wurde nach der Auflösung des Projekts von *General Electric*, dem amerikanischen Konzern, engagiert und soll dort an einem nuklearen Antriebsprinzip für Flugzeuge und Raketen gearbeitet haben.

Richter selbst verschwand von der Bildfläche und mußte sich bis zu seinem Tode 1991 mit der eigenhändigen Produktion von Leuchtstoffröhren durchs Leben schlagen.

Die Frage, ob er ein Genie oder ein Scharlatan war, ist schwer zu beantworten. Ein junger argentinischer Atomphysiker namens Mario Mariscotti versuchte in den achtziger Jahren des 20. Jahrhunderts eine Antwort auf die Frage zu finden, ob Richters Ergebnisse, die zur Pressekonferenz mit Perón führten, einer wissenschaftlichen Überprüfung standhalten würden. Seine Meinung: Richter saß einem Fehler bei einem Geräteausfall auf.

Bis heute ist allerdings nicht geklärt worden, auf welchen theoretischen Überlegungen Richters Projekt aufbaute und welche Rolle der Druck aus dem Ausland spielte. Richters Einsatz für Argentinien sorgte zumindest dafür, daß das Land heute Anschluß an das internationale Niveau der Kernforschung hält.

Was aber besonders interessant ist: Wenn am Atomforschungsprogramm von Huemul etwa 2.000 deutsche und österreichische Experten arbeiteten, so muß man die Frage laut stellen, woher diese Leute kamen. Immerhin muß berücksichtigt werden, daß viele der bekannten deutschen Atomforscher später in Deutschland, den USA, Großbritannien und der Sowjetunion arbeiteten. Woher kam der »Rest«? Auch hier stimmt wieder etwas nicht: die wenigen deutschen Atomexperten, die man uns heute vorführt, können nur die Spitze des Eisberges sein. Mag sein, daß einige von ihnen Spitzenleute waren, aber sicher gab es andere Koryphäen, die bis heute in keiner Darstellung über die Entwicklung der Kernphysik aufgetaucht sind und denen sehr wahrscheinlich eine Würdigung verwehrt worden ist. Wir vermuten hier – und wir sind uns sicher, daß das die Zukunft zeigen wird – noch ein immenses Potential an Fachleuten, die sehr wohl in der Lage waren, die »Bombe« für das Dritte Reich zu bauen. Wollen wir wetten?

Kapitel 10

DAS GEHEIMNIS DER ENTWICKLUNGEN BEI SKODA

Wie bis jetzt festgestellt werden konnte, entwickelte Deutschland während des Zweiten Weltkrieges einige seiner Zeit weit vorauseilende Technologien, die einerseits die Atomwaffe, andererseits aber neuartige Transportmittel betrafen. Wir möchten hier bewußt auf eine ausführliche Darstellung aller dieser Entwicklungen verzichten, sondern statt dessen eine Konzentration auf das Wesentliche vornehmen. Dem Interessenten sei an dieser Stelle eine bereits erschienene detaillierte Zusammenfassung empfohlen.[1]

Die bisherige Literatur zu den deutschen Geheim- und Wunderwaffen krankt an einem deutlich sichtbaren Problem: In der Regel haben die jeweiligen Autoren nur selten die ganze Tragweite des »Siegeswaffen«-Problems begriffen und sich in erster Linie auf Entwicklungen der Rüstungsindustrie, der Wehrmacht, der Marine, der Luftwaffe und anderer bekannter Strukturen verlassen, obwohl geläufig war, daß die SS Teile der Rüstungsproduktion, beginnend ab 1942/43, übernahm und ihre eigenen Projekte realisierte. Schließlich führten gewisse politische Entwicklungen im Dritten Reich sogar dazu, daß das gesamte Geheimwaffen-Programm unter SS-Veranwortung gestellt wurde. Hitler traute beispielsweise nach dem Attentat vom 20. Juli 1944 in der Wolfsschanze seiner Wehrmacht nicht mehr, was Reichsführer SS Himmler gelegen kam.

Bei vielen der von der SS kontrollierten Forschungsprojekte handelte es sich um streng geheime Sonderbereiche. Hier wurden eigene Wissenschaftler und Ingenieure beschäftigt, die der Öffentlichkeit nach Ende des Krieges namentlich nie bekannt wurden. Darüber hinaus wurden diese spezifischen Projekte besonderen Sicherheitsmaßnahmen unterstellt, um den Zugriff von alliierten Sabotageeinheiten, Agenten und Verrätern zurückzudrängen oder am besten unmöglich zu machen.

Daß die Öffentlichkeit bis heute vieles nicht erfahren hat, hängt auch damit zusammen, daß aufgrund des alliierten Bombardements die meisten geheimen Forschungsvorhaben in unterirdische Anlagen verlegt wurden. Eine Konzentration von unter der Erde befindlichen Produktions- und Entwicklungsstätten befanden sich bis zuletzt im Harz, in Thüringen und im sogenannten Reichsprotektorat Böhmen und Mähren.

Die genaue Zahl der Untergrundanlagen im damaligen Deutschland wurde nie bekanntgegeben. Aufschluß darüber könnten z. B. Auswertungen aller diesbezüglichen britischen und amerikanischen Geheimdienst-Dokumente geben. Bisher ist jedoch nur ein Teil dieser Unterlagen freigegeben worden. Es dürfte aber auch eine gewisse Dunkelziffer vorhanden sein: Die interessantesten Anlagen, in denen auch die von uns postulierte Atomwaffenforschung und Fernraketenentwicklung stattfand, wurden von der SS gegen Kriegsende versiegelt und getarnt – und damit bis heute wahrscheinlich nicht identifiziert. Andere Untergrundinstallationen, wie z. B. die V2-Produktion bei Nordhausen, fielen den Alliierten praktisch unversehrt in die Hände. In manchen Fällen schien es sogar so, als habe man die Alliierten bewußt auf gewisse Objekte orientiert, um andere, vielleicht wesentlich wichtigere Untertage-Anlagen zu schützen.

In nicht wenigen Fällen wurden Untergrundanlagen durch die Alliierten nach ihrer Untersuchung und Räumung gesprengt und zugeschüttet, um eine »ungesunde Neugier« der ansässigen Bevölkerung zu vermeiden. Offiziell hieß es, diese Maßnahmen würden aus Sicherheitsgründen erfolgen.

Es gab aber auch Fälle, in denen die Sieger des Zweiten Weltkrieges unterirdische Stollensysteme nicht betraten. Zu groß war die Angst, daß die Deutschen die unter Tage befindlichen Korridore waffentechnisch gesichert hatten.

So gesehen kann es nicht verwundern, daß über zahlreiche Aspekte der (unterirdischen) Geheimwaffenentwicklung bis heute nur sehr unvollständige Daten vorliegen. Eine Aufarbeitung des Themas wird zusätzlich durch die Tatsache erschwert, daß sich vor Kriegsende ein Teil hoher Nazi-Funktionäre und eine nicht auszumachende Zahl von Top-Spezialisten aus dem Wissenschafts- und Ingenieursbereich in andere Teile der Welt absetzte, die seinerzeit gute diplomatische Beziehungen zu Reichsdeutschland unterhielten. Bereits kurz nach 1941 war beispielsweise damit begonnen worden, große Ländereien in Südamerika aufzukaufen, was in der Regel über Scheinfirmen oder Strohmänner geschah. Man hatte also rechtzeitig mit der Errichtung von »Fluchtburgen« begonnen.

Der Mann, der im Auftrag des Reichsführers-SS Himmler arbeitete und aufgrund zahlreicher Sondervollmachten die volle

Verantwortung für eine nicht unbedeutende Zahl von Sondervorhaben trug, war SS-General Dr.-Ing. Hans Kammler – spätestens seit 1943 einer der mächtigsten Männer des Dritten Reiches. Er galt als wortkarg und zurückhaltend, aber auch als fanatischer Nationalsozialist, was er u. a. bewies, als es darum ging, Vorschläge für den Ausbau von Konzentrationslagern zu unterbreiten oder das Warschauer Ghetto nach dem dortigen Aufstand dem Erdboden gleichzumachen. Er tat dies mit deutscher Gründlichkeit – nicht ein einziger der Millionen Ziegelsteine blieb zurück.

Der als Organisationsgenie geltende Kammler wurde am 8. August 1944 zum »Generalbevöllmächtigten der V-Waffen-Produktion« ernannt. Gleichzeitig zeichnete er verantwortlich für eine Vielzahl von unterirdischen Rüstungsproduktionsstätten, so daß sich in seinen Händen letztlich eine ungeheure Machtfülle konzentrierte.

Was ihn in einem besonderen Licht erscheinen läßt, ist aber die Tatsache, daß er sich aufgrund seiner organisatorischen Leistungen auf eine Verantwortungsebene katapultierte, die ihn mit einem der größten Geheimnisse des Dritten Reiches verbinden sollte. Über die Köpfe von Göring und Speer hinweg und auf besondere Empfehlung von Himmler setzte ihn Hitler als Reichsgeneralbevollmächtigten für den Aufbau eines großen deutschen Forschungszentrums in Pilsen ein, das sich im damaligen Reichsprotektorat und Generalgouvernement Böhmen und Mähren befand. In diesem Denkzentrum sollten mit allen zur Verfügung stehenden Mitteln neuartige Technologien für den Antrieb von Flugzeugen, Raketen und Lenkwaffensystemen entwickelt werden, und das auch auf atomarer Basis! Weitere Aufgabenbereiche befaßten sich mit neuen Techniken von Strahlantrieben, dem Einsatz von Lasern (!) für die Waffensteuerung und sogenannten »Todesstrahlwaffen« sowie optischen Projekten, die Tarnungszwecken dienen sollten. Auch galt es, alternative Energiegewinnungstechnologien sowie Techniken zur Abwehr der alliierten Boden- und Lufteinheiten zu erproben. Der volle Umfang dessen, was im Denkzentrum von Prag wirklich realisiert werden sollte und konnte, ist allerdings nie bekannt geworden.

Kammler wurde bei seiner Arbeit von einem Team erfahrener und vom Sicherheitsdienst (SD) als zuverlässig eingestufter Techniker und Wissenschaftler umgeben, die – zumindest teilweise – später auch von den Amerikanern während der Aktion »Paperclip« gefangengesetzt wurden. Die amerikanischen Geheimdienste hatten kurz vor Kriegsende von dieser Denkfabrik deutscher Wissenschaft Kunde erhalten, was erklärt, warum erprobte Kampfverbände unter dem alten Haudegen General Patton alles links und rechts ihres Weges liegen ließen, um mit höchster Eile Pilsen anzusteuern. Sie wollten mit allen Mitteln verhindern, daß die ursprünglich durch die Sowjets zu besetzende Tschechoslowakei von diesen, zumindest was die besonders interessanten Areale anbetraf, als erste erreicht wurde.

Zwei Tage vor der Kapitulation des Dritten Reiches wurde dann das sogenannte »Kammler-Labor« okkupiert. Bis heute ist nur sehr bruchstückhaft bekanntgeworden, welche möglicherweise teuflischen Erfindungen in die Hände der Amerikaner fielen. Allein die damit verbundene Geheimhaltung, die bis heute andauert, läßt vermuten, daß es um bedeutende Erfindungen ging, die möglicherweise höchste strategische Bedeutung für das amerikanische Militär hatten.

SS-General Kammler verschwand während der Militäroperation spurlos. Bis heute ist nicht ganz klar, ob er vorher Teile des Geheimmaterials, das sich in seinen Labors befand, beiseite bringen konnte. Bei seiner Gründlichkeit ist jedoch davon auszugehen. Bis heute gibt es um seinen Verbleib jedenfalls nur Gerüchte, zu denen auch solche gehören, die von seinem Selbstmord sprechen. Andere vermuten, daß er bei den Alliierten mit seinem Geheimwissen untertauchte.

Bis heute ist auch unklar, wie ein einziger Mann derart viele bedeutsame Unternehmungen in sich vereinigen konnte. Eine wesentliche Rolle mag dabei der Einfluß Himmlers gespielt haben, der möglicherweise von zahlreichen Historikern stark unterschätzt wird. Die SS kochte im Dritten Reich ihr eigenes Süppchen. Gerüchte besagen sogar, daß einige Geheimprojekte, die Kammler verantwortete, nicht einmal Adolf Hitler bekannt gewesen sein sollen.

Skoda, heute als Automobilhersteller bekannt, gelangte nach dem Münchner Abkommen zwischen Hitler, Mussolini, Chamberlain und Daladier im Zuge der »Heimholung« des Sudetenlandes an das Deutsche Reich und den Krupp-Konzern, der die größte deutsche Waffenschmiede darstellte. Das Management blieb teilweise in tschechischer Hand, doch war es schon allein aus sicherheitsrelevanten Gründen nachvollziehbar, daß die Deutschen nur einen Landsmann als Generaldirektor und Präsidenten der Skoda-Werke duldeten. Dieser Mann hieß Dr. Wilhelm Voss, der mit Kammler sehr eng kooperierte. Beide gingen daran, die als modernste militärische Hochtechnologie-Forschungseinrichtungen bezeichneten Großlabors bei Skoda aufzubauen. Mit Genehmigung von Hitler und Himmler konnten diese Einrichtungen schließlich als Tarnunternehmen für die Waffen-SS arbeiten. Es gab eine enge Zusammenarbeit mit der Firma Krupp, wobei man sich auf diesem Gebiet vor allem mit der Bewertung und/oder Erprobung von gegnerischen Beutewaffen befaßte, die dann, mit zahlreichen Verbesserungen versehen, nachgebaut wurden. Diese SS-Forschungsgruppen waren damit bereits der ersten Generation von Geheimwaffen voraus.

Womit man sich darüber hinaus befaßte, ist bis heute nur schwer festzustellen. In vielen Fällen muß es sich um visionäre Waffenprojekte gehandelt haben. Besondere Aufmerksamkeit galt z. B. der Entwicklung und dem Bau eines atomgetriebenen U-Bootes, der Nutzung der Atomenergie für Raketen- und Flugzeugantriebe, Forschungen mit Laserstrahlen, der Entwicklung und dem Bau neuer Raketen mit Zielsucheinrichtungen und der Schaffung neuer Abwehrsysteme für die Luftverteidigung.

Wir können uns angesichts dieser Schwerpunktprojekte kaum vorstellen, daß man einfach »ins Blaue hinein« Forschung betrieb. Wenn man sich mit atomaren Antrieben für die Luftfahrt befaßte, mußte es doch sehr ernstzunehmende theoretische und praktische Ansätze in dieser Richtung schon weit vor dieser Zeit gegeben haben. Könnte es sein, daß damals ein deutscher Atomreaktor bereits erfolgreich arbeitete? Wie sonst hätte man über Atomantriebe nachdenken können, wenn man angeblich noch nicht einmal wußte, ob ein auf dieser Basis arbeitender Reaktor funktionieren würde? Wie man unschwer erkennen kann, gibt es auch hier mehr als genug Widersprüche, die bisher nicht aufgeklärt worden sind.

In diesem Zusammenhang existiert übrigens ein interessantes Dokument. Es stammt zwar nicht von der SS und ist auch nicht für Skoda bestimmt, betrifft aber ein Parallelprojekt, das das Oberkommando des Heeres initiiert hatte und dessen Empfänger die Forschungsanstalt der Deutschen Reichspost war.

In diesem »Kriegsauftrag«[2] wurde folgendes gefordert:

»1) Durchführung grundsätzlicher Untersuchungen über die Leistungssteigerung von Flüssigkeits-R[aketen]-Antrieben durch Verwendung von Treibstoffgemischen höchsten Energiegehaltes.

2) Untersuchung der Möglichkeit der Ausnutzung des Atomzerfalls und Kettenreaktion zum R[aketen]-Antrieb.«

Wird nicht immer wieder durch die klassische Geschichtsschreibung behauptet, daß solche visonären und nicht sofort realisierbaren Forschungsvorhaben nicht zur Ausführung gelangten?

Angesichts all dieser Überlegungen ist für uns ziemlich klar, daß es bei Skoda eine unter SS-Regie stehende, streng geheime Atomforschung gab, die nichts mit jenen Wissenschaftlern zu tun hatte, die uns üblicherweise immer als »deutsche Atomexperten« verkauft werden. Einer dieser Männer erklärte 1945, der gesamte deutsche Uranvorrat sei nicht größer als eine Walnuß gewesen. Schon die Recherchen der alliierten »Alsos«- und CIC-Technologiefahnder ergaben, daß die Deutschen innerhalb der angeblich nicht zum Erfolg führenden Vorexperimente in der Lage waren, je einen ansehnlichen Zweitonnenvorrat Schweren Wassers (Deuteriumoxid) und U 235 anzulegen.

Tatsache ist, daß die Forschungsaktivitäten der SS bei Skoda teilweise ohne das Wissen von Göring, Speer oder anderer Forschungszentren vorgenommen wurden. Selbst die V1- und V2-Waffenproduktion hatte keine Ahnung von der Existenz dieser geheimen Sonderorganisation. Als die Alliierten nach Endes des Zweiten Weltkrieges bis dahin geheime nachrichtendienstliche Berichte der Deutschen recherchierten, zeigte sich, daß sämtliche Materialien und Dokumente in der von der SS beherrschten Denkfabrik in Pilsen von einem dreifachen Ring aus SS-Abwehrspezialisten kontrolliert und somit hermetisch nach außen hin abgeriegelt wurden. Himmler hatte diesen Abwehrring unter persönlicher Verantwortung von Gestapo-Chef Müller (»Gestapo-Müller«) eingesetzt, um die Forschungsbereiche und alles, was damit zusammenhing, gegen Unterwanderung, Sabotage, Spionage und andere die Sicherheit gefährdende Aspekte zu schützen.

Die Finanzierung der SS-Vorhaben in Pilsen wurde über Generaldirektor Voss abgewickelt, der somit sicherlich einen tiefen Einblick in die dort durchgeführten Projekte hatte. Er war Himmler direkt unterstellt und durfte nur an diesen berichten. So war sichergestellt, daß die Geheimnisse auch Geheimnisse blieben.

Daß Skoda eine besondere Rolle in der Hochtechnologie-Forschung spielte, ahnten auch die Amerikaner. Bis heute ist nicht klar, woher diese Ahnungen kamen. Jedenfalls versuchten sie mit allen zur Verfügung stehenden Mitteln, die deutsche Hochtechnologie – und hier besonders die Atomforschungsstandorte

9 Ausfertigungen
Abdr.f.Rechnungslegung (3.Ausfertigung)

Oberkommando des Heeres
(Chef der Heeresrüstung und Befehlshaber des Ersatzheeres)

Berlin W 35, den 15.10. 1942
Tirpitzufer 72—76
Fernsprecher:

Auftrag-Nr: Wa Prüf 11 KAP/L 88 011-5371/42 KT 200
Auftrag-Nr. bei allen Schriftstücken stets angeben!

Bb-Nr. 959 /42 gKdos Geheime Kommandosache

Kriegsauftrag

11.11.1942

Firma Forschungsanstalt der Deutschen Reichspost
z.Hd.v.Herrn Postrat K u b i c k i

W-Nr

Berlin - Tempelhof
Ringbahnstr.125

Es wird Ihnen hiermit der Auftrag übertragen auf

1.) Durchführung grundsätzlicher Untersuchungen über die Leistungssteigerung von Flüssigkeits-R-Antrieben durch Verwendung von Treibstoffgemischen höchsten Energiegehaltes.

2.) Untersuchung der Möglichkeit der Ausnutzung des Atomzerfalls und Kettenreaktion zum R-Antrieb.

Der Preis versteht sich: - - - - -

Zahlungsbedingungen: - - - - -

Dem Auftrag liegen die — in Ihren Händen befindlichen — „Besonderen Bedingungen für Kriegsaufträge des Heereswaffenamts (Ausgabe vom März 1941)" und die weiteren, hierin genannten Unterlagen zugrunde.

Der Kriegsauftrag des Oberkommandos des Heeres an die Forschungsanstalt der Deutschen Reichspost zur Untersuchung hochenergetischer Treibstoffe oder der Möglichkeiten des Atomzerfalls für Raketenantriebe.

und die Raketenentwicklung – sowie die damit verbundenen Personen in ihre Hände zu bekommen. Und wie die Geschichte lehrt, gelang ihnen das auch, zumindest teilweise. So gerieten die deutschen Atomforschungseinrichtungen Haigerloch und Stadtilm unter amerikanische Kontrolle. Auch eine unterirdisch betriebene Atomforschungseinrichtung bei Lehesten, deren genauer Standort noch aufzuklären ist, konnte sichergestellt werden, wie US-Archivdokumente belegen.

Weit weniger erfolgreich war man in bezug auf die SS-Denkfabrik bei Skoda. Ende April 1945 war Prag noch fest in der Hand von Generalfeldmarschall Ferdinand Schörners SS-Divisionen. Der ostwärts der tschechischen Hauptstadt aufgehaltenen Roten Armee gelang es erst zwei Tage nach Inkrafttreten der deutschen Kapitulation, die Stadt an der Moldau zu besetzen. Mit Blick auf Kammler blieben auch die Skoda-Werke in Pilsen noch bis zum völligen Durchbruch der Sowjets in deutscher, später amerikanischer Hand. Pilsen und die Skoda-Werke wurden vom Kampfkommando B (*Combat Command B*, CCB) der 3. US-Panzerdivision eingenommen.

Sofort schickten Amerikaner und Briten Rüstungsexpertenteams nach Pilsen, um die erbeuteten Geheimunterlagen zu sichten, ehe die Rote Armee sie in die Hände bekommen konnte. Angesichts der bevorstehenden Einverleibung der Skoda-Werke in die sowjetische Rüstungsindustrie waren die nachrichtendienstlichen Erkenntnisse der beiden alliierten technischen Expertengruppen von allergrößtem Interesse. Dabei hatten die Nachrichtenexperten zunächst überhaupt keine Ahnung von den streng geheimen waffentechnischen Forschungen unter der Leitung der SS, die unter dem Deckmantel allgemeiner Skoda-Forschung liefen. Die Sowjets wußten auch nichts Konkretes darüber, hatten aber gewisse Vermutungen. Der dreifache Sicherheitskordon der militärischen, industriellen und politischen SS-Spionageabwehr war nicht zu durchdringen gewesen. Und gerade diesen Umstand der absoluten Geheimhaltung machten sich die eindringenden alliierten Geheimdienstleute nun zunutze, indem man einen Großteil dessen, was man bei Skoda vorfand, weiterhin unter strengster militärischer Geheimhaltung beließ. Das hatte einen ganz naheliegenden Grund: Als die US-Nachrichtendienstleute ihre Arbeit bei Skoda aufnahmen, zeichnete sich bereits der Kalte Krieg mit dem sich über Europa senkenden Eisernen Vorhang immer deutlicher ab. Die Skoda-Geheimnisse konnten also einen amerikanischen Vorsprung sichern.

Die wenigen Informationen, die zum Ablauf der damaligen Bergung von Geheimdokumenten erhältlich sind, verdichten den Eindruck, daß die amerikanischen Truppen zwar einen Großteil der Unterlagen sicherstellen und übernehmen konnten, dabei jedoch im Laufe der Zeit von russischer Seite massiv behindert wurden. Durch einen unglaublichen Fall von Schlamperei geriet sogar während der Bergungsaktion eine LKW-Ladung mit hochbrisanten Dokumenten, über deren Inhalt sich die zuständigen amerikanischen Behörden bis heute ausschweigen, in russische Hände. Dieser Vorfall wurde seitens der Militärbehörden und Geheimdienste der USA nachweislich über 40 Jahre lang vertuscht, denn er war ein wichtiger Grund dafür, daß die Sowjetunion nach dem Zweiten Weltkrieg technologisch mit den USA Schritt halten konnte.

Als der ehemalige Generaldirektor der Skoda-Werke, Voss, von amerikanischen Abwehroffizieren verhört wurde und von den von ihm und Kammler installierten Forschungs- und Entwicklungseinrichtungen der SS-Denkfabrik zu sprechen begann, wie auch das Fehlverhalten eines amerikanischen Offiziers im Mai 1945 zur Sprache brachte, bei dem die eben erwähnten wichtigen Forschungsunterlagen über fortgeschrittene Arbeiten an der zweiten V-Waffen-Generation in die Hände der Russen gelangten, schlug diese Enthüllung verständlicherweise wie eine Bombe ein. Von nun an nahm ein höherer Offizier vom Stab des US-Militärgouverneurs, Generalleutnant Lucius D. Clay, an den Gesprächen teil, um sicherzustellen, daß alle Informationen über den Verlust der Geheimnisse an die Sowjets einerseits vertraulich bleiben mußten und andererseits garantiert werden konnte, daß die restlichen Informationen über geheime Waffensysteme nunmehr ausschließlich in die USA gelangten.

Einige Autoren behaupten bis heute, daß nicht eruierbar sei, was an streng geheimen und zukunftsweisenden Technologieunterlagen bei Skoda tatsächlich vorgefunden wurde. Die manche Waffenprojekte umgebende völlige Geheimhaltung der SS wurde, was wir bestätigen können, von den amerikanischen Militärs und Geheimdiensten lückenlos übernommen und hält bis heute an. Dafür muß es Gründe geben.

Gerüchte besagen, daß die Miniatur-Atombrennzellen in verschiedenen modernen US-amerikanischen und sowjetisch/russischen Satelliten zur Energieerzeugung auf die Skoda-SS-Forschungen zurückgehen sollen. Damit zusammenhängende Forschungsberichte in den USA sind trotz zahlreicher Anfragen

Pilsen – einer der wichtigsten Skoda-Standorte. Das Unternehmen erstreckte sich hier auf 4 x 4 km Fläche. Bei dem alliierten Bombardement wurden etwa 30 Prozent aller Produktions- und Forschungsanlagen zerstört.

über den Freedom of Information Act (FOIA, Gesetz zur Freiheit der Information, Anm. d. Autoren) bisher nicht freigegeben worden.

Wir glauben jedoch sagen zu können, daß solche Erfindungen, auch wenn sie heute große militärische oder wirtschaftliche Bedeutung haben mögen, nicht der eigentliche Grund des mit großer Eile durchgeführten US-amerikanischen Technologieraubs gewesen sind. Es ging, wir werden das gleich aufzeigen, auch hier um die Atomtechnologie.

Nach dem Krieg erschien in der nordböhmischen Zeitung *Mladá Fronta* ein kurzer Artikel, der etwas Licht in die Angelegenheit bringt. In der Nummer 90 der Zeitung vom 28. August 1945 war folgende Darstellung, von uns hier sinngemäß wiedergegeben, zu lesen:

»Die Atombombe sollte in Prag produziert werden

Sabotage und Bombardement haben das Experiment vereitelt

Zu den Nachrichten über den Mißerfolg der deutschen Wissenschaftler bei der Arbeit an dem Problem der Entfesselung der Atomenergie, die in der Tagespresse erwähnt worden sind, können wir einige interessante Details hinzufügen.

Nach der Besetzung Frankreichs und der Niederlande bemächtigten sich die Deutschen gewisser Anlagen, die der Spaltung des Atoms dienten. Diese Anlagen waren in verschiedenen wissenschaftlichen Institutionen untergebracht. Die Deutschen bemühten sich, die neuesten Erfindungen auf diesem Gebiet auszunutzen, und begannen, auf eigene Faust zu experimentieren.

Wie aus dem Gespräch mit dem Nazi-Funktionär Oberrat Eisenbeck, der für das Gebiet Rundfunk und Elektrotechnik verantwortlich war, hervorging, ist es bei den Experimenten zu einer Panne gekommen. Etwa sechs Personen wurden dabei sehr schwer verletzt. Die Frage, ob auch jemand dabei ums Leben gekommen ist, können wir nicht beantworten, da es hierzu keine Angaben gibt. Wie die weitere Entwicklung gezeigt hat, betraf es die Leute aus dem Kreis [von Wissenschaftlern], die diese Erfindung für kriegerische Zwecke nutzen wollten.

Nach einer bestimmten Zeit wurden die Arbeiten wieder aufgenommen. Die Deutschen handelten jetzt vorsichtiger. Sie beschlossen, eine eigene Anlage, die der Kernspaltung dienen sollte, zu bauen. Eine solche Anlage sollte sicher sein. Die dazu gehörende Ausstattung und grundlegende Teile des Zyklotrons sind bei der Firma Marconi-Radioslavia in Prag-Vysocany bestellt worden.

Die Bestellung wurde von der Reichspostforschungsanstalt in Berlin vorgenommen. Die Einzelteile sind jedoch nie geliefert worden. Die Produktion verspätete sich aufgrund intensiver Sabotage tschechischer Ingenieure und Techniker, die wußten, daß es sich um Einzelteile für eine neue Waffe handelt. Die Sache war [seitens der Deutschen] ganz gut vorbereitet, aber eben aufgrund der Sabotage der tschechischen Mitarbeiter konnte sie nicht zum Erfolg geführt werden. Dem berühmten Prager Zyklotron wurde dann endgültig ein Bombardement des Stadtviertels Vycocany durch die Amerikaner zum Verhängnis.

Ersatzteile, die für die Lieferung nach Deutschland fertig waren, sind heute nur noch als Kupferblech und anderes Material ersichtlich, und liegen auf dem Hof der Fabrik.

Die Sabotage der tschechischen Angestellten war die Ursache dafür, daß die Westmächte die Atombombe früher fertigstellen konnten als Deutschland.«

Bei aller Vorsicht in der Interpretation des Textes ist doch eines klar ersichtlich: In Prag sollte bei der Firma *Marconi-Radioslavia*, die indirekt auch mit dem Skoda-Komplex zu tun hatte, ein Zyklotron gebaut werden, und es gab Ersatzteilanforderungen aus Berlin für ähnliche Systeme, die möglicherweise irgendwo im »Reich« bereits vorhanden waren. Die tschechischen Ingenieure und Wissenschaftler, die an diesen Arbeiten beteiligt waren, wußten ziemlich genau, wozu all diese Dinge letztlich dienen sollten: zum Bau einer Atomwaffe nämlich, deren angereicherte Bestandteile durch den Betrieb eines Zyklotrons hergestellt werden sollten. Nicht umsonst hieß es zum Schluß, daß durch die erfolgreiche Unterminierung der Arbeiten in Prag die deutsche Bombe vereitelt worden sei.

Den Bericht spürte ein für uns vor Ort tätiger Prager Bürger auf, dem wir für diesen Fund zu großem Dank verpflichtet sind. Er lieferte uns darüber hinaus auch noch eine vom 26. Mai 1946 stammende »Meldung über die Kriegsproduktion« der Firma *Radioslavia*, die im nachhinein für das Jahr 1945 erstellt wurde und die auf der nachfolgenden Seite abgebildet ist.

In ihr heißt es unter Punkt 4:

»Einige Einzelteile für [das] ›Zyklotron‹ sollten geliefert werden für [die] Forschungsanstalt der D.R.P. im Jahre 1945. Sie wurden nicht geliefert. Sie wurden bei dem Bombardement vernichtet.«

RADIOSLAVIA

AKCIOVÁ SPOLEČNOST PRO TELEGRAFII A TELEFONII BEZ DRÁTU

PRAHA XIII., TŘÍDA KRÁLE JIŘÍHO 55.

TELEGRAMY: RADIOSLAV PRAHA - TELEFON 965-11

Ministerstvo Národní Obrany,
Hlavní štáb,
Hlavní správa průmyslu,
P r a h a XIX.

GENERÁLNÍ ZASTOUPENÍ:
MARCONI'S WIRELESS TELEGRAPH CO LTD.
CHELMSFORD
THE MARCONIPHONE COMPANY LTD.
HAYES, MIDDLESEX

Ev. | Ref. H/F. | Čís. 578

PRAHA, dne 20.května 1946.

VĚC: Hlášení válečné výroby.

Na Vaši telefonickou výzvu ze 17.t.m. dovolujeme si Vám tímto předložiti žádané písemné hlášení o rozsahu naší výroby pro bývalou říšskoněmeckou správu za dobu války, t.j. od 1.září 1939 do 5.května 1945.

Vzhledem k tomu, že naše továrna byla při náletu z 25.III.1945 úplně zničena, při čemž shořela též většina dokladů, bylo by velmi těžké, udati přesně rozdělení výroby na jednotlivá válečná leta, ba není ani možno - pokud se lampové výroby týče - udati přesná sumární čísla za celou dobu války. Naše hlášení v důsledku ztráty dokladů může býti pouze přibližné.

Továrna firmy Radioslavie měla dvě samostatná oddělení, která po dobu války dodala tyto výrobky:

A.) Vysilačové oddělení:

Krátkovlnné rozhlasové vysilače pro Reichspost-zentralamt:

1) 2 vysilače o výkonu 75 kW - dodány do Mnichova r.42,
2) 2 vysilače " " 100 kW - " " " r.44,
3) Některé součásti pro "Cyclotron" měly býti dodány pro Forschungsanstal d.D.R.P. v r.1945, byly však zničemy při vybombardování továrny.
4) Žíhací oscilátor o výkonu 3 kW pro spájení ve vakuu, dodán pro Forschungsanstal d.D.R.P. v r.44.

B.) Lampové oddělení:

dodávalo hlavně vysílací lampy, a to:

1) Vodou chlazené lampy:
   50 - 150 kW anodové ztráty.......asi 170 kusů.
   5 - 50 kW " " ....asi 335 kusů.
2) Vzduchem chlazené lampy:
   1 kW anodové ztráty............asi 190 kusů.
3) Skleněné vysilací lampy:
   0 - 1 kW anodové ztráty.........asi 400 kusů.
4) Přijimací a nejmenší vysilací lampy..................celkem asi 5.000 kusů.

Die Meldung über die Kriegsproduktion der Firma Radioslavia.

Bei dem Zeitungsbericht wie auch dem Dokument handelt es sich um Material, das aufzeigt, daß der Standort Prag (mit Sicherheit aber auch andere), in welcher Firmenbeteiligung auch immer, mit der deutschen Atomforschung und damit auch der »Bombe« zu tun hatte. Wenn eine Firma wie *Marconi-Radioslavia* während des Krieges bereits Aufträge in dieser Richtung erhielt, was mußte dann erst in den geheimen »Kammler-Labors« der Firma Skoda realisiert worden sein? Wir hoffen alt genug zu werden, um dies eines Tages zu erfahren.

Eine Bestätigung für die Hypothese, daß bei Skoda Atomforschung betrieben wurde, liefert auch der für die Geheimhaltung der Kammler-Forschungsprojekte zuständige Sicherheitsdienst-Chef Heinrich Müller (»Gestapo-Müller«). Er behauptet, daß es sich dabei um weit fortgeschrittene Experimente und Entwicklungen gehandelt habe, die von einem dreifach gestaffelten, undurchdringlichen Sicherheitswall umgeben waren.

Wir müssen erklärend hinzufügen, daß Heinrich Müller bis heute offiziell als vermißt gilt. Diese Meinung wurde insbesondere von der Historikerschaft vertreten. Anderslautende Behauptungen wurden, zumindest in Deutschland, bisher negiert. Nun jedoch hat das Zweite Deutsche Fernsehen in seiner Geschichtsdokumentation »History« Anfang 2001 das Thema aufgriffen. Und siehe da: Nunmehr muß davon ausgegangen werden, daß der Gestapo-Chef den Krieg tatsächlich überlebte und später in die USA ging, wo sein Wissen in bezug auf geheimdienstliche Tätigkeit von außerordentlichem Nutzen war.

Das bedeutet aber nun auch, daß die Müllerschen Tagebücher und Gesprächsprotokolle, die bereits vor Jahren in den USA erschienen, einen wesentlich höheren Stellenwert als bisher erhalten. Der amerikanische Autor Gregory Douglas wertete seinerzeit unbekannte Gespräche zwischen Heinrich Müller und amerikanischen Interviewern aus, die ihn 1948 in der Schweiz aufgespürt hatten. Die Unterlagen stammten aus den *National Archives* der USA.

Douglas publizierte insgesamt drei Bände mit dem Müller-Material. Zwei davon wurden später durch den Berg-Verlag ins Deutsche übersetzt, doch gab es bereits kurz nach dem Erscheinen des ersten Bandes in der Bundesrepublik ein Indizierungsverfahren. Nach jahrelangem Rechtsstreit sind beide Bände nunmehr wieder verfügbar, wenn auch mit Streichungen bestimmter Textstellen. Während man in den USA an der Arbeit von Douglas keinen Anstoß nahm, hielten es bestimmte Kreise hierzulande für besser, eine Zensur auszuüben, obwohl klar war, daß es sich bei den Veröffentlichungen um subjektive Darstellungen Heinrich Müllers handelt, die man leicht als solche erkennen und entsprechend bewerten kann.

Müller ließ bei den mit ihm geführten Interviews (der Begriff »Verhör« wäre hier unpassend, da sich die befragenden Amerikaner äußerst zurückhaltend verhielten) einige Informationen durchblicken, die ein völlig anderes Licht auf die deutsche Atomwaffenforschung im allgemeinen und die Forschungen bei Skoda im speziellen werfen, auf die Müller hier Bezug nimmt:

»[…] Es gab mehrere parallele Forschungsprojekte über die Atombombe […] Ich weiß jedoch, daß wir den anderen einiges voraus hatten. Einer der Gründe dafür dürfte es sein, daß es uns gelang, Funksprüche abzufangen und zu dechiffrieren, die sowjetische Spione in Ihrem Land [gemeint ist hier die Heimat des Interviewers, die USA; Anm. d. Autoren] *zu diesem Komplex nach Moskau schickten […] Ein Spionagering in der Umgebung von Ottawa in Kanada schickte ebenfalls Funksprüche nach Moskau, von denen wir viele entschlüsseln konnten […] Die Informationen wurden unseren Wissenschaftlern* [damit sind die der SS gemeint, Anm. d. Autoren] *und nicht den Konkurrenten zur Verfügung gestellt, so daß ich mit Fug und Recht sagen kann, daß wir über Ihre Ergebnisse auf dem neuesten Stand waren, was unsere Experimente gewaltig verkürzte […]«*[3]

Eine hochinteressante Aussage! Während die Alliierten glaubten, ihr eigener Spionageapparat würde überlegen sein und sie mit korrekten Informationen über den Stand der deutschen Atomforschung beliefern, forschten die Deutschen das amerikanische Manhattan Project aus, wobei sie das Interesse der Russen an dem US-Vorhaben zur Schaffung einer Atombombe ausnutzten. Wie heißt es so schön im Volksmund? Wenn zwei sich streiten, freut sich der Dritte …

Die alliierten Geheimdienste, Militärs und Politiker hatten demnach zu Recht Angst vor einer deutschen »Bombe«. Heute heißt es zwar unisono, daß diese Angst auf eine gewisse mit dem Krieg verbundene Hysterie, vielleicht sogar Paranoia, zurückzuführen gewesen sei, doch halten wir dieses Argument für an den Haaren herbeigezogen. Man will damit nur den Umstand bemänteln, daß die Angst vor einer deutschen Nuklearwaffe real war, man dies aber mit dem Beginn des Kalten Krieges kaum mehr zugeben konnte, wenn man als Weltmacht akzeptiert werden wollte.

Gregory Douglas konnte also den Verbleib des in Fragen Sicherheit für das Skoda-Projekt Zuständigen aufklären. Was aber wurde aus SS-General Hans Kammler, dem Hauptverantwortlichen dieser Unternehmung? Genau das wollte auch das frühere Ministerium der Staatssicherheit (kurz MfS) der DDR wissen. Der ostdeutsche Geheimdienst war sehr wohl über Kammler informiert und wußte, daß dieser Mann eine entscheidende Rolle in bezug auf Hochtechnologie, V-Waffen aber auch bei Verbrechen gegen die Menschlichkeit spielte. Das MfS wurde auf ihn aufmerksam, weil er in verantwortlicher Position dem Untertageprojekt »Mittelbau Dora« vorstand, sein Name aber auch immer wieder in Hinblick auf das Projekt S III (Raum Jonastal – Truppenübungsplatz Ohrdruf) fiel.

Die zuständigen Mitarbeiter des MfS hatten wahrscheinlich schon längere Zeit versucht, den Verbleib Kammlers zu klären, und waren dabei auf eine Spur gestoßen, die in die (damalige) CSSR führte. Darüber existiert ein entsprechender Schriftwechsel.[4] In einem als »streng geheim« klassifizierten Schreiben[5] vom 13. August 1979 heißt es:

»Im Rahmen der Bearbeitung eines wichtigen operativen Vorganges wurde dem Ministerium für Staatssicherheit bekannt, daß der ehemalige Gruppenführer der SS,

Dr. KAMMLER, Hans
geb. 26.8.1901 in Stettin
SS-Nr.: 11 3619
NSDAP-Mitgliedsnummer: 10 11 8 55
am 9.5.1945 in Prag Selbstmord verübte.

Nach Aussagen des in Bayern (BRD) lebenden ehemaligen Adjutanten soll das Tagebuch des KAMMLER bei den CSSR-Behörden vorliegen.

Im Zusammenhang mit dem Vorstehenden wird gebeten, diesen Sachverhalt prüfen zu lassen. Für die weitere Bearbeitung wäre es für das MfS von großer Wichtigkeit, entsprechend den vorhandenen Möglichkeiten, Kopien aller zum Genannten vorliegenden Materialien – einschließlich Tagebuch – zu erhalten.«

Die CSSR-Behörden gingen der Sache nach und antworteten dem MfS einige Wochen später. In der Übersetzung aus dem Tschechischen[7], die ebenfalls als »streng geheim« eingestuft wurde, hieß es u.a.:

»Das persönliche Tagebuch von Dr. KAMMLER, um das es Ihnen vor allen Dingen geht, ist in den tschechoslowakischen Archivfonds leider nicht vorhanden. In diesem Zusammenhang

Abteilung X -

Anlage zum Schreiben X/5635/79
v. 9.10.1979 an Leiter HA IX

FMdI der CSSR

Übersetzung aus dem Tschechischen

STRENG GEHEIM!

Dr. KAMMLER - Antwort auf C/1204/79

Auf Grund Ihrer Anforderung wurde eine Überprüfung unserer Archivfonds vorgenommen und es wurden die Dokumente herausgesucht, die die Person des ehemaligen SS-Gruppenführers und Generalleutnants der Waffen-SS Dr. Hans KAMMLER betreffen, oder Materialien, die direkt mit seiner faschistischen Tätigkeit zusammenhängen. Es handelt sich durchweg um seine Korrespondenz mit K. H. FRANK und dem Kommando der SS-Einheiten auf dem Territorium des damaligen Protektorats. Inhaltlich betreffen die Dokumente die Sicherstellung des Baus von verschiedenen militärischen und Rüstungsobjekten, wie z. B. den sogen. "Truppenübungsplatz der Waffen-SS Böhmen" in der Umgebung von Benesov bei Prag und das Konzentrationslager und den Rüstungsbetrieb "Richard" in Litomerice. In dieser Korrespondenz wird Dr. KAMMLER als "Amtsgruppenchef C" angeführt, d. h. Chef der bautechnischen Gruppe "C" in Himmlers SS-Wirtschaftsverwaltungshauptamt in Berlin. Die genannten Dokumente wurden fotografiert und der Film wird als Anlage mitgeschickt.

Das persönliche Tagebuch von Dr. KAMMLER, um das es Ihnen vor allen Dingen geht, ist in den tschechoslowakischen Archivfonds leider nicht vorhanden. In diesem Zusammenhang weisen wir darauf hin, daß für dieses Tagebuch und die anderen mit KAMMLER zusammenhängenden Dokumente 1976 der englische Germanist Gerald Fleming Interesse zeigte. Die Fotokopien seiner Briefe werden als Anlage zu Ihrer Information übersandt. Aus ihrem Inhalt geht hervor, daß er sich mit der gleichen Bitte auch an die zuständigen Organe der DDR gewandt hat.

Nach den Angaben von Fleming hielt sich General Dr. Hans KAMMLER in der kritischen Zeit bei Kriegsende in Westböhmen in der Umgebung von Plzen auf. Fleming führte des weiteren an, daß General KAMMLER damals seine Dokumente mit dem Tagebuch in einem Wächterhaus an der nach Plzen führenden Straße abgegeben hat. Wenn das tatsächlich der Fall gewesen ist, können die Dokumente von KAMMLER, einschließlich des persönlichen Tagebuchs, in die Hände von Angehörigen der USA-Armee, die in diesem Teil des Territoriums unserer Republik 1945 operierte, gelangt sein. In diesem Sinne haben wir auch Herrn Fleming informiert.

Der Vollständigkeit halber führen wir noch an, daß wir über das eigentliche Schicksal des Generals KAMMLER, d. h. ob er in den Maitagen 1945 auf unserem Territorium Selbstmord begangen hat, oder ob er in Gefangenschaft geraten ist, keinerlei Erkenntnisse haben.

Übersetzt: Gebrande, Hpt.
Gef. 2 Ex.

Eines der Dokumente[6] des Ministeriums für Staatssicherheit zum Fall Kammler.

weisen wir darauf hin, daß für dieses Tagebuch und die anderen mit KAMMLER zusammenhängenden Dokumente 1976 der englische Germanist Gerald Fleming Interesse zeigte. Die Fotokopien seiner Briefe werden als Anlage zu Ihrer Information übersandt. Aus ihrem Inhalt geht hervor, daß er sich mit der gleichen Bitte auch an die zuständigen Organe der DDR gewandt hat.

Nach den Angaben von Fleming hielt sich General Dr. Hans KAMMLER in der kritischen Zeit bei Kriegsende in Westböhmen in der Umgebung von Pilsen auf. Fleming führte des weiteren an, daß General KAMMLER damals seine Dokumente mit dem Tagebuch in einem Wächterhaus an der nach Pilsen führenden Straße abgegeben hat. Wenn das tatsächlich der Fall gewesen ist, können die Dokumente von KAMMLER, einschließlich des persönlichen Tagebuchs, in die Hände von Angehörigen der USA-Armee, die in diesem Teil des Territoriums unserer Republik 1945 operierte, gelangt sein. In diesem Sinne haben wir auch Herrn Fleming informiert.

Der Vollständigkeit halber führen wir noch an, daß wir über das eigentliche Schicksal des General KAMMLER, d.h. ob er in den Maitagen 1945 auf unserem Territorium Selbstmord begangen hat, oder ob er in Gefangenschaft geraten ist, keinerlei Erkenntnisse haben.«

Das MfS konnte nur feststellen, daß hier kein Weiterkommen war. Das Tagebuch des SS-Generals, das sehr wahrscheinlich erhellende Informationen enthielt, war nicht zu finden. Der Fall wurde zu den Akten gelegt.

Kapitel 11

DAS RÄTSEL DES DREIECKS OHRDRUF/JONASTAL/ARNSTADT – EINE EINFÜHRUNG

Schon eine Reihe von Autoren vor uns hat sich um das im reizvollen Thüringer Wald zwischen Ohrdruf und Arnstadt gelegene Areal des Jonastals und Truppenübungsplatzes Gedanken gemacht. Zu Beginn der öffentlichen Diskussion, die in der Zeit der vielbeschworenen »Wende« begann, wurde behauptet, daß im Jonastal gegen Kriegsende das »letzte Führerhauptquartier« errichtet werden sollte. Seither hat sich die Diskussion noch in eine andere Richtung bewegt, denn bei genauer Betrachtung zeigt sich, daß die Behauptung, man habe nur ein FHQ bauen wollen, so allein nicht richtig sein kann, sondern daß zu Zeiten des Zweiten Weltkrieges hier weitaus mehr passiert sein muß, als viele zu glauben bereit sind.

Es gibt tatsächlich eine Reihe merkwürdiger Vorgänge um das Gebiet, die vor allem den Zeitraum seiner Einnahme durch US-amerikanische Truppen betreffen und bis heute teilweise der Geheimhaltung unterliegen. In diesem Zusammenhang tauchen auch die Namen zweier markanter Männer auf: der des US-amerikanischen Generals Patton, aber auch der des SS-Obergruppenführers und Generals der Waffen-SS Kammler.

Was viele, die sich der Erforschung der Geschichte des Gebietes zugewandt haben, bis heute ärgert, ist die Tatsache, daß das Interesse, die mit dem Terrain verbundene Geschichte aufzuklären, scheinbar nur auf privater Initiative beruht. Von offizieller Seite konnte man bisher nur ablehnende oder abwartende Reaktionen registrieren. An dem Zustand, den Karl-Heinz Zunneck schon 1998 kritisierte, hat sich somit nichts geändert:

»[...] Und da offizielle Stellen oftmals leider den Eindruck hinterlassen, an der Thematik nicht interessiert zu sein, weil damit unangenehme Belange deutscher Geschichte verbunden sind, ist der Kreis von Enthusiasten, Forschern, Abenteurern und Schatzsuchern erst recht gefordert, in seinen Bemühungen, das Rätsel aufzulösen, nicht lockerzulassen. Selbst US-amerikanische Forscher verstehen bis heute nicht, warum deutsche Historiker und Behörden den Eindruck erwecken, lieber Gras

über die Sache wachsen lassen zu wollen, statt sich um eine Aufklärung der tatsächlichen Bedeutung dieses Gebietes und der Ereignisse der letzten Kriegstage in dieser Region zu bemühen. Sie verstärken damit nur unbewußt den Eindruck, daß es etwas zu verbergen gibt, das möglicherweise Teile der regionalen Geschichte in einem ganz anderen Licht erscheinen lassen könnte. Und dieser Verdacht ist nicht einmal unbegründet, denn die letzten zehn Jahre haben zahlreiche neue Informationen, insbesondere über den Zweiten Weltkrieg als Ganzes erbracht, die sehr wohl dokumentieren, daß nicht alles stimmt, was man der Öffentlichkeit als ›verbürgte geschichtliche Tatsache‹ unterschieben wollte. Und dies kann in bezug auf das Jonastal-Thema genausogut der Fall sein.«

Beginnen wir jedoch beim Anfang.

Wir bitten an dieser Stelle all jene um Verständnis, die man getrost als »Jonastal-Insider« bezeichnen kann, daß wir zu Beginn unserer Ausführungen nun erst einmal eine Übersicht über die bekannten Fakten geben möchten. Sie ist eine Einführung in das Thema »Mysterium Jonastal«, die die Geschichte vorstellt und damit all jene Leser für das Thema sensibilisieren möchte, die bisher noch nichts von alldem gehört haben. Ohne diese grundlegenden Informationen sind aber alle Neuhinzukommenden kaum in der Lage, die Tragweite der später zu offenbarenden Informationen richtig einzuschätzen.

Wir möchten uns an dieser Stelle herzlich bei Herrn Karl-Heinz Zunneck bedanken, der uns gestattet hat, seine Beschreibung des Gebietes aus seinem ersten Buch[1] zu übernehmen, die durch relative Kürze, gleichzeitig aber durch Prägnanz überzeugt. Wo es uns sinnvoll erschien, haben wir entsprechende Einfügungen und Ergänzungen vorgenommen.

Das Jonastal, nur wenige Kilometer von Arnstadt entfernt gelegen und auf der etwas mehr als zehn Kilometer langen Straße von Crawinkel dorthin zu erreichen, liegt in einer – insbesondere in den Sommermonaten – reizvollen landschaftlichen Gegend. Viele, die die etwas holprige und kurvige Straße heutzutage passieren, wissen nur wenig über die Geschichte jenes Teils Thüringens, der mit fieberhaften Aktivitäten der Nazis im Untergrund und mit dem Tod Tausender von Häftlingen verbunden ist, die von ihren Bewachern bis zur physischen Vernichtung zur Arbeit angetrieben wurden, um die dort geplanten baulichen Projekte zu realisieren. Heute zeugt nur noch ein Denkmal in unmittelbarer Nähe der Straße von dem einstigen Martyrium der Geschundenen. Einen ersten Hinweis auf den Ort der Aktivitäten im Kriegsjahr 1944 und der damit zusammenhängenden Arbeiten entlang der Straße gibt ein etwa ein Kilometer langes, steil aufragendes Hangstück im Jonastal, das durch einen spärlichen Pflanzenbewuchs und helles Gestein auffällt. Hier sollte nach offizieller Lesart ein sogenanntes Führerhauptquartier entstehen, ein unterirdisch angelegter Bunker- und Festungsbau mit über 20 in den Berg führenden Stollen, der für die deutsche Führungsspitze vorgesehen war.

Dazu wurde 1944 der relevante Platz in eine Großbaustelle verwandelt. Man legte eine planierte Fläche an, von der aus der Vortrieb erfolgte. Schienen einer Feldbahn, die den Abraum beseitigte, führten bis an die Stollenmünder heran, später in sie hinein. Aus dem Inneren des Berges hörte man immer wieder das Donnern explodierender Sprengladungen und das monotone Dröhnen von Kompressorhämmern. Alles deutet also auf eine bergbautechnische Erschließung des Areals hin. Draußen, in unmittelbarer Stollen- bzw. Straßennähe, befinden sich Zementmischmaschinen und einige große Kompressoren, deren Schlauchleitungen in die künstlich geschaffenen Tunnel hineinführen. Die Arbeiten werden von SS-Wacheinheiten beaufsichtigt, die ohne viel Federlesen die ihnen ausgelieferten Häftlinge zur Arbeit antreiben. Es ist nur eine Frage der Zeit, wann für letztere aufgrund des hohen Arbeitstempos und wegen der allgemeinen Kriegslage sowie der damit verbundenen miserablen Versorgung das letzte Stündlein schlagen wird. Das aber ist den SS-Wachmannschaften gleichgültig. Es heißt, einen Termin zu halten. Und das ist der 20. April 1945, der 56. Geburtstag des Führers Adolf Hitler. Angesichts derartig wichtiger Termine werden keinerlei Rücksichten genommen.

Bei der Sonderbaumaßnahme S III im Jonastal kamen zeitweilig, so jedenfalls lauten die offiziellen Schätzungen, zwischen 25.000 und 30.000 Gefangene vom Ohrdruf-Außenlager des KZ's Buchenwald zum Einsatz. Es gibt aber Vermutungen, und das soll hier nicht verschwiegen werden, daß deren Zahl höher lag. Doch sind diese nur schwerlich zu beweisen. Tausende der eingesetzten Häftlinge mußten dieses Projekt mit ihrem Leben bezahlen.

Die Leitung der Bauarbeiten oblag mehreren größeren Baufirmen, die einen Mitarbeiterstab von etwa tausend Personen beschäftigen, worunter sich u. a. Ingenieure, Architekten, bergbautechnisch erfahrenes Personal und diverse Zulieferer befan-

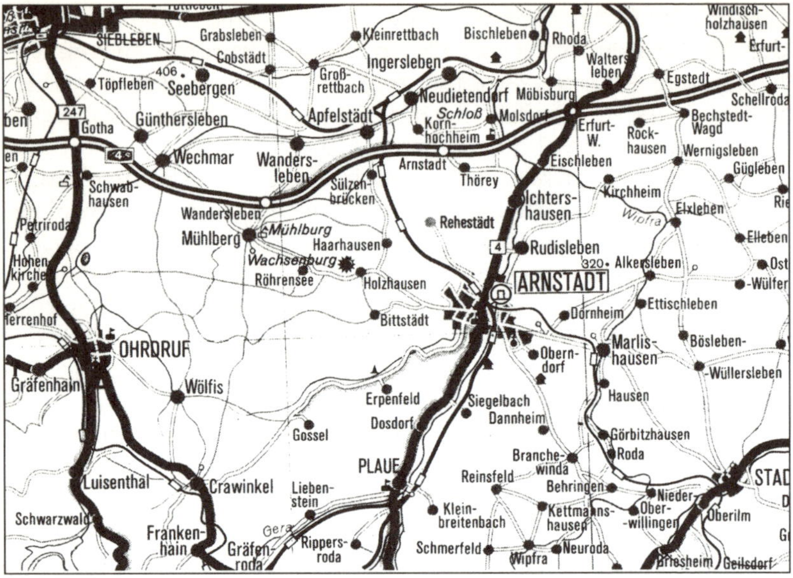

Der Truppenübungsplatz Ohrdruf wird – zur groben Orientierung – von den Ortschaften Ohrdruf, Wölfis, Gossel, Espenfeld, Bittstädt und Röhrensee umschlossen. Die von Crawinkel nach Arnstadt führende Jonastalstraße läuft an den versprengten Stollenbereichen 1 bis 25 vorbei, die heute wie ein aufgegebener Steinbruch wirken.

den. Aufgrund des Termindrucks intervenierten die Baufirmen bei der SS, um zahlreiche an der Front befindliche Mitarbeiter vom dortigen Einsatz zurückzuholen. Diesen Ersuchen wurde in den meisten Fällen stattgegeben, was auf die außerordentliche Wichtigkeit der Baumaßnahme hindeutet.

Obwohl die Alliierten auf dem Vormarsch waren und der Ausgang des Zweiten Weltkrieges so gut wie feststand, wurde man nicht müde, immer noch den »Endsieg« in Aussicht zu stellen. Sicherheitshalber jedoch verlegte man alle wichtigen Produktionsanlagen unter die Erde und plante Ausweichquartiere für die deutsche Führung. Thüringen kam dabei als sogenannter »Schutz- und Trutzgau« im Herzen des Dritten Reiches eine besondere Stellung zu, die allerdings oft übersehen wird. Man muß wissen, daß es bereits in den zwanziger Jahren des 20. Jahrhunderts Vorstellungen gab, im Raum Thüringen eine uneinnehmbare unterirdische Festung zu bauen, von der selbst dann noch ein wirkungsvoller Gegenschlag möglich sein sollte, wenn sich der potentielle Feind schon auf deutschem Territorium befand. Dieser sollte mit modernsten Waffensytemen bekämpft werden. Solche Pläne waren damals allerdings nicht mehr als militärische Träume, da das deutsche Militär den Bestimmungen des Versailler Vertrags unterlag und daher diesbezüglich so gut wie handlungsunfähig war.

Diese Situation sollte sich jedoch mit dem Machtantritt der Nationalsozialisten ändern. Gauleiter Sauckel, der in Weimar saß, erkannte bereits früh die strategische Bedeutung des von ihm verwalteten Gebietes, und die Umkehr des Traums von einem 1000jährigen Reich in einen Alptraum der deutschen Nation sollte ihm recht geben. Thüringen wurde plötzlich Rückzugsgebiet und »Igelstellung«. Ein Teil der deutschen Führung glaubte ernsthaft, von dieser Bastion aus mit einer von ihr vertreteten Politik der Stärke gegenüber den Alliierten agieren zu können. Wir wissen natürlich heute, daß dieses Vorhaben nicht aufging. Die Alliierten wollten keinen Waffenstillstand, sie wollten die bedingungslose Kapitulation Deutschlands.

Was aber nur wenige wissen: Die Vorstellung, von Thüringen aus könne ein Restreich etabliert werden, war kein fauler Zauber. Es gab, wie noch zu zeigen sein wird, dafür sehr handfeste Gründe.

Schließlich begann man mit den Vorbereitungen für die Verlegung wichtiger Ämter und Stäbe. Die Amerikaner wußten zu dieser Zeit bereits, wohin sich die Führung in Berlin absetzen wollte. Unter strengster Geheimhaltung liefen aber auch andere Verlegungen an, die Thüringen als Ziel haben sollten. Beutegut aus einst besetzten Gebieten, Kunstgüter aller Art aus den Berliner und anderen Museen sowie die aus Gold, Papiergeld und Devisen bestehenden Schätze der Deutschen Reichsbank mußten in Sicherheit gebracht werden. Daß Thüringen als »Haupteinlagerungsgebiet« herhalten mußte, steht dabei aufgrund seiner strategischen Lage und der zahlreichen hier vorhandenen unterirdischen Produktionsstätten sowie Bergwerksanlagen, die für Einlagerungen genutzt werden konnten und den Führungsstäben bereits im Vorfeld bekannt waren, außer Frage. Bis heute weiß niemand genau zu sagen, was alles nach Thüringen verfrachtet wurde. Es gibt zahlreiche Hinweise und Vermutungen, denen immer wieder nachgegangen wird. Viele davon stehen in Verbindung mit dem nun schon legendär zu nennenden Bernsteinzimmer. Kein Wunder also, daß das »Grüne Herz Deutschlands« für manche somit zu einem Eldorado der Schatzsucher wurde, insbesondere, als die beiden Teile Deutschlands die Wiedervereinigung vollzogen hatten.

Doch nicht nur Waffen, Personal und wie auch immer geartete Schätze wurden vor der nahenden Front evakuiert. Auch zahlreiche technologische Entwicklungen und Forschungsabteilungen sollten dem Zugriff der alliierten Truppen entzogen werden. Kürzlich freigegebene US-amerikanische Militärdokumente bestätigen Annahmen, wonach z. B. in Stollenkomplexen im thüringischen Lehesten V1- und V2-Triebwerkserprobungen stattfanden, die auf persönlichen Befehl Görings dorthin evakuiert worden waren. Darüber hinaus kam eine Abteilung der deutschen Gruppe für Atomforschung um Dr. Kurt Diebner und Prof. Walter Gerlach nach Stadtilm, wo sie in den Kellergewölben der dortigen Mittelschule ihr Forschungslabor einrichtete. Trotz der mit der Verlagerung verbundenen Umständlichkeiten setzte man in Stadtilm die begonnenen Arbeiten fort, selbst eine Art kleiner selbsterregender Reaktor war dort angeblich zum Schluß vorhanden, der allgemein als die zweite deutsche Entwicklung dieser Art gilt. Der andere befand sich in Haigerloch und wurde später, ebenso wie der in Stadtilm, von amerikanischen Truppen erbeutet. Während die Forschungsanlage Haigerloch später publizistisch ausgewertet wurde, wurde Stadtilm eher stiefmütterlich behandelt. Absicht?!

Doch zurück zu den Ereignissen im Raum Jonastal. Bereits ab dem Herbst des Jahres 1943 war der Ohrdrufer Bahnhof zur

Anlaufstelle von Zügen geworden, die mit Baumaterial, Häftlingen und – zum Teil in Kisten verpackten – Gütern eintrafen und hastig entladen werden mußten. Die gesamte Aktion hinterließ den Eindruck höchster militärischer Dringlichkeit, so als ob man hier eine uneinnehmbare Festung errichten wollte. Tatsächlich bot die Gegend um Ohrdruf alles, was dafür nötig war. Der dortige Truppenübungsplatz, der schon im Ersten Weltkrieg existierte, befand sich auf einem Kalksteinberg, und wenn man in dessen Hang Stollen vortrieb, war auch die Luftsicherheit gegeben. Der weiche Kalkstein war gut bearbeitbar und die Lage des Jonastals bot annehmbare Verteidigungsmöglichkeiten.

Mitte Oktober 1944 verkündete der Kommandant des Truppenübungsplatzes Ohrdruf, General von Göckel, daß auf allerhöchsten Befehl das Gelände durch die Wehrmacht zu räumen sei. In den nächsten Wochen würden hier Einheiten der SS Quartier beziehen. Daß mehr hinter den Truppenverschiebungen steckte, sollte sich alsbald zeigen. Im September 1944 wurde der Arnstädter Bürgermeister Huhn zu Gauleiter Sauckel nach Weimar befohlen. Dort trat er einigen SS-Offizieren gegenüber. Nach einer entsprechenden Erklärung und dem Hinweis, daß über das Gesagte absolutes Stillschweigen zu bewahren sei, wurde ihm mitgeteilt, daß das Jonastal dazu ausersehen sei, Hauptquartier des Führers und anderer hoher deutscher Dienststellen zu werden. Beinahe zur selben Zeit hatten Spezialkommandos der SS bestimmte Personen in Ohrdruf aufgesucht, von denen sie wußten, daß sie über geologische Kenntnisse verfügten. Darunter befand sich auch Studienrat Julius Böttcher, der ebenfalls über das beabsichtigte Bauvorhaben informiert wurde. Sein Hinweis, daß sich in der Nähe von Ohrdruf ausgedehnte Gänge eines ehemaligen Manganerzbergwerkes befänden, die dafür möglicherweise geeignet seien, wurden von den SS-Offizieren dahingehend kommentiert, daß dies bekannt, aber nicht praktikabel sei.

Böttcher erinnerte sich später in diesem Zusammenhang noch an eine andere Begebenheit, die das »Nachrichtenamt 10« (meist nur kurz als »Amt 10« bezeichnet) betraf und damals bereits mehrere Jahre zurücklag. Julius Böttcher dazu:

»Als das unterirdische Nachrichtenamt geschaffen wurde, da hat man mich auch um meinen Rat befragt. Das vor allem, als hier der Tiefbrunnen für das ›Amt 10‹ in Angriff genommen wurde. Ich sagte damals, hier stoßen sie nicht auf Wasser. Aber die Leute ließen sich nicht beirren und meinten, sie müßten unbe-

dingt Wasser finden, und wenn es noch so tief wäre. Die Grube, die zu dieser Zeit schon vorhanden war, hatte etwa die Ausmaße zwanzig mal sechzehn Meter. [...] Ja, ich glaube, man hat die Bohrung auf zweihundert Meter niederbringen müssen, um überhaupt auf Wasser zu stoßen. Aber wissen wir wirklich, welche Bewandtnis es mit diesem Tiefbrunnen hatte? – Es war an einem schönen, wolkenlosen Sommertag. Die Leute, die die Sache hier leiteten, wollten sich über einen Spaß halbtot lachen, den sie sich mit dem Landrat erlaubt hatten und den ich selber miterlebte. Mein Freund, er war Adjutant des Generals von Göckel und auch geologisch interessiert, sorgte immer dafür, daß ich den Platz betreten durfte. Nun, an diesem bewußten Tag fuhr der Landrat mit seinem Wagen über den Platz. Plötzlich lief der Motor nicht mehr. In voller Fahrt setzte er aus. Wie ich hörte, geschah dies durch ein elektromagnetisches Feld, das von einer unterirdischen Anlage erzeugt worden war. Das könnte man auch bei Panzern so machen, habe ich dann noch gehört. Wissen Sie denn, warum während des gesamten Zweiten Weltkrieges keine Bombe auf den Truppenübungsplatz gefallen ist, obgleich die Amerikaner und Engländer durch ihre Spione genau wußten, daß hier schließlich auch SS lag? Eben deshalb, weil sie um diese Anlagen wußten. Lediglich auf Ohrdruf wurde ein Angriff geflogen, bei dem dann viele Ohrdrufer ums Leben gekommen sind.«[2]

Übrigens ist von derartigen Experimenten auf dem Truppenübungsplatz, die Motoren feindlicher Flugzeuge zu stören und die Maschinen damit zum Absturz zu bringen, in Ohrdruf und Umgebung heute immer noch die Rede. Es geht sogar eine Geschichte die Runde, wonach gegen Kriegsende ein Verband von amerikanischen Jägern aufgrund aussetzender Motoren in ein Waldgebiet bei Oberhof stürzte.

Solche und andere Darstellungen sind eine Bestätigung für die von vielen bis heute nur als Spekulation bewertete Tatsache, daß man sich auf dem Platz während des Zweiten Weltkrieges mit fortschrittlichen Abwehrverfahren beschäftigte.

Weitere Zeugenaussagen bestätigen den Verdacht, daß im Verlaufe der vierziger Jahre des 20. Jahrhunderts auf dem Truppenübungsplatz durch Verbände der Wehrmacht und später der SS weitere unter Geheimhaltung stehende Waffenversuche stattfanden, die aufgrund ihrer Entwicklung von Explosionsgeräuschen und dem Auftreten enormer Lichtblitze bei Nacht nicht vollkommen vor der Umgebung verborgen werden konnten.

Ende Oktober 1944 begannen dann im Jonastal bei Arnstadt die Arbeiten für das »Führerhauptquartier«. Die Straße von Arnstadt in Richtung Crawinkel/Oberhof wurde über Nacht gesperrt. In die Kasernen zogen SS-Einheiten ein. Firmen wurden für die Arbeiten dienstverpflichtet. Und unter den Häftlingen von Buchenwald ging das Gerücht von der Baumaßnahme S III, während das zu schaffende Objekt die Tarnbezeichnung »Olga« erhielt.

Bemerkenswert ist, daß zahlreiche Hinweise und Rechercheergebnisse der jüngeren Vergangenheit dafür sprechen, daß nicht nur ein Objekt geschaffen wurde, sondern daß im *gesamten* Umfeld des Jonastals und auf dem Gelände des darüberliegenden Truppenübungsplatzes zahlreiche weitere geheime Anlagen entstanden, über die nur langsam etwas bekannt wird. Allerdings können diese in ihrer baulichen Ausführung schon aus rein logischen Gründen nicht erst kurz vor Kriegsende begonnen worden sein, so daß also mit den Daten des zeitlichen Ablaufs der gesamten Baumaßnahmen, wie wir noch sehen werden, irgend etwas nicht stimmen kann.

Man fragt sich natürlich, wie es möglich war, daß erst jetzt, nach so langer Zeit, mehr Informationen ans Tageslicht kommen. Und wieso gibt es scheinbar nur wenige Zeugenaussagen zu diesen noch versteckt unter der Erde liegenden Bauwerken? Die Antwort ist einfach und brutal: Die Bauarbeiten unterlagen strengsten Sicherheitsklassifizierungen und wurden unter Verantwortung der »Organisation Todt«, der Reichspost und dem Baubüro Kammler, dem Stab des schon mehrfach erwähnten SS-Generals also, durchgeführt. Den Schutz der Objekte übernahm bis zu einem bestimmten Zeitpunkt die Wehrmacht bzw. der sogenannte Postschutz, danach wurden dann Einheiten der SS und des SD eingesetzt. Nach Fertigstellung dieser Systeme wurden die Häftlinge entweder verlagert oder umgebracht, um alle eventuellen Mitwisser mundtot zu machen.

Schließlich erhielt das Projekt S III, von dem manche glauben, es umfasse nur die heute bekannten 25 Stollen, höchste Priorität und wurde über alle Rüstungsprojekte und sogar über das Geilenbergprogramm gestellt, das Sonderprojekte zur Jägerfertigung und zum Aufbau unterirdischer Treibstoffproduktionsanlagen umfaßte! Es mußte einen Grund für diese hohe Prioritätseinstufung geben, der nicht allein mit dem postulierten Führerhauptquartier in Verbindung stehen kann.

Alle Mittel wurden damals für das zu S III gehörende Teilprojekt »Olga« mobilisert. Es gab überall in Deutschland und an allen Frontabschnitten Treibstoffprobleme – doch nur beim Projekt »Olga« schien man aus dem Vollen zu schöpfen. Soldaten, die über eine spezielle Ausbildung im Bergbaubereich verfügten, wurden eigens für dieses Projekt von der Front zurückbeordert. Bei ihrer Auswahl wurde sogar auf ihre »arische« Herkunft geachtet. Was, um alles in der Welt, wurde hier gebaut, daß sogar die Auswahl von Spezialisten nach rassischen Gesichtspunkten zu erfolgen hatte?

Aufgrund zahlreicher offener Fragen in bezug auf die Bauarbeiten in diesem Gebiet ist nicht verwunderlich, wenn die Zahl derjenigen wächst, die nicht an die Geschichte vom »letzten Führerhauptquartier« glauben. Viele vermuten in diesem Gelände weitere unterirdische Räume und Hallen, die eine ziemliche Flächenausdehnung haben sollen. Es gibt sogar Gerüchte über eine wahrhaft unterirdische Stadt, zu der Forschungs- wie auch Fertigungsanlagen gehören und die über ein autonomes Energieversorgungssystem verfügt.

In das unterirdische System »Olga« seien kurz vor Kriegsende die interessantesten und »feinsten« Dinge zu seiner Ausstattung gewandert. Jedenfalls behaupten das Zeitzeugen aus den umliegenden Dörfern. Da ist von teuren Sanitäreinrichtungen ebenso die Rede wie von kostbarem Mobiliar. Kurioserweise hat man bis heute nichts davon gefunden, es gab auch bisher keine ernstzunehmenden Hinweise, daß Amerikaner oder Russen hier etwas herausgeholt hätten. Demgegenüber existieren jedoch Zeugenaussagen, die davon sprechen, daß die SS vor dem Einmarsch der Amerikaner Sperrsprengungen im Berg vorgenommen habe. Demnach wurden die unterirdischen Anlagen also doch (fast) fertig, später aber großteils sprengtechnisch »versiegelt«.

Vom 1. auf den 2. April 1945 stieß General Pattons 3. Armee innerhalb des unter dem Decknamen »Operation Eclipse« laufenden Angriffs nach Thüringen vor. Dabei zeigte er eine außergewöhnliche Eile. Patton meinte damals, daß die Eroberung Ohrdrufs die größte Chance der Weltgeschichte sei, sich mit Ruhm zu bekleckern. Was war dort zu finden, um eine solche Aussage zu rechtfertigen? Angeblich wußte doch der amerikanische Geheimdienst aus zuverlässiger Quelle, daß Hitler und sein Führungsstab in Berlin waren. Noch während man jedenfalls über die Übergabe von Eisenach verhandelte, war die Speerspitze der US-Truppen längst an der Stadt vorbeigestoßen, um einen Auftrag mit besonders hoher Priorität zu erledigen. Darüber berichtete Anfang September 1992 einer der damals teilnehmenden US-Soldaten, Chick Cecchini, auf einem Veteranentreffen in Colorado Springs, USA, folgendes:

»Wir mußten sehr rasch vorgehen für diese Aktion, die ursprünglich von den Fallschirmjägern durchgeführt werden sollte. Ihre Aufgabe wäre es gewesen, eine Nachrichtenzentrale einzunehmen, die von hohen deutschen Militärstäben betrieben wurde. General Patton meldete sich in der für ihn typischen Art freiwillig für diesen Auftrag. Gemeinsam mit der 4. Panzerdivision wurden wir dann in großer Eile nach Osten verlegt. Dabei ließen wir alle Orte entlang des Weges links liegen. Als wir unser Ziel Ohrdruf erreichten, fiel tatsächlich diese Nachrichtenzentrale in unsere Hände.«[3]

Was Chick Cecchini hier erwähnt, war das »Nachrichtenamt 10«, nicht das Stollensystem im Jonastal. Über die Besetzung des letzteren gibt es keine Informationen aus amerikanischen Quellen. Fest steht nur, daß der betreffende Raum von Einheiten der 6. SS-Gebirgsjägerdivision mehrere Tage lang verteidigt wurde. Dies erweckt den Eindruck, daß faktisch bis zur letzten Minute in einigen Teilen der ausgedehnten unterirdischen Anlagen gearbeitet wurde. Bevor die Amerikaner jedoch ins Tal eindringen konnten, nahm die SS tief im Berginneren und wahrscheinlich auch anderswo gezielte Sperrsprengungen vor, die den Zugang zu bestimmten Abschnitten geheimer Systeme wirkungsvoll verschlossen und wohl für immer unauffindbar machten. Bis heute jedenfalls hat niemand die Wege zu ihnen entdekken können.

In einem verfügbaren Dossier des 20. US-Chorps vom 1. April 1945 wurden insgesamt 25 Orte benannt, in die hohe Dienststellen aus Berlin verlegt worden waren. Fast alle diese erwähnten Orte lagen im »Schutz- und Trutzgau« Thüringen. Als provisorische Reichshauptstadt war Weimar in dem Bericht angegeben worden. An der Spitze der Liste standen aber merkwürdigerweise zwei andere Städte: Ohrdruf und Arnstadt. Zu letzterer heißt es, daß Hitler und seine Gefolgschaft planten, in ein noch nicht fertiggestelltes Hauptquartier drei Kilometer westlich der Stadt zu ziehen, dessen Decknamen – »S III« – man sogar kannte und von dem vermutetet wurde, daß das Bunkersystem fünf unterirdische Schächte hatte. Das Dossier enthält allerdings keine Auskunft darüber, ob Hitler und sein Stab auf dem Weg in dieses unterirdische Bunkersystem waren.

Der US-Generalstab war, so scheint es jedenfalls, über die Aktivitäten der Deutschen sehr gut unterrichtet. Am 4. April 1945 stieß Pattons Speerspitze von Eisenach auf Gotha vor und verließ dort die Autobahn Richtung Süden. Ihr Ziel war zunächst Ohrdruf. Auf dem Weg dorthin entdeckten Erkundungstrupps ein Konzentrationslager – das erste, das die Amerikaner in Deutschland befreiten. Es war nur wenige Stunden zuvor von der SS geräumt worden. Die Häftlinge, die für den Todesmarsch nach Buchenwald zu schwach erschienen, hatte die SS auf der Stelle erschossen.

Unter den Teilnehmern des bereits erwähnten Veteranentreffens in Colorado Springs befanden sich auch einige wenige, die damals in Ohrdruf mehr als nur das KZ-Lager gesehen hatten. So beispielsweise der Sergeant Paul Cibuzar. Ihn hatten Kameraden eines Tages zu einem Hügel geführt, in dem sich eine Bunkeranlage befand. Er berichtet über seinen Besuch in der unterirdischen Anlage folgendes:

»Ich wurde also zu diesem Bunkerhügel geführt, ging durch zwei Glastüren. Wir hatten Taschenlampen. Wir stiegen dann drei Stockwerke hinab. Dort unten war es stockfinster. Uns wurde gesagt, daß es noch zwei weitere Stockwerke gebe. Wir erkundeten ca. ein Dutzend Räume. Jeder Raum war anders ausgestattet. In einem riesigen Raum befand sich eine große Zahl von Generatoren und uns wurde gesagt, daß sie genug Strom erzeugen könnten, um damit eine Stadt von der Größe Berlins zu versorgen. Es gab Büroräume, Herrentoiletten, die Sanitäreinrichtungen hatten, die wir bis dahin noch nie gesehen hatten. Sehr modern. Es war ein brandneuer Betonbau mit einer Top-Ausstattung. […] Nun, uns wurde gesagt, daß dies Hitlers Ausweichstelle war, in die er ziehen würde, wenn er Berlin verlassen müßte. Sie lag ja auch mitten in Deutschland.«[4]

Die Herren Hosny und Fitzke, die die ZDF-Reportage drehten, behaupteten darin, Paul Cibuzar, der nur wenige Tage nach seinem Interview starb, hätte lediglich das unterirdische »Nachrichtenamt 10« zu sehen bekommen, das in Größe und Ausstattung dem Nachrichtenbunker der obersten Militärführung in Zossen bei Berlin ähnelte. Diese Ausweichzentrale, die bereits Ende der dreißiger Jahre des 20. Jahrhunderts fertiggestellt und mit der seinerzeit modernsten Fernmeldetechnik ausgestattet worden war, fiel den Amerikanern tatsächlich funktionsbereit in die Hände. Ihr Wert wurde mit damals etwa 5 Millionen Dollar angegeben und löste, was die moderne Ausstattung betraf, unter amerikanischen Führungsoffizieren teilweise ungläubiges Staunen aus.

Wir meinen jedoch, Cibuzar muß etwas anderes gesehen haben, denn er spricht von einer *fünfstöckigen* Anlage mit *vielen* Generatoren. »Amt 10« hatte weniger Stockwerke und angeblich nur zwei Dieselgeneratoren. War Cibuzar im letzten FHQ?

Ganz in der Nähe, in Friedrichroda, befand sich eine Außenstelle der Gothaer Waggonfabrik, die als einer der wichtigsten Rüstungsproduzenten des Dritten Reiches galt. Nur wenige wußten, daß hinter der Fassade einer Möbelwerkstatt Ingenieure und Techniker ein damals revolutionäres Flugzeug in Serie bauen wollten. Es handelte sich dabei um einen Nurflügler vom Typ Horten IX, der 1945 von den Amerikanern erbeutet wurde. Die Maschine steht heute unbeachtet in einer Lagerhalle des Luft- und Raumfahrtmuseums in Washington. Der für damalige Betrachter futuristisch anmutende Düsenjäger, der im Februar 1945 seinen Jungfernflug absolviert hatte, war seiner Zeit weit voraus. Das derzeit modernste Kampfflugzeug der Welt, der amerikanische Stealth-Bomber, weist verblüffende Ähnlichkeiten mit der Horten IX auf. Ihre Konstrukteure, die Gebrüder Horten, waren führend in der Entwicklung von Nurflügeln – also Flugzeugen ohne Rumpf. Die abgerundeten Flächen und die spezielle Verarbeitung sollten die Horten IX auf feindlichen Radarschirmen unsichtbar machen. Auch hierin war sie Vorbild für den heutigen Tarnkappen-Bomber. Was nur wenige in diesem Zusammenhang wissen: Um die Stealth-Eigenschaften der Nurflügler voll zur Geltung zu bringen, sollten diese mit einem speziellen Anstrich versehen werden. Dieser wurde 1944 in den IG-Farben-Fabriken in Frankfurt/Main entwickelt, wie freigegebene US-Dokumente belegen.

Die im April 1945 aufgefundene Horten IX wurde im April 1945 auf einem Tieflader aus Friedrichroda abtransportiert. Und mit ihr die Konstruktionspläne. Damit fiel eine der »Wunderwaffen« des Dritten Reiches kurz vor ihrer Serienfertigung in die Hände der Amerikaner.

Aus den Chroniken der 89. US-Infanterie-Division ist zu ersehen, daß sie bei ihrem weiteren Vorstoß Richtung Osten von Friedrichroda über Ohrdruf nach Arnstadt marschierte. Genaue Recherchen brachten einige ungewöhnliche Tatsachen zum Vorschein, die indirekt dokumentieren, daß das Areal des Jonastals eine besondere Bedeutung haben mußte. Als die US-Truppen am 4. April 1945 Ohrdruf erreicht hatten, schien sie das Tal sechs

Tage lang überhaupt nicht zu interessieren – obwohl eine gefechtsbereite Kompanie nur wenige hundert Meter entfernt in Stellung lag. Erst am 10. April marschierten die Kampfverbände weiter. In einer Zangenbewegung gingen sie um das Tal herum und trafen sich wieder in Arnstadt auf jener Straße, die an der unterirdischen Bunkeranlage vorbeiführte. Doch auch hier kehrten sie dem Jonastal den Rücken. Die US-Soldaten, die hier vorbeikamen, schienen vom Objekt »Olga« keine Kenntnis zu nehmen.

Die Einheiten, die von Norden her das Tal umgingen, besetzten auf dem Weg nach Arnstadt die Veste Wachsenburg. Diese weckte nicht nur wegen ihrer strategisch günstigen Lage das Interesse der Amerikaner, sondern man suchte dort nach einer ganz bestimmten Person: Adolf Hitler, der sich – wie ein Gerücht behauptete – in der Burg versteckt halten sollte. Hatten die amerikanischen Geheimdienste Patton falsch informiert?

Dokumentiert ist in den amerikanischen Akten das KZ-Außenlager Espenfeld, das die US-Soldaten unweit der Baustelle entdeckten. Hierüber existieren Filmaufnahmen und ein detaillierter Untersuchungsbericht. Merkwürdigerweise wird darin jedoch mit keinem Wort erwähnt, daß die Häftlinge in diesem Lager, wie in Ohrdruf, ihr Leben für das mörderische Projekt im Jonastal lassen mußten. Selbst nachdem der amerikanische Oberbefehlshaber Eisenhower und seine Generäle das KZ in Ohrdruf inspiziert hatten, stellte niemand öffentlich die Frage, wofür es überhaupt errichtet worden war. Dabei wußten die Generäle längst, daß sich im Jonastal eine Großbaustelle der SS befand. In den Dokumenten findet sich auch keinerlei Information über den Nachmittag des 12. April 1945, an dem Eisenhower und sein Stab die Gegend besichtigten und wahrscheinlich S III aufsuchten. Diese sind wohl genauso unvollständig wie die zugänglichen Dokumente der Spezialeinheiten, die den Auftrag hatten, das Jonastal zu erkunden. So existiert z.B. ein Bestandsverzeichnis der Luftbilder vom 9. Januar 1945. Es ist ein eindeutiger Hinweis dafür, daß auch das Jonastal und seine Umgebung fotografiert wurden. Doch ausgerechnet die Luftbildaufnahmen von der Großbaustelle sind aus dem Archiv entfernt worden.

Weiße Flecken befinden sich ebenfalls in den Unterlagen der Aufklärungstruppe. Für das Gebiet zwischen Ohrdruf und Arnstadt waren die Aufklärer der 89. Infanterie-Division eingesetzt worden. Eigentlich hätte ihr Tagebuch eine Antwort darauf geben müssen, was die Amerikaner in den Muschelkalkhängen vorgefunden haben. Doch ausgerechnet die Eintragungen zwischen dem 8. April, 13.35 Uhr, und dem 11. April, 19.35 Uhr, fehlen. Es handelt sich um jenen Zeitabschnitt, in dem sie das Tal erkundet haben müßten.

Diese genannten Beispiele legen den Verdacht nahe, daß die Amerikaner ein Interesse hatten, das Zielobjekt im Jonastal bewußt aus den Dokumenten herauszuhalten. Und selbst dort, wo es Erwähnung findet, fehlt der Hinweis auf die unterirdische Anlage. Dabei handelt es sich um keinen Einzelfall, denn zahlreiche zwischenzeitlich durchgeführte Recherchen zeigen, daß entweder keinerlei Unterlagen existieren oder diese immer noch der Geheimhaltung unterliegen.

Am 10. April 1945 meldeten US-Pioniere ihrem Hauptquartier, an einer Straße, deren Koordinaten exakt den Baustellenbereich eingrenzen, Generatoren, Förderbänder und Zementmischmaschinen gesichtet zu haben. Freilich dürfte ihnen nicht entgangen sein, daß diese Zementmischer direkt neben den Stolleneingängen aufgestellt waren. Daß sich die Amerikaner auch im Inneren der Stollen umsahen, steht außer Zweifel. Georg Meier ist sich dessen sogar sicher. Der Historiker am Militärgeschichtlichen Forschungsamt in Freiburg lebte damals in Schmalkalden – nur wenige Kilometer von Ohrdruf entfernt. Sein Vater war dort am 17. Mai 1945 von der Militärregierung zum Bürgermeister ernannt worden.

»Wenn ich damals gewußt hätte, daß ich einmal berufsmäßiger Militärhistoriker werden würde, hätte ich natürlich besser aufgepaßt, und es hätten sich mir Ereignisse, Umstände, Erzählungen aus dieser Zeit noch besser eingeprägt, als sie sich mir ohnehin eingeprägt haben. Ich erinnere mich aber ganz deutlich an die Erzählung meines Vaters, der von einer Dienstfahrt nach Crawinkel und Arnstadt berichtete. Ich habe seinen special pass für diese Reise vorliegen. Bei der Gelegenheit hat er mit einem amerikanischen Offizier ein weitverzweigtes Bunkersystem im Jonastal besichtigt und erzählte sehr anschaulich von den unterschiedlichen Stadien der Fertigung dort, einige dieser Tunnel im Rohbau, andere wiederum nahezu bezugsfertig. Er sprach von holzvertäfelten Räumen.«[5]

Die Protokolle über das, was die Amerikaner sonst noch in den Muschelkalkhängen bzw. in der Umgebung der geheimnisumwitterten Anlage S III vorfanden, werden heute in den *National Archives* aufbewahrt, den Nationalarchiven der USA. Die

Der Stollenabschnitt 1 bis 12 im Jonastal bei Arnstadt nach Kriegsende. Deutlich zu sehen sind die Gleise der Feldbahn, die in die Stollen führten.
Im Bild unten: Stollen 7, links davon einige Kipploren.

meisten der Dokumente sind nicht zugänglich und unterliegen nach mehr als 50 Jahren immer noch der Geheimhaltung. Die Anlaufstelle für die US-Militärakten befindet sich in einer Außenstelle in Sudland. Das Zweite Deutsche Fernsehen beauftragte für seine Dokumentation »Das letzte Führerhauptquartier – Was fand die US-Armee 1945?« den Historiker Willi Korte mit Recherchen zu Dokumenten über das Jonastal. Korte war nicht irgendwer, sondern hatte sich in den USA einen Namen gemacht, als er nach intensiven Quellenstudien den US-Offizier namentlich identifizieren konnte, der den Quedlinburger Domschatz geraubt hatte. Im Fall Ohrdruf fand Korte Belege dafür, daß die Besatzer in der näheren Umgebung mehrere hundert Tonnen Dokumente abtransportiert hatten. Sie stammten von hohen deutschen Militär- und Regierungsstellen. Ein Teil von ihnen wurde in den »US-Reports« als Staatsdokumente der obersten Geheimhaltungsstufe klassifiziert. In den Aktenbeständen der in Frage kommenden US-Divisionen fand Korte aber keinen einzigen Bericht über das letzte Führerhauptquartier Adolf Hitlers. Seiner Verwunderung darüber gab er wie folgt Ausdruck:

»Ich bin nun seit über 10 Jahren hier in diesem Archiv tätig und habe an vielen solcher Probleme gearbeitet, und normalerweise schlägt sich ein Vorgang wie das Jonastal, das ein ganzes Tal umfaßt, in den Akten eindeutig nieder. Warum also in diesem Fall das Jonastal sich praktisch in Akten überhaupt nicht niederschlägt, ist mir bisher völlig unerklärlich. Ich kann also nur spekulieren. Eine Möglichkeit ist natürlich, daß hier Geheimdienstinteressen Priorität hatten über irgendwelchen anderen Interessen der Militärs und daß sich möglicherweise deshalb in diesen Akten das nicht niederschlagen konnte, sondern in uns bisher noch unbekannten Geheimdienstakten niederschlägt. Eine andere Erklärung wie die, daß es zum Beispiel im Jonastal nichts zu sehen gab, ist ja eher auszuschließen, weil die Sache war ja doch sehr umfangreich und die Akten haben ja zu anderen Vorgängen zum Teil sehr detaillierte Beschreibungen geboten. Also ich tippe eher auf die Tatsache, daß hier etwas vorgefallen ist, was wir bisher noch nicht haben recherchieren können.«[5a]

Es gibt eine ganze Reihe von Forschern, die, sicherlich nicht ganz zu Unrecht, vermuten, daß durch ein amerikanisches Spezialkommando zu jener Zeit einige der »Schätze« geborgen wurden, die die deutsche Führung dem Zugriff der Alliierten zu entziehen versuchte. Unter anderem auch aus diesem Grund ist das Interesse zahlreicher Forscher nach wie vor groß, herauszufinden, was sich im Jonastal und in seinem Umfeld tatsächlich abspielte. Einige der Personen, die sich mit den Rätseln befassen, kamen Anfang der neunziger Jahre des 20. Jahrhunderts sogar aus den USA. Einer von ihnen meinte:

»Das Bild wird nur mit der vereinten Hilfe von deutschen Archäologen, den Medien und der deutschen Nation zusammenkommen, denn es ist deutsche Geschichte. Einiges davon ist gut, andere Teile lassen viele Wünsche übrig. Aber es ist deutsche Geschichte und die Aufgabe von erfahrenen Archäologen, diese freizulegen, um ihre Kenntnis später zu veröffentlichen. Ich als Amerikaner kann Ihnen nur sagen, daß es bei uns ein enormes Interesse gibt, zu erfahren, was zum Ende des Zweiten Weltkrieges tatsächlich geschehen ist.«[5b]

Es ist schon höchst kurios und beinahe unfaßbar, daß amerikanische Forscher den in Deutschland Zuständigen Empfehlungen geben müssen über das, was zu tun ist. Angesichts eines allgemein demonstrierten Desinteresses seitens der Behörden ist die Abgabe solcher Empfehlungen letztlich aber doch wieder ein nachvollziehbarer Vorgang.

Freilich fühlen sich angesichts der behördlicherseits zur Schau getragenen Zurückhaltung bei der Aufarbeitung der Geschichte viele private Gruppen und Forscher verpflichtet, die dunklen Stellen deutscher Historie zu beleuchten. Diese Entwicklung ist durchaus zu begrüßen, wenn man auch einschränkend sagen muß, daß hierzulande aufgrund bestehender gesetzlicher Regelungen eine Beweiserbringung, die mit ungenehmigten Grabungsaktivitäten und eventuell sogar dem Öffnen bisher unbekannter unterirdischer Anlagen verbunden ist, als illegal gilt und strafrechtliche Folgen nach sich ziehen kann.

Insofern zuständige Stellen allerdings überhaupt nicht reagieren und die anstehenden Probleme durch »Aussitzen« zu meistern versuchen, könnte es eines Tages eine böse Überraschung geben. Der mündige Bürger, der die Dinge weitaus interessierter beobachtet, als mancher Beamte glaubt, ahnt bereits, daß es mit dem Großraum Jonastal etwas Besonderes auf sich haben muß.

Selbst unverbesserliche Optimisten, von denen einige seit Jahren mit uns zusammenarbeiten, haben in bezug auf die erwartete behördliche Unterstützung mittlerweile aufgegeben. Ein guter Bekannter hatte uns beispielsweise angeboten, den ihm vorliegenden Schriftwechsel, der einige höchst delikate Hinweise enthält, zu veröffentlichen, weil er es für unverantwortlich hält, wie hierzulande mit gewissen Informationen umgegangen werde. Er meinte während eines Gesprächs, daß er den Eindruck habe, es gehe um eine Vertuschung von Fakten, um ja keine Auswirkungen auf das Geschichtsbild zuzulassen. Außerdem sei keiner der Verantwortlichen an geschichtlicher Aufarbeitung interessiert, am allerwenigsten die, die sie ständig predigen würden. Statt dessen hätten bestimmte Leute Angst, daß das Gerede um die Untergrundanlagen im Raum zwischen Arnstadt und Ohrdruf »Investoren abschrecken« könne. Ganz abgesehen davon, was wirklich zu erwarten sei, wenn bestimmte Dinge offenbar würden.

Soweit eine von uns sinngemäß wiedergegebene, rein private Meinungsäußerung.

Zurück zum Gegenstand der Betrachtungen: Daß man nach dem Zweiten Weltkrieg wenig über das Jonastal hörte, ist alles andere als verwunderlich, wurde der Truppenübungsplatz Ohrdruf doch von sowjetischen Truppen besetzt, die ihn bis Anfang der neunziger Jahre des letzten Jahrhunderts nutzten. Während der letzten Jahre dieser Nutzung kam es irgendwo auf dem weiten Gelände des Übungsplatzes zu einer nicht unbedeutenden Geländeabsenkung, für die wahrscheinlich ein sowjetischer Panzer verantwortlich war. Am Grund des so entstandenen Erdtrichters bildete sich daraufhin ein großes Loch, durch das man Teile einer in der Tiefe verlaufenden Betonstraße erkennen konnte. Es existieren darüber hinaus weitere Hinweise, wonach russische Truppen des öfteren auf derartige Hohlräume und Erdspalten gestoßen sind, von denen sie nicht recht wußten, wie sie sie einordnen sollten. Sie warfen daraufhin in einem in der Literatur immer wieder erwähnten Fall Nebelbomben bzw. -granaten hinein und stellten hernach erstaunt fest, daß der Rauch erst bei Crawinkel, also kilometerweit entfernt, wieder aus anderen Erdspalten emporstieg.[6] Demzufolge mußte es im Untergrund Hohlräume geben.

Bei zahlreichen mit der Thematik befaßten Untersuchern konzentriert sich der Verdacht, daß – gerade auch wegen der Geheimniskrämerei der Amerikaner und der vorliegenden Informationen von Zeitzeugen[7] – die ursprünglich untersuchten 25 bekannten Stollen im Jonastal nur der heute noch ansatzweise sichtbare Teil einer wesentlich größeren Anlage gewesen sein müssen. Wahrscheinlich sind sie sogar ein eher nebensächlicher

Teil der gesamten unterirdischen Bauten. Das System könnte sich einerseits in Richtung Arnstadt fortsetzen, andererseits aber auch tief unter dem Plateau des Truppenübungsplatzes liegen. Deutliche Hinweise gibt es auch in bezug auf unterirdische Verbindungstunnel und ein kleineres Bunkersystem südöstlich der Jonastalstraße.

Es existieren auch Hinweise, wonach die von der SS angelegten Stollensysteme im Jonastal zumindest teilweise tiefer in den Berg hineinreichten, während der letzten Kampfhandlungen allerdings, wie von einigen Zeugen angegeben, zugesprengt worden sind. Möglicherweise stellten einige der Stollen sogar eine Verbindung zu den unterirdischen Kavernen und Tunnelanlagen dar, die die vermutete »Stadt« bilden. In ihnen gab es Erprobungs- und Produktionseinrichtungen für diverse Waffensysteme, die höchster Geheimhaltung unterlagen und damit auch das Vorgehen amerikanischer Spezialeinheiten sowie die damit verbundene Klassifizierung von Beutedokumenten begründen würden.

Einige Tage vor der Inbesitznahme des Gebietes durch US-Truppen spielten sich in der Gegend seltsame Dinge ab, bei denen auch den Wissenschaftlern des Atomforschungslabors von Stadtilm eine Rolle zukam. Das hat zu der Vermutung geführt, daß in den unterirdischen Systemen der Bau der deutschen Atomwaffe erfolgte. Was bei oberflächlicher Betrachtungsweise zunächst einmal unglaubhaft erscheint, würde jedoch eine Reihe von bis heute ungelösten und widersprüchlichen Problemen erklären. In jedem Falle muß sich in diesem Terrain etwas befunden haben, das einen derartigen Aufwand rechtfertigte und später unter allen Umständen geheimgehalten werden mußte.

Nachdem das Gebiet von US-Einheiten erobert worden war, landeten am 7. April 1945 Flugzeuge, denen eine Reihe alliierter Wissenschafts- und Technikexperten entstiegen, die später als Beteiligte der Atomforschung identifiziert werden konnten. Man kann bis heute nur darüber spekulieren, was sie hier suchten, da keinerlei amtliche Informationen zu dem, was sie taten, vorliegen. Unklar ist auch, ob sie die unterirdischen Anlagen im Jonastal bzw. im Umfeld betraten und dort das Erwartete fanden. Aufgrund einiger Indizien kann man allerdings vermuten, daß sie nur zum Teil erfolgreich waren, weil die Abschnitte, die die sensiblen Bereiche beherbergen, vorher von der SS hermetisch verschlossen und sprengtechnisch gesichert worden waren.

Was die Amerikaner bei ihren Geländeerkundungen sowohl vom Boden als auch aus der Luft fanden, ist bis heute nicht geklärt. Einige unterirdische Systeme wurden mit Sicherheit von ihnen identifiziert, wie die bereits weiter vorn veröffentlichte Aussage von Paul Cibuzar dokumentiert hat. Doch wie sieht es mit den anderen Anlagen aus, von denen in Zeugenaussagen immer wieder die Rede ist? Wurde das vermutete Führerhauptquartier gefunden? Die V-Waffen-Fabrik(en)? Die Forschungsanlagen? Und die geheimen Kommunikationszentralen?

Daß in diesem Gebiet zwischen Ohrdruf und Arnstadt etwas merkwürdiges vor sich gegangen sein muß, steht außer Frage. »Gerüchte« besagen, daß in diesem Terrain ein Führerhauptquartier Hitlers entstehen sollte, von dem allerdings die klassische Geschichtsschreibung so gut wie nichts zu berichten weiß.[8] Selbst aktuelle Werke bezweifeln, daß hier ein solches FHQ gebaut wurde.[9]

In den letzten Jahren veröffentlichte Bücher[10, 11, 12, 13, 14] sowie einige daraus resultierende Presseveröffentlichungen behaupten, daß die Merkwürdigkeiten, die in bezug auf die Bauaktivitäten der SS gegen Ende des Zweiten Weltkrieges zu verzeichnen gewesen sind, nicht allein mit dem geplanten Bau eines FHQ erklärt werden können, sondern daß die wahren Gründe anderer Art sein müssen. Insbesondere wird hier eine Reihe von unterirdischen V-Waffen-Produktionsanlagen vermutet, die nicht nur der Produktion der allseits bekannten V1 und V2 dienten, sondern auch neuartiger Systeme (Interkontinentalrakete A9/A10, auch als V3 bezeichnet) und der deutschen Atombombe.

Ein Grund dafür, daß viele mit dem Zweiten Weltkrieg in Verbindung stehende Aspekte erst nach und nach ans Tageslicht gelangen, und das gilt insbesondere für die damals durchgeführten unterirdischen ingenieurtechnischen Maßnahmen, mag zweifellos darin begründet liegen, daß die betreffenden Anlagen einerseits bis heute nur schwer oder gar nicht zugänglich sind, andererseits aber nur selten darüber berichtet wurde und auch die vorhandenen Archive wenig darüber aussagen. Taktisch bzw. strategisch wichtige Kommando- und Kommunikationszentralen unter die Erde zu verlegen, um damit einen direkten feindlichen Zugriff zu erschweren, war im Zweiten Weltkrieg üblich. Das deutsche Militär hatte aus den Erfahrungen des Ersten Weltkrieges Rückschlüsse gezogen und wollte die daraus resultierenden Erfahrungen bei einem eventuellen zukünftigen bewaffneten Konflikt verwertet wissen. Dieser Erkenntnisprozeß hatte allerdings nicht erst in den vierziger Jahren des 20. Jahrhunderts begonnen, sondern schon geraume Zeit vorher.

Bereits am 13. Juli 1934 wurde der Auftrag gegeben, eine unterirdische Nachrichtenanlage in Betonbunkern im Gebiet von Ohrdruf zu bauen. Diese Entscheidung der Heeresleitung stand in Verbindung mit einer weiteren Maßnahme, nämlich dem Bau einer ähnlichen Anlage in Zossen, die jedoch als Hauptführungsstelle dienen sollte. Ohrdruf hingegen war nur als Ausweiche geplant. [15]

Viele Jahre blieb es ruhig im Gebiet zwischen Ohrdruf und Arnstadt, jedenfalls nach dem, was man zu wissen glaubt.

Neben der Nachrichtenzentrale, dem bei Ohrdruf befindlichen »Amt 10«, war dann ab 1944 auch die Rede von einem Führerhauptquartier in diesem Raum. Am 24. August 1944 fand dazu eine Unterredung zwischen dem Chef des Wehrmachtführungsstabes, Generaloberst Alfred Jodl, und dem Wehrmachtsadjutanten beim Führer, Oberst Gustav Streve, statt. In den Berichten zu »Planungen und Neubauten FHQ« steht in bezug auf Thüringen:

»[...] neue FHQ-Unterkunft im Raume Mitteldeutschland, Thüringen und Harz. Es ist ein Führerentscheid herbeizuführen, ob in diesem Raum eine neue FHQ-Unterkunft zu errichten ist.«[16]

Am 9. März 1945 schließlich informiert ein von General Wilhelm Burgdorf unterzeichnetes Rundschreiben alle Dienststellen wie folgt:

»Auf Befehl des Führers hat Reichsführer-SS im Raume Ohrdruf den Ausbau einer neuen Unterkunft FHQ übernommen. Mit der Durchführung ist SS-Gruppenführer Kammler beauftragt worden.«[17]

Weiter heißt es darin, daß aufgrund dieses Führerentscheids, der die teilweise Verlegung des FHQ und anderer Dienststellen in diesen Raum betreffe, eine Neuregelung der örtlichen Leitung und Lenkung von baulichen und unterkunftsmäßigen Fragen erforderlich sei.

Demzufolge mußte also »im Raume Ohrdruf« an einem Führerhauptquartier *zumindest* gearbeitet werden. Also ging es um einen Neubau oder aber, was angesichts der Kürze der Zeit auch vorstellbar ist, um den *Um- und Ausbau einer bereits vorhandenen Anlage*, die ursprünglich womöglich ganz anderen Zwekken gedient hatte.

Ein von Generaloberst Guderian unterzeichnetes Schreiben des Generalstabs des Heeres, datiert vom 26. Februar 1945, ordnete schließlich die Verlegung des OKH [Oberkommando des Heeres, Anm. d. Autoren] in den Raum »Olga« an.[18]

All diese Schreiben zeigen, daß in Thüringen entsprechende Ausweich-Kommando-Zentralen vorhanden sein mußten oder sich im Neu-, Aus- oder Umbau befanden. Demzufolge kann mit hoher Sicherheit auch davon ausgegangen werden, daß ein unterirdisches Führerhauptquartier existiert, das bis heute nicht gefunden werden konnte.

Gänzlich unbekannt und nicht durch Dokumente belegt sind hingegen weitere vermutete Anlagen, die mit der vermuteten V-Waffen-Produktion oder Technologieforschung in Verbindung stehen. Ihr Vorhandensein ergibt sich zwangsläufig aus einer Reihe von Zeugenaussagen, von denen einige bereits veröffentlicht worden sind, während andere noch der Publikation harren. Diese Aussagen von teilweise unmittelbar Beteiligten als reine Erfindung abtun zu wollen, wäre nicht nur im höchsten Maße ignorant, sondern würde auch bedeuten, sich aus den Aussagen ergebende Zusammenhänge nicht wahrhaben zu wollen.

Der Zweck der eigentlichen Jonastal-Anlage, deren Errichtung im Herbst 1944 begann, ist bis heute unklar. Allgemein wird hier das »letzte Führerhauptquartier« vermutet, wir glauben jedoch, daß die Bauarbeiten einen anderen Grund hatten und hier tatsächlich irgendwelche Produktion unterkommen sollte, denn:

»Sind auch die Führerhauptquartiere untereinander sehr verschieden, eines haben alle gemeinsam: Sie waren immer von einem dichten Sperrgürtel aus Mannschaftsunterständen, Flak- und Scheinwerferbatterien usw. umgeben. In der näheren Umgebung der Stollen aber ist nichts davon zu erkennen. In diesem Zusammenhang ist auch kaum anzunehmen, daß eventuell Vorhandenes gründlich von den Amerikanern oder Russen entfernt oder zerstört wurde. Bei den anderen untersuchten Führerhauptquartieren ließen sich diese Sperrgürtel ohne Schwierigkeiten nachweisen.«[19]

Über die entsprechenden Einzelheiten in bezug auf die Stollen im Jonastal ist bereits viel geschrieben worden, so daß wir uns an dieser Stelle eine Wiederholung ersparen und statt dessen auf die vorhandene Literatur verweisen möchten.[10, 11, 12, 13, 14]

Auffällig ist aber, daß der heute noch auszumachende Bereich der Stollen 1 bis 25, den man in vier Abschnitte unterteilen kann, keine Zeugnisse dafür liefert, daß diese Systeme kurz vor der Fertigstellung standen. Hingegen existieren aber eine ganze Reihe gegenteiliger Behauptungen aufgrund von Zeugenaussagen, so daß man schnell feststellt, daß hier Widersprüche vorliegen und wahrscheinlich von mindestens zwei verschiedenen Komplexen gesprochen wird. Denkbar wäre auch, wie der Autor Harald Fäth vermutet, daß es mehr Stollen gab, von denen einige schon fertiggestellt waren. Die Augenzeugenberichte erwähnen Stollenbereiche, die bereits mit weißen Kacheln versehen waren, sprechen aber auch von großen Räumlichkeiten, in denen Parkett verlegt war und die durch ihre luxuriöse Ausstattung auffielen. Auch ist die Rede von einem Stollen, der neunhundert Meter in den Berg führte – eine Länge, die heute nirgends mehr nachweisbar ist. Grund dafür sind mit Sicherheit die bereits erwähnten Sprengungen durch die SS und die anschließend erfolgten Tarnmaßnahmen, was auch von Zeugen immer wieder bestätigt wurde:

»Ende März erfuhr ich von Mithäftlingen, daß die SS begann, im Berg bestimmte fortgeschrittene Stollensysteme zu sprengen. Nach Darstellung der Kameraden und wie später aus den Zeugenaussagen bei den Vernehmungen in Buchenwald hervorging, müssen die Stollen sehr tief in den Berg gegangen sein. Eines weiß ich genau: In den Stollen wurde von der SS gesprengt, bevor die Amerikaner kamen. Die Amis haben sich um rein gar nichts gekümmert. Vielleicht waren sie auch zu feige, wegen Verminung und so. Und die Russen? Ich weiß nicht, vielleicht fehlten denen die Informationen.«[20]

Der Augenzeuge Karl Zehnel aus Ichtershausen geht noch weiter, wenn er feststellt:

»Es steht fest, daß die Stollen nahezu fertig waren. Es wird immer viel erzählt, aber wir, die wir dort gearbeitet haben, müssen es ja schließlich am besten wissen [...] Ich selbst habe Parkettfußboden verladen und in die Stollen gefahren. In den letzten acht Tagen, bevor die Amerikaner kamen, waren die unterirdischen Konferenzräume, Befehlsstände und große Hallen fertig.«[21]

Da bis zum heutigen Tag nichts von dem, was die Augenzeugen beschrieben haben, gefunden werden konnte, muß es zwangsläufig immer noch unangetastet in der Erde liegen. Dies betrifft nicht nur den Bereich der Anlagen, die in der Nähe der Jonastalstraße, die von Crawinkel nach Arnstadt führt, errichtet wurden, sondern auch militärische Kommandostellen sowie die vieldiskutierten V-Waffen-Fabriken und das vermutete Forschungszentrum.

Bei den beiden letztgenannten Anlagenkomplexen bleiben aber selbst viele Insider skeptisch, weil sie sich eine derartige Bautätigkeit in diesem Gebiet nicht vorstellen können, obwohl z. B. der bekannte Autor Eugen Kogon schreibt:

»60 km SW von Buchenwald entfernt befand sich ein anderes Arbeits-Außenlager, Ohrdruf, bekannt als eines von Hitlers unterirdischen Hauptquartieren. 12 km von Ohrdruf beherbergten riesige unterirdische Stollen eine V-Waffen Fabrik. 10.000 Gefangene *bauten die Tunnel unter denselben Arbeitsbedingungen, wie sie auch in DORA herrschten. Nur einige überlebten.«*[22]

Es taucht immer wieder das Argument auf, irgendwer hätte doch etwas von den Aktivitäten der Häftlinge im Untergrund mitbekommen müssen. Wir sehen das keineswegs so. Man muß berücksichtigen, daß die Menschen damals wie heute in allererster Linie der eigenen Lebenssicherung nachgingen. Viele Männer waren im Krieg; die Verantwortung für die Familien lag bei den Frauen. Zudem verfügte man damals nicht über einen solchen Mobilitätsradius wie wir Heutigen. Auch war es keineswegs gesund, sich für Dinge, die von Staats wegen angeordnet waren und der Geheimhaltung unterlagen, allzu nachdrücklich zu interessieren. Sicher wurden hin und wieder Häftlingskolonnen gesichtet. Doch gehörte das nicht schon zu den Alltäglichkeiten? Auch sind wir uns sicher, daß die Verantwortlichen, die die Sicherstellung von geheimen und geheimsten Bauvorhaben zu garantieren hatten, Mittel und Wege fanden, um unauffällig agieren zu können. Möglicherweise transportierte man Häftlinge zur Arbeit an einen oberirdischen Platz, der eine größere Baracke, Halle oder auch eine kleine Fabrik sein mochte. Und erst von hier ging es hinab in die Unterwelt, die jedem Normalbürger verborgen bleiben mußte. Und als die unterirdischen Refugien groß genug waren, tauchten die Häftlinge wahrscheinlich gar nicht mehr auf der Bildfläche auf. Sie führten ein Maulwurfsdasein, fernab von jedem Sonnenlicht und damit der Möglichkeit einer Beobachtung durch Nichtinvolvierte.

Die geologische Beschaffenheit des Gebietes spricht für die Anlage von natürlichen unterirdischen Hohlräumen bzw. künstlichen Installationen. Der Truppenübungsplatz Ohrdruf liegt, wie bereits erwähnt, auf einem Kalksteinberg. In Kalkstein ist der bergbautechnische Vortrieb von Stollen natürlich wesentlich einfacher als beispielsweise in Granit. Das Umfeld wird gekennzeichnet von solch typischen Erscheinungen wie Springquellen und Erdfällen, die deutlich auf vorhandene unterirdische Höhlungen hinweisen.

Natürlich muß davon ausgegangen werden, daß unterirdische Produktionseinrichtungen, Kommandostellen und andere vermutete Bereiche nicht erst gegen Kriegsende geschaffen werden konnten. Jede Maulwurfstätigkeit benötigt Zeit, so daß anzunehmen ist, daß die Untertage-Arbeiten unter strengster Geheimhaltung bereits wesentlich früher begonnen wurden.

Die Diskussion über das, was hier verborgen sein könnte, wurde nicht zuletzt durch einige Presseveröffentlichungen ausgelöst, die jedoch aus bisher anonym gebliebenen Quellen stammen. Die nun folgende könnte in bezug auf die deutsche Atomforschung und die beabsichtigte Entwicklung einer Atombombe von allergrößter Bedeutung sein und zudem so manche Ungereimtheit aufklären, wenn sich die Örtlichkeit eruieren ließe:

»Mein Opa arbeitete zu Kriegszeiten mehrere Jahre im Raum Ohrdruf/Jonastal. Er bekleidete eine Stellung, die ihm Zutritt zu bestimmten Abschnitten geheimer unterirdischer Anlagen gestattete. Er erzählte mir noch vor einigen Jahren darüber folgendes: Die unterirdischen Stollen führten weit in die Tiefe des Bergmassives. Je tiefer es hineinging, desto höher wurde die Sicherheitsstufe. Nur mit bestimmten Ausweisen hatte man Zutritt zu den einzelnen Sperrzonen. Weit drinnen befand sich eine technische Anlage, an der Deutsche zusammen mit Vertretern einer ausländischen Macht (wahrscheinlich Japaner) Experimente durchführten. Die Anlage war ringförmig, wahrscheinlich handelte es sich um eine Art Fusionsanlage. Sie nahm im Inneren des Berges sehr viel Platz ein. (Die Auskunftsperson sprach von mehreren tausend Quadratmetern. Diese Angabe sei dahingestellt, d. A.) Für technische Experimente lagerte im Bergesinneren zudem ein gewisser Vorrat eines Edelmetalls.«[23]

Falls im Berg wirklich eine Fusionsanlage untergebracht wurde, die mit hoher Wahrscheinlichkeit bis heute dort steht, würde das erklären, warum in bezug auf S III in den Unterlagen vom »Notprogramm des Führers« gesprochen wird und es heißt: *»Rangiert über allen Rüstungsangelegenheiten und Geilenberg-Programm.«*[24]

Demzufolge war S III wichtiger als die deutsche Treibstoffherstellung, die V1- und V2-Fertigung und die Produktion der dringend benötigten Düsenjäger. Bei Abwägung aller in Frage kommenden Möglichkeiten kann S III also nur der Herstellung einer alles entscheidenden Waffe gedient haben: der deutschen Atombombe. Man könnte natürlich hier, das soll nicht generell verneint werden, auch eine unterirdische Giftgasproduktion vermuten. Wenn dies aber tatsächlich der Fall wäre, säße das Land Thüringen auf einer tickenden Zeitbombe ...

Für uns ist die Giftgas-Hypothese allerdings sehr unwahrscheinlich. Wie der Autor Harald Fäth bereits dokumentierte (und wie sich noch durch weiteres korrespondierendes Material zeigen wird), hat die Annahme, hier sei unterirdisch das deutsche Atomprogramm forciert worden, vieles für sich. In seinem Buch »1945 – Thüringens Manhattan Project« weist er auf einen bedeutsamen Umstand hin, der gewöhnlich übersehen wird, um das Bild nicht zu zerstören, Deutschland habe einen ständigen Schwerwasser-Mangel gehabt: Die durch alliierte Anschläge teilweise zerstörte Schwerwasserproduktion von Norsk Hydro im norwegischen Vemork wurde *nicht* einfach *aufgegeben*! Das noch vorhandene Schwere Wasser wurde abgelassen und nicht, wie immer behauptet wird, per Fähre, sondern über einen anderen Weg transportiert. Die deutsche Abwehr hatte im Vorfeld nämlich erfahren, daß die Fähre, auf der das Schwere Wasser transportiert werden sollte, Ziel eines Sabotageaktes war. Auch die Schwerwasser-Anlagen selbst wurden nach Deutschland verlagert, wie eine im Herbst 1943 zwischen Dr. Diebner und Dr. Wirz geführte Unterhaltung zeigt:

»[...] Hier wird allerdings eine Bemerkung Diebners verschwiegen, die er gegenüber Dr. Wirz machte: Als einige Tage nach der Fährensabotage plötzlich Fässer mit schwerem Wasser in Deutschland ankamen, und Wirz erstaunt nach dem ›Woher‹ fragte, antwortete Diebner: ›Dieses schwere Wasser ist der abgelassene Rest, welcher entstand, als das Hydrierwerk abgebaut und nach Deutschland verlagert wurde. Es war bekannt geworden, daß möglicherweise ein Anschlag auf die Fähre geplant war, und so beförderte sie nur normale Wasserfässer; die echten wurden auf dem Landweg hergebracht.‹[25]

Folgt man Diebners Aussage, ist also im Herbst 1943 ein komplettes Schwerwasserwerk nach Deutschland verbracht worden. Weshalb diese erstaunliche Tatsache bisher so wenig Beachtung fand, wird wohl damit zusammenhängen, daß später (angeblich) von den Alliierten kein deutsches Werk dieser Art gefunden werden konnte.«[26]

Autor Fäth hat, nach unserem Dafürhalten, den Nagel auf den Kopf getroffen. Und zwar so punktgenau, daß es uns beinahe eiskalt über den Rücken läuft. Die Frage ist nämlich: Wo wurden die Anlagen von Vemork danach aufgebaut? Prof. Esau vom Reichsforschungsrat wollte diese in jedem Falle wieder installieren lassen und stellte dafür 800.000 Reichsmark zur Verfügung. Es gab Pläne, in Leuna die Produktion von Schwerwasser fortzusetzen, doch war dort kein Luftschutz gegeben. Und man glaube doch nicht, daß die Verantwortlichen im Dritten Reich so naiv waren, nach den soeben in Norwegen gemachten Erfahrungen eine Schwerwasseranlage nochmals oberirdisch zu errichten! Die Überlegungen Fäths werden im übrigen, soviel können wir hier schon einmal durchblicken lassen, durch ein Schreiben bestätigt, daß von einer involvierten Person stammt und in dem diese behauptet, daß die Schwerwasseranlage im Herbst 1943 zwei Monate lang auf dem Bahnhof von Arnstadt stand, weil man die Technik, um sie ins Tal zu transportieren, zu diesem Zeitpunkt nicht bekommen konnte!

Wir gehen davon aus, daß auch die Schwerwasserproduktionsanlage noch in irgendeinem unterirdischen Versteck auf ihre Entdeckung wartet. Wehe den »Experten«, die da immer noch behaupten, Deutschland habe nach dem Angriff auf Vemork seine Schwerwasserproduktion verloren! Wenn die Anlage gefunden wird, werden viele wie die begossenen Pudel dastehen und Abbitte leisten müssen.

Natürlich benötigt eine solche Schwerwasserproduktion Elektroenergie in rauhen Mengen. Doch hatte nicht der ehemalige amerikanische Soldat Paul Cibuzar in seinem Interview für die bereits erwähnte ZDF-Dokumentation ausgesagt, daß man ihm eine Generatorenanlage gezeigt habe, die ausgereicht hätte, um eine Großstadt wie Berlin mit Energie zu versorgen!?

Harald Fäths Rückschlüsse basieren also auf logischen Überlegungen und sind keine leeren Behauptungen.

Und da ist dann noch diese seltsame Geschichte mit dem Atomforschungslabor Stadtilm, über das ja bereits mehrfach berichtet worden ist und das sich in relativer Nähe zum Truppenübungsplatz Ohrdruf befand. Das Labor war, übrigens ohne den für eine solche Anlage üblichen Luftschutz (!), gegen Kriegsende in den Kellerräumen der Mittelschule untergebracht worden. Die Herren, die da plötzlich mit weißen Kitteln bekleidet von den Stadtilmer Einwohnern beobachtet werden konnten, waren Kernforscher des Forschungszentrums des Heereswaffenamtes unter Dr. Kurt Diebner, die von Kummersdorf hierher »verlagert« worden waren. Wie die Autoren Gerhardt Remdt und

Günter Wermusch in ihrem Standardwerk »Rätsel Jonastal. Die Geschichte des letzten ›Führerhauptquartiers‹« den Leser wissen lassen, war der Klempnermeister Erich Rundnagel einer der ersten Einwohner Stadtilms, die nähere Bekanntschaft mit der Gruppe der Kernforscher schlossen. Rundnagel wurde Anfang Juli 1944 zum Bürgermeister Häberlein beordert und traf dort auf zwei große, elegante Herren von einer deutschen Sicherheitsbehörde. Ohne sich lange mit der Vorrede aufzuhalten, wurde Rundnagel eröffnet, daß er über alles, was er in Zukunft höre und sehe, absolutes Stillschweigen zu wahren habe, andernfalls koste es ihn den Kopf. Er wurde nach einer eingehenden Vergatterung beauftragt, bestimmte Installationsarbeiten in der Mittelschule bzw. deren Kellerräumen auszuführen, was er bis Kriegsende dann auch wirklich tat.

Im Laufe dieser Arbeiten bekam der Klempnermeister Rundnagel engeren Kontakt zu zwei Mitarbeitern des Diebner-Teams, den Herren Dr. Rehbein und Ing. Rackwitz, die ihm eine ungeheuerliche Geschichte erzählten, die er später so wiedergab:

»Es war so am 7., nein, am 9. Juli, als mir Dr. Rehbein sagte: ›Rundnagel, nun hören Sie mal ganz genau Nachrichten, innerhalb von ein paar Tagen werden Sie eine entscheidende Meldung hören, von der abhängt, wie der Krieg ausgeht [...] Am 20. Juli war dann das Attentat auf Hitler. Als ich Rehbein fragte, ob er das gemeint habe, lachte er nur und sagte: ›Jetzt kommt sie nicht mehr zum Einsatz, der Krieg ist verloren.‹«[27]

Erich Rundnagel erfährt am selben Tag während des Gesprächs, daß die Gruppe der Wissenschaftler und Ingenieure an einer Waffe arbeite, die in der Lage sei, im Umkreis von 20 km alles Leben zu vernichten, »und wenn es hunderttausend Mann wären«. Rundnagel, der das aufgrund seiner Erfahrungen im Ersten Weltkrieg für völlig unmöglich hält, erfährt auch, daß die »Bombe« nur wenige Dezimeter groß sei und um die acht Kilogramm wiege. Auf die Frage hin, ob er das Ding mal sehen könne, bekommt er allerdings eine Abfuhr. Dr. Rehbein meint nur, daß das beide den Kopf kosten könne.

Als 1992 das Buch »Rätsel Jonastal« erschien, werden sich wohl die meisten Leser bei dieser Textpassage verwundert die Augen gerieben und sich gefragt haben, was diese Information zu bedeuten habe, da sie so völlig aus dem Rahmen der »gesicherten wissenschaftlich-historischen Tatsachen« fiel. Eine Atombombe in Stadtilm? Wie war so etwas möglich? Und vor allem: Wenn das, was da stand, überhaupt glaubhaft war, wo war dann die Entwicklung einer solchen nuklearen Waffe realisiert worden?

Mit dem Abstand von über zehn Jahren verwundern diese Ausführungen im genannten Buch allerdings nicht mehr, eher ist das Gegenteil der Fall: Ein Baustein fügt sich an den anderen und das entstehende Bild wird immer klarer.

Daß Klempnermeister Erich Rundnagel nicht irgendwelche frei erfundenen Geschichten erzählte, ist sicher. Niemand hätte sich zu DDR-Zeiten zu solchen Dingen geäußert, wenn nicht wirklich etwas in dieser Richtung gelaufen war. Derartige Äußerungen blieben nämlich nicht lange verborgen, und man konnte schnell zur Zielscheibe der DDR-Sicherheitsbehörden werden. Tatsächlich dauerte es nicht lange, und das Ministerium für Staatssicherheit (MfS) zeigte Interesse an Rundnagel. Kein Wunder, wenn da jemand etwas über eine Atombombe, die Nationalsozialisten und das Labor in Stadtilm erzählte. Die Kreisdienststelle des MfS in Arnstadt lud Rundnagel eines Tages vor und befragte ihn am 8. Juli 1966 ausführlich zu den Vorgängen gegen Kriegsende. Das Protokoll ist erhalten geblieben:

»***Befragungsprotokoll***

Mit dem Klempnermeister Erich Rundnagel, wohnh.: Stadtilm, Xxxxx Xxxxxstr. X wurde am heutigen Tag eine Aussprache betr. ehemalige Forschungsstelle für Kernspaltung in Stadtilm durch Unterzeichnete geführt und Nachfolgendes in Erfahrung gebracht:

Rundnagel wurde im Juli 1944 zum damaligen Bürgermeister Heberlein bestellt. Dort wurde er von zwei Angehörigen der geheimen Staatspolizei mit Installationsarbeiten innerhalb der Forschungsstelle betraut, zum Schweigen verpflichtet und wenige Tage später mit dem leitenden Personal der Forschungsstelle in Verbindung gebracht.

Die Forschungsstelle stand unter der Leitung von Prof. Dr. Diebner. Zu den wissenschaftlichen Mitarbeitern gehörten Dr. Rebein, Dr. Bergey sowie Ing. Rackwitz. Dr. Bergey befand sich nach Angaben des Herrn Rundnagel bis zu seinem Einsatz in Stadtilm in Norwegen, wo er sich mit der Gewinnung schweren Wassers beschäftigt haben soll. Nach Aussagen des Herrn Rundnagel halten sich Diebner und Rebein in WD [Westdeutschland, Anm. d. Autoren] *auf. Berkey verblieb in der damaligen sowjetischen Besatzungszone und ist heute Inhaber der Lampenfabrik Seeger in Stadtilm. Seeger ist der Schwiegervater von Dr. Bergey.*

Bergey ist schon seit längerer Zeit krank, befand sich in der Heilstätte Bad Berka und soll sich jetzt in der Med. Akademie Erfurt aufhalten. Wie der Herr Rundnagel zum Ausdruck brachte, leidet Bergey an einer unheilbaren Leberkrankheit.

In der weiteren Befragung des Herrn Rundnagel brachte dieser zum Ausdruck, daß seiner Meinung nach in diesem Objekt Entwicklungen geplant waren, die sich mit der Kernspaltung beschäftigen sollten. Er behauptet jedoch, daß in der Forschungsstelle bis zum Zusammenbruch des Faschismus 1945 keinerlei Forschungsversuche durchgeführt wurden, da sich das Labor bis zuletzt noch im Aufbau befand und er selbst bis einen Tag vor Einmarsch der Amerikaner mit den Installationsarbeiten beschäftigt war.

Das gesamte Personal der Forschungsstelle verließ zu diesem Zeitpunkt Stadtilm in Richtung Süddeutschland und nahm sämtliches wertvolles Material, was zu Forschungszwecken hätte dienen können und bereits in der Forschungsstelle eingelagert war, auf einem Lkw mit.

Herr Rundnagel erklärte weiterhin, daß ihm die Art dieses Materials nicht bekannt geworden sei, jedoch an verschiedenen Stellen der beiden Kellerräume, abgedeckt mit Stearin und Paraffin, lagerte.

Durch Dr. Rebein wurde ihm bekannt, daß in einem der zwei großen, in den Kellerräumen aufgestellten Panzerschränke 65.000 Reichsmark aufbewahrt wurden. Weiterhin will er Gesprächen mit Dr. Rehbein entnommen haben, daß sich in dem anderen Panzerschrank zwei Atombomben befunden haben sollen, die seiner Vermutung nach später auf Hiroshima und Nagasaki abgeworfen wurden.

In der weiteren Befragung über die auf dem Brandgelände gefundenen Bleisteine brachte Rundnagel zum Ausdruck, daß diese, wo sie gefunden wurden, in dem Raum (ehemalige Werkstatt) zu damaliger Zeit gestapelt abgelagert wurden. Dieses Blei sollte zum Beschweren des Deckels für eine Anlage dienen, in der flüssige Luft hergestellt werden sollte. Diese Anlage stand jedoch bis zum Zusammenbruch auf dem Hof vor der Forschungsstelle, wurde nie montiert und kam demzufolge nicht zum Einsatz.

In der Unterhaltung über den im Keller befindlichen Brunnen, der 1945 zugeschüttet wurde, brachte Rundnagel zum Ausdruck, daß dieser in der Zeit, wo er selbst in der Forschungsstelle arbeitete, ausgeschachtet und ausgemauert wurde. Sei-

ner Schätzung nach soll dieser Brunnen ca. 5 m tief gewesen sein und zur Aufbewahrung einer größeren Menge normalen Wassers für Forschungszwecke dienen.

Schweres Wasser ist seinen Angaben nach nie in der Forschungsstelle gelagert worden. Desweiteren brachte er zum Ausdruck, daß es unwahrscheinlich ist, daß sich in dem Brunnen schweres Wasser befunden haben könne.

Abschließend brachte Herr Rundnagel zum Ausdruck, daß er aus Gesprächen mit Dr. Rebein entnommen habe, daß dieser mit den Kräften des 20. Juli 1944 (Anschlag auf Hitler) in Verbindung gestanden habe. In einer Unterhaltung kurz nach dem 20. Juli 1944 brachte Rebein zum Ausdruck, daß der Krieg für Deutschland verloren sei und die Atombombe von deutscher Seite auch nicht mehr zum Einsatz käme.

Xxxx
Hauptmann
BV Erfurt, Abt. XVIII

Xxxxxxxx
Feldwebel«

Ein hochinteressantes Protokoll! Abgesehen davon, daß in ihm beinahe alle Namen falsch geschrieben werden – Heberlein muß Häberlein heißen, Dr. Rebein heißt Dr. Rehbein, Dr. Bergey/Berkey muß richtig Dr. Berkei heißen, und Diebner war kein Professor, sondern »nur« Doktor –, was offenbar aus der Tatsache resultiert, daß Herr Rundnagel sich nur an die Namen erinnerte, offenbart es Dinge, die laut klassischer Geschichtsschreibung einfach unmöglich sein müßten.

Tatsache ist, daß die betreffenden Personen vor Ort waren. Dr. Berkei blieb bei Kriegsende in Stadtilm und erkrankte in den 1960er Jahren mit tödlichem Ausgang. Das MfS hat in diesem Zusammenhang behauptet, er sei den Folgen einer Strahlenkrankheit erlegen, die er sich während der Experimente in Stadtilm oder danach zugezogen habe. (Nach den zwischenzeitlich erfolgten Recherchen entspricht diese Behauptung aber höchstwahrscheinlich nicht den Tatsachen: Dr. Berkei verstarb vielmehr in Folge einer sehr seltenen Eiweiß-Stoffwechsel-Krankheit, die jedoch – es bleibt mysteriös – nur durch einen Aspergillus-Pilz verursacht werden kann, wie er unter bestimmten Bedingungen in unterirdischen Hohlräumen vorkommt.)

Die anderen Mitglieder der Gruppe um Dr. Diebner setzten sich nach Süddeutschland ab (von Dr. Rehbein hörte man übrigens nie wieder etwas). Dr. Diebner selbst führte dabei – wie die

Kreisdienststelle   Arnstadt,den 8.7.1966
-A r n s t a d t-

Befragungsprotokoll

Mit dem Klempnermeister

Erich Rundnagel
wohnh.: Stadtilm, Obere Marktstr.3

wurde am heutigen Tage eine Aussprache betr. ehemalige Forschungsstelle für Kernspaltung in Stadtilm durch Unterzeichnete geführt und nachfolgendes in Erfahrung gebracht:

Rundnagel wurde im Juli 1944 zum damaligen Bürgermeister Heberlein bestellt. Dort wurde er von zwei Angehörigen der geheimen Staatspolizei mit den Installationsarbeiten innerhalb der Forschungsstelle betraut, zum Schweigen verpflichtet und wenige Tage später mit dem leitenden Personal der Forschungsstelle in Verbindung gebracht.
Die Forschungsstelle stand unter der Leitung von Prof. Dr. Diebner. Zu den wissenschaftlichen Mitarbeitern gehörten Dr. Reb~~l~~ein, Dr. Berg~~l~~ey sowie Ing. Rockwitz. Dr. Berg~~l~~ey befand sich nach Angaben des Herrn Rundnagel bis zu seinem Einsatz in Stadtilm in Norwegen, wo er sich mit der Gewinnung schweren Wassers beschäftigt haben soll. Nach Aussagen des Herrn Rundnagel halten sich Diebner und Reb~~l~~ein in WD auf. Berk~~l~~ey verblieb in der damaligen sowjetischen Besatzungszone und ist heute Inhaber der Lampenfabrik Seeger in Stadtilm. Seeger ist der Schwiegervater des Dr. Berg~~l~~ey. Berg~~l~~ey ist schon seit einiger Zeit krank, befand sich in der Heilstätte Bad Berka und soll sich jetzt in der Med. Akademie Erfurt aufhalten. Wie der Herr Rundnagel zum Ausdruck brachte, leidet Berg~~l~~ey an einer unheilbaren Leberkrankheit.
In der weiteren Befragung des Herrn Rundnagel brachte dieser zum Ausdruck, daß seiner Meinung nach in diesem Objekt Entwicklungen geplant waren, die sich mit der

Die erste Seite des MfS-Protokolls zur Befragung des Klempnermeisters Erich Rundnagel vom 8. Juli 1966.

Farm-Hall-Protokolle deutlich dokumentieren – eine ziemlich große Summe an Geld mit sich, die er sogar noch während der britischen Internierung bei sich hatte:

»DIEBNER: Ich habe es eben gezählt. Ich hätte 95.000 Reichsmark bei mir haben sollen, aber es sind nur 79.000 Reichsmark und ein bißchen. Ich habe einiges davon Kremer (?) gegeben. Ich hätte 35.000 Mark von meinem eigenen Geld haben müssen und 60.000, die dem Forschungsrat gehören. Aber ich habe insgesamt nur 79.000 Mark. Vielleicht habe ich etwas meiner Frau gegeben.«[28]

Wohin die fehlenden »Pfennige« auch verschwunden sein mögen, Diebner spricht von 60.000 Reichsmark, die dem Forschungsrat gehörten. Und was sagte Rundnagel? Er sprach von 65.000 Mark, eine Angabe, die ihm die »zutraulich« gewordenen Wissenschaftler gegenüber geäußert hatten. Wenn die Menge des Geldes so gut wie stimmt, könnte dann nicht auch die Andeutung mit den beiden Atombomben im anderen Panzerschrank korrekt sein?!

Weiter im Text: Klempnermeister Rundnagel sagte aus, daß das Forschungslabor in Stadtilm nicht fertig geworden sei. Wo aber betrieben dann die Herren und Damen der Diebner-Gruppe ihre Studien? In den Cafes von Stadtilm, in denen die als »Bibelforscher« bezeichneten Weißkittel so oft gesehen wurden? Oder befand sich die eigentliche Forschungszentrale andernorts, im Großraum Jonastal? Dort, wo auch die Forderung nach Luftschutz erfüllt werden konnte? Also untertage?!

Besonders brisant ist der Hinweis Rundnagels, daß es einen Zusammenhang zwischen dem Einsatz der Atomwaffe und dem Anschlag auf Hitler am 20. Juli 1944 gegeben habe – zumindest war dies den Andeutungen von Dr. Rehbein und Ing. Rackwitz zu entnehmen. Liest man genau, wird sogar deutlich, daß ein unmittelbarer Zusammenhang zwischen dem Anschlag und der »Bombe« existiert. Hitler überlebte das Attentat in der Wolfsschanze mit einigen Blessuren, und Dr. Rehbein erklärte einige Tage danach, daß die Bombe nunmehr nicht zum Einsatz gelange und der Krieg damit verloren sei.

Heißt das im Umkehrschluß, daß der deutsche Widerstand Hitler die Waffe – zumindest hier – bewußt vorenthielt? Hitler wollte, daran kann kein Zweifel bestehen, sie *in jedem Falle* einsetzen, was aber gedachten die Widerständler damit zu tun? Gewiß, das alles scheint hochspekulativ, aber trotzdem können wir uns des Gefühls nicht erwehren, daß im Falle eines erfolgreichen Attentats auf Hitler die Waffe von einer neuen deutschen Führung nicht nur als Faustpfand genutzt worden wäre.

Natürlich löste die Aussage Erich Rundnagels beim Ministerium für Staatssicherheit hektische Betriebsamkeit aus. In der Folge wurden weitere Informationen gesammelt, Personen befragt und auch mindestens eine Besichtigung der Kellergewölbe der Mittelschule durchgeführt. Die zugänglichen Unterlagen dieses Zeitraums dokumentieren das eindeutig. Allerdings, so scheint es jedenfalls, gelangte man nicht zu handfesten Ergebnissen, und die Angelegenheit wurde auf Eis gelegt. Ob sie dort wirklich liegenblieb, wagen wir zu bezweifeln.

Bei der endgültigen Übernahme der MfS-Kreisdienststelle Arnstadt am 8. Dezember 1989, in der Phase der Wende, zeigte sich, daß sich das MfS weiter mit diesem Problem befaßt hatte. In einem Video, das die »Besetzung« der »Stasi«-Zentrale dokumentiert, ist zu sehen, wie von Verantwortlichen eines Bürgerkomitees die Zimmer nach und nach auf Unversehrheit vorher angebrachter Siegel kontrolliert wurden. Der Dienststellenleiter öffnet einen ebenfalls versiegelten Stahlschrank unter den Augen der Vertreter des Bürgerkomitees und holt Stück für Stück die darin befindlichen Unterlagen heraus. Schließlich übergibt er eine dünne Akte zum Thema Stadtilm mit den Worten:

»[...] vielleicht ist es ein Thema, womit wir uns zusammen beschäftigen können.«[29]

Freilich wußte das Bürgerkomitee mit dieser Sache wenig anzufangen. Es gab dringendere Aufgaben, als sich mit einer so abgehobenen Angelegenheit wie einem Atomforschungslabor in Stadtilm zu beschäftigen ...

Kapitel 12

Die Lösung des »Jonastal-Rätsels«: Geheime Atomforschung

Was ist während der letzten Kriegstage in Thüringen, vor allem im Raum zwischen Arnstadt und Ohrdruf, wirklich geschehen? Diese Frage aufzuklären, dürfte eine faszinierende Aufgabe sein, denn sie enthält alle Elemente merkwürdigen Geschehens: eine Verlagerung von Führungsstäben nach Thüringen, u. a. in ein dortiges – angeblich nicht existentes – Führerhauptquartier; einen schnellen amerikanischen Vorstoß unter General Patton, der hier eine Gelegenheit sah, sich mit Ruhm zu bekleckern; amerikanische Offiziere, die auf einer Burg – der Wachsenburg? – nach Hitler suchten und ihn nicht finden konnten; die hektische Betriebsamkeit der SS, bestimmte Anlagen im Berg zuzusprengen und zu tarnen, und schließlich das ungeklärte Schicksal vieler Menschen, vor allem Tausender von Häftlingen, die aus dem Gebiet »verlagert« wurden.

Frau Cläre Werner, viele Jahre als Burgwartin der Wachsenburg tätig, erinnerte sich in Gesprächen mit einem von uns noch sehr lebhaft daran, daß die Amerikaner unbedingt Hitler aufspüren wollten. Er sei, so hieß es, auf der Burg. Doch selbst in den tiefsten Kellergewölben der Wachsenburg war keine Spur von ihm zu finden, was die Verantwortlichen sichtlich irritierte. Auch wollte man wissen, wo sich der unterirdische Bahnhof befinde und ob es möglich sei, dort mit einem Auto hineinzufahren. Alles höchst verwirrende Informationen, denn Hitler war doch in Berlin, in der Reichskanzlei.

Aber war er vielleicht einige Tage zuvor da? Genau darauf deuten bestimmte Aussagen hin: Hitler sei mit seinem Stab Ende März 1945 vor Ort gewesen. Freilich wird diese Behauptung von der Geschichtswissenschaft ignoriert, man meint, die Aufenthaltsorte Adolf Hitlers lückenlos bis zu seinem Tod zu kennen. Wir wären uns da aber keineswegs so sicher.

Autor Harald Fäth stellte aufgrund der soeben geschilderten Irrungen und Wirrungen die Hypothese auf, die Bezeichnung »Burg« sei von den Amerikanern mißverstanden worden und bezöge sich vielmehr auf ein unterirdisches Führerhauptquartier, das Fäth mittlerweile auch anhand von Luftbildaufnahmen identifiziert haben will. Seiner Meinung nach befinden sich in dem weiteren Umfeld des FHQ auch die vermuteten Produktionsanlagen und die Einrichtungen der deutschen Atomforschung.

Wir waren ursprünglich verblüfft, daß er die Lösung des Rätsels so schnell gefunden zu haben glaubte, und hatten uns vorgenommen, seine Hypothese kritisch zu hinterfragen. Wir konnten uns einfach nicht vorstellen, daß man – selbst bei glänzender Kombinationsgabe – so rasch zur Lösung gelangen sollte. Unsere diesbezüglichen Recherchen zeigen jedoch, daß er zahlreiche Facetten der tatsächlichen Vorgänge zusammentragen konnte und daher zwangsläufig in der Lage sein mußte, die ersten Strukturen eines sich abzeichnenden Bildes auszumachen. Ob er nun mit der von ihm – bisher nicht publizierten – Lokalisation der einzelnen Anlagen letztlich richtig liegen wird, können wir im Moment nicht einschätzen.

Fakt ist jedoch, daß eine ganze Reihe weiterer Zeugenaussagen vorliegen, die bis dato entweder nur teilweise oder aber auch gar nicht publiziert worden sind. Diese Aussagen aber sind eindeutig und helfen das Bild der Vorgänge in dieser Region gegen Kriegsende zu verdichten. Viele dieser Zeugenaussagen erhielten wir von im Umfeld tätigen Heimatforschern, die auf eigenen Wunsch ungenannt bleiben möchten. Wir sind diesen Herren zu großem Dank verpflichtet!

Mittlerweile sind wir fest davon überzeugt, daß es ein FHQ im Raum zwischen Ohrdruf und Arnstadt gegeben hat. General Patton, der mit seinen Soldaten in hohem Tempo hierher vorstieß, muß einen Grund gehabt haben, eine solche Eilaktion zu starten. Wie bereits H. Fäth aufgezeigt hat, gab es mindestens zwei deutliche Hinweise auf die Existenz eines thüringischen FHQ: in einem Falle sollte ein österreichischer Stabsoffizier, in einem anderen Falle ein deutscher Offizier das Vorhandensein einer solchen Anlage gegenüber den Alliierten offenbart haben. Die Ursache für die Anwesenheit Hitlers begründete Fäth einerseits mit der militärischen Gesamtsituation, zum anderen aber mit dem angeblich bevorstehenden Abschuß einer Interkontinentalrakete auf New York, die einen Atomsprengkopf trug.

Starker Tobak?! Ja und nein. Gedulden Sie sich noch etwas.

Zumindest soviel ist klar: Es existiert ein amerikanisches Dokument[1], in dem unter Punkt 4) offiziell darüber informiert wurde, daß das Ausweich-FHQ nicht der Obersalzberg, sondern der Raum Ohrdruf sei! Auch die anderen Informationen dieses Dokuments machen deutlich, daß irgend jemand aus Hitlers engerer Umgebung den Alliierten genaue Daten seines jeweiligen Aufenthalts lieferte. Es muß sich um den österreichischen Stabsoffizier gehandelt haben, den bereits Fäth erwähnte, denn es heißt, daß die Quelle am 21. März 1945 das Hauptquartier Hitlers verließ, was genau mit Fäths Hinweisen korreliert.

Also hatten die amerikanischen Militärs Informationen aus erster Hand und verließen sich nicht auf irgendwelche Hören-Sagen-Berichte!

Wir möchten nun weitere Informationen offenlegen, die sich mit dem Raum Jonastal – Truppenübungsplatz Ohrdruf befassen. Wir erwähnten bereits Zeugenaussagen, die uns freundli-

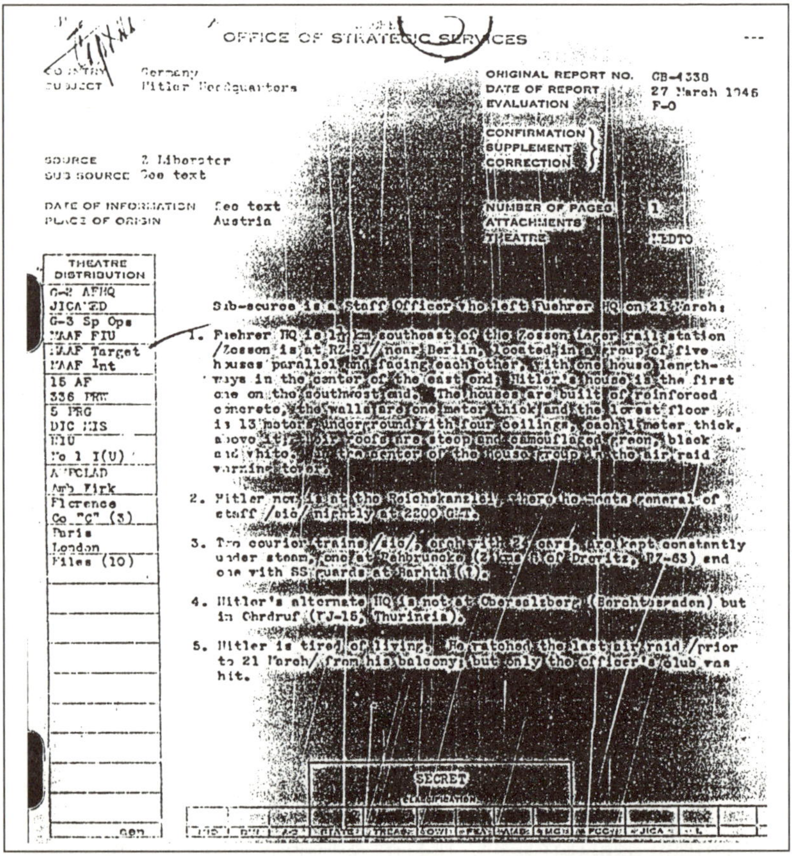

OFFICE OF STRATEGIC SERVICES

COUNTRY Germany
SUBJECT Hitler Headquarters

ORIGINAL REPORT NO. GB-4330
DATE OF REPORT 27 March 1945
EVALUATION F-0

CONFIRMATION
SUPPLEMENT
CORRECTION

SOURCE 2 Liberator
SUB SOURCE See text

DATE OF INFORMATION See text
PLACE OF ORIGIN Austria

NUMBER OF PAGES 1
ATTACHMENTS
THEATRE MEDTO

THEATRE DISTRIBUTION
G-2 AFHQ
JICAMED
G-3 Sp Ops
MAAF FIU
MAAF Target
MAAF Int
15 AF
336 PRW
5 PRG
DIC MIS
FIU
No 1 I(U)
AFPCLAD
Amb Kirk
Florence
Co "C" (3)
Paris
London
Files (10)

Sub-source is a Staff Officer who left Fuehrer HQ on 21 March:

1. Fuehrer HQ is 1½ km southeast of the Zossen Lager rail station /Zossen is at RZ-91/ near Berlin, located in a group of five houses parallel and facing each other, with one house lengthways in the center of the east end. Hitler's house is the first one on the southwest end. The houses are built of reinforced concrete, the walls are one meter thick and the lowest floor is 13 meters underground with four ceilings, each 1 meter thick, above it. Their roofs are steep and camouflaged green, black and white. In the center of the house group is the air raid warning tower.

2. Hitler now is at the Reichskanzlei, where he meets general of staff /sic/ nightly at 2200 GMT.

3. Two courier trains /sic/, each with 24 cars, are kept constantly under steam, one at Pehbruecke (2 kms N of Drewitz, RZ-63) and one with SS guards at Barhth (?).

4. Hitler's alternate HQ is not at Obersalzberg (Berchtesgaden) but in Ohrdruf (FJ-15, Thuringia).

5. Hitler is tired of living. He watched the last air raid /prior to 21 March/ from his balcony, but only the officer's club was hit.

SECRET
CLASSIFICATION

Das Dokument des* Office of Strategic Service*, das wahrscheinlich Grundlage des schnellen Vorstoßes Pattons war.

cherweise von einigen Heimatforschern übergeben wurden. Besonders bemerkenswert daran ist, daß es sich hierbei teilweise um Material handelt, das bereits in den sechziger Jahren des 20. Jahrhunderts zusammengetragen wurde, und zwar im Zuge eines sogenannten »Forschungsauftrages S III«.

Einige der nun folgenden Informationen sind bereits in lokalen Publikationen veröffentlicht worden, die breite Öffentlichkeit weiß davon kaum etwas. Da es sich um DDR-Geschichte handelt, tauchen nun für den einen oder anderen Nicht-Ex-DDR-Bürger ungewohnte Begriffe auf, die wir jedoch in unserer Darstellung nicht umgehen wollen bzw. können. Man muß wissen, soviel zur allgemeinen Erklärung vorab, daß es in der DDR zahlreiche Forschungsaufträge gab, die sich mit der Geschichte des Nationalsozialismus und dem Schicksal der Opfer auseinandersetzten. Um bestimmte Informationen zu recherchieren und aufzuarbeiten, war es üblich, Jugend- und Arbeitsbrigaden (heute würde man sagen Teams) mit speziellen Aufgabenstellungen zu betrauen, die diese dann in gesellschaftlicher Tätigkeit bearbeiteten. In Folge dieser Forschungsaufträge gelangten viele interessante, aber auch belastende Informationen ans Licht. Zu Beginn solcher Untersuchungen war allerdings selten abzusehen, was man herausfinden würde, es sei denn, die Aufgabenstellungen waren äußert eng umrissen.

Der »Forschungsauftrag S III« wurde mit der Intention beschlossen, die Geschichte des Sonderlagers S III aufzuarbeiten und die Rolle der im Nationalsozialismus Verantwortlichen aufzuzeigen. Insbesondere ging es auch um die Darstellung des Häftlingsleids, denn Tausende waren bei den mörderischen Arbeiten ums Leben gekommen. Dazu sollten ehemalige Häftlinge ebenso befragt werden wie Personen, auf die man im Zusammenhang mit den Recherchen stieß und die daher, ob direkt oder indirekt, etwas mit der Angelegenheit S III und den dort laufenden Baumaßnahmen zu tun gehabt hatten.

1964 wurde der Jugendbrigade »IX. Weltfestspiele« im RFT-Fernmeldewerk Arnstadt [RFT = Rundfunktechnik, Anm. d. Autoren] und einer Klasse in der I. Polytechnischen Oberschule in Arnstadt der Forschungsauftrag erteilt. Gleichzeitig gingen Aufträge an den Kulturbund des Bezirkes Suhl (Höhlenforschung) und einer nach Gotha. 1968, nachdem schon diverse Recherchen stattgefunden hatten, wurde dieser Forschungsauftrag nochmals erneuert und durch die FDJ- sowie die SED-Kreisleitung in schriftlicher Form übergeben [FDJ = Freie Deutsche Jugend, Jugendorganisation; Anm. d. Autoren]. Involviert waren auch Personen vom Rat des Kreises (der Verwaltungsbehörde) sowie Mitarbeiter mehrerer Zeitungen (*Freies Wort*, *Volk* und *Leipziger Volkszeitung*). Wie man unschwer erkennen kann, hatte dieser Forschungsauftrag bereits eine bestimmte Dimension angenommen.

Doch dann geschah etwas Seltsames: Auf Anweisung von Mitgliedern der Geschichtskommission der SED-Kreisleitung Arnstadt mußten in der Zeit vom 5. bis 12. Oktober 1968 alle Unterlagen zu S III eingesammelt und bei der SED-Kreisleitung abgegeben werden. Sogar die in ein Brigadetagebuch eingetragenen Gesprächsinformationen, die man aus Interviews mit Häftlingen zusammengetragen hatte, waren darunter. Insgesamt handelte es sich um 52 teils sehr wichtige Aussagen, aber auch um Materialien, die im Zuge des Forschungsauftrages gesammelt worden waren (u. a. Bauaufzeichnungen, Berichte und dergleichen mehr). Der nach dem plötzlichen Ende abgegebene Forschungsauftrag umfaßte insgesamt 342 Seiten.

Merkwürdig ist auch der Umstand, daß während des Forschungsprojektes S III eine Zusammenarbeit mit der Gedenkstätte KZ Buchenwald untersagt war, da sich dort ohnehin keine Unterlagen zu S III befinden würden. (Tatsächlich befinden sich diese heute in Arolsen.)

Abschließend war zu erfahren, daß die SED-Kreisleitung Arnstadt auch nur eine »Vollstreckungs«-Funktion übernahm, denn die S-III-Unterlagen mußten an Fritz Schörnig[2] weitergereicht werden, der sie dann mit nach Berlin nahm. Wohin sie genau gingen, ist unbekannt; jedenfalls sind die Unterlagen, trotz einiger Bemühungen auch in heutiger Zeit, nicht wieder aufgetaucht.

Glücklichen Umständen ist es zu verdanken, daß aber doch einige Protokolle erhalten geblieben sind, die nachfolgend vorgestellt werden sollen. Die darin enthaltenen Informationen mußten zwangsläufig das Interesse der DDR-Sicherheitsbehörden und der SED-Oberen wecken und letztlich dazu führen, daß die Angelegenheit den unteren Leitungsebenen aus den Händen genommen wurde. Die Aussagen dokumentieren, daß nicht nur Maßnahmen zur Verlagerung der Führungsstäbe des Dritten Reiches in den Raum Ohrdruf und Arnstadt voll angelaufen waren, sondern daß es in diesem Areal Thüringens streng geheime Bauarbeiten gab, die mit höchst seltsamen Aktivitäten und Gerüchten vom bevorstehenden Einsatz einer Wunderwaffe verbunden waren. Das war ein höchst explosives Gemisch, von dem der normale DDR-Bürger freilich ferngehalten werden mußte.

Wie ja schon das MfS-Gesprächsprotokoll von Erich Rundnagel zeigt, war das Ministerium für Staatssicherheit über die Möglichkeit einer hier vor Ort stattgefundenen Atombombenproduktion unterrichtet und damit alarmiert. Jeder weitere Hinweis in dieser Richtung mußte demzufolge ernstgenommen werden und war Gegenstand weiterer Untersuchungen, die natürlich verdeckt vom DDR-Geheimdienst geführt werden mußten. Man stelle sich einmal vor, die Sache wäre öffentlich diskutiert worden! Gewiß, eine Staatsdoktrin der DDR war es, alle Nazi-Verantwortlichen aufzuspüren und abzustrafen. Eine Geschichte jedoch, wie sie sich aufgrund der Aussagen zu S III plötzlich auftat, war drei Nummern zu groß, denn hier waren Auswirkungen zu befürchten, die niemand kalkulieren konnte und die auch mit dem »Großen Bruder«, der Sowjetunion, zu Problemen geführt hätten. Schließlich hatte diese, so hieß es jedenfalls, aus eigener Kraft (wenn auch mit der Unterstützung deutscher Experten) eine Atombombe entwickelt und damit dem imperialistischen Westen unter Führung der USA die Stirn geboten.

Wir glauben – beweisen läßt es sich momentan noch nicht –, daß auch bei den Verantwortlichen der DDR-Staatssicherheit bzw. der SED-Partei klar war, daß man in jedem Falle ein glühend heißes Eisen in Händen hatte, an dem man sich die Finger zu verbrennen drohte. Dabei war es letztlich völlig egal, ob sich die Hinweise zur deutschen Atombombe im Raum Thüringen bestätigen ließen oder nicht. Man durfte erst gar keine Diskussion darüber aufkommen lassen, denn diese konnte die gewünschte Ruhe und Ordnung in der DDR gefährden.

Kommen wir aber nun zu den Aussagen, die ein deutliches Bild dessen aufzeigen, was gegen Kriegsende im Raum zwischen Ohrdruf und Arnstadt geschah. Man muß diese natürlich in Verbindung setzen mit den bereits vorliegenden Informationen und Zeugenmitteilungen, um zu verstehen, welche Dimension das Ganze erreicht. Einige der Aussagen sind bereits, wie wir schon ausführten, auszugsweise veröffentlicht worden, doch meist nur im Zusammenhang mit den Bauarbeiten bei S III selbst. Wir werden dort, wo das notwendig erscheint, Kommentare, Ergänzungen bzw. Korrekturen einfließen lassen. Auf die Nennung von Namen, soweit sie andere Personen als die Zeugen selbst betreffen, verzichten wir, soweit das möglich ist, denn diese haben mit den Ereignissen gegen Kriegsende nicht das Geringste zu tun.

Beginnen wir mit einem der interessantesten Berichte überhaupt, der von Herrn Oskar Mühlheim stammt, der am 23. März 1968 in der FDJ-Kreisleitung Arnstadt über seine Tätigkeit bei S III berichtete. In dem uns vorliegenden Protokoll, das eine Mitschrift der wichtigsten Informationen darstellt, wurde sein Name mit »Mühlheimer« wiedergegeben, was aber so nicht stimmt. Ein anderes Protokoll, das erst vor kurzem aufgetaucht ist und das vorliegende ergänzt, dokumentiert ebenso wie ein anderer Hinweis, daß der Name »Mühlheim« korrekt ist. Welche Rolle Oskar Mühlheim bei den Bauarbeiten spielte, wird noch zu beleuchten sein. Daß sein Bericht von 1968 sicherlich nicht alle Informationen enthält, über die er verfügte, ist verständlich, denn Mühlheim war aus naheliegenden Gründen nicht daran interessiert, eine zu enge Verbindung zur SS erkennen zu lassen.

Bericht von Herrn Oskar Mühlheim, Bad Dürrenberg
FDJ-KL
Anwesend: Xxxxxx, Xxxxxx, …

Zur Person. Herr Mühlheim ist Ingenieur für Bergbauanlagen und aus dem Salzgitter-Gebiet. Nach der Berufsausbildung arbeitete er in Watenstedt/Salzgitter bei der dortigen AG. Von dieser wurde er am 4. Dezember 1944 nach Luisental eingesetzt zur Erstellung eines Stollensystems im Gebiet Gotha, Arnstadt, Erfurt. Er ist Jahrgang 1911. Seine Frau ist aus Gotha.

Nach dem Krieg war er in Merseburg und jetzt in Bad Dürrenberg. Zu seinem Bericht bewog ihn die Leipziger Volksstimme [unkorrekte Bezeichnung, gemeint ist die *Leipziger Volkszeitung*, Anm. d. Autoren]. *Auch Herr Ellrich ist ihm gut bekannt. Er sagte auch, daß Herr Ellrich wohl der ist, der noch einige Pläne über S III Olga, Bereich »Siegfried« und »Jasmin« besitzt, auch einige Aufzeichnungen nach der Befreiung. Über den Bereich »Amt 10« und »Burg« gibt es keine Aufzeichnungen. Diese mußten alle vernichtet werden. Er selbst habe Bau-, Strom- […] und Betriebspläne von »Amt 10« vernichtet im Auftrag der SS, als bereits die Amerikaner in Crawinkel waren.*

Er betonte und erklärte, er habe nie einen Häftling oder Kriegsgefangenen geschlagen, schlecht behandelt noch etwas getan. Seine Zigaretten, er ist Nichtraucher, hätte er [...] den Häftlingen gegeben.

So wäre er auch bei der Befreiung gut beurteilt worden, da einige Häftlinge dies gegenüber den Amerikanern aussagten. Er gehörte nicht der Nazipartei oder einer Organisation der Nazis an.

Über seine Tätigkeit, so wie er sich heute noch daran erinnern kann, legt er einen 68-seitigen Bericht vor. Allerdings möchte und will er keine Angaben machen zum Zeitraum April 1945 bis Oktober 1947 im amerikanischen Bereich.

Nach dieser Erklärung von Herrn Mühlheimer konnten Fragen gestellt werden:

<u>*Was war aus Ihrer Sicht S III?*</u>

S III mit der Bezeichnung »Olga« war ein Obertitel für die gesamten Objekte bzw. für die Durchführung des Sonderlagers III des KZ's Buchenwald zur Häftlingsverwaltung, Anforderung, [...], Besetzung wurde in die höchste Gruppierung eingeteilt. Selbst das Hauptlager in Weimar wußte nicht alles über S III. S III war in die Amtsgruppe D eingeordnet und unterstand dem SS-Wirtschafts-Verwaltungs-Hauptamt. ***Chef der Bauvorhaben war SS-Hauptsturmführer Gerrit Oldeboershuis – Kommandant war [Edward] Bräuning****. Er kann keine Angaben über Art und Weise der Häftlinge bzw. Kriegsgefangenen machen. Dies wurde alles von der SS organisiert, wobei auch Volksdeutsche und HJ eingesetzt wurden.*

<u>*Sie sprachen über verschiedene Bereiche, mit Bezeichnungen, was waren diese?*</u>

A) Bereich »Siegfried« – war ein Stollenbereich für das OKW in Richtung Arnstadt im Tal. Hier wurden vor allem Stollen mit Verbindungen ins Felsenmassiv eingebaut.

B) Bereich »Jasmin« in Richtung Crawinkel zur Unterbringung von Führungsstäben. Hier waren bereits größere Räumlichkeiten erstellt und ins Objekt konnten auch Fahrzeuge fahren. Zwischen A) und B) waren kleinere Stollen*. Diese waren als Verpflegungsmagazine geplant.*

C) Bereich »Amt 10« – Auf dem Truppenübungsplatz die Nachrichtenzentrale 10, [ein] eingerichtetes Objekt, welches mehrere Stockwerke tief war [...] Im Amt war ein besonderer, in Berlin gefertigter Generator eingebaut. Im Tal erfolgte die Stromversorgung durch eine Kabelleitung von Arnstadt aus. Vom Amt gingen besondere Leitungen, sogenannte Postkabel, in Richtung Inselsberg und über Arnstadt in Richtung Stadtilm. Das »Amt 10« verfügte auch über andere Sendeanlagen (Lorenzsen-

der […] usw.), auch in Verbindung mit dem Siemens-Schuchardt-Werk in Arnstadt gab es in Richtung Fernsehen Verbindungen. Die erste Fernsehbildübertragung erfolgte von Arnstadt über das »Amt 10« nach Berlin, dabei hatte ein Herr Wagner viel zu sagen. Ein Zweig war auch die Flugleitung und damit verbunden eine Forschung mit besonderen Wellen. Auch er [Mühlheim, Anm. d. Autoren] *durfte nicht in alle Räume des Baues, welche auch im Inneren von der SS bewacht wurden. Die [hier] tätigen Häftlinge waren besonders ausgewählt. Die Arbeit war sehr hart, jedoch Züchtigungen fanden im Objekt nicht statt. Über das Amt steht einiges in dem Bericht.*

Was sagt die Bezeichnung »Burg«?

Es war der strengste Bereich. Dazu war ein besonderer Baustab der SS im Gasthof Klipper auf dem Übungsplatz. Dieser hatte keine direkte Verbindung zum Baustab in Luisental. Es war auf dem Übungsplatz ein besonderes Gebiet mit verzweigtem System. Oberflächlich nur durch MG-Bunker zu sehen. Die Räumlichkeiten hatten hier Zimmergröße. In den Räumlichkeiten war auch Hitler und der Stab von Ende März 1945 bis Anfang April 1945. Diese Räume waren durch Stahlbeton gesichert mit einer besonderen Belüftungsanlage, eigener Wasser- und Stromversorgung, aber auch Küche und Kühlräume waren gebaut. Der Bereich »Burg« war von außen nicht militärisch erreichbar. Um das Objekt waren dazu Kupferleitungen eingebaut [worden] ins Erdreich, welche Frequenz [nicht lesbar] versorgt werden konnte. Dadurch konnten keine Flugzeuge das Objekt erreichen, da im Umfeld alle Instrumente und Kompasse falsch [gingen]. Bei einem Angriff im Februar '45 auf den Bahnhof Crawinkel erreichten einige Flugzeuge das Objekt; die Flugzeuge hatten keine Orientierung mehr und stürzten alle ab. Die Verantwortlichen wurden sofort ausgewechselt. Auch über den Bereich steht einiges genauer in dem Bericht.

Hatten Sie eine besondere Kleidung und erhielten Sie Urlaub?

Wir trugen Feldkleidung der Armee ohne Dienstgrad und eine blaue Armbinde mit der Aufschrift »Baustab«. Urlaub gab es nur zu Weihnachten/Silvester. Sonst wurde durchgearbeitet. In der Freizeit fuhren wir nach Gotha, abends waren wir im Club der Leitung. Die Verpflegung war gut.

Waren Sie im Jonastal und kannten Sie die Leiden der Häftlinge?

Mit den Objekten Jonastal hatte ich eigentlich nichts zu tun.

Meine Arbeit war auf dem Übungsplatz. Ich wußte, daß es Häftlinge waren und sie auch so behandelt wurden. Ja, es gab viele Tote; die Häftlinge wurden ständig ausgewechselt.

Über die Arbeit selbst im Tal kann er [Mühlheim, Anm. d. Autoren] *nichts sagen. Die Häftlinge in seinem Bereich mußten acht, danach zehn Stunden arbeiten, dazwischen eine halbe Stunde Pause, wo es auch Verpflegung und Trinken gab. Bei den Arbeiten in dem Bereich gab es keine Toten, nur Verletzte bei Unfällen. Der Zustand der Häftlinge, vor allem Ungarn, Polen, Russen usw., war eigentlich gut. Die Bekleidung war im Winter schlecht. Der An- und Abtransport erfolgte auf LKW je zu 30 [Mann] pro Wagen.*

M I T T A G S P A U S E

Nach der Mittagspause teilten Gen. Xxxxxx und Gen. Xxxxx mit, daß Herr Mühlheim erkrankt sei. Gen. Xxxxxx konnte den Gen. Xxxxxx von Leipzig ebenfalls nicht auffinden (?).

Den Bericht sahen wir nicht.

[Hervorhebungen durch die Autoren]

Müssen wir diese Mitschrift der Aussage von Herrn Mühlheim kommentieren? Wir denken nein. Die interessierte Leserschaft erhält auf viele wesentliche Fragen eine Antwort! Das betrifft »Amt 10« ebenso wie die geheimnisumwitterte »Burg« und die Jonastalanlagen, die durch Stollensysteme miteinander verbunden waren.

Man muß allerdings wissen, daß während der Zeit, in der Oskar Mühlheim sprach, plötzlich Oberst Fritz Schörnig aus Berlin auftauchte und die Anwesenden bat, keine weiteren Aufzeichnungen zu machen, da ja ohnehin alles im Bericht von Herrn Mühlheim stehen würde. Kurz danach verließ er die Veranstaltung wieder. Das Ganze sollte sich letztlich als Finte entpuppen, auf die einer der Mitschreiber glücklicherweise nicht hereinfiel, womit einige wichtige Aussagenteile erhalten blieben, die im soeben aufgezeigten Bericht nicht vorhanden sind.

Wieso wir darauf kommen, daß es eine Finte war? Ganz einfach: Nach dem Mittagessen blieb der Zeuge Oskar Mühlheim verschwunden! Ebenso sein Bericht. Und alle Umstände deuten darauf hin, daß der Mann nicht erkrankt war, sondern irgend etwas gesagt haben mußte, das zu seinem baldigen Ende führen sollte. Wir werden darauf zurückkommen.

Die Passagen, die in dem ersten Mitschriftsprotokoll fehlen, folgen hier nach:

»[…] Seine Tätigkeit war im Bereich ›Siegfried‹, ›Jasmin‹, ›Burg‹ und den Ämtern 8, 9, 10 sowie 600 und 800. Dazu hat er auch noch Aufzeichnungen, jedoch zum Objekt ›Burg‹ und ›Amt 10‹ nicht. […]«

»[…] Auch möchte er keine Aussagen zu den Tätigkeiten von Streve, Budnick, Kammler, Rittermann und Seuffert machen. […]«

»[…] Neuer Teilnehmer Gen. Oberst Schörnig, Berlin. […]«

»[…] Für die Gefangenen war die SS, Volksdeutsche, freie Arbeiter und HJ eingesetzt. Wobei es zwei Gruppen zum Einsatz der Häftlinge gab. ***Einmal über Ohrdruf und Plaue zum Arbeiten im Tal, in den Anlagen des Forschungsrates und in den verschiedenen Fabriken (unter der Erde) um Ohrdruf. Die 2. Gruppe gelangte über Arnstadt in die Fabrik des Mitteldeutschen Werkes bzw. ins Objekt am Eulenberg, darüber gibt es keine Zahlen und Aufzeichnung[en].*** *Er berichtete über die Namen und ihre Ursachen.*

Gen. Schörnig zeigte auf, man möchte doch keine Aufzeichnungen machen, da Koll. Mühlheim in seinem Bericht ja bereits dies alles aufgezeigt hat.

Nachdem Gen. Schörnig den Vortrag verlassen hat, werden die Aufzeichnungen weitergeführt.

Zum Bereich ›Burg‹ gehörte der strengste Bereich. Der Baustab der SS war im Gasthof Klipper auf dem Übungsplatz. Dieser hatte keine Verbindung zum Baustab Luisental und zum Sonderbaustab in Arnstadt. ***Der SS-Baustab war ein großes Stollensystem von Arnstadt, Richthofen*** [der Ort heißt richtig Ringhofen, Anm. d. Autoren] ***und über Wechmar zu erreichen mit vielen Räumlichkeiten und sogar zahlreichen Fahrstraßen unter der Erde.***

<u>Es war d[as] z.T. halbfertige FHQ für Hitler.</u> Dieser selbst war Ende März [1945] in diesem Objekt. Dieser Bereich, wie auch die Bereiche des Forschungsrates der Reichspost, welche eng mit der SS arbeitete bei den Forschungsversuchen, waren sehr gut gesichert und ausgerüstet. *Eigene Belüftungsanlage, Wasser- und Stromversorgung, Küchen, Kühlräume und Räume zur Einlagerung von Nahrung über viele Jahre. Um die Objekte zu sichern, waren Kupferfelder im Erdreich eingebracht [worden], welche mit Frequenzstrom alles zum Halt brachten. Flugzeuge brauchten somit nicht abgeschossen werden, nach*

Überquerung stürzten sie ab. Als Beschäftigte trugen wir Feldbekleidung ohne Rangbezeichnung.«

[Hervorhebungen durch die Autoren]

Nun wird mancher zu schlucken beginnen. Es gibt zum einen deutliche Hinweise auf große – bisher nicht identifizierte – Untergrundinstallationen und zum anderen eine Aussage, über welche Bereiche die Häftlinge dorthin transportiert wurden. Aber da ist noch mehr. Es ist die Rede von einem *Forschungsrat der Reichspost*, der mit der SS in bezug auf gewisse Versuche zusammenarbeitete.

Was für Versuche? Lief hier die geheime Atomforschung des Dritten Reiches auf der Grundlage jener Experimente, die früh in den Vierzigern des letzten Jahrhunderts von Manfred von Ardenne und Fritz Houtermans eingeleitet worden waren? Was machte aber die SS dabei? Kooperierte man, um die Probleme gemeinsam zu lösen?

Wer die von Mühlheim genannten Herren sind, über deren genaue Funktionen er sich nicht auslassen wollte, war damals (1968!) so »klar« wie heute: Oberst Streve, sein Vertreter Major Budnick und SS-General Kammler sind im Zusammenhang mit S III allgemein bekannt. Auch der Name Bräunig konnte eruiert werden. Was aber taten die Herren Rittermann und Seuffert hier? Nach den uns vorliegenden Informationen tauchen diese beiden Namen auch in anderen Zusammenhängen auf: Herr Rittermann bekleidete keinen militärischen Rang und hatte mit den Baumaßnahmen für die Reichspost(forschungsanstalt) zu tun. Auf den Namen Seuffert stießen wir nur durch Zufall. Merken Sie sich diesen Namen gut, er wird noch eine Rolle spielen, die mit der deutschen Atomforschung verbunden ist.

Interessant sind auch die von Oskar Mühlheim genannten Ämter 8, 9, 10 sowie 600 und 800. Ob es in jedem Falle Nachrichtenämter gewesen sind, sei dahingestellt. Schon andere Autoren vor uns haben vermutet, daß diese »Ämter« eine andere Bestimmung gehabt haben könnten. Auch wir sind zwischenzeitlich zu der Überzeugung gelangt, daß die Reichspost und ihre Forschungsanstalt innerhalb bzw. in der Nähe der vielen Ämter ein verdecktes Projekt realisierten, denn die Bezeichnung »Post« klingt, wer will das bestreiten, nach außen hin unverdächtig und auf alle Fälle besser als »Atomforschung«.

Die Nachrichtenämter 8, 10, 800 und 600 sind heutzutage identifiziert: »Amt 8« befand sich im Keller des Arnstädter Schlosses, »Am 10« auf dem Gelände des Truppenübungsplatzes Ohrdruf, »Amt 600« ist für die Betrachtungen nur am Rande interessant. Seltsamerweise scheint die Bezeichnung doppelt vergeben worden zu sein, u. a. für eine Anlage in Erfurt, die während des Krieges einen Treffer erhielt.

»Amt 800« mit dem militärischen Decknamen »Bernstadt« sollte zwei Kilometer westlich von Arnstadt im Bereich des dortigen Eulenbergs entstehen.[3]

Bis heute gibt es einige Wirren um diesen Standort, da es im betreffenden Gebiet gleich zweimal die geografische Ortsbezeichnung »Eulenberg« gibt. Im Bereich des ersten Eulenberges, gleich hinter Arnstadt und *linkerhand* der Straße nach Bittstädt/Holzhausen befindet sich heute eine nicht zu übersehende Kleingartenanlage. Sie steht auf einem Schuttberg, der nach Auskunft der von uns befragten Personen in den fünfziger und sechziger Jahren des 20. Jahrhunderts entstand. Unter ihm liegt eine große Betonstruktur, die nach dem Krieg, weil voll Wasser gelaufen, in den Sommermonaten als »Bergbad« sehr beliebt war. Angeblich sollte dort »Amt 8« errichtet werden, was aber nachweisbar im Keller des Arnstädter Schlosses untergebracht worden war. Heute heißt es, die dortigen Bauarbeiten hätten »Amt 800« gegolten, das jedoch aufgrund eines massiven Grundwasserproblems nicht fertiggestellt werden konnte. Wir meinen, daß diese Annahme so korrekt ist, doch ist das vielleicht nur die Hälfte der Geschichte. Ob das »Amt 800« letztlich nicht doch fertig wurde, möglicherweise an einem anderen als dem bisher vermuteten Standort (und vielleicht später auch mit einer anderen Aufgabe), ist eine bis dato nicht genau klärbare Frage.

Der Autor Ulrich Brunzel, der sich ebenfalls mit der Problematik des Standortes befaßt hat, ist sich ebenfalls nicht ganz sicher, was es mit dem Bereich am ersten Eulenberg wirklich auf sich hat. In seinem zweiten Buch vertritt er die Meinung, daß die später zugeschüttete Stelle eher der Standort umfangreicher Labor- und Fertigungsräume für streng geheime Waffensysteme gewesen sein könnte, da US-amerikanische Luftbilder etwas derartiges zu dokumentieren scheinen. Er schreibt:

»Hier sollten nach Auffassung der Amerikaner bis zu 5.000 Arbeitskräfte beschäftigt werden. Tatsächlich gibt es Hinweise auf eine ausgedehnte unterirdische Anlage mit parallel zueinander liegenden riesigen Hallen, die in Richtung Wachsenburg ausgerichtet sind. Bestehen hier etwa Verbindungen zu anderen Anlagen, die unter dem Truppenübungsplatz liegen?«[4]

Liegt Ulrich Brunzel mit der Vermutung noch richtig, im Eulenberg*umfeld* würden sich andere unterirdische Anlagen befinden, ist aber seine Deutung in bezug auf die fünf Hallen, die ja auch die amerikanischen Luftbildauswerter verfolgten, nicht unbedingt korrekt: Es handelt sich unserer Meinung nach auch um *oberirdische* Konstruktionen, die in eine ausgehobene Senke gebaut wurden und die eine eigene *unterirdische Anbindung* hatten bzw. in deren Nähe es Eingänge in unter der Erde liegende Bereiche gab. Leider sind diese Hallen nach dem Krieg beseitigt worden, so daß heute manches spekulativ bleiben muß.

Wo aber könnte denn nun das *fertiggestellte* »Amt 800« liegen? Im Bereich des anderen Eulenbergs, der sich im Abschnitt der 180-Grad-Kurve der nach Bittstädt führenden Landstraße befindet? Möglicherweise ja. Die Ergebnisse erster geophysikalischer Untersuchungen, die von einigen Rechercheuren bereits durchgeführt worden sind, zeigen jedenfalls auf, daß rechts und links dieses auffälligen Bereiches einige Anomalien zu verzeichnen sind und daß dort vielleicht künstliche Anlagen im Boden liegen könnten. Eine davon könnte »Amt 800« sein, vielleicht aber auch etwas ganz anderes.

Völlig ungeklärt ist bis dato auch die Lage und Funktion von »Amt 9«. – Das ganze Thema und die damit verbundenen Fragen erinnern uns an einen gordischen Knoten. Wer hat das Schwert, um den Knoten zu zerteilen?

Kommen wir nun zu Oskar Mühlheim selbst. Er muß, das steht außer Zweifel, bei der Berichterstattung in bezug auf seine eigene Person ziemlich tiefgestapelt haben. Er konnte, und das beweisen die von ihm zu S III gegebenen Informationen ziemlich eindrucksvoll, gar nicht *irgendein* Stollenbauingenieur sein. Dazu wußte er zuviel.

Nach den uns vorliegenden Informationen wurde Mühlheim bereits ab Mitte Juli 1940 Verantwortlicher des Baustabes Klipper. Gleichzeitig wechselte die Projektverantwortung vom Wehrmachtsbaustab in den Baustab des SD. Oskar Mühlheim hatte zudem den Rang eines SS-Standartenführers inne. Daß ihm letzteres »entfallen« war, konnte in der DDR nur von Nutzen sein.

Merkwürdig bleibt jedoch der Umstand, daß sich Mühlheim überhaupt gemeldet hat. Welcher Teufel muß ihn geritten haben, einen Teil seines Wissens zu offenbaren und damit beinahe zwangsläufig dafür zu sorgen, in die Fänge der Staatssicherheit oder mit ihr befreundeter Dienste der »Bruderstaaten« zu geraten?

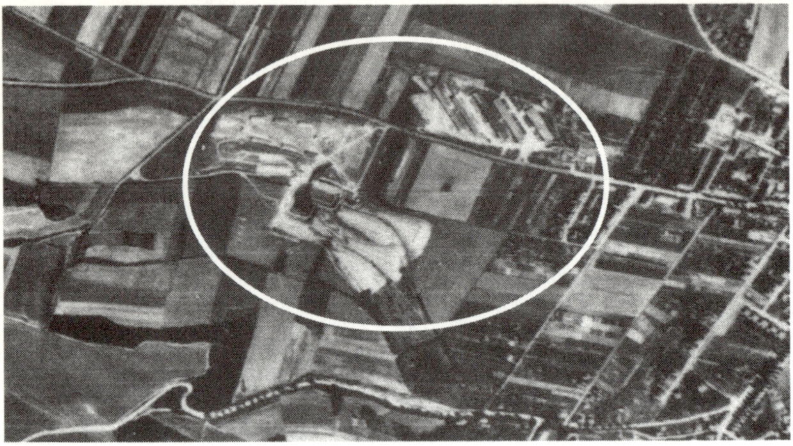

Auf der obigen Aufnahme, die im Juli 1945 entstand, ist deutlich jener Bereich des Eulenbergs bei Arnstadt zu sehen, in welchem sich die fünf Hallen befanden und südwestlich davon einst Fundamentarbeiten für das »Amt 800« erfolgten. Die Arbeiten wurden später aufgrund von Grundwasserproblemen eingestellt. Könnte es aber sein, daß das »Amt 800« nicht aufgegeben, sondern in der Nähe unterirdisch errichtet wurde? Folgt man der Straße in Richtung Bittstädt/Holzhausen und nimmt dann den Abzweig in Richtung Bittstädt, trifft man auf eine 180-Grad-Kurve und dort ebenfalls auf einen Eulenberg! (Bild unten) Geophysikalische Untersuchungen haben hier deutliche Hinweise auf die Existenz unterirdischer Anlagen ergeben. (Bildarchiv LUFTBILDDATENBANK, Ing.-Büro H. G. Carls, Würzburg)

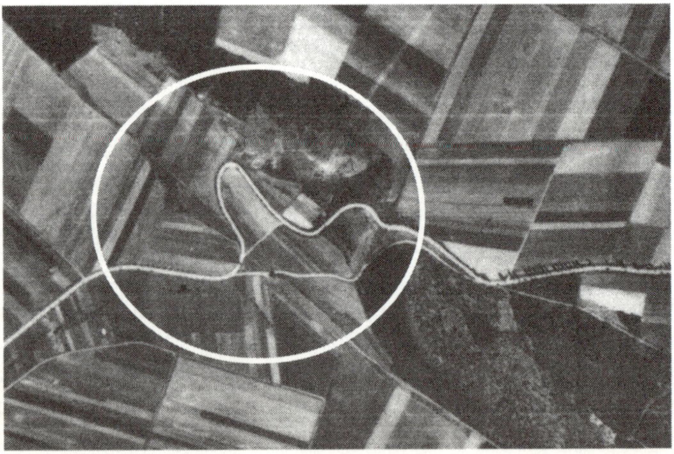

Einige Jahre später meldete sich bei zwei Heimatforschern auf schriftlichem Wege der Halbbruder Oskar Mühlheims, dessen Name den Autoren bekannt ist. Er hatte sich in den neunziger Jahren des letzten Jahrhunderts in Deutschland aufgehalten und durch einen Zufall einen Artikel gelesen, der in der *Thüringer Allgemeinen* publiziert worden war. Bevor er sich wieder auf den Rückflug nach Südamerika begab, wollte er wenigstens noch etwas zur Aufhellung der dunklen deutschen Vergangenheit beigetragen haben.

Jener Halbbruder berichtete über Oskar Mühlheim im großen und ganzen das, was bereits durch den Forschungsauftrag S III protokolliert war. Einige Abweichungen gab es allerdings doch. So meinte er, Mühlheim habe erst ab Dezember 1944 bei einem Sonderobjekt »Burg« im Raum Ohrdruf/Klipper mitgearbeitet. Er stand dabei, und das dokumentiert seine Bedeutung, unter Personenschutz. Bei Kriegsende sei er in Berlin gewesen und dort untergetaucht.

Ende März 1968 sei er dann mit dem Vertreter einer Zeitung, wahrscheinlich dem Redakteur der *Leipziger Volkszeitung*, in Arnstadt gewesen. Mühlheim habe über das Objekt »Burg« 100 Seiten geschrieben, die in Arnstadt vorgelegen hätten. Dann habe er einen schweren Unfall gehabt. Seine Frau, die davon erst später erfuhr, habe daraufhin versucht, herauszufinden, in welches Krankenhaus ihr Mann eingeliefert worden war. Eine Anfrage bei der Polizei blieb ergebnislos, auch das Krankenhaus konnte keine Auskunft geben. Der Name Mühlheim sei nicht bekannt. Jemand vom Rat des Kreises behauptete dann, man habe ihn in ein Krankenhaus nach Erfurt transportiert, doch auch dort war nichts zu machen. Das Spiel wiederholte sich mit (Bad) Berka. Frau Mühlheim erfuhr schließlich, daß sich ihr Mann in einem sowjetischen Krankenhaus in Weimar befinde, sie könne ihn jedoch nicht besuchen, da er schwer krank sei. Von Weimar wurde er schließlich nach Karlshorst verlegt und von dort aus nach Leningrad zu einer »Spezialbehandlung«.

Frau Mühlheim erhielt in der Folge einige Schreiben vom Rat der Stadt Leipzig, am 24. Oktober schließlich den Totenschein ihres Mannes! Am 29. Oktober 1968 konnte Frau Mühlheim die sterblichen Überreste ihres Ehegatten auf dem Zentralfriedhof in Leipzig in Empfang nehmen.

Der Halbbruder ließ noch durchblicken, daß Mühlheim ab Mai 1943 an einem Geheimobjekt am Obersalzberg gearbeitet habe. Anschließend sei er nach Ohrdruf zur Klipper gekommen.

Mühlheim habe bei Gesprächen erwähnt, daß das, was der Obersalzberg sei, auch die »Burg« sei, nur mit dem Unterschied, daß die Burg nicht oberirdisch, sondern tief in der Erde errichtet worden wäre. In der Nähe wurden Bauarbeiten des OKW und der SS realisiert, im Tal arbeitete die SS-Leibwache. Das Objekt »Burg« sei eine sichere Anlage gewesen, in der man 10 bis 15 Jahre hätte leben können. Hier sei zudem alles vorhanden gewesen: Parkettboden, Holztäfelungen, Hartholzmöbel, Stahlschränke und eine eigene Energie- und Wasseranlage. Er kenne auch Hitlers direkte Telefonnummer: 1200500. Im März 1945 sei Hitler in der »Burg« gewesen. Abschließend könne er nur sagen, daß Mühlheim ein großer Fachmann, aber auch ein großer Nazi gewesen sei ...

Eine unglaubliche Geschichte?! Mag sein, doch berücksichtigen Sie bitte, daß diese 1968 vorgetragen wurde, zu DDR-Zeiten also. Doch irgendwer muß diese Geschichte sehr ernstgenommen haben, sonst wäre der Zeuge Oskar Mühlheim nicht nach der Mittagspause »wegen Erkrankung« verschwunden. Mußte er sterben, weil er zuviel wußte? Oder weil er eine Nazi-Vergangenheit hatte? Oder betrafen seine Ausführungen Dinge, die damals unbedingt »unter dem Deckel« bleiben mußten?

Vielleicht könnte der verschwundene 68-seitige Bericht, den Oskar Mühlheim bei sich hatte, eine Antwort auf diese Fragen geben. Doch dazu müßte man ihn erst einmal finden. Die bisherigen Recherchen diesbezüglich sind alle im Sande verlaufen.

Ungeachtet dessen bestätigen die Angaben des Halbbruders viele bereits seit Jahrzehnten bekannte Augenzeugenberichte, in denen behauptet wird, in die Jonastalstollen seien große Mengen von Parkett, Möbel und diverse andere Dinge gekommen. In den *bekannten* Stollen 1 bis 25 hat man aber nichts gefunden, weshalb die Augenzeugenberichte als unglaubwürdig eingestuft wurden. Einige Forscher meinten, daß in dem in Richtung Arnstadt gelegenen verschlossenen Stollenbereich 21 bis 25 noch etwas zu finden sei, doch sollte man sich von dieser Spekulation endgültig verabschieden. Der interessante Bereich liegt *vor* dem bekannten Stollen 1 in Richtung Crawinkel, wie das bereits der Autor Fäth festgestellt hat. Wir halten das ebenfalls für die einzig mögliche Lösung.

Bevor wir uns aber mit diesem Problem genauer auseinandersetzen, sollen noch einige andere Zeugen zu Wort kommen. Oksar Mühlheim hatte sich bei seinen einleitenden Ausführungen auf einen Herrn Ellrich bezogen, von dessen Vortrag, der am

20. März 1968 in Arnstadt stattfand, ebenfalls ein Mitschriftsprotokoll vorliegt.

Vortrag von Herrn Erich Ellrich (am 20.3.1968)
im Saal der SED-Kreisleitung Arnstadt
vor Xxxxxxxx ...

Herr Elrich reagierte auf einen Artikel, der in der Zeitung Leipziger Volkszeitung *vor einigen Wochen erschienen ist. Dieser Artikel berichtet über [...] Bemühungen, die Geschichte des Außenlagers Jonastal zu erforschen.*

Herr Ellrich entstammt einer Arbeiterfamilie. Er ist der älteste von 6 Geschwistern. Früh lernt er die Lage der Arbeiter im Kapitalismus kennen. Mit 19 Jahren ist er Mitglied der KPD.

[...] 1944 wird Herr Ellrich strafweise zur Wehrmacht eingezogen und gelangt für kriegswichtige Bauten zum Einsatz. Im Januar 1945 kommt er ins Jonastal, um an der Bautätigkeit im Außenlager S III mitzuwirken. Es handelt sich hier um die Errichtung eines weitverzweigten Stollensystems.

Ca. 5.000 Schutzhäftlinge arbeiten in 5 Schichten. Es handelt sich hierbei um Angehörige verschiedener Nationen (Tschechen, Ungarn, Italiener, Juden, Polen usw.).

Ca. 60 freie Arbeiter leisten 2 Schichten. Es handelt sich hierbei um fachkundige Aufsichtskräfte. Zwei Firmen sind zuständig: für Betonarbeiten die Baufirma Brömmel, Leipzig; für Tunnelarbeiten sind Bergarbeiter aus Watenstedt/Salzgitter aufsichts- und anleitungspflichtig. Die freien Arbeiter arbeiten nicht mit, sie leiten nur an.

Die Arbeiten werden mit größter Intensität vorangetrieben, die Zeit drängt. Die Häftlinge arbeiten 8 Stunden täglich, die freien Arbeiter 12 Stunden. Die Behandlung der Häftlinge war schlechter als in den Stamm-Konzentrationslagern. Die Arbeiten, die geplant waren, wurden nie fertig. Es wurde aber mit allen Mitteln die Fertigstellung angestrebt.

Die Häftlinge wurden geprügelt, bei Unfällen getötet und von Kapos totgeschlagen. Leichen wurden in Gossel vergraben und zum Teil nach Buchenwald ins Krematorium des Lagers geschafft. Die Verpflegung war zum Ende des Krieges allgemein und auch für alle am Bau Beteiligten abgestuft schlecht. Es war folgende Reihenfolge der Qualität der Verpflegung feststellbar: SS-Bewachungsmannschaft, freie deutsche Arbeiter, freie aus-

ländische Arbeiter, Häftlinge. Es wurde in vier Küchen das Essen zubereitet.

Die Bewachungsmannschaften setzten sich aus 3 Gruppen zusammen: Reichsdeutsche SS (zurückgestellt), ukrainische SS, Volksdeutsche (aus Ungarn usw.). Die erste Gruppe war am gefährlichsten, zum Teil aber auch Angehörige der dritten Gruppe. Jede Unterhaltung mit den Häftlingen war streng untersagt. Sie beschränkte sich in jedem Falle nur auf Anweisungen für die zu leistende Arbeit.

Unter den freien deutschen Arbeitern organisierte sich eine Widerstandsgruppe. Diese stellte sich folgende Ziele: Information der Häftlinge über die Kriegslage, den Häftlingen sollte Mut zum Durchhalten zugesprochen werden, Essenspenden an Gefangene.

Herr Ellrich war Mitglied der Widerstandsgruppe der freien deutschen Arbeiter. Eines Tages traten zwei Häftlinge, ein Leipziger Jude und ein belgischer Medizinstudent, an ihn wegen der Ausführung ihrer Fluchtabsichten heran. Diese Anfrage wurde an das Komitee der Widerstandsgruppe weitergegeben. Es wurde die Fluchthilfe beschlossen.

[Es folgt die Beschreibung der gelungenen Fluchthilfe.]

Am 2. April wurden die Häftlinge angeblich nach Buchenwald abtransportiert. Es ist aus Unterlagen des KZ's Buchenwald nachweisbar, daß keine Häftlinge aus dem Jonastaler Außenlager zurückgekommen sind. Es handelt sich um 5.000 Häftlinge.

Am 3. April fragt eine etwa 50jährige Frau am Ortseingang Arnstadts (Nähe Gärtnerei), ob die Häftlinge erschossen worden wären. Die freien deutschen Arbeiter rücken gerade zum Bahnhof ab.

Die SS stand unter dem Kommando von Obersturmführer Losacker. Der Oberkapo war ehemaliger Wehrmachtsangehöriger, der wegen Kameradendiebstahl verurteilt worden war.

Am 3. April wirbt die SS die freien deutschen Arbeiter zur Landesverteidigung. Es wird eine »Panzerknackergruppe« gebildet. Ellrich sucht seine Leute, Mitglieder der Widerstandsgruppe, selbst aus. Jeder bekommt einen italienischen Karabiner mit 20 Schuß Munition und zwei Panzerfäuste. Herr Ellrich bekommt eine Pistole. Nach einem selbsthergestellten Marschbefehl fährt die Gruppe Ellrich in Richtung Heimat (Leipzig).

»Die Baugruppe Ellrich befindet sich auf dem Marsch von der Baustelle, die wegen Feindeinwirkung eingestellt wurde. Ziel

ist die Ostmark.« So lautete der »Marschbefehl«. In Weimar werden Wehrmachtsfahrkarten gebucht und am 4. April 1945 war Herr Ellrich bei seiner Familie.

Später war Herr Ellrich im »Nationalkomitee Freies Deutschland« mit der Mitgliedsnummer 15.

Am 18. April kamen die Amerikaner und verboten das »Nationalkomitee Freies Deutschland«. Sie äußerten, daß sie nicht gekämpft hätten, »um den Kommunisten zur Freiheit zu verhelfen«.

[Anschließend fand eine Diskussion statt, die jedoch nur stichpunktartig wiedergegeben wird, Anm. d. Autoren.]

Lübke hat die Baracken entworfen (Baustab Schlemp). Gossel war Sitz des Baustabes. Von Januar bis März mußten Gefangene in Zelten schlafen.

Zweck des Lagers war damals geheime Verschlußsache. Abschußrampen für die V2 eventuell oder Führerhauptquartier? Produktionsräume?

Die Gänge wurden betoniert und einige größere Räume wurden vollständig mit Sperrholz verkleidet (Räume für Offiziere). In den Gängen wurden Feldbahngleise installiert.

Kurz vor Auflösung des Lagers gab es noch einen Unfall bei einer Arbeitssprengung, bei dem ungefähr 30 Häftlinge den Tod fanden. Es besteht die Möglichkeit, daß noch Leichen verschüttet liegen.

Häftlinge sollen in Richtung Frankenhain und Gräfenroda transportiert worden sein. Keine genauen Angaben.

Von Gräfenroda nach dem Jonastal soll ein Bahngleis gelegt worden sein, das nur einmal benutzt worden sein soll.

Arbeitsgeräte beim Bau waren Preßlufthämmer, Hacken und Schaufeln. Die Häftlinge mußten von ihren Unterkünften in Gossel und Espenfeld in Holzpantinen zur Arbeitsstelle laufen. In den Stollen sind noch einzelne Sprengladungen (zum Teil scharf) zurückgeblieben.

Herr Ellrich verfügte also nicht über genaue Angaben zum Zweck der baulichen Tätigkeit. Er war mit Sicherheit im Bereich eines der Stollen im Jonastal eingesetzt gewesen und hatte – was hier allerdings nicht auftaucht – allenfalls Zeichnungen des Abschnittes in seinem Besitz, an dem er mitarbeitete.

Interessant ist seine Beschreibung der Situation gegen Kriegsende und die von ihm genannte Zahl der Häftlinge, die an den

Stollen im Jonastal arbeiteten: 5.000. Wenn aber zeitweise über 20.000 Menschen eingesetzt gewesen sein sollen, wo, bitteschön, arbeitete der »Rest«?

Besonders brisant ist der in der Diskussion kurz auftauchende Hinweis, Lübke (jawohl derselbe Lübke, der später Bundespräsident wurde), sei für die Baracken zuständig gewesen. In einigen Aussagen zum Komplex S III taucht immer wieder die Behauptung auf, der spätere CDU-Politiker sei in die Vorgänge verstrickt gewesen. Auch hier offenbart sich also noch Forschungsbedarf.

Ein interessanter Bericht liegt auch von Herrn Peter Fritsch aus Leipzig/Meuselwitz vor. In dem Protokoll heißt es:

»Fritsch war in Crawinkel als TENO (Technische Nothilfe) eingesetzt. Da er bei der Reichsbahn in Leipzig beschäftigt war, mußte er von Februar [1945] bis zum Einzug der Amerikaner in Ohrdruf und Crawinkel Dienst tun. Viele Häftlinge haben nach dem Krieg aus ihren Heimatorten ihm geschrieben; mit 3 Häftlingen – davon ist einer Pole – schreibt er sich noch heute.

Als die Amerikaner am 4./5. April einrückten, waren nur noch wenige Häftlinge da.

Mitte Februar [19]45 wurde alles ›generalstabsmäßig‹ bei der Reichsbahn organisiert. Dazu war ein Oberst Streve aus Berlin vom Führerhauptquartier mit einem Stab eingesetzt. Sein Sitz war in Friedrichroda. Unter seiner Leitung wurde besonders der Brandleitetunnel als sogenanntes Ausweichquartier hergerichtet. Drei Reichszüge konnten in den Tunnel gebracht werden. Zum Zeitpunkt war aber keiner vorhanden. Die Bautätigkeit wurde verstärkt; auch Häftlinge wurden jetzt zu Arbeiten auf den Bahnhöfen Ohrdruf und Crawinkel eingesetzt.

Ein Sonderzug in Crawinkel wurde von der SS ständig bewacht, es war der Zug des Generalfeldmarschalls Kesselring; dieser Zug wurde oft in den Brandleitetunnel gebracht. Selbst sah er Kesselring nicht. Von Kollegen erfuhr er, daß dieser Zug Anfang Februar bereits von Kampfflugzeugen beschossen wurde, danach war er in Friedrichroda und dann wieder in Crawinkel.

Ständig mußten dann Anfang März Bestandteile des OKH ausgeladen werden, welche ins Jonastal gebracht wurden. Eine große Aktion war die Ausladung der Sendetechnik des Großdeutschen Rundfunks in Luisental. Der Sender wurde ins Gasthaus ›Brauerei‹ (?) gebracht und strahlte von dort das Programm aus.

Ein sogenannter Höhepunkt war das Treffen von Himmler, Sauckel, Darre, Ribbentrop, Speer in Luisental im Gasthaus ›Deutsches Haus‹. Hierzu war besondere SS von Berlin eingesetzt. Auf jeden diensthabenden Bahner waren zwei SS-Männer eingesetzt. Jede Handlung mußte erst gesagt werden, dann durfte sie ausgeführt werden. Um 11 Uhr mußten alle Bahner den Bahnhof verlassen [...]. [...] gesprochen werden durfte nicht mehr. Es fuhren einige Jeeps der SS rum, zwei PKW mit Fahne in den Ort. Selbige Truppe fuhr gegen 14 Uhr wieder in Richtung Gotha. Man sagte, Hitler wäre dort gewesen.

Nach dem Treffen wurden die Arbeiten verstärkt. Von der Organisation TENO aus Berlin wurden spezielle Kräfte der Reichsbahn gebracht. Mit dem Sonderzug des FHQ, der in Crawinkel stand, war auch der Sonderwagen von Frankreich mitgekommen. Er wurde besonders durch die SS bewacht. Fünf- oder sechsmal wurde er bei Angriffen in den Tunnel gebracht.

Bekannt wurde durch die SS-Leute, daß ***beim Treffen in Luisental über die Wunderwaffe gesprochen wurde und dazu Techniker aus Stadtilm einen Vortrag vor Hitler hielten****.*

Ende März war die Tätigkeit für Materialien des Jonastales [beendet], es mußte nicht mehr im Tal gebaut werden. Nur bekannt wurde, daß hier ein Befehlsstand des Führers errichtet wird. Die Güter, vor allem aus Berlin, trugen Bezeichnungen wie ›Wolfsturm‹, ›Siegfried‹, ›Amt 10‹, ›Schmücke‹, ›Rennsteig‹, ›Jasmin‹, ›Adolf‹ usw. Es waren Code-Bezeichnungen für eine Geheimhaltung, welche nur die SS kannte. Auch waren besondere Güter für die Muna dabei, die Luftmunitionsanstalt Crawinkel. Ende März wurde alles ernst. So mußte die Bahn auf den Bahnhöfen Ohrdruf und Crawinkel ständig (verfügbar) sein, und man durfte die Anlagen nicht verlassen. Zwei weitere Sonderzüge waren in der Nacht mit persönlichen Dingen der Reichskanzlei am 27. März in Ohrdruf und Crawinkel ausgeladen worden von der SS persönlich, die Bahner durften nur zur Weichenstellung auf die Gleise.

Zum Schutz der Gebiete wurden Sonder-SS-Kampfverbände eingesetzt. Von der SS wurden auch Waggons und ganze Zugteile gesprengt.

Gegenüber anderen Zielen, wie Dresden, Magdeburg, Nordhausen, erfolgte keine Bombardierung der Gebiete. Nachdem die Amerikaner Ohrdruf und Crawinkel erreicht hatten, wurden alle Zugpapiere, Eintragungen der Wagennummern, Transportbegleitpapiere, Zeittafeln, sofort von den Amerikanern be-

schlagnahmt. In vier LKWs wurden die Papiere angezündet, z.T. danach verbrannt. Wir wurden ständig verhört und befragt, ob Hitler mit der Bahn hier sei, welche geheimen Gleise zur Burg gingen, wo die Burg ist und wie tief es in den Berg ginge, ob man mit dem Auto hineinfahren kann usw. Wir bzw. ich habe erst nach meiner Rückkehr nach Meuselwitz 1947 erfahren, was eigentlich im Sonderlager III war.

Herr Fritsch hatte dazu bereits eine Aussage schriftlich bei der SED-BL [BL = Bezirksleitung, Anm. d. Autoren] *Leipzig-Mitte gemacht. Auch hat die* Leipziger Volkszeitung *vor, einen Beitrag darüber zu bringen.«*

Anhand der Aussage von Herrn Fritsch ist ersichtlich, daß nicht nur regelmäßig Transporte auf dem Bahnhof von Crawinkel eintrafen, die allesamt für in der Nähe befindliche Objekte vorgesehen waren, sondern daß auch »hohe Herren« aus Berlin eine Zusammenkunft mit den Stadtilmer Wissenschaftlern in Luisental hatten. Danach wurde vom Einsatz der Wunderwaffe gemunkelt. War die »Bombe« also doch fertig?

Merkwürdig ist auch das Verhalten der Amerikaner, als sie Crawinkel und den dortigen Bahnhof erreicht hatten. Wieso wurde die Gegend nicht bombardiert? Weshalb wurden Dokumente, die die Amerikaner fanden, sofort verbrannt? Normalerweise wurden diese doch beschlagnahmt und zur Auswertung abtransportiert, hier aber übergab man sie sofort dem Feuer. Was ging an diesem Ort vor sich?

Daß hier über viele Wochen etwas höchst Merkwürdiges ablief, wurde auch von anderen Augenzeugen berichtet.

Bericht von Klara Weinschenk und Marlis Witzmann
Frau Weinschenk wohnt in Bittstädt, Frau Witzmann in Wölfis

Am Nachmittag des 27. März 1945 waren beide Frauen auf dem Friedhof in Bittstädt. Als plötzlich Flugzeuglärm zu hören war. Sie dachten sofort, die Bomber kommen. Da waren aber schon drei Flugzeuge im Tiefflug zu sehen, und man erkannte, daß es deutsche waren an den Zeichen. Die Maschinen flogen in Richtung Jonastal, danach kam nochmals eine Maschine. Nach ca. 10 Minuten waren sie wieder da, kurvten […] über dem kleinen Heidenholz und landeten auf dem Eichsfeld. Wenig später fuhren einige LKW mit SS-Leuten vorbei.

Bei den Häusern von Abendroth Erna, […] waren Posten ge-

stellt[...], dort waren auch einige Männer von der Gemeinde [...]. Danach fuhren einige PKW vorbei. Zuerst vermuteten wir, daß sie in Richtung Jonastal fahren, dies waren aber nur wenige Wagen. Die anderen fuhren in Richtung Truppenübungsplatz auf der Klipperstraße. Am Abend erzählte uns ein Junge von der Hitlerjugend, er habe gehört, daß der Führer in seinem Hauptquartier wäre und von dort aus würde die Wunderwaffe eingesetzt. Auch ein SS-Mann sagte es. Am Abend fuhren SS-Führer Mütze und Oberbürgermeister Huhn von Arnstadt ebenfalls durch Bittstädt in Richtung Truppenübungsplatz. Ebenfalls wurde berichtet, daß große Leute von Hu [unleserlich], *Schwarzburg und Gehlberg durch den Ort gefahren sind. Alle Kreuzungen waren durch SS-Posten bewacht.*

Am 28. März war 200 m nach dem Ortsausgang in Richtung Truppenübungsplatz ein Schlagbaum errichtet. Heute nehmen wir an, daß damals Hitler an uns vorbei gefahren ist. [...]

Hatten nicht auch schon andere behauptet, Hitler und sein Stab wären Ende März 1945 in der Gegend gewesen? Kam er am 27. März per Flugzeug, wie die beiden Dorfbewohnerinnen behaupteten? Man sollte sich das Datum jedenfalls merken, denn entgegen den sogenannten »Erkenntnissen der Geschichtsschreibung« wird immer wieder erwähnt, daß Hitler hier gewesen sei, und wie man noch feststellen wird, von Personen, die aus ganz unterschiedlichen Gründen in die Dinge involviert waren. Bahnpersonal, Dorfbewohner, Vertreter der Hitlerjugend (HJ) und SS, Bauingenieure – sie alle behaupten, die »hohen Tiere« seien Ende März für ein paar Tage vor Ort gewesen ...

Als ob der Merkwürdigkeiten gegen Kriegsende nicht schon genug registriert worden wären, setzten sich diese auch nach der Übernahme der Kontrolle der Gegend durch das US-Militär fort, wie der Bericht von Herrn Erich Andreß beweist.

Bemerkungen von Gen. Erich Andreß am 20.3.1968
(nach dem Vortrag von Herrn Ellrich aus Leipzig)
Ort: SED-KL

Herr Andreß lebte damals in Bittstädt. Nachdem die Amerikaner auf dem Fliegerhorst Eichsfeld waren, waren sie auch in Bittstädt. Am 7. April '45 landeten einige amerikanische Flug-

zeuge auf dem Eichsfeld – von dort fuhren einige Jeeps und andere Autos durch Bittstädt in Richtung Jonastal. Man sprach von hohen Amerikanern. Am Nachmittag sah ich, sowie Herr Gleichmar […], Kloß und Kühn – wir waren auf dem Friedhof und hoben ein Grab aus – die Kolonne aus dem Jonastal kommen und gingen zum Eingang des Friedhofs; dort fuhren sie an uns vorbei, in dem Jeep waren auch Leute, die keine Uniform trugen. Am 8. und 9. April fuhren zahlreiche Lastwagen der Amerikaner mit Kisten zum Eichsfeld, wo einige Maschinen in die Luft gingen. Am Nachmittag des 9. April fuhr vom Jonastal eine Kolonne von Lastwagen der Amerikaner durch den Ort und […] in Richtung Holzhausen und von dort auf die Autobahn bei Mühlberg […]. Der Zug wurde durch Soldaten der Panzerdivision zu Fuß durch den Ort begleitet. ***Alle Fenster mußten verschlossen und verdunkelt sein****.*

Am 10. April mußten wegen Sprengungen im Jonastal von 10 bis 13 Uhr alle Fenster geöffnet werden. Es waren vier Sprengungen, die die Amerikaner durchführten.

Am 12. oder 13. April waren wir, d. h. einige Einwohner von Bittstädt, erstmalig wieder im Jonastal. Die Amerikaner gaben uns zahlreiche Bretter bzw. Holzbohlen […], die wir als Brennholz abholen mußten.

Dabei war zu erkennen, daß der Berg rechts in Richtung Bittstädt frisch gesprengt war.

[Hervorhebung durch die Autoren]

Was hatten die amerikanischen Militärs zu verbergen, wenn sie sogar beim Durchfahren von Ortschaften eine Verdunklung für die dortigen Häuser anwiesen? Weshalb wurden Sprengungen vorgenommen? Reichte es denn nicht, daß die SS schon diverses zugesprengt hatte?! Und wer waren die Herren in Zivilkleidung? Amerikanische Atomspezialisten oder ganz harmlose Beobachter, die die Schönheiten der thüringischen Natur genießen wollten?

Wir können uns des Eindrucks nicht erwehren, daß hier – und wir wollen das ganz deutlich sagen – eine Riesenschweinerei vor sich ging, die bis zum heutigen Tag geheimgehalten wird …

Es gibt noch einige andere Berichte, die das Bild der Vorgänge in diesem Raum vervollständigen und deshalb nicht unerwähnt bleiben sollen.

Arnstadt, den 9.3.1968
POS I [Polytechnische Oberschule I, Arnstadt, Anm. d. Autoren]
Bericht von Herrn Horst Wedtler, Greifswald

Herr Wedtler war wegen Wirtschaftszersetzung im KZ. Von Beruf war er Konstrukteur für Unterlegemaschinen und arbeitete für die Salzgitter AG – bis zu seiner Verurteilung im Dezember 1944. Von München wurde er direkt ins Südlager bei Ohrdruf gebracht – danach ins Nordlager.

Er mußte Planunterlagen erarbeiten für das Stollensystem in der Planung. Für die Arbeit waren geologische Gutachten vorhanden. In der ersten Phase waren 14 Stollen geplant – die Planung wurde ständig erweitert –, Ende April wurde an 31 Stollen gearbeitet, welche in verschiedene Gruppen eingeteilt waren – ***25 Stollen waren im Tal – ein Stollen in Richtung Bittstädt – 5 Stollen in Entfernungen von ca. 1 bis 1,5 km auf dem Übungsplatz****.*

Gleichzeitig wurde bei dem Bittstädter Stollen ein Höhlensystem einbezogen*. Zu seinen Arbeiten gehörte auch die Vermessung der Stollen, dazu war ein Arbeitsplatz bei der Mischanlage bei Eingang 16 eingerichtet. Bei schlechtem Wetter durfte er den Stollen 17 betreten; dieser Stollen war ein kurzer – ca. 20 m tief.*

Die Arbeitszeit betrug für ihn ca. 10 Stunden. Sie erhielten eine extra bessere Verpflegung, da sie in der Kategorie B eingeordnet waren. – Die Bauarbeiten wurden ab Februar 1945 in einem mörderischen Tempo durchgeführt. Unfälle [...] geschahen vor allem bei der Herstellung der Querverbindungen. Den Häftlingen fehlte dabei Arbeitskleidung, z. T. arbeiten sie barfuß und nur in der dünnen Häftlingskleidung. Gespräche mit den Häftlingen waren verboten.

Herr Wedtler übergab an Gen. Xxxxxxx einen Schnellhefter mit 20 Seiten über seine Erlebnisse.

Er wurde von den Amerikanern aus Ohrdruf mitgenommen, war dann bei diesen in Würzburg, Bad Kreuznach und Wetzlar eingesperrt.

Dieser Bericht dokumentiert nicht nur die schlimme Arbeitssituation für die Häftlinge, die im Winter bei Minustemperaturen und völlig unzureichend bekleidet am Stollenvortrieb arbeiteten, wobei es zu zahlreichen Unfällen kam.

Wichtig sind auch die Hinweise, wonach es im Tal 25 Stollen gab und 5 weitere auf dem niveaumäßig darüber befindlichen Truppenübungsplatz angelegt wurden.

Besonders interessant ist, daß bei Bittstädt ein weiterer Stollen in Verbindung mit einem bestehenden Höhlensystem gebaut wurde, dessen Bedeutung unbekannt ist. Herrscht hier nun schon Klärungsbedarf, weil bisher bei Bittstädt nichts entsprechendes gefunden wurde, so ist eine Erhellung aber erst recht in bezug auf die insgesamt 31 Stollen nötig! Wurde in der Vergangenheit nicht hin und wieder behauptet, man habe im Jonastal in Wirklichkeit 31 Stollen errichtet (statt der 25 behaupteten)?[5] – Ja, und das scheint soweit auch korrekt zu sein. Aber auch wenn es noch so verlockend erscheint und man nun annehmen könnte, die von Herrn Wedtler gemachten Angaben würden das Rätsel der 31 Stollen lösen (25 Stollen im Tal, fünf auf dem Übungsplatz, einer bei Bittstädt), so ist das dennoch nicht der Weisheit letzter Schluß und schon gar nicht die Lösung.

Man muß streng differenzieren und darf hier nichts verdrehen: Es muß davon ausgegangen werden, daß *31 Stollen im Jonastal* existierten. Das Gebiet des Truppenübungsplatzes und auch das Areal um Bittstädt haben, so interessant die dort vorhanden gewesenen Stollen auch sein mögen, nichts damit zu tun.

Wenn wir nun schon einmal bei den Jonastalstollen sind, so soll an dieser Stelle auch noch ein Einblick in die Abläufe bei und nach Kriegsende gegeben werden. Auch hierzu liegen noch einige Aussagen vor, die von allgemeinem Interesse in bezug auf die Geschichte des Raumes zwischen Ohrdruf und Arnstadt sein dürften.

Bericht des Gen. Geyersbach aus Bittstädt
FDJ-Vors. POS I, 16. Mai 1966

Gen. Geyersbach berichtete, wie er als Arbeitsloser eingesetzt wurde, [um] im Lager Jonastal zu arbeiten unter Leitung von sowjetischen Genossen der Roten Armee.

Die sowjetischen Genossen waren Spezialisten aus Moskau, Leningrad, Minsk und konnten alle deutsch. Es waren auch sowjetische Soldaten u. a. vom Garderegiment Stalingrad dabei.

Ziel war es, aus einigen Stollen Holz, Maschinen und auch Möbel herauszubringen.

Die Stollen hatten eine Holzverkleidung und auch Holzfußboden gehabt. In einigen waren Feldbetten (doppelte) darin – einige waren aber auch mit Büromöbeln ausgestattet.

Sie, ca. 60 Arbeiter, durften sich nur in freigegebenen Räumen bewegen und arbeiten, auch Sonntags wurde gearbeitet. Jeder durfte am Abend Bretter, die er tragen konnte, mitnehmen.

Das Holz der Möbel wurde auf LKW verladen und weggebracht – die Maschinen wurden eingefettet und ebenfalls weggebracht.

In einige Stollen durften sie nicht, dort arbeiteten die Spezialisten, vor den Eingängen mußten sie aus den Brettern Kisten nageln. Täglich mußten ca. 20 Kisten gefertigt werden, welche am anderen Tag weg waren.

Einige Eingänge waren durch die SS bzw. (die) Amerikaner schon verschlossen worden.

Während der Arbeit gab es auch einen Unfall, in einem der Stollen der Spezialisten ging etwas hoch, es gab Tote und Verletzte. Auch waren bei den Spezialisten einige deutsche Häftlinge, die sich auskannten.

Eines Tages wurde die Arbeit plötzlich unterbrochen und wir alle heimgeschickt. Die sowjetischen Genossen hatten auf der Hochfläche weitere Eingänge gefunden. Am anderen Tag erhielten wir von den sowjetischen Genossen eine Sonderzuteilung an Lebensmitteln für unsere Arbeit.

Er habe heute noch einen Schreibtisch vom Lager und auch einige Bretter im Stall von dort.

Die Aussage dokumentiert deutlich, daß nach Abzug der amerikanischen Truppen aufgrund der zwischen den Alliierten getroffenen Vereinbarungen von Jalta und Potsdam auch die Russen auf der Baustelle Jonastal noch genug vorfanden, das es zu bergen galt. Auch in den Stollen selbst, die von Spezialisten auf Sprengfallen hin untersucht wurden, scheint noch eine ganze Zahl von Maschinen und anderer Ausrüstungen untergebracht gewesen zu sein, die abtransportiert wurden. Es kann sich hierbei allerdings wohl nur um eher nebensächliche Dinge gehandelt haben, denn einerseits hatte die SS die wichtigen Bereiche bereits gegen Kriegsende zugesprengt, andererseits hatten die

Amerikaner unmittelbar nach ihrem Einmarsch in das Gebiet für mehrere Wochen Gelegenheit, die sie interessierenden Dinge in Augenschein zu nehmen und fortzuschaffen. Und daß sie das taten, steht außer Zweifel, denn warum sonst wurden vom amerikanischen Militär weitere Sprengungen vorgenommen? (Es ist ja die Krux mit der Jonastalgeschichte, daß sowohl Deutsche als auch Amerikaner und Russen all das, was in bezug auf eine Klärung heute anstehender Fragen interessant sein könnte, zugesprengt haben.)

Manche Zeugen, aber auch Rechercheure, haben in der Vergangenheit behauptet, Amerikaner und Russen hätten sich um rein gar nichts gekümmert. Das stimmt aber nicht, wie die russischen Aktivitäten zeigen. Und auch die Amerikaner waren recht aktiv vor Ort. Deren Unternehmungen hingen vor allem zusammen mit dem versprengten Bereich, der *vor* dem Stollen 1, in Richtung Crawinkel gesehen, existiert. (Man dürfte gut beraten sein anzunehmen, daß die Numerierung der Stollen von Arnstadt aus in Richtung Crawinkel verlief; Stollen 1 wäre dann in Wirklichkeit Nr. 25!) Lassen wir dazu einen Zeugen der Geschehnisse zu Wort kommen, dessen Brief uns freundlicherweise von einem Heimatforscher übergeben wurde:

»Betr.: Stollenanlage V – Stollen 26–30 im Jonastal bei Arnstadt

Aufgrund einer Anzeige bzw. einem Bericht von 1994, welcher hier erschienen ist und sich mit dem Thema der Stollen im Jonastal beschäftigt hat, möchte ich Ihnen aus meinem Leben berichten.

Diese Stollen befanden sich am Hang in Richtung des Ortes Bittstädt [Bittstädt liegt nördlich des Jonastals] in der Höhe 374,12 m N.N. und waren von der Straße im Jonastal erreichbar. Rechts neben der Straße waren im Wald Unterkünfte. In den Wohnblocks waren Arbeitskräfte, Freie Deutsche, SS-Bewachung und drei Wohnblöcke mit ausgesuchten Häftlingen untergebracht; sowie Krankenzelle, Tischlerei und Kantine.

Oft mußten Häftlinge, es waren alles Fachkräfte – Deutsche, Polen, Norweger, Ungarn und einige Juden –, zum Bauobjekt Klipper (Burg) abgegeben werden. Die Versorgung war gut, auch für die Häftlinge gab es Winterbekleidung. Die Bauleitung hatten ein OSF der SS Sengel und Seuffert inne.

Die Stollen hatten folgende Längen:
Stollen 26 – 163,0 m
Stollen 27 – 147,5 m

Stollen 28 – 141,0 m
Stollen 29 – 122,5 m
Stollen 30 – 75,0 m

Stollen 26–29 hatten jeweils 10 m hinter dem Eingang MG-Stellungen, dahinter jeweils einen Manschaftsraum. Ab 30 m nach dem Eingang befanden sich jeweils rechts und links Räume von der Größe 5 x 8 m. Nach 60 m gab es den ersten Quergang, nach ca. 92 m den zweiten und am Ende befand sich der dritte. Die Räume hatten Stahltüren, eine eigene Klimaanlage und ein eigenes Stromnetz. An Stollen 30 wurde gearbeitet.

In der Zeit von Ende Februar bis Anfang März 1945 durfte in den Stollen 26–29 nicht mehr gearbeitet werden. Am Ende des 3. Querstollen wurde eine Stahltür angebracht.

Täglich wurden über den Bahnhof Crawinkel auf LKW Kisten gebracht, welche von der SS bewacht wurden, und in die Stollen eingelagert. Über den Inhalt haben wir nichts erfahren, es waren kriegswichtige Güter aus Berlin. Ab Mitte März erfolgten keine Transporte mehr. Ende März hörten wir, daß im Objekt Klipper – Gesamtbezeichnung ›Burg‹ – der Führer ist. In dieser Zeit durfte nicht im Stollen 30 gearbeitet werden.

Das Sprenggut wurde besonders bewacht. Ab 2. April mußten Sicherungsarbeiten an den Stollen durchgeführt werden, danach wurden Minen an den Eingängen verlegt. Ein Teil der Häftlinge wurde von der SS abgeholt zu einem Transport nach Regensburg.

Am 3. April wurden früh die Bautrupps aufgelöst. Ein Teil setzte sich mit LKW in Richtung Berlin ab, dabei auch Sengel und Seuffert. Eine andere Truppe über Arnstadt, um mit der Bahn weiter zu fahren. Die restlichen ca. 250–300 Häftlinge erhielten Verpflegung und zogen in Richtung Regensburg. Wir erhielten als Letzte auf der Baustelle den Befehl, uns wegen des Feindes auch nach Regensburg zu begeben. Alle Bauunterlagen, Befehle, Aufzeichnungen, Gehaltslisten, Meldebögen mußten im Feuer vernichtet werden. Die Eingänge mußten mit Bäumen und Sträuchern getarnt werden. Dabei sind sieben Deutsche ums Leben gekommen, weil sie einen Eingang betraten und eine Mine hochging.

Am 4. April um 5 Uhr zogen wir, eine Truppe von 65 Personen, ab, die SS war über Nacht bereits weg. Auf der Straße in Richtung Siegelbach lagen überall erschossene Häftlinge, darunter auch Häftlinge aus unserem Bereich. In Siegelbach vor der Gaststätte waren einige LKW des OKW, welche nach Ober-

hof fahren sollten, die SS wollte aber nach Saalfeld. Ich gehörte zu den 21 Personen, die mit nach Oberhof fuhren, von den anderen 44 Personen habe ich nie wieder etwas gehört. In Oberhof erhielten die zwei Fahrer die Order, sofort wichtige Unterlagen aus Ruhla bzw. aus Reinhardsbrunn zu bergen. Keiner kannte die Feindlinie. Die zwei LKW mit uns 21 Personen, einem Hauptmann und sechs Oberleutnants fuhren in Richtung Gotha. In Schwabhausen waren die Amerikaner um uns. Einer meiner Mitarbeiter, Hans Steiger aus Bremen, wurde sofort erschossen, da er Haltung annahm und mit der Hand den Gruß zeigte. Wir erklärten den Amis, daß wir ein Sondertrupp seien und keine SS. Wir mußten uns ausziehen, sie fanden keine SS-Blutgruppen-Zeichen bei uns.

Nach weiteren sechs Stunden auf den LKW, wurden wir nach Ohrdruf gebracht. Da uns keiner der dortigen Häftlinge kannte, mußten wir große Unkenntnis der Amis feststellen. Sie suchten Hitler im KZ ›Burg‹. Wir konnten aufzeigen, daß es drei Objekte gab: ›Olga‹ (Jonastal), ›Jasmin‹ (Jonastal) und Klipper-›Burg‹ auf dem Platz.

Am 7. April hatten die Amis hohen Besuch und es erfolgten Verhöre. Am Tag darauf waren wir wieder bei unserem Lager im Tal. SS-Leute mußten die Eingänge räumen, wobei einige ums Leben kamen. Die Amis gingen nicht in die Stollen, wir mußten die Kisten heraustragen und auf amerikanische LKW laden. Am 9. April war eine Kolonne von 46 LKW beladen, welche sich vom Lager in Richtung Bittstädt bewegte. Weitere LKW mit Ladung fuhren in Richtung Crawinkel.

Am 10. April wurden von 9.30 bis 13.00 Uhr die Stollen von innen gesprengt, dann von außen. Es mußten auf dem Gelände am Nachmittag sogar Bäume umgepflanzt werden. Die Straßen mußten unkenntlich gemacht werden.

Ob alle Kisten aus den Stollen herausgekommen sind, kann ich nicht sagen. Von den 20 Personen meiner Gruppe hatten sich sieben abgesetzt, zwei erhielten von den Amis einen Ausweis und wir elf gelangten mit den Amis über Eisenach und Mainz nach Wiesbaden und von dort in die USA. Unsere Familien wurden von 1945–1949 von der US-Armee nachgeholt. Wir wurden alle von der US Army bezahlt. […]

Zu meiner Person. Ich bin am 16.01.1906 in München geboren. Nach Gymnasium erfolgte Studium in Freiburg, Heidelberg und München zum Dr. Ing. für Geologie und Bergbau. Arbeit in Teplitz und Brüx im Bergbau, danach Watenstedt/Salzgitter bei der dortigen AG. Nach einem Einsatz in Berlin kam ich zum Obersalzberg und dann ins Jonastal. Eine Kopie dieses Schreibens wurde an das US-Veteranen-Militärarchiv gegeben [...].

Dr. Georg Weidemann-Hoffmann
bestätigt durch Robert Marell
Kanada, im August 1997«

Da existierte also noch ein Stollenbauingenieur, der am Bau geheimer Anlagen, diesmal der Stollenanlagen 26 bis 30, beteiligt war und von der Existenz eines Objektes wußte, das »Burg« genannt wurde. Auch er benannte den Zeitraum Ende März 1945 in bezug auf den möglichen Aufenthalt Hitlers vor Ort. In dieser Zeit durfte am Stollen 30 nicht weitergebaut werden. Hätte sich Hitler etwa vom Baulärm gestört gefühlt? Und was machte er überhaupt hier?

Wo aber liegen nun die Stollen 26 bis 30 (von Nr. 31 ist hier seltsamerweise keine Rede)? In Richtung Arnstadt oder in Richtung Crawinkel? Den *bisherigen* Darstellungen folgend, müßte dieser von den Amerikanern zugesprengte Komplex in Richtung Arnstadt zu suchen sein. Auf dem in Frage kommenden Hang, der mit Stand Januar 2001 vegetationsfrei und daher geradezu verlockend ist, sieht man ja auch immer wieder neugierige Enthusiasten und Schatzsucher herumstolpern. Wir glauben allerdings kaum, daß die von Dr. Weidemann-Hoffmann genannten fünf Stollen in diesem Geländebereich zu finden sind.

Was das Schreiben aufwertet, ist die Tatsache, daß es erst viele Jahre nach den Berichten verfaßt wurde, die die vorgenannten Zeugen zu Protokoll gegeben hatten. Zwischen dem Forschungsprojekt S III und ihm waren 30 Jahre vergangen.

Dr. Weidemann-Hoffmanns Aussagen zeigen den Ablauf der Dinge bei Abwicklung der Baustelle: Den Abtransport der Häftlinge nach Regensburg, der als Todesmarsch in die Geschichte des Lagers S III einging; den Abgang des deutschen Personals, die Besetzung des Gebietes durch amerikanisches Militär und die verwirrende Suche der Amerikaner nach der »Burg«.

Unklar ist, was die Amerikaner in den Stollenanlagen 26 bis 30 fanden und ob die 46 Lastkraftwagen nur den Inhalt dieser Stollen aufgenommen haben oder aber auch andere Stollen ausgeräubert wurden. Genauso unklar ist, warum dieser Stollenbereich dann innen und außen gesprengt wurde und warum man alle Hinweise auf seine Existenz durch entsprechende Tarnmaßnahmen zu verschleiern versuchte. Was wurde hier gefunden, daß man sich solche Mühe gab, alle Spuren zu verwischen?

Abgesehen davon, daß diese Frage vielleicht nie geklärt werden kann, wäre aber noch von Interesse, was der Briefeschreiber für eine Rolle spielte. Schließlich war auch er am Obersalzberg, bevor er zum Jonastal kam, was gewisse Parallelen zu Oskar Mühlheim aufweist. Wie es scheint, wußte er über den Bereich »Burg« nur, daß er existierte. Sein Verantwortungsbereich waren die Stollen 26 bis 30, in die Einlagerungen vorgenommen wurden. Wenn dem so war, konnte auch er unmöglich ein gewöhnlicher Stollenbauingenieur sein, sondern mußte etwas mit der allgemeinen SS bzw. dem SD zu tun haben.

Viele Menschen können lange schweigen. Sehen sie jedoch ihr Ende kommen, ändert sich mitunter die Einstellung zu der Frage, ob man das, was man bisher niemandem anvertraute, nicht doch offenbaren soll. Das ist ein rein psychologisches Problem. Dr. Weidemann-Hoffmann schrieb seine Offenbarung 1997, möglicherweise zu einem Zeitpunkt, wo er sein Ende kommen sah. Nur diesem Umstand haben wir es zu verdanken, daß nun in einige Sachverhalte, die das Jonastal betreffen, etwas mehr Licht gelangt.

Ein Problem ganz allgemeiner Natur dabei ist, daß sich das Bild über die Vorgänge gegen Kriegsende im Bereich zwischen Ohrdruf und Arnstadt nur nach und nach ergibt. Es gab im Dritten Reich nur einige wenige, die alle Bauprojekte und Forschungsvorhaben innerhalb des Areals kannten und somit vollständig involviert waren, wie z.B. SS-General Kammler. Alle anderen, die Chefs der einzelnen Baustäbe in Luisental, Gossel, Klipper oder andernorts eingeschlossen, hatten nur einen Überblick über den von ihnen verwalteten und betreuten Abschnitt. Bekanntermaßen existierte eine generelle Weisung Hitlers, wonach jedermann nur so viel zu wissen habe, wie es für die Erfüllung seiner Aufgaben unbedingt notwendig sei. So ist es zu erklären, daß die persönliche Neugierde des einzelnen auf einem sehr geringen Niveau und auf die eigene Arbeitsaufgabe beschränkt blieb, wenn man nicht Gefahr laufen wollte, in die Mühlen des Systems zu geraten.

Wahrscheinlich erst nach dem Krieg trafen sich einige der ehemals Verantwortlichen wieder, wenn auch weit entfernt von ihren einstigen Wirkungsbereichen. Nur sie allein mochten wissen, ob sie Schuld auf sich geladen hatten. Tatsache ist, daß bei den Bauarbeiten im Raum Ohrdruf/Jonastal/Arnstadt Tausende von Menschen ihr Leben lassen mußten, sei es aufgrund des mörderischen Arbeitstempos, der Unfälle oder aufgrund der

Mißhandlungen durch die Wachmannschaften. Hält man sich vor Augen, daß die Häftlinge meist völlig unzureichend gekleidet und ernährt waren, während sie oft eine körperlich schwere Arbeit verrichten mußten, kann man sich nur wundern, daß einige von ihnen überhaupt mit dem Leben davon kamen. Diese Überlebenden waren oftmals traumatisiert, viele von ihnen haben zeitlebens nicht darüber gesprochen, was sie durchmachen mußten. Um so mehr sollte es den Heutigen Verpflichtung sein, die Geschichte aufzuarbeiten und damit zu erklären, was der Hintergrund der mörderischen Bautätigkeit von S III war.

Viele mögen bis zu Beginn der neunziger Jahre des 20. Jahrhunderts geglaubt haben, daß die ganze Schufterei nur der Erstellung eines Führerhauptquartiers gedient habe. Doch das ist Unsinn. Die wahren Hintergründe sind andere, nicht zuletzt deshalb, weil SS-Obergruppenführer Kammler im Auftrag des Reichsführers-SS Himmler hier tätig war und sich mit Sicherheit nicht allein um die Fertigstellung eines FHQ gekümmert hat.

Eine umfangreichere Information über die technologischen Komponenten der Bauarbeiten wurde uns in Form zweier Schreiben zugänglich, die 1999 aus Argentinien eintrafen und von einer, wie sich später aufgrund von Recherchen herausstellen sollte, involvierten verantwortlichen Person stammten. Der Mann ist mittlerweile verstorben. Sein Name: Adolf Bernd Freier. Seines Zeichens Stollenbauingenieur im Baustab Klipper. In dieser Funktion hatte Herr Freier einen umfassenden, doch keineswegs vollständigen Einblick in bestimmte Abläufe auf dem Truppenübungsplatz Ohrdruf und in seinem Umfeld. Nur so lassen sich gewisse Informationen erklären, die in den Briefen auftauchen und die hier – erstmals überhaupt – veröffentlicht werden sollen.

Freier war ab 1938 im Baustab der Wehrmacht für den sogenannten »Mittelraumverteidigungsbereich« tätig, bis er 1940 vom Sicherheitsdienst (SD) übernommen wurde und seither seinen Sitz auf der Klipper, einem alten Gasthaus, und im sogenannten Tambuchshof hatte. Der dortige Baustab umfaßte 25 Mann, allesamt Fachleute. Freier selbst beschäftigte sich aber nicht nur mit den dortigen Stollenbauaufgaben, sondern auch mit der Anfertigung von Gutachten für Verlagerungsvorhaben in einem weiträumigen Gebiet. Ende März 1945 verließ er die Klipper und tauchte unter. Später lebte er in Argentinien, wo er als wohlhabender und wissender Mann im Juli 1999 verstarb.

Da Herr Freier sein nahendes Ende verspürte, wollte er sein Wissen weitergeben. Ihm war bekannt, daß es in Deutschland seit Beginn der neunziger Jahre des 20. Jahrhunderts wieder Menschen gab, die sich für die Geschichte von S III, das Jonastal allgemein und die bisher übersehene technologische Komponente des Rätsels interessierten. So konnte er davon ausgehen, daß seine Informationen auf fruchtbaren Boden fallen würden ...

Doch genug der Vorrede. Die nun folgenden *Auszüge* aus beiden Briefen dokumentieren, daß das »Rätsel Jonastal« äußerst vielschichtig ist, daß man bisher aber die nichttechnologische Komponente zu sehr in den Vordergrund gestellt hat. S III hatte in erster Linie eine Zielsetzung, die mit unterirdischer Produktion und geheimen Waffensystemen verbunden war.

Manch einer wird nicht wahrhaben wollen, was in den Briefen geschrieben steht, doch ergeben die von Herrn Freier offenbarten Informationen ein logisches Bild der Vorgänge. Doch nicht nur das. Die Briefe zeigen auch, daß Thüringen ein großes Geheimnis birgt, möglicherweise so groß dimensioniert, daß es den Verantwortlichen schwarz vor Augen werden müßte, sollten die Informationen zutreffen. Doch lassen wir nun erst einmal Herrn Freier zu Wort kommen:

»Zu meiner Person: Bin Dipl.-Ing. für Bauwesen, war und bin stets im Stollenbau tätig gewesen. Auf dem Truppenübungsplatz und bei dessen Objekten war ich von 1938 bis 1945. Dabei war ich im Führungsstab bei allen vier Objekten in der Bauausführung unter Kammler tätig, er war ab 1942 mein direkter Vorgesetzter.

Alle mir bis heute bekannten Berichte gehen von falschen Kenntnissen aus. Es gab die Objekte: ›Amt 10« – ›Burg‹ – »Jasmin‹ – ›Olga‹.

Das FHQ – Führerhauptquartier – und das Objekt ›Olga‹ waren bei der ganzen Angelegenheit nur zweitrangig. Schwerpunkt waren die Objekte ›Burg‹ und ›Jasmin‹, über diese Objekte werden sie keine Niederschriften in deutschen Archiven finden. Die dazu erteilten Befehle wurden persönlich weitergegeben und danach sofort vernichtet. Vom ›Amt 10‹ und vom Objekt ›Olga‹ haben die Unterlagen die Amerikaner, welche auch die modernste Technik der Nachrichtenvermittlung nach Amerika mitnahmen.

Mein deutscher Ausdruck ist nicht mehr der beste – ein Schüler schreibt diese Zeilen, damit verbunden sind einige Fehler, da ich das Deutsch auch nicht mehr so kann. Bin ja auch bereits 94 Jahre alt.

Bitte sind Sie sehr vorsichtig mit Veröffentlichungen und mit Aussagen; viele, die über verschiedene Sachen vom Gesamtobjekt Tambuch-Klipper [Informationen] hatten, sind plötzlich ums Leben gekommen oder schwer erkrankt [...]

Ich gebe Ihnen zu verschiedenen Sachgebieten Angaben, wobei ich Ortsbeschreibungen nicht gebe. Es gibt Anlagen, welche auch ***heute noch überwacht werden und funktionsfähig sind.***

Objekte – Anlagen

Die von Frank angefertigten Aufzeichnungen im Auftrag der Russen wurden falsch wiedergegeben bzw. umgeschrieben. Diese Vermessungen erfolgten erst im Sept./Okt. 1945; Frank konnte gar nicht alle Stollen mehr sehen bzw. haben ihn die Russen gar nicht hingelassen.

Die Zahlenfolge der Stollen im Tal beginnt aus Richtung Arnstadt mit 1 und endet in Richtung Crawinkel mit 24, dazu gehören mit die Stollen 25 bis 31, welche zum Zeitpunkt Franks nicht mehr vorhanden waren. Da wir im Deutschen von links nach rechts gehen, begann Frank mit dem Stollen 1 von Crawinkel aus, wobei er die Klein- bzw. Nebenstollen gar nicht eingezeichnet hat.

Der Stollenbereich 25–31, richtig Bereich X, war über dem Bereich des Stollen 24, welcher aber erst mit dem Objekt ›Olga‹ eingebracht wurde. Die Stollen 25–31 hatten die Erstbezeichnung A – G. Diese Stollen waren schon lange vor dem Objekt ›Olga‹ errichtet und gehörten mit zum Objekt ›Burg‹. Um dieses auch vom Tal zugänglich zu machen, wurde der unterirdische Bahnhof angelegt, d. h. 3 Gleise gingen in den Berg, wobei es im Berg 4 Gleise waren:

a) Transportgleis für Baumaterial
b) Transportgleis für Abraum
c) Transportgleis für Häftlinge
d) Gleis für Beschäftigte.

Es gab acht Anlagen:

- ›Amt 10‹ und Generatorenanlage
- 4 Anlagen im Bereich ›Burg‹
- Steinbrüche zwischen Crawinkel und Luisental
- Sandsteinhöhle am Kienberg

Ich gebe Ihnen nicht an, was wo war, aus Sicherheistgründen. [...]

a)· Eine Anlage befaßte sich mit Sonderflugobjekten, wo von

Technikern unter Leitung von Schriever und (der zweite Name ist mir entfallen) an einem Flugzeug, welches einem Kreis oder einer Scheibe gleich war, und an Farben für Flugobjekte [gearbeitet wurde]. Nähere Angaben kann ich dazu nicht machen – nur, es fanden zahlreiche Versuche statt – da ich hierzu auch keinen Zugang hatte.

b) War die Raketenproduktion. Hier wurden keine V1 und V2 gebaut, sondern es ging um die A- und X-Serien sowie um die V3 und es war der Versuchsraum für A9/10.

Dazu wurden zahlreiche Maschinen und Güter aus Nordhausen nach Ohrdruf gebracht, wobei die Güter nicht in Ohrdruf umgeladen werden mußten. Das Objekt lag nahe eines Gleises.

c) Versuchsanlage für technische A-Experimente (später in Verbindung mit dem Versuchslabor Stadtilm) unter Leitung von Seuffert – danach unter Dr. Diebner. Dieses Objekt hatte die höchste Stufe der Bewachung und der Geheimhaltung. Hier gab es auch die größten Verluste an Häftlingen – auch bei Versuchen. Für die A-Experimente waren alle Mittel vorhanden und genehmigt. Von den verschiedenen Forschungsgruppen wurden von Berlin aus hier Versuche durchgeführt.

d) Anlage Schwerwasserwerk. Dazu wurde die Generatorenanlage im ›Amt 10‹ mitgenutzt und gebraucht. Man arbeitete erst mit einer kleinen Anlage, um Schweres Wasser zu erzeugen, bis im Herbst 1943 mit großen Unterbrechungen eine Anlage zur Gewinnung von Schwerem Wasser aus Norwegen hierher gebracht wurde. Einige Waggons standen fast zwei Monate auf dem Bahnhof Arnstadt, da die Technik zum Transport ins Tal nicht vorhanden war. Im Frühjahr 1944 war dann diese neue Anlage funktionstüchtig, aber es gab Probleme mit dem Personal und zum Teil mit der Gebrauchsfähigkeit des Schweren Wassers.

e) Objekt ›Burg‹. Das Objekt ›Burg‹ muß man in vier Anlagen unterteilen, wobei das FHQ noch das einfachste bei der Anlage war. Das OKH war gleichzeitig als Überlebensanlage errichtet mit einer komplexen Ausstattung, bis hin zum eigenen Friedhof (Gräber in den Felsen, mit vorbereiteten Gedenktafeln). Auch hier war es die höchste Geheimhaltung. Die Anlagen waren besser als Obersalzberg in ihren Ausstattungen und in der Anlegung. Der Baustab war dazu stets im ehemaligen Gasthaus Klipper untergebracht.

f) Anlage ›Olga‹. Diese war in der ersten Bauetappe und war zum Teil nur ein Scheinobjekt, um einen Nachweis für den Ein-

satz der Häftlinge zu haben. ›Olga‹ wurde auch unter der Bezeichnung S III und B III geführt (Sonderlager III und Betriebsplanung B III). Erst mit Beginn Februar 1945 erlangte das Objekt ›Olga‹ die Wirtschaftlichkeit für eine Nutzung.

g) Anlage ›Amt 10‹. Über das ›Amt 10‹ ist ja genügend bekannt, dazu werde ich noch ein Sonderblatt anfertigen.

[Es folgen einige der Sonderblätter]

Eulenberg

Die immer gemachten Angaben Eulenberg sind falsch.

Der Eulenberg ist bei der Landstraße Arnstadt – Bittstädt über der 180-Grad-Kurve rechts.

Im Jahr 1938 begannen die Bauarbeiten am Sonnenhang, links der Landstraße nach Holzhausen. Rechts der Straße waren die Baubaracken. Die Arbeiten waren streng geheim – hier sollte ein Nachrichtenamt für besondere Gegebenheiten errichtet werden, welches neben Berlin und Obersalzberg die Nr. 3 war. Die Arbeiten wurden von einer Bergbaufirma des Schachtes Brüx ausgeführt. Verantwortlich waren von Berlin ein Streve und ein Seuffert. Im Juli 1939 gab es einen Wassereinbruch, welcher einen Baustopp veranlaßte. Die Baugrube hatte eine Länge von 72,5 m und eine Breite von 26 m. Das eingebrachte Fundament war 70 x 25 m mit einer Mauerstärke von 1,40 bis 2,40 m. Obwohl mehrere Pumpen eingesetzt wurden, konnte das Wasser nur gesenkt werden. Nach Besichtigungen im September und Oktober 1939 wurden die Arbeiten im Dezember 1939 eingestellt. Warum danach Starkstromkabel und Rohrleitungen verlegt wurden, kann ich heute nicht mehr sagen.

Das Objekt erlangte 1944 wieder Wirtschaftlichkeit als KK Kühlwasserspeicher. Dazu wurde eine weitere Leitung in Richtung Übungsplatz verlegt mit unterwegs Pumpengruppen.

Auf dem Eulenberg war eine Beobachtung der Luftwaffe sowie ein Melde- und Funkzentrum, welches Verbindung zu einem nahen Stolleneingang (Höhleneingang) zum ges. Objekt hatte.

Die Nachrichtenzentrale ›Amt 10‹ nahm per 4. September 1938 den Probebetrieb auf, mit Besichtigung am 27. Oktober 1938. Jedoch richtig fertig war das ›Amt 10‹ erst am 2. Juni 1942. Dazu muß aber gesagt werden, daß die Post zwar die Technik abgab, aber auf die Einrichtung und Entwicklung keinen Einfluß hatte.

Es waren zwei Anlagen in Ohrdruf. Die zwei Eingänge zu den Untertageanlagen waren in Wochenendhäusern. Die ges. Bewachung hatte die SS. Das Objekt war zwei Etagen tief. Um netz-

unabhängig zu sein, waren 1 x 478 PS und 2 x 215 PS Dieselmotoren von der Motoren AG Mannheim tätig. Die Tanks waren 2 x 20.000 und 2 x 10.000 Liter groß. Gleichzeitig hatte das Objekt die erste vollautomatische Heizungsanlage in Deutschland. Die Wasserversorgung erfolgte aus einem 178 m tiefen Brunnen mittels Pumpen und Filterstrecke, mit einem Speicher von 600 Liter Trinkwasser und 2.400 Liter Brauchwasser.

Neben Lorenzsender, Wechselstromtelegrafie, Breitbandverstärker (solcher auch in Hohenkirchen), war es das modernste Übermittlungsamt nicht nur in Deutschland, sondern in ganz Europa.

Im Amt waren neben den technischen Einrichtungen, Arbeits- und Diensträume, verschiedene Küchen, Speisesäle, Schlafräume, Erholungsräume, Lesezimmer, ein Kinosaal, Duschräume, Arztzimmer und Pflegezimmer. Dazu waren Vorratsräume an Ausrüstung, Kleidung und Nahrung. Der Vorrat war auf ein Halbjahr festgelegt.

Die Bauleitung für die Technik hatte Postbaurat Kasper [gemeint ist Kaspar, Postbaurat der Reichspostdirektion in Erfurt, Anm. d. Autoren], *für die anderen Einrichtungen Ober-Ing. Mühlheim.*

Ende 1944 waren ca. 160 Nachrichtenhelferinnen aus dem Raum Köln tätig, ab ca. Feb./März 1945 nochmals ca. 120 aus Augsburg, Wanne und Wuppertal.

Gleichzeitig wurde ein Lang-, Mittel- und Kurzwellensender eingebaut. Die Antennen wurden in das Stollensystem eingebracht. Damit verbunden war auch der Einbau von Feuer- und Schleusentüren im Objekt. Die Reichspostdirektion mußte ihre Techniker abziehen, diese wurden durch SS-Techniker aus dem Raum Köln ersetzt. Gleichzeitig wurde das Fernkabel 224 zwischen Luisental und Arnstadt, welches bereits 1938 verlegt [worden] war, und das Fernkabel 224A von Ohrdruf zum Thüringentunnel freigeschaltet und aktiviert.

Die direkte Bezeichnung NKZ A10 wurde nur sehr selten gebraucht – Nachrichten-Kommando-Zentrale Amt 10.

Die Ämter, ›Amt 8‹ Arnstadt, in Gotha und Erfurt, die Breitverstärker in Mittelhausen und Hohenkirchen gehörten der Post und dem Heer und hatten nichts mit dem ›Amt 10‹ zu tun.

A-Bereich

Der britische Geheimdienst war durch eine Frau Röbling aus Arnstadt, welche ihre Wohnung in der Nähe des Oberbügermeisters von Arnstadt, Huhn, hatte, informiert über das Objekt

›Burg‹ und über eine sogenannte A-Anlage. Nur die Aussage ›Burg‹ war bei den Briten, welche sie an die Amerikaner weitergaben, falsch [angekommen]. Da man in Arnstadt und Umgebung stets die Veste Wachsenburg als Burg bezeichnete, so suchten die Amerikaner auch dann 1945 Hitler auf der Wachsenburg als Burg und nicht im Objekt ›Burg‹.

Eigentlich war die A-Waffe als solche bereits am 2. Juli 1944 fertig. Jedoch waren sich die beiden Wissenschaftsgruppen von Berlin aus uneinig, wer den Forschungssieg trägt und was der Führer dazu sagt. Aus diesem Grund wurde auch in Stadtilm das Forschungs- und Meßlabor eingerichtet, welches Diebner führte. Seine eigentliche Versuchsfabrik war jedoch im Objekt ›Burg‹ – dabei ließ er dort viele andere arbeiten, nur bei spez. Versuchen war er da. Vor manchen Versuchen war die Sicherheit für uns Deutsche und manchmal auch für einige japanische Gäste sehr hoch. Die Anlage wurde danach bis zu zwei Wochen von den Häftlingen gewaschen. War die Strahlungsgrenze im Labor mit 50 Röntgen begrenzt, so war sie im Objekt (Bereich A-Anlage) 60. In der Anlage war die Strahlung so hoch, daß diese nicht mehr von den Häftlingen gemessen werden konnte. Viele Häftlinge starben an Dünnblut und Glasknochenschwäche (sie wurden von besonderen Ärzten behandelt; ob es Ärzte waren, ich möchte heute nein sagen).

Auch zwei Wissenschaftler, Breklein und Schulz, falls die Namen in meinem Gedächtnis richtig sind, waren verstrahlt. Sie waren bei einem Versuch nicht rechtzeitig aus der Anlage gekommen. Dabei wurden zwei Behälter mit dem Sprengstoff gefüllt. Der kleine Behälter wurde am 4. März 1945, als sog. kleine A-Waffe mit 100 g an einem 6 m hohen Gerüst gezündet. Es war ein Sekundenblitz mit einer einmaligen Wolke. Die Häftlinge im Umkreis von 500–600 m waren alle gestorben, ebenso vier von unseren Leuten. Im Umkreis gab es zahlreiche Häftlinge mit Verbrennungen. Dabei mußte man bedenken, daß die zweite Waffe ca. 8.000 g hatte.

Aussage

Das Objekt ›Burg‹ bestand aus […] vier Anlagen. Der Generalstab [wahrscheinlich ist hiermit der alle Stäbe koordinierende Stab gemeint, Anm. d. Autoren] *war dazu im Gasthof Klipper auf dem Übungsplatz untergebracht, der Baustab in Luisenthal. Im Objekt war das FHQ, das OKH, die sog. Fabrik und das A-Zentrum.*

Das FHQ war von außen her weder sichtbar noch militärisch

einnehmbar, ebenso die anderen Anlagen. Alle waren ab März 1945 komplett fertig, mit der Räumlichkeit und den Versorgungseinrichtungen.

Die Räume des FHQ waren dabei nur für den dienstlichen Zweck eingerichtet. So gab es z. B. keine Holztüren, sondern normale Luftschutztüren, einige Fenster mit Bildern, die nach Tageszeit beleuchtet wurden. [Der] Konferenzraum war 12 x 8 m groß, [darin befanden sich] ein großer Tisch und Stühle, ein kleiner Tisch mit vier Telefonen (Hitlers Nr. 1200500), an der Wand eine große Reichskarte.

Vom 22. März bis 2. April wurde das FHQ im Objekt ›Burg‹ benutzt. Zur gleichen Zeit war Hitler und der gesamte Stab im Objekt. Dazu landeten 4 Flugzeuge auf dem Eichsfeld bei Bittsädt. Vom 27.–28. März 1945 fand im Objekt ›Burg‹ eine Konferenz statt, wo alle Führungskräfte, die Luftwaffe, die A-Wissenschaftler und einige örtliche Funktionäre teilnahmen.

Dabei ging es um den Einsatz der A-Waffe und wie sie nach Amerika kommen sollte. Speer war dabei der größte Gegner von Hitlers Einsatzplan.

Hitler flog am 2. April 1945 um 10.00 Uhr nach Berlin zurück.

Nachbemerkung

Leider habe ich erkannt, wie schwer es nach 55 Jahren ist – meine Gesundheit ist ebenfalls sehr schlecht. Daher nur noch: Wir wurden von General Bradley und seiner Truppe persönlich in den Westen gebracht, dann auch in die USA.

Die Amerikaner gelangten nicht in alle Anlagen, es wurde auch noch gearbeitet, als die Amerikaner schon im Gebiet waren. Auch hatten die Amerikaner große Angst, in einige Räume zu gehen. Einige Eingänge haben sie und andere nie erreicht.

A. B. Freier

Argentinien, Februar 1999«

Wir möchten an dieser Stelle, auch wenn der Inhalt des Briefes ungeheuerlich erscheint, noch keinen Kommentar abgeben, sondern unmittelbar den zweiten Brief folgen lassen. Dieser wurde nur noch im Auftrag übermittelt, da Adolf Bernd Freier selbst am 16. Juli 1999 verstorben war. Vorher hatte er noch einige Informationen zu Papier bringen lassen, die für manchen sicherlich von Wichtigkeit sein dürften:

»[…] zu einigen Personen

Frau Röbling. Diese Frau war verheiratet mit dem Hornfabrikanten Röbling. Ehe mit zwei Kindern. Frau Röbling war gleich nach Kriegsende verschwunden. Ihr Wohnhaus und die

Fabrik war als Nachgebäude der Villa von Oberbürgermeister Huhn in Arnstadt in der Blumentalstraße 9a.

Bei Flugangriffen auf Arnstadt ging Frau Röbling mit einer großen Tasche immer zu den Wein- und Kalkbergen. Sie informierte die Flugzeuge über das Gebiet Truppenübungsplatz, Jonastal und Arnstadt; so erfolgte nie ein Bombenangriff in diesem Gebiet. Auch brachte sie öfters mehrere Stunden mit dem Fernglas auf dem Turm der Wachsenburg mit Tierbeobachtungen [vor allem wohl der Beobachtung zweibeiniger »Tiere«, Anm. d. Autoren] *zu.*

Uns war Frau Röbling bekannt, sie war als Agentin des Britischen Geheimdienstes tätig. Sie wurde von der geheimen Polizei und der SS überwacht; dies war kein Problem in Verbindung mit der Villa des Oberbürgermeisters. Gleichzeitig hatten wir die Garantie, daß uns keine Flugangriffe bei der Forschung behindern werden.

Pfarrer aus Holzhausen. Dieser Mann war für uns gefährlich, da er immer Waldwanderungen durchführte und somit manchmal zu nahe an unsere Stellen kam. So mußte er öfters volltrunken gemacht werden, zur Überwachung war dazu der SS-Mann Schulz aus Holzhausen angesetzt, welcher jedoch oftmals zuviel mittrank und seinen Rausch an Häftlingen ausließ.

Fritz Schörnig. Dieser Mann aus Arnstadt war einer der gefährlichsten Menschen. Seine Bildung war unter dem Strich, er konnte nur fromm kommunistisch reden, sonst nichts. Er unterstützte die Russen, besorgte über die Antifa *ehemalige Häftlinge, welche nach ihren Aussagen bei den Russen nie von Schörnig zurückgebracht wurden, sondern dann nach Monaten als ›SS-Opfer‹ gefunden wurden. Schörnig konnte so einige Außenlager, welche mit Kriegsgütern (Kunstwerken) belegt waren, den Russen übergeben. Schörnig gelangte auch in einige fertiggestellte Räume, welche ehemalige HJ-Leute für ihn ausräumen mußten. Im Zugang zum fünften Raum – es war nur ein Raum für die Unterbringung von Führungskräften, nicht das FHQ oder die Forschungsanlage – ging ein Sprengsatz hoch. Acht HJ-Leute, sieben Russen und drei andere Deutsche waren sofort tot. Schörnig hatte nur zwei Platzwunden. Die Russen sprengten sofort die Eingänge zu.*

Schörnig wurde zum Oberst befördert, war in der Regierung mit Geheimauftrag der Armee und der Staatssicherheit und wurde von diesen bei der Botschaft in der CSSR eingesetzt. Hier war er im Bereich der ehemaligen Skoda- und Tesla-Werke tä-

tig. Schörnig hatte alle Freiheiten und sollte Unterlagen zur W- und A-Forschung erbringen, doch sein geistiger Zustand war zu einfach – er war neunmal am Geheimnis dran.

Eulenberg

Das Melde- und Funkzentrum Eulenberg war vor allem zum Schutz des Objektes ›Eule‹. Zum Komplex der Baubaracken rechts der Straße von Arnstadt nach Holzhausen [folgendes]: Die Techniker des Objektes durften nicht nach Arnstadt – welches mit den Siemenshäusern doch eine Verbindung hatte –, jedoch waren diese auf der Wachsenburg oft zum Trinken.

Zu dem angeblichen Barackenlager ist zu sagen:

1. Es waren 5 Hallen in drei Komplexen.

2. Die Hallen zwei und drei, und vier und fünf hatten miteinander Verbindung und hatten Zugänge zum Bunkerkomplex im Sonnenhang.

3. Die Halle 1 gehörte nicht zum Objekt – hier waren Mitarbeiter der Bergbaufirma Brüx untergebracht, welche an der Anlage links der Straße arbeiteten.

4. Die Techniker gehörten der Siemensgruppe an.

5. Die Wissenschaftler gehörten zu Dr. Diebner.

6. In der Halle waren Anlagen der Hochenergietechnik.

7. In der Halle 5 war eine Anlage zur Produktion von Flüssigsauerstoff.

8. Die Hallen 2–5 gehörten zur höchsten Geheimhaltung.

Burg – FHQ – ›Olga‹

Für das FHQ war voll und ganz Kammler verantwortlich, es war leider auch unter der Bezeichnung ›Burg‹ eingetragen. Das eigentliche Objekt ›Burg‹ war die unterirdische Anlage, welche der Forschung diente und Seuffert unterstand. Die Verbindung Truppenübungsplatz zum FHQ und zu dem Objekt ›Burg‹ ging über Oberst Streve.

Die Aufzeichnungen von Frank mit den Stollen 1–25 sind falsch. Die Aufzeichnungen eines Fred Wander sind ebenfalls falsch. Zu Frank: [Es folgt eine Wiederholung der bereits im ersten Brief gemachten Angaben, Anm. d. Autoren]. *Zu Wander: Seine Angaben muß man in die Schriftstellerei eingliedern, wobei er einen Platz bei den Brüdern Grimm hätte. Wander war im Bereich ›Olga‹ tätig, jedoch nicht in einer Schlucht bei Arnstadt usw. Wobei Wander das Objekt ›Olga‹ nur aus Erzählungen kennt. Er war im Lager Espenfeld und im Straßenlager Siegelbach bzw. im Freilager am Eingang des Tieftales. Die Lager waren höchstens mit 50–80 Häftlingen und jeweils mit einer Wachmann-*

schaft von 10–24 Personen belegt. Sie arbeiteten an sogenannten Einlagerungsstollen, welche es u. a. in Gehren, Ilmenau, Luisental, Liebenstein, Plaue Gottesholz, Rippersroda, Gotha usw. gab. Diese Stollen […] wurden zur Aufnahme von Wirtschaftsgütern bzw. zur Unterbringung von Kunstgütern errichtet. Sie unterlagen nicht der großen Geheimhaltung. Dazu wurde auch der Bahnhof Plaue ausgebaut. Einige Güter wurden über den Bahnhof angeliefert und in Stollen untergebracht. Dieses hatte nichts mit der Forschung zu tun. Wander hat nie ein Forschungsobjekt gesehen noch war er in der Nähe eines gewesen. Wander war wegen seiner guten Verbindung zu den Wachmannschaften bei uns bekannt.

Es gibt über die Objekte ›Burg‹, ›Olga‹ und ›Jasmin‹ keine Unterlagen vom Führer, den Befehlshabern, der SS, den Wachmannschaften, den Objektverantwortlichen noch Angaben über die Häftlinge. Alle Befehle waren mündlich[er Natur] bzw. [es] mußten die schriftlichen Befehle zwei Stunden nach dem Erhalt vernichtet werden. Die Forschungsunterlagen wurden stets an anderen Orten niedergelegt und da zum Teil verschlüsselt, so können heute gefundene Unterlagen auch nicht gleich gelesen werden. Ich kann sagen: das FHQ war fertig, das Forschungszentrum hat gearbeitet und auch heute sind einige Anlagen noch gebrauchsfähig.

Burg und Versuchsbereich

Wie bereits geschrieben, war die W- oder auch A-Waffe bereits am 2. Juli 1944 fertig. Nicht fertig war der dazu benötigte Träger der Waffe. So wurden Versuche gemacht, den Behälter [die ›Bombe‹, Anm. d. Autoren] *von Flugzeugen abzuschießen, welche aber fehl gingen. Eine andere Idee war, den Behälter aus großer Höhe mit einem Fallschirm abzusetzen. Dazu wurden über dem Flugplatz Gotha diese Dinge durchgeführt – und mit Erfolg.*

Die erste Zündung erfolgte am 4. März 1945 oberhalb des Ortes Röhrensee. Dabei wurden ca. 200 bis 240 Häftlinge getötet. Weitere ca. 180 Häftlinge hatten größere Brandstellen auf der Haut. Die Zündung wurde als Erfolg bezeichnet.

Ein Behälter mit dem Sprengstoff wurde dann auf dem Übungsplatz bei Neuruppin-Glewe [diesen Ort gibt es nicht, es kann aus logischen Gründen nur Neustadt-Glewe gemeint sein, Anm. d. Autoren] *mittels Fallschirmabwurf am 10. März 1945 durchgeführt. Dabei waren in Flugzeugen beide Forschungsgruppen: die Dr. Diebners und die spez. Forschungsgruppe von Seuf-*

fert. Dabei gab es nur drei Geschädigte, da das Gebiet gut abgesichert war.

Eine weitere Zündung erfolgte in der Nähe von Auschwitz, wo es hier zahlreiche Tote gab und der Konzern IG Farben begeistert war von dem Erfolg.

Im Bereich des Objektes ›Burg‹ gab es noch 5 Behälter – und zwei Behälter sollten per Schiff nach Japan gebracht werden.

Speer war so niedergeschlagen, daß er zu den Wissenschaftlern Diebner und Seuffert sagte, der Führer darf nicht wissen, wie groß die Gefahr der Bombe ist, er würde sie zum Sieg gegen die eigenen Leute einsetzen; und gab an den Führer einige Aussagen von Heisenberg weiter, welcher erst in zwei Jahren mit der Entwickklung so weit war, und ebenfalls an Heisenberg die Zusage zum Bau seiner Zyklotrone, welche wir ja bereits im Bereich des Objektes Burg hatten. Mit der SS vereinbarte Speer eine noch höhere Geheimhaltung des Objektes ›Burg‹, wobei das Objekt ›Olga‹ nicht darunter fiel.

Man muß bei der A-Forschung und der Strahlenforschung immer drei Gruppen sehen:

1. Die Forschungsgruppe um Heisenberg in Haigerloch
2. Die Gruppe um Diebner in Stadtilm und Objekt ›Burg‹
3. Die Gruppe Seuffert als SS-Gruppe im Objekt ›Burg‹.

Gruppe 2 und 3 arbeiteten mit Geldmitteln der SS und auch mit japanischen Forschern, sowie mit großen Konzernen.«

Hier brechen die Aufzeichnungen ab.

Einige werden jetzt ungläubig den Kopf schütteln, andere an Desinformation glauben und wieder andere nun endlich die volle Tragweite des »Rätsels Jonastal« begreifen! Darum also diese Geheimniskrämerei, darum das Schweigen vieler älterer Leute im Umfeld, die etwas wußten! Darum das allgemeine Desinteresse der zuständigen Behörden? Doch: Kann das, was Herr Freier da geschrieben hat, überhaupt wahr sein? Oder versuchen hier bestimmte Kräfte, die Diskussion in eine bestimmte Richtung zu lenken oder Verwirrung zu stiften? Lassen Sie uns dazu später Schritt für Schritt einige Aussagen Freiers wenigstens ansatzweise überprüfen.

Doch vorher noch ein Exkurs zu grundsätzlichen Fragen: Man glaube nicht, daß diese Informationen nur unter einigen wenigen Privatleuten zirkulierten. Alle, die davon wußten, waren sich darüber im klaren, daß – egal ob die Informationen des Briefeschreibers sich letztlich als wahr oder unwahr herausstellen sollten – Handlungsbedarf bestand. Sollten nämlich tatsächlich unbekannte Anlagen im Boden liegen, die mit Hochtechnologie und Atomforschung zu tun haben, bestünde ein gewisses Gefährdungspotential. Daher wurden mehrere Rechtsanwälte konsultiert und in der Folge Kopien des Materials unter Zeugen an Behörden übergeben. Selbst in Anbetracht der Tatsache, daß die zuständigen Landesstellen gerade in Thüringen immer wieder mit Behauptungen in bezug auf unterirdische Anlagen konfrontiert werden und dieses Thema daher kaum mehr ernst nehmen mögen, ist es für andere und uns unverständlich, warum der von uns vorgelegten Angelegenheit bisher nicht nachgegangen wurde. Es gab mehrere Gespräche hierzu, die jedoch nur erkennen ließen, daß man die Sache entweder für unglaubwürdig oder aber nicht überprüfbar hielt. Gewiß, eine geophysikalische Erkundung des gesamten Terrains würde ziemliche Summen verschlingen. Zudem weiß niemand, in welcher Tiefe die Anlagen angesiedelt sind. Sicherlich sind vorhandene natürliche Hohlräume, die in größerer Tiefe liegen könnten (man schätzt bis etwa 50 m), ebenso genutzt worden wie künstlich errichtete Strukturen, die nur 10 oder 15 m Erdüberdeckung aufweisen.

Daß, zumindest in offensichtlicher Form, so rein gar nichts passiert, ist schon äußerst merkwürdig. Offiziellerseits wird versucht, die Angelegenheit zu verniedlichen, wie einige Presseberichte dokumentieren, die im August 2000 in der Ilmkreis-Ausgabe der Tageszeitung *Freies Wort* erschienen sind. Am 16. August wurde unter den Schlagzeilen »Bernsteinzimmer und Goldschatz folgt die Atombombentheorie«, »Welche Gefahr sehen Behörden?« und »Taghell in der Nacht – was sah Clara Werner?« Bezug auf die von uns erörterte Thematik genommen. Unter der letztgenannten Überschrift berichtete die ehemalige Burgwartin der Wachsenburg, daß sie auf dem Truppenübungsplatz Ohrdruf mehrfach höchst seltsame Explosionen in der Nacht beobachten konnte. Während der Detonation sei der ganze Bereich erhellt gewesen. Das Zentrum habe sie als innen gelb, außen als rot ausmachen können. Später wurde ihr von einem deutschen General sogar bestätigt, daß es sich um Stadtilmer Atomtests gehandelt habe …

In dem Zeitungsbericht wurde auch darauf hingewiesen, daß die IMIS-Detailkarte der Gamma-Ortsdosisleistung in diesem Gebiet Thüringens mit die höchste Gammaleistung Deutschlands überhaupt aufweise, und zwar *in einem Bereich westlich des Jonastals bis hinauf nach Gotha und hinunter nach Ilmenau.* Alle Werte lägen jedoch im zulässigen Bereich.

Nukleares Geheimnis im Jonastalstollen?

Bernsteinzimmer und Goldschatz folgt die Atombomben-Theorie

Erde aus dem Jonastal soll für ein Kunstwerk im Bundestag nach Berlin / Was steckt wirklich in ihr?

A-Bombe existierte nicht

Was Amerikaner übersahen, konnten Sowjets 40 Jahre bergen

Die IMIS-Detailkarte der Gamma-Ortsdosisleistung weist für das Grüne Herz mit die höchste Gammaleistung Deutschlands aus, allerdings alles im zulässigen Bereich, und nach dieser Karte erstreckt sich das betroffene Gebiet erst westlich des Jonastals bis etwa hinauf nach Gotha und hinunter nach Ilmenau. Gefahr im Verzuge bedeute das keinesfalls, erklärt ein Fachmann, der nicht genannt sein will. Messungen gab es demnach auch in Gräfenroda schon, weil Bürger hier so genanntes schweres Wasser aus Stadtilms Labor vermuteten, doch das bestätigte sich nicht. Dennoch: Die Oberflächen-Untersuchungen heute schließen unterirdische Atombombenversuche 1945 hier nicht aus, denn, so der Fachmann: In Hiroshima werden an der Abwurfstelle heute auch keine erhöhten

Unter diesen und ähnlichen Schlagzeilen wird immer wieder in den Printmedien über das Jonastal und seine ungelösten Rätsel berichtet (aus Freies Wort, *Ausgabe für den Ilmkreis, 16. und 17. August 2000 sowie* Wochenspiegel *vom 23. August 2000).*

Auch wenn dieser Sachverhalt, auf den wir noch zurückkommen werden, etwas merkwürdig und sicherlich nicht zufallsbedingt ist, sind auch wir der Überzeugung, daß man nach mehr als 55 Jahren kaum mehr über den Grenzwerten liegende Meßergebnisse in diesem Areal Thüringens wird nachweisen können, selbst dann nicht, wenn tatsächlich eine nukleare Waffe explodiert ist, was ja von Frau Werner ebenso behauptet wird wie von Adolf Bernd Freier. Wir hatten bereits darauf hingewiesen, daß auch die japanischen Städte Nagasaki und Hiroshima wieder aufgebaut und besiedelt wurden, weil die Strahlungswerte relativ rasch unter die zulässigen Grenzwerte abgefallen sind. Der in der Öffentlichkeit herrschende Irrglaube, jede Atomwaffe würde bei ihrer Explosion lange Zeit das betreffende Gebiet unbewohnbar machen, entspricht einfach nicht den Tatsachen. Eine Ausnahme stellt lediglich die Kobalt-Bombe dar, die als besonders schmutzige und endgültige, aber auch allgemein geächtete Waffe gilt.

In dem mit »Welche Gefahren sehen Behörden?« überschriebenen Artikel wurde schließlich der Frage nachgegangen, ob die Freilegung strahlender Kernwaffentechnik durch Schatzsucher drohe. Der recherchierende Journalist aus Arnstadt befragte dazu Vertreter von Kriminalpolizei, Verfassungsschutz, Ordnungsamt, Landesamt für Soziales (Strahlenschutz) und Bundeswehr. Ein zu Wort kommender Stabsfeldwebel meinte nur, man habe den Platz Zentimeter für Zentimeter abgegrast, ohne unterirdische Systeme oder andere Auffälligkeiten zu finden. Viele Behauptungen, so meinte er, gehörten ins Märchenbuch …

Der Frage, ob mit Hilfe der heute so vielbeschworenen Satellitenaufklärung Strukturen im Untergrund nachweisbar seien, wurde ebenfalls nachgegangen. Ergebnis: negativ. Die Möglichkeiten der zivilen Technologie seien begrenzt und kämen ohne vorher stattfindende Probebohrungen auch nicht aus. Gewiß, man könne mit den Verfahren der Falschfarbenfotografie Ruinen oder Rohrsysteme eruieren, doch sei die Identifizierung von Systemen, die möglicherweise eine über zehn Meter mächtige Erdüberdeckung aufweisen, äußerst kompliziert und teuer.

Wie auch immer: Die Berichte vom 16. August 2000 ließen, gewollt oder nicht, den Eindruck entstehen, daß noch so manches ungeklärt sei und heute nicht beantwortet werden könne.

Natürlich konnte dieser Eindruck nicht unwidersprochen bleiben. Am 17. August erschien im selben Medium dann ein Artikel unter der Überschrift »Experte zum Jonastal: Die

A-Bombe existierte nicht. Was Amerikaner übersahen, konnten Sowjets 40 Jahre bergen«, in dem ein namentlich nicht genannter (!!!), aber angeblich hochstehender Experte behauptete, daß es aus seiner Sicht keinerlei Verdachtsmomente für eine Kernwaffenproduktion in diesem Gebiet gebe. Man habe, so der inkognito bleibende Fachmann, nach dem Erscheinen von Harald Fäths Buch »1945 – Thüringens Manhattan Project« sehr wohl dessen Argumente geprüft und wäre – im Falle, sie träfen zu – aktiv geworden. Jedoch würden keine diesbezüglichen Anhaltspunkte existieren. Man müsse vielmehr annehmen, daß die Schatzsucher nun eine neue Masche anwenden würden, um staatliche Stellen zu einer immens teuren Untersuchung des Untergrundes im Raum Ohrdruf/Jonastal/Arnstadt zu bewegen.

Man erlaube uns den Einwurf: Sind nicht die Behörden von sich aus aufgefordert, den Bürger vor Schaden und Gefährdungen zu bewahren und die Angelegenheit in ihrem eigenen Interesse aufzuklären? Wozu werden teure Beamte von Steuergeldern bezahlt, wenn letztlich jeder Hinweis auf ein »strahlendes Erbe des Dritten Reiches« vehement abgewehrt wird, obwohl die Zahl der ins Bild passenden Indizien stets und ständig zunimmt? Freilich, man erklärt unisono, daß Untersuchungen nicht aufgrund »höchst spekulativer Behauptungen« durchgeführt werden können, zumal derartige Erkundungen heutzutage ungemein teuer sind. Und das Geld ist knapp, obwohl der Bürger jedes Jahr mehr Steuern, Gebühren und Abgaben entrichten muß. Wofür wird nicht alles Geld zum Fenster hinausgeworfen?! Für Belange jedoch, die eine existentielle Bedrohung darstellen *könnten*, ist kein Pfennig da. Warum nicht? Oder muß davon ausgegangen werden, daß man hierzulande sehr wohl weiß, daß es noch eine tickende Zeitbombe gibt? Hofft man darauf, daß sich die Angelegenheit von selbst erledigt?

Daß diese Denk-Mentalität bei den Verantwortlichen weit verbreitet ist, kann selbst der Dümmste unter der Sonne tagtäglich beobachten: Man erinnere sich nur an die BSE-Krise! Erst als das Kind in den Brunnen gefallen war, wurde man aktiv und betrieb den blanken Aktionismus. 400.000 deutsche Rinder mußten in einer ethisch-moralisch nicht zu vertretenden Massentötung den Preis dafür zahlen, daß man im Vorfeld nicht in der Lage war, ausreichende präventive Maßnahmen zu ergreifen. Für uns sind das nicht nur Anzeichen von Ignoranz, sondern vielmehr von völliger Unfähigkeit, die in diesem Land leider weit und bis in die allerhöchsten Ämter anzutreffen ist.

Ungeachtet dessen ist es unseres Erachtens Fakt, daß die Verantwortlichen mehr wissen, als sie zugeben. Warum sonst werden namenlose Experten zitiert? Richtig, damit man ihnen später nicht vorhalten kann, sie hätten die Öffentlichkeit fehlinformiert!

Der Experte ohne Identität meinte darüber hinaus, daß man die Behauptung Frau Werners, sie habe eine A-Waffen-Explosion beobachtet, nicht ernstnehmen könne. Die gute Frau wäre in diesem Falle völlig verstrahlt worden. Ja, wenn man davon ausgeht, daß das, was die Öffentlichkeit über den Aufbau und die Wirkungsweise von Atomwaffen weiß, wirklich der Weisheit letzter Schluß ist! Es ist fürwahr unmöglich, daß auf dem Trupenübungsplatz eine Bombe von der Vernichtungsstärke des Hiroshima-Typs zum Einsatz gelangt ist. Dann wäre nämlich eine weitaus größere Region betroffen gewesen. Das war aber eindeutig nicht der Fall. Was schrieb Freier? Eine 100 g schwere Ladung sei getestet worden, und es habe nur einen *Sekundenblitz mit einer einmaligen Wolke* gegeben. Dieser reichte aber schon aus, um in einem 600-m-Radius alle Menschen zu töten. Gewiß, alle Experten werden nun aufschreien und sagen, daß man solch kleine unterkritische Massen nicht zünden könne …

Was wurde hier ausprobiert? Eine »Bombe« nach den bekannten Prinzipien? Oder eine radiologische Waffe, sozusagen ein Zwitter zwischen einem Hochleistungssprengstoff und angereichertem Material? Oder eine Waffe nach einem anderen, immer wieder vermuteten dritten Prinzip? Oder, oder, oder …???

Wir sind der festen Überzeugung, daß hier noch einige Möglichkeiten offen sind. Gespräche mit Physikern haben uns aufgezeigt, daß es Optionen auf Waffen gibt, die sehr viel kleinerer Bauart hätten sein können. Freilich, wäre am 4. März 1945 auf dem Truppenübungsplatz die 8-kg-Waffe getestet worden, müßte man sich heute nicht mehr mit diesen Überlegungen auseinandersetzen. Dann hätte es einen »bleibenden Eindruck« dessen gegeben, was heute noch gesucht wird. Die damals Verantwortlichen wußten jedoch genau, was sie taten, und zündeten ein Waffensystem, das Zerstörungen anrichtete, die das Umfeld nur soweit wie nötig in Mitleidenschaft zogen. Auch darauf werden wir noch eingehen.

Denkbar wäre auch, daß es sich bei der getesteten Waffe um eine sogenannte »Molekularbombe« handelte, die ursprünglich vom österreichischen Ingenieur Dr. Karl Nowak Ende der dreißiger Jahre des 20. Jahrhunderts konzipiert wurde. Von ihrer

Sprengkraft her war sie mit einer Wasserstoffbombe vergleichbar, hatte aber den entscheidenden Vorteil, daß sie keinerlei kritische Masse hatte und demzufolge »portionierbar« war, d. h. mit ihr wären auch kleine Vernichtungsradien realisierbar gewesen. Zudem wird bei ihrer Explosion nur eine minimale, kaum meßbare Strahlung frei. Angeblich jedoch ist diese Waffe nie getestet worden ...

Wie auch immer, der namenlose Experte versuchte auch sonst, alle mit der »Atomhypothese« in Verbindung stehenden Argumente niederzubügeln. So hieß es, daß im Falle, die Amerikaner hätten wirklich etwas übersehen, die Russen anschließend genügend Zeit gehabt hätten, das Vergessene zu bergen. Und hätten sie Hitlers Atombombe gefunden, wäre das von ihnen propagandistisch ausgeschlachtet worden.

Das scheint logisch zu klingen. Doch glauben wir nicht, daß Amerikaner und Russen *alle* Bomben bei Ohrdruf oder Arnstadt fanden. Waren nicht Speer und Kammler, zumindest nach Freiers Behauptung, übereingekommen, die Bomben zu verlagern und zwei davon nach Japan zu bringen? Und gibt es nicht, Wunder über Wunder, den Hinweis, daß U-234 zwei Atombomben an Bord hatte?!

Selbst für den Fall, die Bomben wären den Alliierten in die Hände gefallen, halten wir es für extrem unwahrscheinlich, daß jene die unterirdischen Systeme erreichten, die als das »Allerheiligste« beschrieben werden. Gewiß, Amerikaner und Russen waren neugierig und ließen keine Chance ungenutzt, sie interessierende Dinge aufzuspüren und mitzunehmen. Aber ihre Angst vor Sprengfallen zügelte ihre Neugier, und nach dem Krieg standen nur eine Zeitlang SS-Leute oder sonstige Deutsche zur Verfügung, die man diffizile Arbeiten erledigen lassen konnte. Es gibt zwar Gerüchte, wonach ein ganzer Trupp von Sowjetsoldaten bei einer Erkundung unterirdischer Bereiche verschwunden sei, was heißen soll, daß es auf ein paar Leute mehr oder weniger bei den Russen nicht angekommen sei, doch auch die russichen Offiziere wußten, wann Schluß ist.

Soviel zu den erwähnten Presseberichten.

Nun zu der wenigstens ansatzweisen Analyse der Briefe von Freier. Vorausschickend müssen wir darauf hinweisen, daß es zahlreiche Informationen in diesen Briefen gibt, die mit den Aussagen innerhalb des S-III-Forschungsprojektes übereinstimmen. Zwischen den Aussagen und den Schreiben liegen aber über 30 Jahre zeitlicher Distanz. Die Aussagen Freiers erklären einige Ungereimtheiten in bezug auf das uns interessierende Terrain, werfen aber mit Sicherheit noch mehr Fragen auf. Man könnte nun einwenden, die Briefe seien reine Desinformation, um Verwirrung zu stiften, doch ist das auszuschließen, da der Schreiber zum einen ein sehr tiefgründiges Wissen beweist, andererseits aber zugibt, über einige Dinge – die außerhalb seines Verantwortungsbereiches lagen – nur wenig oder gar nichts zu wissen. Stutzig müßte man werden, wenn jemand auftauchen würde, der alles bis ins Detail erläutern könnte. Das ist aber eindeutig nicht der Fall.

Freier behauptet, und damit kommen wir zum ersten Gegenstand der Betrachtungen, die Stollen im Jonastal, wie sie von dem Arnstädter Architekten nach dem Krieg gezeichnet worden wären, seien falsch. Das wird schon lange vermutet und durch Zeugenaussagen außer- und innerhalb des Forschungsprojektes S III auch bestätigt. Deutsche und Amerikaner nahmen vorher Sprengungen und Tarnmaßnahmen vor, so daß danach Lücken in den zeichnerischen Darstellungen bleiben mußten.

Freier liefert auch Hinweise für die *exakte* Lage der Stollen: Das gesamte System erstreckt sich *von Arnstadt in Richtung Crawinkel* und nicht, wie bisher vermutet, umgekehrt. Stollen 1 liegt damit in Wirklichkeit dort, wo man bisher Stollen 25 eruiert haben wollte. Fäth hat also recht, wenn er die Stollen 26 bis 31 in Richtung Crawinkel befindlich angibt. In diesem Bereich, der nach Freier Teil des Objektes »Burg« ist, befindet sich auch der von den Amerikanern so fieberhaft gesuchte unterirdische Bahnhof (siehe umseitige Abbildung mit Erläuterungen).

Das Ganze scheint logisch, denn wäre die Anlage »Burg« nur von oben her erreichbar gewesen, würde das einen erheblichen Mangel darstellen. Demzufolge mußte das System einen zweiten im Tal befindlichen Zugang erhalten. Wer den unterirdischen Bahnhof findet, wird mit hoher Wahrscheinlichkeit auch den Bereich »Burg« identifizieren können – oder zumindest eine der hier vorhandenen vier Anlagen.

Relativ wenig kann gesagt werden zu den von Freier angegebenen Anlagen für Sonderflugobjekte, für die Raketenproduktion und für die Atomforschung. Es gibt hierzu bisher keine genauen Standortangaben, und die Bezugnahme auf den Truppenübungsplatz, der alles andere als klein ist, läßt viele Möglichkeiten offen. Wie wir weiter vorn ausgeführt haben, gibt es seit Jahren Gerüchte, wonach hier eine V3-Produktion in Un-

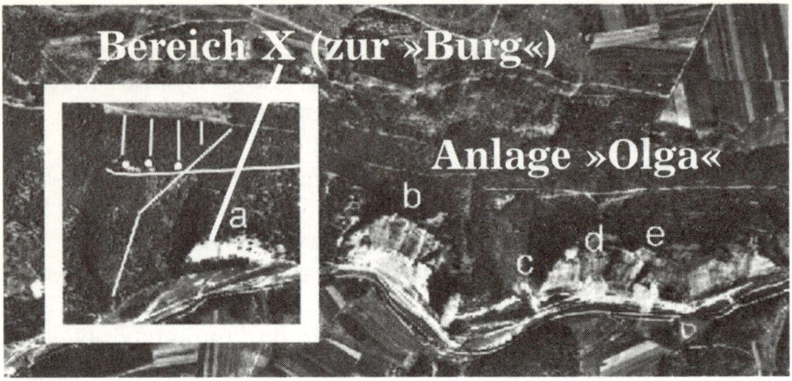

Das Anfang der fünfziger Jahre des 20. Jahrhunderts aufgenomme russische Luftbild* zeigt die Kalksteinfelsen im Bereich des Jonastals, in welche die Stollensysteme 1–25 (von rechts nach links gesehen und hier durch die Buchstaben e, d, c, b wiedergegeben) der Anlage »Olga« eingebracht wurden. Neben diesen bekannten Stollen existieren weitere sechs Stollen mit den Nummern 26–31 (Abschnitt a) einer Anlage, die bisher übersehen und erstmals von H. Fäth beschrieben wurde. Diese Stollen müssen fertiggestellt gewesen sein und wurden von Zeugen beschrieben. Adolf Bernd Freier bezeichnet diesen Teil als »Bereich X«, der auch einen unterirdischen Bahnhof als Anbindung zur Anlage »Burg« besitzt.

*(*Quelle: Harald Fäth: »1945 – Thüringens Manhattan Project«. Abdruck erfolgt mit freundlicher Genehmigung des Amun-Verlages, Schleusingen, Copyright by Amun-Verlag.)*

Aussage Freier:

»Die Zahlenfolge der Stollen im Tal beginnt aus Richtung Arnstadt mit 1 und endet in Richtung Crawinkel mit 24, dazu gehören mit die Stollen 25 bis 31, welche zum Zeitpunkt Frankes nicht mehr vorhanden waren. Da wir im Deutschen von links nach rechts gehen, begann Frank mit dem Stollen 1 von Crawinkel aus, wobei er die Klein- bzw. Nebenstollen gar nicht eingezeichnet hat.

Der Stollenbereich 25–31, richtig Bereich X, war über dem Bereich des Stollen 24, welcher aber erst mit dem Objekt ›Olga‹ eingebracht wurde. Die Stollen 25–31 hatten die Erstbezeichnung A – G. Diese Stollen waren schon lange vor dem Objekt ›Olga‹ errichtet und gehörten mit zum Objekt ›Burg‹. Um dieses auch vom Tal zugänglich zu machen, wurde der unterirdische Bahnhof angelegt, d. h. 3 Gleise gingen in den Berg, wobei es im Berg 4 Gleise waren: a) Transportgleis für Baumaterial, b) Transportgleis für Abraum, c) Transportgleis für Häftlinge, d) Gleis für Beschäftigte.«

tergrundinstallationen vorhanden gewesen sein soll. Man spricht in diesem Zusammenhang von einem Standort zwei Meilen nördlich von Gossel, was in den Bereich des sogenannten Großen Tambuchs, eines ausgedehnten Waldgebietes, weisen würde. Die von Freier genannten A- und X-Raketen waren in der Entwicklung und Erprobung befindliche Abwehrraketen größerer und kleinerer Bauart, die als Luft-Luft-, Boden-Luft- und Boden-Boden-Raketen zum Einsatz gelangen sollten. Die X-7 war beispielsweise eine drahtgeführte Panzerabwehrrakete.

Die Anlagen der Atomforschung könnten sich sowohl in größerer Tiefe unter dem Platz als auch im Umfeld von Crawinkel (Kienberg) oder Arnstadt (Gebiete beider Eulenberge) befinden. Möglicherweise gab es mehrere diesbezügliche Systeme. Merkwürdig bleibt aber die Angabe Freiers, man habe den ursprünglich als Standort für ein Nachrichtenamt vorgesehenen Platz am Eulenberg, der ja bereits mit einem Fundament versehen war, ab 1944 als Kühlwasserspeicher verwendet. Kühlwasser für was? Für Raketentriebwerkstests oder für die Kühlung von Anlagen zur Atomforschung?

Apropos Eulenberg. Die weiter vorn diskutierten Anlagen am Eulenberg umfaßten auch sogenannte Baubaracken. Während Ulrich Brunzel sie als unterirdische Hallen bezeichnete, deuteten wir sie als oberirdische Konstruktionen. Freier erklärt sie nun ebenfalls als oberirdische Bauten, die allerdings unterschiedliche Funktionen hatten. Die von ihm angegebenen Details zu den Verbindungen untereinander werden, wenn man die entsprechenden Luftbilder näher betrachtet, ebenfalls richtig angegeben (siehe umseitige Darstellung). Nach Freier hatte der gesamte Komplex eine Verbindung zu unterirdischen Systemen im Sonnenhang.

Freiers Hinweise klären auch die Frage auf, warum der Truppenübungsplatz während des Zweiten Weltkrieges nicht angegriffen wurde. Erstens wurde das Terrain durch im Umfeld befindliche Spione, deren Namen älteren Bürgern Arnstadts und seiner Umgebung durchaus geläufig sind, ausgeforscht; zum anderen befürchteten die Alliierten möglicherweise bei einem Bombardement unkontrollierbare Folgen. Zudem gab es eine Geheimwaffe besonderer Art, die die Motoren und Instrumente von Flugzeugen, die in einer bestimmten Höhe angriffen, beeinträchtigte, was zum Verlust der jeweiligen Maschinen führte.

Selbst der Umstand, weshalb die Amerikaner Hitler auf der Wachsenburg suchten, wird jetzt nachvollziehbar. Durch einen

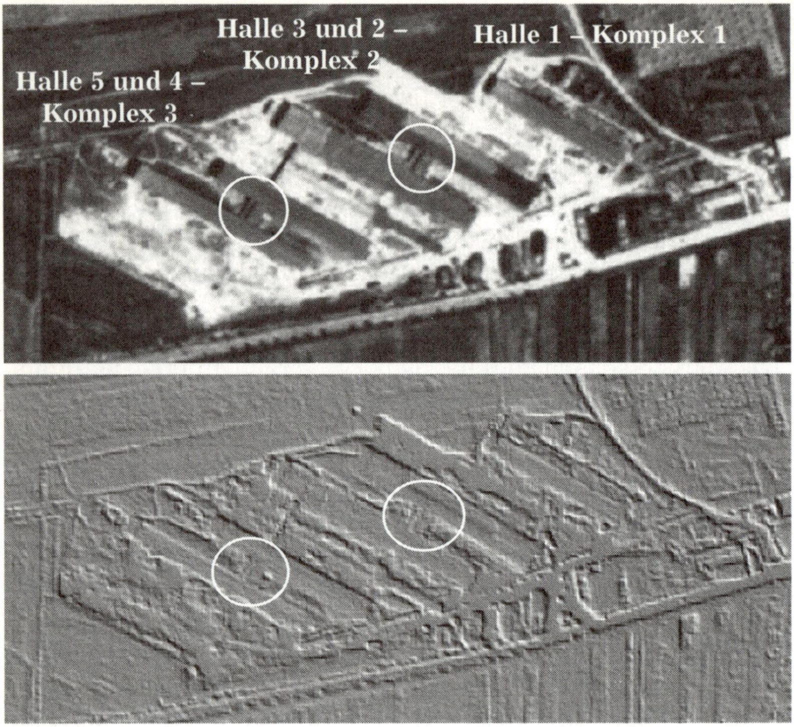

Das Areal westlich von Arnstadt mit den fünf Hallen in drei Komplexen. Sowohl auf der Originalaufnahme als auch in der durch Bildbearbeitung entstandenen Reliefgebung sind deutlich die zwischen den Hallen befindlichen Verbindungen zu sehen. (Bildarchiv LUFTBILDDATENBANK, Ing.-Büro H. G. Carls, Würzburg)

<u>Freiers Aussage:</u>
Zu dem angeblichen Barackenlager ist zu sagen:
1. Es waren 5 Hallen in drei Komplexen.
2. Die Hallen zwei und drei, und vier und fünf, hatten miteinander Verbindung und besaßen Zugänge zum Bunkerkomplex im Sonnenhang.
3. Die Halle 1 gehörte nicht zum Objekt – hier waren Mitarbeiter der Bergbaufirma Brüx untergebracht, die an der Anlage links der Straße arbeiteten.
4. Die Techniker gehörten der Siemensgruppe an.
5. Die Wissenschaftler gehörten zu Dr. Diebner.
6. In der Halle waren Anlagen der Hochenergietechnik.
7. In der Halle 5 war eine Anlage zur Produktion von Flüssigsauerstoff.
8. Die Hallen 2–5 gehörten zur höchsten Geheimhaltung.

Übermittlungsfehler des britischen Geheimdienstes, der wahrscheinlich nur die »Burg« als Aufenthaltsort Hitlers angegeben hatte, gingen die Amerikaner fehl und durchkämmten die Wachsenburg bis in die tiefsten Kellerabschnitte. Erst danach mußte ihnen aufgefallen sein, daß etwas anderes gemeint war, und nach entsprechenden Rückfragen bei ihren Verbündeten wurde ihnen klar, daß man andernorts suchen müsse.

Man muß also feststellen, daß die Angaben Freiers durchaus den Tatsachen entsprechen. Was aber ist mit der Atomforschung? Vielen werden sich die Nackenhaare aufrichten, wenn sie über die Brisanz der Informationen nachdenken. Eine 100%ige Bestätigung dessen, was Freier schrieb, ließe sich nur dann erzielen, wenn man entweder die Anlagen mit den Zyklotronen oder der Schwerwasserproduktion finden bzw. den vermeintlichen Test nachweisen könnte. Beides dürfte sehr schwierig sein, einerseits wegen der Tatsache, daß die unterirdischen Systeme sicherlich in größeren Tiefen liegen und auch entsprechend abgesichert sind, zum anderen deshalb, weil die radioaktive Strahlung in dem in Frage kommenden Gebiet auf dem Truppenübungsplatz Ohrdruf ebenso abgeklungen sein dürfte wie in dem von Freier genannten Testgebiet von Neustadt-Glewe.

Bevor wir aufzeigen werden, wo der Versuch bei Ohrdruf stattgefunden haben könnte, möchten wir noch auf die von Freier behauptete Testexplosion bei Auschwitz eingehen, deren Zweck zunächst völlig unverständlich erscheint. Wieso soll gerade dort ein solcher Versuch stattgefunden haben? Nun, wie sich beim Weiterlesen zeigen wird, gibt es eine Reihe sehr interessanter Indizien, die auf einen Zusammenhang zwischen den Aktivitäten des Großkonzerns IG Farben, der in Auschwitz tätig war, und denen der deutschen Atomforschung hinweisen. Sicherlich handelt es sich dabei nicht um Zufall.

Bei den Nürnberger Kriegsverbrecherprozessen wurde der ehemalige deutsche Rüstungsminister Albert Speer am 21. Juni 1946 einer Befragung zur Atomforschung und zu den Geheimwaffen unterzogen. Die von ihm gegebenen Antworten demonstrieren eine – unseres Erachtens gespielte – Ahnungslosigkeit in bezug auf diese Dinge. Richter Jackson, der die Fragen stellte, schien sich mit den gegebenen Antworten zufriedenzugeben, was uns persönlich verwundert, hatte Speer doch unmittelbar nach Kriegsende den Verhörbeamten des CIC viel detailliertere Informationen gegeben.

»Justice Jackson: Man hat mir einen gewissen Bericht über

ein Experiment, das in der Nähe von Auschwitz durchgeführt wurde, ausgehändigt, und ich möchte wissen, ob Sie davon gehört haben oder etwas davon wußten. Der Zweck dieses Experimentes war, ein schnelles und wirksames Mittel zu entdecken, mit dem man Menschen, ohne sich weiter – wie man es bisher getan hatte – mit Erschießen, Vergasen oder Verbrennen anstrengen zu müssen, auf dem schnellsten Weg vernichten konnte. Wie man mir mitgeteilt hat, wurde das Experiment in folgender Form durchgeführt:

In einem kleinen provisorischen Dorf, das für diesen Zweck vorübergehend aufgebaut wurde, brachte man 20.000 Juden unter. Mit Hilfe dieses neu erfundenen Zerstörungsstoffes wurden diese 20.000 Menschen fast augenblicklich vernichtet, und zwar derartig, daß auch nicht das Geringste von ihnen übrig blieb. Die Explosion erzeugte eine Temperatur von 400 bis 500 Grad Celsius [offensichtlich ein Fehler, aus logischen Gründen muß man 4.000 bis 5.000 Grad Celsius annehmen, Anm. d. Autoren] *und zerstörte die Leute derartig, daß sie überhaupt keine Spuren hinterließen.*

SPEER: *Nein, das halte ich auch für absolut unwahrscheinlich. Wenn wir in der Vorbereitung ein derartiges Kampfmittel gehabt hätten, das wäre mir nicht unbekannt geblieben. Wir haben aber ein derartiges Kampfmittel nicht gehabt, denn es ist klar, daß auf dem Gebiet des chemischen Krieges ja auf beiden Seiten versucht wurde, alle Kampfmittel zu erforschen, die überhaupt nur möglich waren, weil man ja nicht wußte, welcher Teil mit dem chemischen Krieg anfängt.«*[6]

Gut geblufft – würden wir sagen. Das Ganze hatte überhaupt nichts mit chemischen Kampfstoffen zu tun, sondern kann höchstens ein Atomtest gewesen sein, wenn von 20.000 Menschen nichts übriggeblieben sein soll. Sagte Freier nicht, die Anwesenden der IG Farben seien von der Wirkung der Waffe begeistert gewesen?!

Die Rolle der großen Industrieunternehmen in bezug auf das deutsche Atomprogramm ist bis heute nicht untersucht worden. Man muß bedenken, daß die theoretisch-experimentelle Grundlagenforschung das eine ist. In dem Moment jedoch, wenn ein erfolgversprechendes Anreicherungsverfahren zur Verfügung gestanden hätte, wäre die Produktion von angereicherten Bombenstoffen entweder nur in entsprechend leistungsfähigen Forschungs»labors« (Skoda, unterirdische Refugien im Großraum Jonastal oder im Bereich Innsbruck) möglich gewesen oder

– was unseres Erachtens auch denkbar ist – der Industrie übergeben worden. Hatte nicht Henry Picker in seinem Buch »Hitlers Tischgespräche im Führerhauptquartier« beiläufig erwähnt, daß der SS-General Hans Kammler mit 30.000 Mann eine unterirdische Uran-Bomben-Serienproduktion plante, möglicherweise sogar realisierte? Dieser Hinweis ist ein Beweis für die von den Nationalsozialisten sehr wohl begriffene Größenordnung eines solchen Programms, wenn man die Bomben nicht nur als Prototypen fabrizieren wollte!

Doch es existiert noch eine andere Vermutung, die erstaunlicherweise mit dem Industriekonzern IG Farben in Verbindung steht und von dem amerikanischen Forscher Carter Hydrick in seinem – unseres Wissens bisher unveröffentlichen und uns nur in Manuskriptform vorliegenden – Werk »Critical Mass«[7] untersucht wird. Hydrick vermutet, daß *ein* »Meistergehirn« der deutschen Atomforschung Manfred von Ardenne war, der im Auftrag der unter der Leitung von Wilhelm Ohnesorge stehenden Reichspost und mit deren Finanzierung ein Verfahren entwikkeln konnte, mit dem sich die Grundstoffe der »Bombe« anreichern ließen. Dieses Verfahren stellte dann Ohnesorge seinem Freund Martin Bormann vor, der bekanntermaßen Hitlers graue Eminenz war. Unter höchster Geheimhaltung und mit finanziellen Mitteln, deren Herkunft und Verwendungszweck nicht eruierbar war, wurde das Verfahren weiter verbessert und der IG Farben zur produktionstechnischen Anwendung übergeben.

Bevor wir darauf zu sprechen kommen, wo die Grundstoffproduktion für die Atombombe nach Meinung Hydricks stattfand, sei uns noch ein kleiner Exkurs gestattet. Freiers Brief behauptet, daß zwei Teams, die im Berliner Umfeld tätig waren, gleichzeitig den Durchbruch schafften. Eines war das von Diebner. Und das andere? Nach Lage der Dinge kann es nur das von Manfred von Ardenne gewesen sein. Unklar ist die Rolle der SS-Forschungsgruppe, die aber augenscheinlich an der weiteren Projektrealisierung beteiligt war. Mit hoher Wahrscheinlichkeit wurden die im Großraum Jonastal befindlichen unterirdischen Bereiche genutzt, um hier eine Kombination aus Forschungslabors und Produktionsanlagen aufzubauen, wobei die Gruppen zusammenarbeiteten. Nachweisbar waren alle Strukturen vor Ort vertreten: die Reichspost, die SS, der SD, Dr. Diebner und seine Gruppe (in Stadtilm), Raketenexperten (wie die Herren von Braun und Stuhlinger), von den militärischen Führungsstellen ganz abgesehen. Sicherlich kein Zufall.

Unsere Rechercheergebnisse zeigen, daß derlei Forschungen allerdings nie nur an einem Ort konzentriert wurden, sondern sich über das ganze Reichsgebiet verteilten. In diesem Zusammenhang müßten beispielsweise noch mindestens zwei große Standorte untersucht werden: die Anlage »Quarz« (Roggendorf bei Melk in Österreich) und »Riese« (sogenanntes Führerhauptquartier im damaligen Niederschlesien). In bezug auf »Riese« kursieren beispielsweise seit Jahrzehnten Gerüchte, daß dort eine Atomstadt entstehen sollte, die von 50.000 bis zu 500.000 Häftlingen und Zwangsarbeiten errichtet wurde. Die bisherigen Darstellungen berühren dieses Thema kaum. Man muß jedoch wissen, daß gegen Kriegsende auch hier große Teile unterirdischer Installationen von SS-Einheiten gesprengt bzw. versiegelt und getarnt wurden, als die vorrückende Rote Armee die Anlagen im Bereich des heutigen Góry-Sowie-Gebirges bedrohte. Das, was man heute als Tourist noch besichtigen kann, ist nur ein Teil dessen, was wirklich im Untergrund steckt.

Die »Atomstadt«-Gerüchte haben einen geologischen Hintergrund. »Riese« wurde nicht zufällig im dem genannten Gebirge errichtet. Geologisch gesehen handelt es sich um bis zu zwei Milliarden Jahre alte Formationen, die seltene Elemente wie Uran, Thorium und Radium enthalten. Auch sind Vorkommen von Zirkonium, Indium, Hafnium und andere in der Atomforschung wichtige Stoffe enthalten.[8] Diese Tatsachen werden gern verschwiegen, wahrscheinlich, um den wahren Grund für »Riese« in der Öffentlichkeit nicht gar zu offensichtlich werden zu lassen.

Zurück zu Carter Hydrick und seiner IG-Farben-Hypothese. Daß dieser deutsche Großkonzern von seinen technischen und wissenschaftlichen Kapazitäten her in der Lage gewesen wäre, eine solche Produktion aufzuziehen, steht außer Frage. Man beschäftigte sich u. a. mit der synthetischen Herstellung von Kraftstoffen, Ölen, Kautschuk, Sprengstoffen, Methanol und einer Reihe anderer wichtiger Produkte, die für die Wirtschaft und die Rüstung des Dritten Reiches von großer Bedeutung waren. Dabei wurde immer wieder wissenschaftliches und technisches Neuland beschritten, doch für die Experten von IG Farben schien es keine unüberwindlichen Hindernisse zu geben.

Nach dem Krieg saßen die Verantwortlichen des Konzerns auf der Anklagebank des Nürnberger Kriegsverbrechertribunals, weil es eine große Menge unheilvoller Verstrickungen mit der deutschen Kriegsmaschinerie, der SS und dem System der Konzentrationslager gab, die allein dort, wo die IG Farben involviert war, Tausende von Menschenleben gekostet hatte.

Carter Hydrick behauptet nun – und damit schließt sich der Kreis –, daß die IG Farben die Anreicherungsanlagen in Auschwitz errichtete! Er fand eine Reihe von Hinweisen und Unstimmigkeiten, die tatsächlich nachdenklich machen und die wir an dieser Stelle kurz vorstellen möchten. Dabei müssen wir betonen, daß es sich um die Ergebnisse der Recherchen des amerikanischen Autors handelt, die von uns aufgrund der Kürze der Zeit – wir wurden erst vor einigen Monaten auf das komplette Werk Hydricks aufmerksam – noch nicht abschließend überprüft werden konnten.

Tatsache ist, daß sich aufgrund der Ausweitung des Zweiten Weltkrieges für Hitlerdeutschland eine Reihe von Konsequenzen ergaben, die bewältigt werden mußten. So mußte die Produktion von synthetischen Ölen, Kraftstoffen und Gummiprodukten enorm gesteigert werden. Die IG Farben begab sich daraufhin auf die Suche nach einem geeigneten Standort, den sie in Auschwitz fand. Ganz in der Nähe befanden sich die schlesischen Kohlereviere und auch das Konzentrationslager Auschwitz, dessen Arbeitskräftereservoir man billig auszunutzen gedachte. Die neu gegründete »IG Auschwitz« sollte bei ihrer Fertigstellung pro Monat 800.000 t Ausgangsmaterial im Hydrierverfahren verarbeiten, wobei eine Energiemenge bereitgestellt werden mußte, die mehr als ausgereicht hätte, um eine Stadt wie Berlin damit zu versorgen. In den geschichtlichen Darstellungen heißt es, daß die IG Farben die notwendigen Investitionen in Höhe von 900 bis 1000 Millionen Reichsmark allein getragen habe, weil sie mit der Technologie zukünftig den asiatischen und den sowjetischen Markt zu beherrschen gedachte.

Hydrick behauptet nun, daß diese sogenannte »Buna-Anlage«, die ja tatsächlich errichtet wurde, in den vier Jahren ihres Betriebs nicht ein Gramm des geplanten Endmaterials geliefert habe! Statt dessen habe man dort mit großer Wahrscheinlichkeit die von Manfred von Ardenne und Fritz Houtermans geschaffene Methode der elektromagnetischen Isotopentrennung industrietechnisch aufgezogen, um das Material für die deutsche »Bombe« zu erhalten.

Folgt man der Darstellung Hydricks, so hätten die im Umfeld befindlichen Kohlereviere also nicht dazu gedient, den Grundstoff für das Hydrierverfahren zu liefern, sondern vielmehr sei die angelieferte Kohle verbrannt worden, um die Energie für das aufwendige Anreicherungsverfahren zu produzieren! Auch sonst sei – nach Hydrick – die für ein solches Vorhaben benötigte Infrastruktur vorhanden gewesen sei: Gleisanschlüsse, Wasser zur Kühlung wärmeerzeugender Prozesse und Arbeitskräfte. Er geht davon aus, daß hier mindestens 25.000 Menschen arbeiteten, von denen – wie wir wissen – viele ihr Leben lassen mußten.

Der amerikanische Autor stützt seine Meinung nicht nur auf persönliche Vermutungen. Ein vom ihm befragter Spezialist auf dem Gebiet der synthetischen Herstellung von Polymeren aus Houston, Texas, erklärte ihm beispielsweise, daß die IG-Farben-»Buna-Anlage« unmöglich das gewesen sein könne, was man in ihr bis heute vermute. Weder der enorme Energiebedarf noch die hohen Kosten (1 Milliarde Reichsmark; das amerikanische Manhattan Project verpulverte 2 Milliarden US-Dollar) würden mit einer solchen chemischen Produktion vereinbar sein. Vielmehr sei davon auszugehen, daß die »Buna-Anlage« als Tarnung für etwas ganz anderes diente …

Mag die Geschichte um die »Buna-Anlage« in Auschwitz auch spekulativ klingen und eine abschließende Klärung vielleicht dann erst möglich sein, wenn man alle Vorgänge um dieses Industrieprojekt aufgearbeitet hat, so paßt sie doch ins Bild.

Ein Hinweis darauf, daß die IG Farben bestimmte Prozesse beherrschte, die mit der Verarbeitung von Uran zusammenhängen, findet sich in den Farm-Hall-Protokollen. In einer Diskussion zwischen den internierten deutschen Wissenschaftlern ging es um die Frage, welches Verfahren für die Anreicherung der Grundstoffe der amerikanischen Atombombe genutzt wurde und wieviel Personal dafür eingesetzt werden mußte.

»Heisenberg: Andererseits kann die ganze Sache mit dem Schweren Wasser, die ich, soweit es mir möglich war, unterstützt habe, keinen Sprengstoff erzeugen.

Harteck: Erst wenn die Maschine läuft. […]

Harteck: Wenn es stimmt, daß ein Sprengstoff mittels des Massenspektrographen hergestellt werden kann, hätten wir das nie gemacht, da wir nie 56.000 Arbeiter hätten beschäftigen können. Als wir uns beispielsweise die Clusius-Linde-Sache in Verbindung mit unserem Austauschzyklus überlegten, hätten wir ständig 50 Arbeiter beschäftigen müssen, um im Jahr 2 t zu produzieren. Hätten wir 10 t herstellen wollen, dann hätten wir 250 Männer beschäftigen müssen. Das konnten wir nicht machen.*

Weizsäcker: Wieviele Leute haben an der V1 und der V2 gearbeitetet?

Diebner: Tausende haben daran gearbeitet. [...]

Heisenberg: Ich muß sagen, ich glaube, daß Ihre Theorie stimmt und daß es Spektrographen gewesen sind.

Wirtz: Ich möchte wetten, es waren keine.

Heisenberg: Wozu sollte man sonst 60.000 Menschen benötigen?

Korsching: Versuchen Sie mal, 1 t Uran zu verdampfen.

Harteck: Dazu brauchen Sie lediglich zehn Leute. ***Ich war erstaunt über das, was ich bei der IG-Farben gesehen habe.***«[9]

[Hervorhebung durch die Autoren]

Welche technische Lösung hatte Harteck bei der IG Farben gesehen ...?

Damit zurück zum Truppenübungsplatz Ohrdruf und dem möglichen Ort, wo die Explosion am 4. März 1945 stattgefunden haben soll. Freier schreibt, daß die Explosion oberhalb des Ortes Röhrensee ausgelöst wurde. Logischerweise kann damit nur das Gelände des Truppenübungsplatzes Ohrdruf gemeint sein; also ist das Terrain südlich der Ortschaft gemeint. Das hilft uns bei der Suche schon ein ganzes Stück weiter. Der in Frage kommende Bereich scheint für den Test zunächst ungeeignet. Im Norden die genannte Ortschaft, im Süden der Große Tambuch, ein Waldgebiet. Zwischen Röhrensee und dem Übungsplatz gibt es allerdings einen Abschnitt, der als sogenanntes »Dreieck« bezeichnet wird. Hier sind keine Bäume vorhanden. Könnte das der Platz gewesen sein?

Wir müssen es nochmals betonen: Freier spricht von einer 100-g-Ladung, also einer kleinen Waffe, die einen minimalen Wirkungsbereich hatte. Mehr war einfach nicht drin, wenn man nicht Röhrensee und den Großen Tambuch zerstören wollte.

Unter Berücksichtigung des Umstandes, daß heute wahrscheinlich kaum mehr irgendwelche *erhöhten* Strahlungswerte am Ort des Geschehens zu messen sein dürften, muß man nach anderen Wegen eines Nachweises suchen. Hierfür sind Luftbilder geeignet. Und siehe da: Kurioserweise zeigen US-Luftbilder, die 1944 erstellt wurden, das betreffende Areal in einem ganz anderen Zustand als solche, die kurz nach dem Krieg ebenfalls von den Amerikanern aufgenommen worden sind! (Wir haben zum besseren Verständnis die entsprechenden Bildabschnitte gegenübergestellt; siehe bitte nächste und übernächste Seite.)

Das Areal des sogenannten »Dreiecks« südlich von Röhrensee, fotografiert im November 1944. Das für die spätere A-Testdetonation in Frage kommende Gebiet ist durch einen Kreis gekennzeichnet. Es wird von Wald (dunkle Bereiche) umgeben und wirkt gleichmäßig strukturiert, lediglich unterbrochen von rechteckigen Formationen. (Bildarchiv LUFTBILDDATENBANK, Ing.-Büro H. G. Carls, Würzburg)

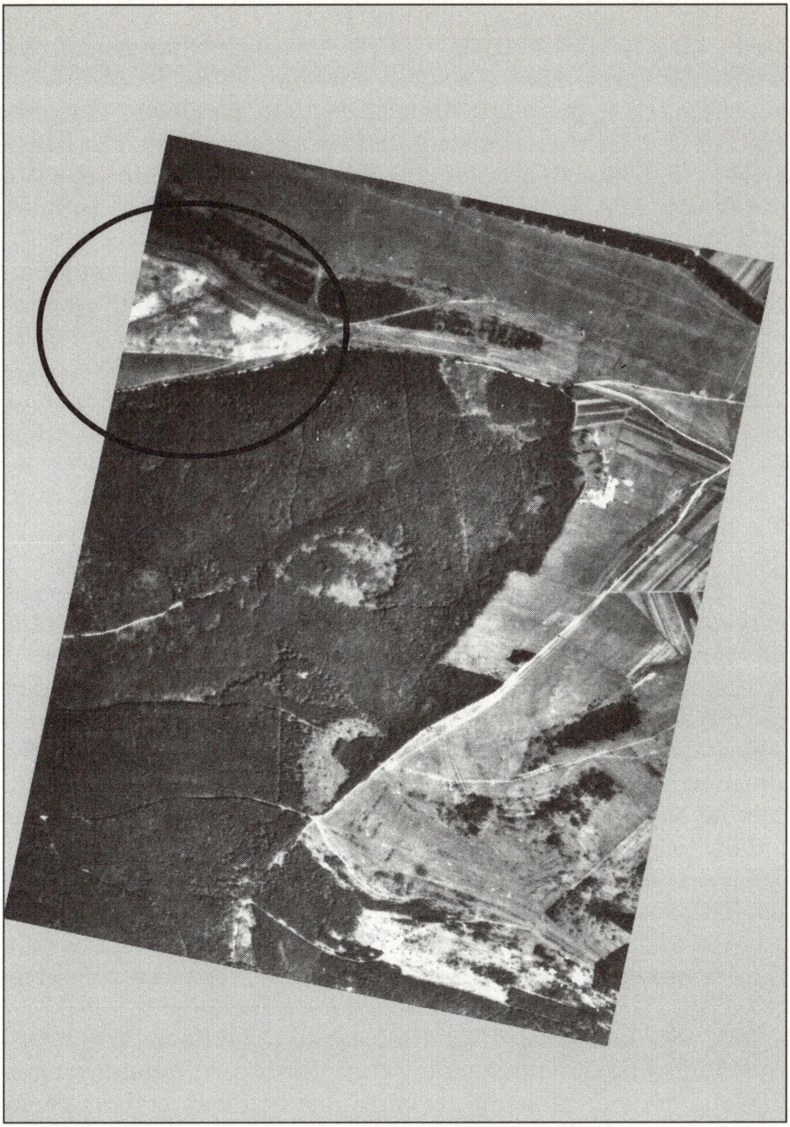

Dasselbe Gebiet, aufgenommen nach dem Krieg im Juni 1945. Das Dreieck erscheint nunmehr chaotisch strukturiert, deutlich sind helle Flächen zu erkennen, so, als wäre das Gelände geradezu »umgepflügt« und seine Vegetation vernichtet worden. Detonierte hier die kleine A-Waffe, die nach Freier eine Ladung von nur 100 Gramm hatte? (Bildarchiv LUFTBILD-DATENBANK, Ing.-Büro H. G. Carls, Würzburg)

Neunmalkluge werden nun behaupten, daß das Gebiet vielleicht Gegenstand heftiger wehrtechnischer Übungen in den letzten Kriegsmonaten gewesen sein könnte. Das ist aber wohl auszuschließen, denn das Dreieck liegt am Rande des Übungsplatzes und führte damit wohl eher ein sehr stiefmütterliches Dasein in den letzten Tagen des Krieges. Darüber hinaus hatte die Wehrmacht den Platz in der letzten Kriegsphase räumen müssen, um dafür der SS Platz zu machen.

Nicht unerwähnt bleiben soll, daß der damalige Test mit dem Auftreten einer großen Helligkeit verbunden war. Einwohnern von Röhrensee, die daraufhin in Angst und Schrecken gerieten, wurde erzählt, daß man auf dem Platz neue Mittel für die Luftwaffe erprobe, mit deren Hilfe man bei Nachtbombardements große Gebiete taghell erleuchten könne. Geglaubt wurde das nur von wenigen, denn die alliierte Luftüberlegenheit war offensichtlich. Wo sollte die deutsche Luftwaffe im März 1945 noch Nachtbombardements durchführen, wenn sie nicht einmal in der Lage war, das eigene Hoheitsgebiet feindfrei zu halten?!

Kommen wir auch noch einmal auf die bereits erwähnte sogenannte »IMIS-Detailkarte der Gamma-Ortsdosisleistung« für die verschiedenen Gebiete Thüringens zurück. Es kann sein – wir legen hierbei Wert auf die Betonung des Wortes *kann* –, daß die mit höchste Gammaleistung Deutschlands, die westlich des Jonastals beginnt, hinauf bis nach Gotha und hinunter bis nach Ilmenau verläuft, etwas mit diesem kleinen A-Waffen-Test zu tun hat. Vielleicht hat sie auch ganz natürliche Ursachen. In der auf der gegenüberliegenden Seite abgebildeten Karte haben wir die betreffende Zone einmal grob in Form einer langgestreckten Ellipse dargestellt. Es ist unbekannt, welche Windrichtung am Abend des 4. März 1945 die vorherrschende war und wie die Explosionswolke, über die Freier berichtete, verteilt wurde. Vielleicht ist alles nur Zufall, *vielleicht aber auch nicht.*

Wie weit kann man »Gevatter Zufall« überhaupt strapazieren? Sind übereinstimmende Zeugenaussagen, Veränderungen in Geländestrukturen und erhöhte (aber heute unter den Grenzwerten liegende) Strahlungswerte nicht ein sehr deutlicher Hinweis darauf, daß das Thema längst die spekulative Ebene verlassen hat? Gewiß, es ist so viel bequemer, sich in das Schnekkenhaus der vertrauten Umwelt und der sogenannten »Wahrheiten« zurückzuziehen. Wer aber ignoriert, was um ihn herum vor sich geht, könnte eines Tages sehr unsanft geweckt werden.

Und warum schrieb Adolf Bernd Freier, man solle in bezug

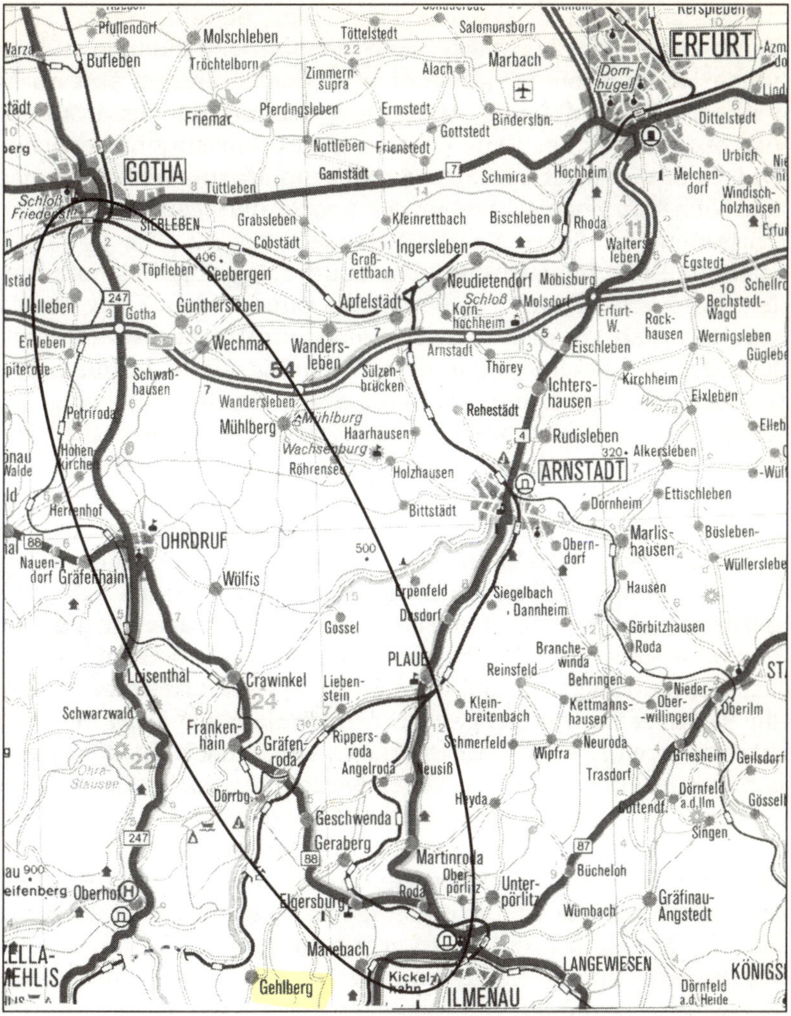

Die Ellipse zeigt – stark vereinfacht – den in Frage kommenden Bereich für die mit am höchsten gemessene Gamma-Ortsdosisleitung in Deutschland, die jedoch unter den zulässigen Grenzwerten liegt. Die IMIS-Detailkarte gibt an, daß sich dieser Bereich westlich des Jonastals, einerseits nach Gotha und andererseits nach Ilmenau, erstreckt. Gibt es hier einen Zusammenhang mit dem von Freier erwähnten kleinen A-Waffentest und der damals herrschenden Windrichtung, die die Explosionswolke in diesem Gebiet verteilte? Oder ist alles nur Zufall?

auf gewisse Anlagen *vorsichtig* sein? Geht von den Anlagen eine Gefahr aus? Oder von bestimmten Personen, die damit zu tun haben? Wir wollen uns hier nicht in Mutmaßungen ergehen, doch denken Sie einmal selbst über die Konsequenzen dessen nach, was auf den letzten Seiten dieses Buches geschrieben wurde. Zudem hat es in den letzten Jahren nie an Hinweisen seitens zahlreicher Jonastal-Forscher gemangelt, daß »mit bestimmten Leuten im Umfeld« nicht gut Kirschenessen sei. Wer ist damit gemeint? Behördenvertreter? Die Angehörigen der Dienste mit den drei Buchstaben? Oder ganz und gar ...?

Tatsächlich hat es im Großraum Ohrdruf/Jonastal/Arnstadt nach dem Krieg eine Reihe mysteriöser Todesfälle gegeben, deren Aufzählung wir uns an dieser Stelle ersparen. Sie wurden nie geklärt und betrafen sogar zwei MfS-Mitarbeiter, die ihre Recherchen zu bestimmten Anlagen bzw. nach dem Bernsteinzimmer mit dem Leben bezahlen mußten.

Starker Tobak sind auch einige Hinweise, die uns bei unseren Recherchen von verschiedenen Augenzeugen, die sich nachweislich untereinander nicht kannten, gegeben wurden. Als wir diese Dinge das erste Mal hörten, hielten wir sie für nicht glaubwürdig, doch weitere Befragungen erbrachten eine Bestätigung. Was wir meinen? Nun, wir alle bilden uns ein, zu wissen, wann der Krieg zu Ende gegangen ist. Wußten Sie aber, daß z. B. 1947 SS-Offiziere in voller Uniform durch ein in der Nähe des Truppenübungsplatzes Ohrdruf liegendes Dorf gingen und dort nach gewissen Personen suchten? 1947!!! Doch damit nicht genug: Einer der von ihnen Gesuchten wurde gefunden, kurz vernommen und anschließend durch Genickschuß im Hof seines Hauses hingerichtet! Bevor die damaligen Sicherheitsbehörden auch nur die Verfolgung der »Versprengten« aufnehmen konnten, waren diese längst verschwunden.

Solche Geschichten von Augenzeugen gibt es mehrere, und es stellt sich die Frage, woher die als SS-Leute identifizierten Personen gekommen sein mögen. Aus dem Untergrund? Hatten nicht Freier und Mühlheim behauptet, einige unterirdische Systeme seien für eine längere Überlebensfähigkeit ausgerüstet gewesen? Was immer hier nach Kriegsende vor sich gegangen sein mag: Es paßt jedenfalls nicht in das Bild der offiziellen Geschichtsschreibung und wirft eine Vielzahl von Fragen auf.

Unseres Erachtens haben wir es bei dem Dreieck Ohrdruf/Jonastal/Arnstadt mit dem größten Rätsel des Dritten Reiches wie der Zeitgeschichte überhaupt zu tun. Die hier anzunehmende unterirdische Geheimwaffen- und Atomforschung ist aber nur eine Facette in diesen Betrachtungen. Eine mindestens ebenso bedeutsame ist die der Aufklärung des Schicksals jener Menschen, die die unterirdischen Systeme schufen und dafür später als Geheimnisträger liquidiert wurden. Wann endlich werden die wirklichen Gründe für die Baumaßnahmen und den Tod der vielen tausend Häftlinge im Großraum Jonastal aufgearbeitet werden? Und werden wir die Namen derjenigen erfahren, die hier bei dem nach Freier absolvierten Atomtest ums Leben kamen? Unter welchem Vorwand hatte man sie ins Versuchsgebiet gelockt? Und welche Szenen müssen sich unter den Überlebenden nach der Explosion der Waffe abgespielt haben? Wo verblieben die Toten, oder vielmehr das, was von ihnen übrigblieb?

Die Erklärung, man habe im Herzen Thüringens nur an einem Führerhauptquartier gearbeitet, ist einfach lächerlich und unglaubhaft. Wie stand es in den Unterlagen zu S III? »Rangiert über allen Rüstungsangelegenheiten ...« – Es kann sich nur um ein Projekt zur Realisation der alles entscheidenden »Siegeswaffe(n)« gehandelt haben, von dem sich Hitler und seine Anhänger den »Endsieg« versprachen.

Warum die »Bombe«, wenn sie denn fertig war, nicht zum Einsatz gelangte, ist ein Rätsel innerhalb des Rätsels. Freier schrieb, Speer habe Hitlers Entschluß, New York mit der neuen Waffe anzugreifen, deutlich widersprochen. Zu beweisen ist das bisher nicht. Aber es könnte ein richtungsweisendes Indiz für die Tatsache sein, daß Albert Speer, der Rüstungsminister des Dritten Reiches, nicht dem Henker übergeben wurde.

Für uns steht mittlerweile außer Frage, daß das Dritte Reich die »Bombe« besaß. Es existieren einfach zu viele, miteinander übereinstimmende Informationen in dieser Hinsicht, die es bei einer *stimmigen* Geschichtsschreibung niemals geben dürfte. Die bisherigen Darstellungen zur deutschen Atomforschung sind nach unserem Dafürhalten nicht nur äußerst lückenhaft, sondern tendenziös. Erst an dem Tag, an welchem alle alliierten Dokumente, die bis heute einer Geheimhaltung unterliegen, freigegeben worden sind, werden wir das vollständige Bild der deutschen Atomforschungsaktivitäten erkennen können.

Bis dahin mag noch viel Zeit vergehen, und möglicherweise werden die uns interessierenden Dokumente erst in 20, 30 oder 50 Jahren freigegeben werden. Bis dahin sind die letzten Zeitzeugen gestorben. Das mag für manchen ernüchternd wirken, doch sei zum Trost der Hinweis gestattet, daß der Beweis auch auf anderem Wege geliefert werden kann. Zeuge Freier schrieb doch, daß viele Anlagen nach wie vor unentdeckt und teilweise sogar funktionstüchtig im Boden liegen. Es dürfte daher nur eine Frage der Zeit sein, wann die erste künstliche Struktur identifiziert wird. Trotz aller Warnungen wird dann irgendwer den Einstieg wagen und etwas finden, was es eigentlich gar nicht geben dürfte. Und sollten bestimmte Behörden versuchen, die Neugier der immer größer werdenden Gemeinde von Rechercheuren zu zügeln, indem man gewisse Gebiete absperrt, wäre das der Beweis, daß man etwas zu verbergen hat.

Man möge unseren Hinweis nicht als Aufruf zur Suche nach diesen Anlagen verstehen, denn das ist mit nicht kalkulierbaren Gefahren verbunden. Letztlich wird sich jedoch die Angelegenheit zwangsläufig so entwickeln. Es ist ja auch ein wahrhaft irrer Zustand, daß diese Dinge von den Zuständigen ignoriert und mit fadenscheinigen Bemerkungen in bezug auf fehlende finanzielle Mittel abgewiesen werden, während man sich sonst überall in der Welt engagiert und das Geld des deutschen Steuerzahlers in rauhen Mengen zum Fenster hinauswirft.

Wir sind uns sicher: Man wird die Anlagen finden. Und wenn man sie gefunden hat, was dann, Geschichtswissenschaft?!

KAPITEL 13

FRAGEN AN DIE GESCHICHTE

Geschichte ist Quatsch.

Henry Ford

Ist Geschichte wirklich ... Quatsch? Wir möchten uns diesem vernichtenden Urteil nicht anschließen, sind aber der festen Überzeugung, daß sie heute unvollständig, verdreht und oftmals sehr widersprüchlich publiziert wird.

Seit Jahrtausenden gilt der Grundsatz, daß der Sieger die Geschichte schreibt, so daß sich logischerweise nur jene Ereignisse und Entwicklungen in den betreffenden Darstellungen finden lassen, die dem Sieger nützen. Doch wie ist das mit der Geschichte der Verlierer? Ist diese nicht mindestens ebenso interessant, um sich auf dem Wege freier Meinungsbildung ein Urteil über historische Vorgänge anmaßen zu können?

Das beklemmende an Geschichte ist, daß sie passiert ist und im Nachgang nicht mehr verändert werden kann. Anstatt sie objektiv zur Kenntnis zu nehmen, versucht man aber leider allzuoft, sie zu subjektivieren.

Für uns ist Geschichte immer verbunden mit dem Schicksal von Menschen. Auch in bezug auf die von uns vertretene Hypothese, das Dritte Reich habe an der Atombombe gearbeitet, spielen menschliche Schicksale eine große Rolle. Viele von denen, die direkt oder indirekt an den geheimgehaltenen Projekten beteiligt waren, mußten dafür mit dem Leben bezahlen, insbesondere, wenn sie Häftlinge waren und nach Abschluß gewisser Arbeiten aus Sicherheitsgründen »eliminiert« wurden. Zahlreichen Wissenschaftlern und Technikern wurde nach dem Krieg die Anerkennung für ihre Forschungserfolge verweigert, weil sie unbekannt blieben oder es aufgrund der veränderten politischen Situation einfach besser erschien, das eigene Licht unter den Scheffel zu stellen. Am schlimmsten aber mögen die gewesen sein, die für sich Leistungen in Anspruch nahmen, derer sie niemals fähig gewesen wären.

Unsere persönliche Meinung ist, daß die deutsche Wissenschaft jener der Amerikaner und Russen letztlich voraus oder zumindest ebenbürtig war. Falls der definitive Beweis hierfür erbracht werden kann, *muß* das in den geschichtlichen Darstellungen richtiggestellt werden. Das Ganze hat nichts mit der Verherrlichung irgendwelcher Ideologien oder politischen Systeme zu tun. Letztlich geht es um die Suche nach der Wahrheit. Und deshalb muß es einfach erlaubt sein, bei auftretenden Widersprüchen in der geschriebenen Geschichte Fragen stellen zu dürfen. Und genau das haben wir getan.

Für uns ist das schlimmste Gift, das gesellschaftliche Ordnungen zerstört, die Lüge. Auch unsere freiheitlich-demokratische Ordnung droht von diesem Gift zersetzt zu werden, wie Parteienskandale und Schmiergeldaffären deutlich aufzeigen. Wie kann der Normalbürger moralische Werte und Normen vertreten, wenn diejenigen, die von Staats wegen als Vorbilder agieren sollen, bar jeglicher Normen und Moral sind?

Wir fordern in bezug auf die deutsche Atomtechnologiegeschichte eine »brutalstmögliche Aufklärung«. Wir tun das nicht, weil wir Spaß daran haben, bestehende Auffassungen ins Wanken zu bringen. Uns geht es vielmehr darum, das Schicksal von Menschen aufzuklären, die für diverse Geheimprojekte des Dritten Reiches ihr Leben lassen mußten. Menschen, die nicht ahnten, was der Sinn der Ausbeutung ihrer Arbeitskraft war, wurden zu Opfern derjenigen, die von vornherein wußten, daß man in bezug auf die mit höchster Geheimhaltung verbundenen Projekte keine Überlebenden dulden würde.

Für welchen Zweck mußten Väter und Söhne vieler Nationen z. B. bei S III/B III arbeiten und schließlich sterben? Warum werden solche Fragen heute an den Rand geschichtlicher Betrachtungen gerückt? Was hat man zu verbergen? Haben wir Heutigen nicht die moralische Verpflichtung, den Familienangehörigen der Toten eine – wenigstens bruchstückhafte – Information darüber zukommen zu lassen, was mit ihren Lieben geschehen ist? Nichts anderes verstehen wir unter Geschichtsaufarbeitung und Vergangenheitsbewältigung. Ansonsten hätte Henry Ford recht mit seiner Formulierung, daß Geschichte Quatsch ist.

Unseres Erachtens muß von der Geschichtsforschung eine Reihe von Fragen eingehend und ohne Tabus untersucht werden. Wir möchten, stellvertretend für viele andere, nur einige Fragestellungen herausgreifen:

- Hatte das Dritte Reich ein (zu vermutendes) Schwarzprojekt für die Finanzierung der Atomwaffenforschung?
- Welche bis heute unbekannten Standorte für Atomfor-

schung können bei einer sorgfältigen Recherche eruiert werden?

- Welche Rolle spielten Großkonzerne wie die IG Farben bei der Realisierung von Atomforschungsvorhaben?
- Welchen Charakter hatten die Entwicklungen bei Skoda (Prag/Pilsen)? Was war die Aufgabe der dort ansässigen Denkfabrik?
- Welche Ladung hatte das U-Boot U-234 an Bord? Warum die Geheimhaltung, wenn es »nur« Uranoxid war?
- Wohin verschwand bei Kriegsende einer der Hauptverantwortlichen, SS-General Kammler? Schied er durch Selbstmord aus dem Leben oder blieb er unbehelligt und mit einer neuer Identität versehen »unauffindbar«?
- Wann wurde mit den ersten Planungen für Untergrundanlagen im Dreieck Ohrdruf/Jonastal/Arnstadt begonnen? Welche Rolle spielten dabei militärische Einheiten und/oder Einrichtungen der Reichspost?
- Wieviele Personen kamen bei S III tatsächlich zum Einsatz? Mußten die meisten von ihnen untertage arbeiten? Wieviele Tote waren dabei zu beklagen? Existieren Namenslisten und Einsatzpläne?
- Wurde am 4. März 1945 tatsächlich eine kleine A-Waffe auf dem Truppenübungsplatz Ohrdruf gezündet? Auf welchem Funktionsprinzip basierte sie? Wo wurden die sterblichen Überreste der Toten dieses Tests bestattet, was geschah mit den Überlebenden?
- Waren Hitler und sein Stab wirklich Ende März 1945 im Raum zwischen Ohrdruf und Arnstadt? Warum kam es danach nicht zum Einsatz der »Wunderwaffe«?
- Was geschah mit den »Bomben« bei Kriegsende? Wurden sie den Alliierten übergeben? Falls ja, was taten diese damit? Oder verblieben einige Systeme in den Forschungsanlagen und bedeuten damit eine Umweltgefahr?
- War das amerikanische Manhattan Project ein wissenschaftlicher Erfolg oder ein finanzielles Desaster? Wieso war das, was U-234 an Bord hatte, für das Projekt ein »Gottesgeschenk«?
- Was veranlaßte die alliierte Presse, Meldungen über deutsche Geheimwaffen zu publizieren, die mit dem bisher vorhandenen Geschichtswissen unvereinbar sind?

Die Liste der Fragen ließe sich beliebig fortsetzen. Wird man weitere fünf Jahrzehnte brauchen, um sie zu beanworten?

QUELLEN-, LITERATUR- UND ABBILDUNGSVERZEICHNIS

Einleitung

(1) Stratis Karamanolis: Einstein und die Atombombe – Technik, Geschichte, Wahnsinn, Elektra Verlags-GmbH, Neubiberg, 1989.
(2) Karl-Heinz Zunneck: Geheimtechnologien, Wunderwaffen und die irdischen Facetten des UFO-Phänomens, CTT-Verlag, Suhl 1998.
(3) Harald Fäth: 1945 – Thüringens Manhattan Project. Auf Spurensuche nach der verlorenen V-Waffen-Fabrik in Deutschlands Untergrund, CTT-Verlag, Suhl 1998.
(4) Harald Fäth: Geheime Kommandosache – S III Jonastal und die Siegeswaffenproduktion, CTT-Verlag, Suhl 1999.
(5) Werner Jochmann (Hrsg.): Adolf Hitler – Monologe im Führerhauptquartier 1941–1944; aufgezeichnet von Heinrich Heim, Orbis-Verlag, München 2000.
(6) David Irving: Der Traum von der deutschen Atombombe, Sigbert Mohn Verlag, Gütersloh 1967.

Kapitel 1

(1) Klaus Hoffmann, Otto Hahn – Stationen aus dem Leben eines Atomforschers, Verlag Neues Leben, Berlin 1978.
(2) Karl-Heinz Zunneck: Geheimtechnologien, Wunderwaffen und die irdischen Facetten des UFO-Phänomens, 50 Jahre Desinformation und die Folgen, CTT-Verlag, Suhl 1998.
(2a) David Irving: Der Traum von der deutschen Atombombe, Sigbert Mohn Verlag, Gütersloh 1967.
(3) Klaus Hoffmann, Otto Hahn – Stationen aus dem Leben eines Atomforschers, Verlag Neues Leben, Berlin 1978.
(4) Ebenda.
(5) William R. Lyne: Space Aliens from the Pentagon – Flying Saucers are Man-Made Electrical Machines, 2. durchgesehene und erweiterte Auflage, Book Crafters, Inc., Chelsea, Michigan, USA, 1995.
(6) Hanns Schwarz: Brennpunkt FHQ – Menschen und Maßstäbe im Führerhauptquartier, Arndt-Verlag, Kiel 1998.
(7) Henry Picker: Hitlers Tischgespräche im Führerhauptquartier, 2. Auflage, Propyläen Taschenbuch bei Ullstein, Berlin 1997.
(8) Peter Auer: Von Dahlem nach Hiroshima – Die Geschichte der Atombombe, Aufbau-Verlag, Berlin 1995.
(9) Ebenda.
(10) Ebenda.
(11) Manfred von Ardenne (Hrsg): Nachdruck als Beitrag zur Geschichte der Kernspaltung in Deutschland, Houtermans-Arbeit: Zur Frage der Auslösung von Kern-Kettenreaktionen (1941), Forschungsinstitut Manfred von Ardenne, Dresden 1987.
(12) Ebenda.
(13) Friedrich Herneck: Einstein und die Atombombe, Archenhold-Sternwarte Berlin-Treptow (Reihe Vorträge und Schriften, Nr. 51), 2. ergänzte Auflage, Berlin-Treptow 1984.

(14) Henry Picker: Hitlers Tischgespräche im Führerhauptquartier, 2. Auflage, Propyläen Taschenbuch bei Ullstein, Berlin 1997.
(15) David Irving: Der Traum von der deutschen Atombombe, Sigbert Mohn Verlag, Gütersloh 1967
(16) Henry Picker: Hitlers Tischgespräche im Führerhauptquartier, 2. Auflage, Propyläen Taschenbuch bei Ullstein, Berlin 1997.
(17) Ebenda.

Kapitel 2

(1) David Irving: Der Traum von der deutschen Atombombe, Sigbert Mohn Verlag, Gütersloh 1967.
(2) Ebenda.
(3) Ebenda.
(4) Ebenda.
(5) Samuel A. Goudsmit: Alsos, Tomash and American Institute of Physics, Los Angeles 1983.
(6) Mark Walker: German National Socialism and the Quest for Nuclear Power, 1939–1949, Cambridge University Press, New York o. J.

Kapitel 3

(1) Noguer, Rizzoli, Purnell: Asi Fue La Segunda Guerra Mundial, Edition Nuoguer, Barcelona, 1972 (nach dem englischen Orignalwerk: History of the Second World War, Purnell & Sons Ltd., 1968).
(2) Fernando Bryan Frizzarin: O Ataque a Peenmünde, Brasilien, 1996–1997, http://www.na.br/biblioteca/2Guerra/page34.htm.
(3) Volkmar Bode, Gerhard Kaiser: Raketenspuren – Peenemünde 1946–1996, Bechtermünz-Verlag, 1997.

Kapitel 4

(1) David Irving: Führer und Reichskanzler – Adolf Hitler 1933–1945, Druffel-Verlag, Starnberg am See 1997. (Die Aussage Dr. Giesings wurde im Juli 1945 zu Papier gebracht, also einige Wochen vor Hiroshima und Nagasaki!)
(2) Headquarters Mediterranean Allied Air Forces, Target Intelligence Section, Summary 15/3/45, US Micfilm AIDDX-2145, Maxwell AFB.

Kapitel 5

(1) Hanns Schwarz, Brennpunkt FHQ – Menschen und Maßstäbe im Führerhauptquartier, Arndt-Verlag, Kiel 1998 (nach der 1. Auflage im Dürer-Verlag, Argentinien, 1950).

Kapitel 6

(1) Marten Schmidt: Rügens geheime Landzunge. Die Verschlußsache Bug, Christoph Links Verlag, Berlin 2000.
(2) z.B. Wolfgang Müller und Reinhard Kramer: Gesunken und verschollen, Koehlers Verlagsgesellschaft mbH, Hamburg 1944.
(3) Abbildung entnommen aus: Günter Hannich: Börsenkrach und Weltwirtschaftskrise – Der Weg in den 3. Weltkrieg, Kopp-Verlag, Rottenburg 2000.

(4) Ebenda. Siehe auch: Forschungen für den Zivil- und Katastrophenschutz 1975–1985, Bundesamt für Zivilschutz, Band 18, 1986.
(5) Walter Dornberger: Peenemünde – Die Geschichte der V-Waffen, 9. Auflage, Ullstein, Berlin 1998.
(6) Fritz Hahn: Waffen und Geheimwaffen des deutschen Heeres 1933–1945, 3. Auflage, Sonderausgabe in einem Band, Bernard & Graefe Verlag, Bonn 1998.
(7) Otto Skorzeny, Meine Kommandounternehmen – Krieg ohne Fronten, Universitas Verlag in der F.A. Herbig Verlagsbuchhandlung GmbH, München 1993, Seite 156.
(8) Werner Büdeler: Geschichte der Raumfahrt, Siegloch-Edition, Künzelsau 1979/82.
(9) Erich Bergaust: Wernher von Braun, Econ-Verlag, 1976.
(10) J. Miranda, P. Mercado: Die geheimen Wunderwaffen des III. Reiches. Die deutschen Raketen- und Raketenflugzeugprojekte 1934–1945, Flugzeug Publikations GmbH, 1995.
(11) Ebenda.
(12) Ebenda.
(13) Ebenda.
(14) Werner Büdeler: Geschichte der Raumfahrt, Siegloch-Edition, Künzelsau 1979/82.
(15) Henry Picker: Hitlers Tischgespräche im Führerhauptquartier, Propyläen Taschenbuch bei Ullstein, 2. Auflage, Berlin 1997.
(16) Peenemünde. Museumsführer durch das Historisch-Technische Informationszentrum und Umgebung. Axel-Dietrich-Verlag, 6. überarbeitete Auflage, Peenemünde 1998.

Kapitel 7

(1) Erwin K. Oppenheimer: J'ai peur, Edition Jean Froissart, Paris 1955.
(2) David Irving: Der Traum von der deutschen Atombombe, Sigbert Mohn Verlag, Gütersloh 1967.
(3) Ebenda.
(4) Harald Fäth: Geheime Kommandosache – S III Jonastal und die Siegeswaffenproduktion, CTT-Verlag, Suhl, 1999.
(5) Ebenda.
(6) David Irving: Der Traum von der deutschen Atombombe, S. 317, Sigbert Mohn Verlag, Gütersloh 1967.
(7) Die zehn internierten deutschen Atomforscher waren: Erich Bagge, Kurt Diebner, Walter Gerlach, Otto Hahn, Paul Harteck, Werner Heisenberg, Horst Korsching, Max von Laue, Carl Friedrich von Weizsäkker und Karl Wirtz.
(8) Siehe dazu: Dieter Hoffmann: Operation Epsilon. Die Farm-Hall-Protokolle oder Die Angst der Alliierten vor der deutschen Atombombe, Rowohlt-Verlag, Berlin 1993.
(9) Philip Henshall: The Nuclear Axis. Germany, Japan and the Atom Bomb Race 1939–45, S. 35, Sutton Publishing Limited, UK, 2000.
(10) Ebenda, S. 35.
(11) Memorandum von E. Jette an C.S. Smith über die Produktionsrate bis zum 28. Dezember 1944, National Archives, Washington D.C., Dokument A-84-019-70-24.
(11a) Leslie R. Groves: Now It Can Be Told.
(11b) Ebenda.

(12) Arjun Makhijani: Always the Target?, IEER, SDA Vol. 4, No. 3, Insitute for Energy and Environmental Research, Takoma Park, Maryland, 1996.
(13) Ebenda.
(14) Veröffentlichungen der Gesellschaft für Freie Publizistik, Kongreß-Protokoll 1985. Jalta und Potsdam überwinden, Berg 1985.
(15) Ebenda.
(16) Dieter Hoffmann (Hrsg.): Operation Epsilon. Die Farm-Hall-Protokolle oder Die Angst der Alliierten vor der deutschen Atombombe, S. 158, Rowohlt Verlag, Berlin 1993.
(17) Philip Henshall: The Nuclear Axis. Germany, Japan and the Atom Bomb Race 1939–45, Sutton Publishing Limited, UK, 2000.

Kapitel 8

(1) Philipp Henshall: Vengeance, Allan Sutton Limited, UK 1995.
(2) Wolfgang Hirschfeld & Geoffrey Brooks: Hirschfeld, Naval Institute Press, 1996.
(3) Ebenda.
(4) Erich Gröner: Die Schiffe der deutschen Kriegsmarine und Luftwaffe 1939–45 und ihr Verbleib, J.F. Lehmanns Verlag, München 1972.
(5) Paul Herbert Freyer: Der Tod auf allen Meeren, 8. Auflage, Militärverlag der DDR, Berlin 1979.
(6) Paul Kemp: Die deutschen und österreichischen U-Boot-Verluste in beiden Weltkriegen, S. 282, Urbes Verlag, Gräfelfing 1998 (Übersetzung der Originalausgabe von U-Boats Destroyed – German Submarine Losses in the World Wars, Arms & Armour Press, London, 1997).
(7) Wolfgang Hirschfeld & Geoffrey Brooks: Hirschfeld, Naval Press Institute Press, 1996.
(8) Britische Zeitung *Mail on Sunday* vom 7. Januar 1996.
(9) »History«, ZDF-Dokumentation vom 29.10.2000
(10) Robert K. Wilcox: Japans Secret War. Japans Race against Time to build its own Atomic Bomb, Marlowe & Company, 1995 (?).
(11) Friedrich Georg: Hitlers Siegeswaffen, Band 1: Luftwaffe und Marine. Geheime Nuklearwaffen des Dritten Reiches und ihre Trägersysteme, Amun-Verlag, Schleusingen 2000.
(12) Wolfgang Hirschfeld & Geoffrey Brooks: Hirschfeld, Naval Institute Press, 1996.
(13) Sidney Trevethan: The Controversial Cargo of U-234, Eigenverlag, Revision 9, USA, November 1998 (mit einer umfangreichen Analyse und zahlreichen Quellenangaben zur Frage, was U-234 tatsächlich an Bord hatte).
(14) Ebenda.
(15) Siehe dazu das Buch von Robert K. Wilcox: Japans Secret War. Japans Race against Time to build its own Atomic Bomb, Marlowe & Company, 1995 (?).
(16) Sidney Trevethan: The Controversial Cargo of U-234, Eigenverlag, Revision 9, USA, November 1998.
(17) Die Ladeliste stammt vom Department of the Navy, Naval Historical Center, Washington Navy Yard, 901 M. Street SE, Washington D.C. 20374-5060.

Kapitel 9

(1) Der Spiegel, 10/1992.
(2) Ebenda.
(3) Ebenda.
(4) Dieter Hoffmann (Hrsg.): Operation Epsilon. Die Farm-Hall-Protokolle oder Die Angst der Alliierten vor der deutschen Atombombe, S. 152, Rowohlt Verlag, Berlin 1993.

Kapitel 10

(1) Friedrich Georg: Hitlers Siegeswaffen, Band 1: Luftwaffe und Marine – Geheime Nuklearwaffen des Dritten Reiches und ihre Trägersysteme, Amun-Verlag, Schleusingen 2000.
(2) Kriegsauftrag des Oberkommando des Heeres vom 15. Februar 1942 an die Forschungsanstalt der Deutschen Reichspost (z. Hd. Herrn Postrat Kubicki).
(3) Gregory Douglas: Geheimakte Gestapo-Müller. Dokumente und Zeugnisse aus den US-Geheimarchiven, Band 1, Druffel-Verlag, Berg am Starnberger See o.J.
(4) BStU, Zentralarchiv, MfS, Abt. X, Nr. 17.
(5) Ebenda, AZ C/1204/79 (an Abt. CSSR) vom 13. August 1979.
(6) Ebenda, Antwort auf C/1204/79 (Übersetzung aus dem Tschechischen als Anlage zum Schreiben X/5635/79 vom 9.10.1979 an Leiter HA IX).
(7) Ebenda.

Kapitel 11

(1) Karl-Heinz Zunneck: Geheimtechnologien, Wunderwaffen und die irdischen Facetten des UFO-Phänomens, CTT-Verlag, Suhl 1999.
(2) Gerhardt Remdt und Günter Wermusch: Rätsel Jonastal, Ch.-Links-Verlag, Berlin 1992.
(3) Hosny/Fitzke: Das letzte Führerhauptquartier. Was fand die US-Armee 1945?, ZDF-Reportage, 1992.
(4) Ebenda.
(5) Ebenda.
(5a) Ebenda.
(5b) Ebenda.
(6) Gerhardt Remdt und Günter Wermusch: Rätsel Jonastal, Ch.-Links-Verlag, Berlin 1992.
(7) Ebenda.
(8) Wissenschaft ohne Grenzen, Ausgabe 1/1997, WOG Verlag, Suhl 1997.
(9) Franz W. Seidler und Dieter Zeigert: Die Führerhauptquartiere, Anlagen und Planungen im Zweiten Weltkrieg, Herbig, München 2000.
(10) Gerhardt Remdt und Günter Wermusch, Rätsel Jonastal, Die Geschichte des letzten »Führerhauptquartiers«, Ch.-Links-Verlag, Berlin 1992.
(11) Ulrich Brunzel, Hitlers Geheimobjekte in Thüringen, H.-Jung-Verlagsgesellschaft mbH, 9. Auflage, Zella-Mehlis 1999.
(12) Karl-Heinz Zunneck, Geheimtechnologien, Wunderwaffen und die irdischen Facetten des UFO-Phänomens, 50 Jahre Desinformation und die Folgen, CTT-Verlag, Suhl 1998.
(13) Harald Fäth, 1945 – Thüringens Manhattan Projekt, Auf Spurensuche nach der verlorenen V-Waffen-Fabrik in Deutschlands Untergrund, CTT-Verlag & H.-Jung-Verlagsgesellschaft mbH, Suhl/Zella-Mehlis 1998.

(14) Harald Fäth, Geheime Kommandosache, S III Jonastal und die Siegeswaffenproduktion. Weitere Spurensuche nach Thüringens Manhattan Project, CTT-Verlag & H.-Jung-Verlagsgesellschaft mbH, Suhl/Zella-Mehlis 1999.
(15) Gerhardt Remdt und Günter Wermusch, Rätsel Jonastal, Die Geschichte des letzten »Führerhauptquartiers«, Ch.-Links-Verlag, Berlin 1992.
(16) Ebenda.
(17) Ebenda.
(18) Ebenda.
(19) Harald Fäth, 1945 – Thüringens Manhattan Projekt, Auf Spurensuche nach der verlorenen V-Waffen-Fabrik in Deutschlands Untergrund, CTT-Verlag & H.-Jung-Verlagsgesellschaft mbH, Suhl/Zella-Mehlis 1998.
(20) Gerhardt Remdt und Günter Wermusch, Rätsel Jonastal, Die Geschichte des letzten »Führerhauptquartiers«, Ch.-Links-Verlag, Berlin 1992.
(21) Ebenda.
(22) Eugen Kogon: The Theory and Practice of Hell, 1950.
(23) Wissenschaft ohne Grenzen, Ausgabe 1/1997, WOG Verlag, Suhl 1997.
(24) Gerhardt Remdt und Günter Wermusch, Rätsel Jonastal, Die Geschichte des letzten »Führerhauptquartiers«, Ch.-Links-Verlag, Berlin 1992.
(25) Armin Hermann: Die Jahrhundertwissenschaft, Deutsche Verlagsanstalt, Stuttgart 1977.
(26) Harald Fäth, 1945 – Thüringens Manhattan Projekt, Auf Spurensuche nach der verlorenen V-Waffen-Fabrik in Deutschlands Untergrund, CTT-Verlag & H.-Jung-Verlagsgesellschaft mbH, Suhl/Zella-Mehlis 1998.
(27) Gerhardt Remdt und Günter Wermusch, Rätsel Jonastal, Die Geschichte des letzten »Führerhauptquartiers«, Ch.-Links-Verlag, Berlin 1992.
(28) Dieter Hoffmann (Hrsg.): Operation Epsilon. Die Farm-Hall-Protokolle oder Die Angst der Alliierten vor der Deutschen Atombombe, S. 111, Rowohlt Verlag, Berlin 1993.
(29) Videoaufzeichnung der Übernahme der MfS-Kreisdienststelle Arnstadt vom 8. Dezember 1989; Archiv Th. Mehner.

Kapitel 12

(1) Office of Strategic Service, Document No. GB-4330 vom 27/03/1945, US Micfilm AIDDX-57729, Maxwell AFB.
(2) Fritz Schörnig war ein früherer Arnstädter, an den sich bei Befragungen vieler Bewohner Arnstadts gut erinnern können. Er gehörte der KPD an und war während des Zweiten Weltkrieges – nach eigener Aussage – in einem KZ interniert. Nach 1945 war er am Aufbau der KPD in Arnstadt und Thüringen beteiligt und galt als enger Freund sowjetischer Diplomaten- und Militärkreise. Später avancierte er zum Oberst und Militärattaché der DDR in Prag.
(3) Hans Georg Kampe: Deckname »Zeppelin«. Die Bunker im Hauptquartier des Oberkommandos des Heeres in Zossen, Militärgeschichtliche Blätter, Schriftenreihe zur Militärgeschichte, Projekt + Verlag Dr. Erwin Meißler, Berlin 1997.
(4) Ulrich Brunzel: Beutezüge in Thüringen. Kunstschätzen, Wunderwaffen und Raubgold auf der Spur, S. 72–73, Heinrich-Jung-Verlagsgesellschaft mbH, Zella-Mehlis/Meiningen 1999.
(5) Harald Fäth: »Thüringens Manhattan Project. Auf Spurensuche nach

der verschollenen V-Waffen-Fabrik in Deutschlands Untergrund, Amun-Verlag, Schleusingen, 2001.
(6) Internationaler Militärgerichtshof Nürnberg: Der Nürnberger Prozeß gegen die Hauptkriegsverbrecher vom 14. November 1945 bis 1. Oktober 1946, veröffentlicht in Nürnberg 1948, genehmigte Sonderausgabe, Band 15 und 16 (in einem Band), S. 580, Komet MA-Service und Verlagsgesellschaft mbH, Frechen o. J.
(7) Carter Hydrick: Critical Mass, USA, 1998 (bisher unveröffentliches Manuskript).
(8) Persönl. Mitteilung polnischer Forscher an die Autoren vom Mai 1999.
(9) Dieter Hoffmann: Operation Epsilon. Die Farm-Hall-Protokolle oder Die Angst der Alliierten vor der deutschen Atombombe, Rowohlt-Verlag, Berlin 1993.
(*) in (9): Innerhalb des deutschen Uranprojekts entwickeltes Verfahren zur Herstellung von Schwerem Wasser durch fraktionierte Destillation von flüssigem Wasserstoff.

Abbildungen:
Soweit in den Bildunterschriften nicht anders angegegeben, alle Bilder Archive der Verfasser.

Mit den Autoren an die Stätten ungelöster zeitgeschichtlicher Fragen

Die Autoren dieses Buches bieten Interessierten die Gelegenheit, in Einzel- und Gruppenführungen während einer eintägigen Tour Geschichte hautnah zu erleben.
Besuchen Sie unter fachkundiger Leitung das Areal des Jonastals und andere in der Umgebung befindiche interessante Plätze, erfahren Sie mehr über die Vorgänge während des Zweiten Weltkrieges in diesem Gebiet und lassen Sie sich über die aktuellsten Erkenntnisse zu den in diesem Buch behandelten Themen informieren.

Informationen über Termine und Konditionen erhalten Sie bei:

Agentur Pegasus
Ahornweg 9
D-98544 Zella-Mehlis
Fax: 0 36 82/48 69 49
Tel.: 0 36 82/48 69 50
Email: AgenturPegasus@aol.com

Die Autoren stehen auch für Vorträge, Lesungen und Interviews zur Verfügung. Bitte wenden Sie sich für die Vermittlung von Terminen an die vorgenannte Adresse!